高职高专物流管理专业工学结合规划教材

Transportation and Distribution

运输与配送

（第三版）

主　编 梁　军
副主编 徐海峰

ZHEJIANG UNIVERSITY PRESS
浙江大学出版社

图书在版编目（CIP）数据

运输与配送／梁军主编．—3版．—杭州：浙江大学出版社，2014.1(2021.1重印)

ISBN 978-7-308-12459-1

Ⅰ.①运… Ⅱ.①梁… Ⅲ.①物流—物资管理 Ⅳ.①F252

中国版本图书馆CIP数据核字（2013）第260590号

运输与配送（第三版）
主　编　梁　军
副主编　徐海峰

策　　划　朱　玲
责任编辑　朱　玲
封面设计　俞亚彤
出版发行　浙江大学出版社
　　　　　（杭州市天目山路148号　邮政编码310007）
　　　　　（网址：http://www.zjupress.com）
排　　版　杭州中大图文设计有限公司
印　　刷　广东虎彩云印刷有限公司绍兴分公司
开　　本　787mm×1092mm　1/16
印　　张　18
字　　数　450千
版 印 次　2014年1月第3版　2021年1月第19次印刷
书　　号　ISBN 978-7-308-12459-1
定　　价　55.00元

内 容 简 介

本书是浙江省高职高专现代物流专业规划教材，由浙江省高职高专现代物流（物流管理）教学改革研究会组织编写。本书从运输与配送的基本概念出发，详细介绍了运输与配送的基本方式和实际业务。主要内容包括：运输与配送的概念及在物流系统中的作用和地位、运输方式、运输组织与管理、集装箱运输与多式联运、物流运输合理化、运输信息系统、配送与配送中心、配送中心管理、配送中心库存控制、电子商务与物流配送、物流服务、运输配送企业的经营战略以及运输配送企业的绩效评价。通过对上述内容的阐述，分析了运输与配送的区别和联系，介绍了运输与配送的管理、经营、绩效评价等具体运作方法，并对与运输配送有关的信息系统、电子商务、物流服务等内容进行了简单的介绍。

本书可作为高职院校、高等专科学校、成人高等院校、高等教育自学考试等现代物流（物流管理）专业及相关专业的学生学习用书，也可作为物流从业人员的培训教材，亦可供企业从事物流管理及运作的有关人员参考。

前 言

《运输与配送》(第二版)自2007年出版以来,作为物流专业高职高专的专业教材和浙江省自考物流专业(大专)的指定教材,一直受到广大学生和读者的喜爱。但随着运输与配送理论和技术的快速发展,教材中某些内容已不能适应当前教学的需要,不能满足企业对运输配送专业人才的需求,因此,本教材的修订势在必行。

第三版修订主要有以下几方面:

(1)增添了一些运输与配送方面的新理论、新技术,删除了过时的教材内容,使教材内容更加新颖、完整。

(2)每章后增加了大量的课后习题,使学生能更准确、更扎实地掌握运输与配送的基本理论和基本技能。

(3)增加了大量企业中发生的实际案例,以提高学生理论联系实际,分析问题、解决问题的能力。

本书共分12章,由宁波工程学院梁军担任主编,徐海峰高级工程师担任副主编,宁波工程学院陈金山、浙江经贸职业技术学院苟建华、浙江长征职业技术学院李慧芳参加编写。其中绪论、第二、八、十一、十二章以及各章习题由梁军编写,第一、十章由李慧芳编写,第三、四章由徐海峰编写,第五、九章由陈金山编写,第六、七章由苟建华编写。

本书可作为高职高专、成人教育、自学考试等物流管理专业及相关专业的教材使用,也可作为物流作业人员的培训教材使用,也可供企业从事物流管理及运作的有关人员参考。

本书在编写修订过程中,参考了国内外相关的教材、论著和期刊杂志,在此深表谢意。本书的出版得到浙江大学出版社的大力协助,在此一并致谢。

欢迎读者提出意见和建议。

编 者

2013年10月

目 录

绪　论

【学习目标】

通过本章的学习，掌握运输的概念和特征，认识运输的作用，掌握配送、配送中心的概念，认识配送的作用，掌握运输与配送的区别，了解运输配送的服务。

【引例】

示范基地：浙江传化物流基地有限公司

浙江传化物流基地有限公司于2001年3月成立，注册资金1.34亿元，总资产2.2289亿元，现有职工200余人，是以综合物流服务为特点的民营企业。

公司位于浙江萧山经济技术开发区沪杭甬高速公路萧山出口处，占地规模37.3公顷，总投资约3亿元，是集货运、货运代理、货运信息、停车场、仓储、零担托运、货物配载、装卸服务、汽修汽配、餐饮住宿等多种业务于一体，并集聚了银行、保险、商务、通信、网络等各项物流服务功能。公司自建仓储设施达到了10万平方米，现已有480余家来自省内外的专业运输、仓储、零担、货代等物流企业进驻。公司在充分发挥公路运输优势的基础上，引进了铁

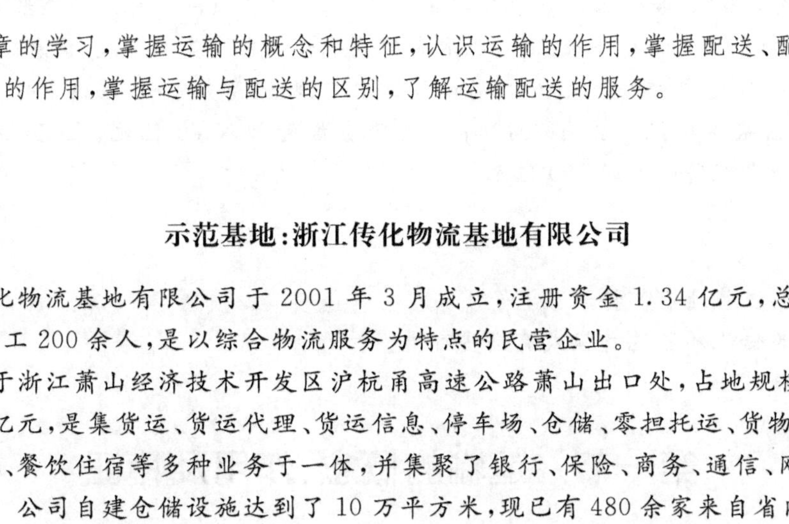

图0-1　浙江传化物流基地

资料来源：浙江传化物流基地，http://www.transfar56.com。

运、水运、空运等物流企业资源，形成基地的多式联运功能。公司整合社会运输车辆40多万辆，日进出车辆超过了4000辆；日承运货物价值超过5亿元；日承运货物量超5万吨。公司业务辐射范围已达杭州、嘉兴、绍兴、金华、宁波、湖州等周边地区，达到了国内外单个物流基地辐射半径100千米的要求。

公司实现业务管理信息化、网络化，自主开发了物流信息平台，有服务器、交换机、监控设备、物流交易大屏幕显示屏、停车场智能IC卡等设施，日信息发布量5000条以上，成交的达4000条以上，日物流信息交易额超1000万元，是浙江省最大的物流信息化交易服务平台，并荣获国家电子商务专项项目。

该公司的显著特点是，在充分发挥对各类资源的聚集整合能力，使"物流服务资源"、"物流设备和设施资源"、"物流客户资源"和"管理服务资源"具有相当程度的集聚和协调运作水平，推进了各种资源间的整合与互补，已形成物流平台"6＋1"基本模式(信息交易中心、零担快运中心、仓储配送中心或分拨中心、展示展销中心、物流商务中心、联运中心＋配套服务功能)的物流园区服务功能。公司2010年物流服务经营收入63亿元，上交税金2亿多元；2011年物流服务经营收入超100亿元。

【思考】

1. 传化物流基地有何特点？
2. 你认为传化物流这种模式有哪些可借鉴？

第一节　运输的概念、作用及特征

一、运输的概念

运输是人类社会的基本活动之一，它是我们每个人生活中的重要组成部分，同时，也是现代社会经济活动中不可缺少的重要内容。人类社会由散乱走向有序，由落后迈向文明，交通运输发挥了不可估量的重要作用。作为一个行业和领域，交通运输不能有片刻的停歇，更不能出现丝毫的问题，否则，社会将陷于瘫痪。今天，大到一个国家，小到我们每一个人，都已与运输紧紧相连，密不可分。运输已经渗透到人类社会生活的方方面面，并且成为最受关注的社会经济活动。

当我们把眼光投向历史时，就会惊奇地发现，人类社会发展过程中的每一个重要进程或重要事件，几乎都与运输有关。古埃及的强大与尼罗河息息相关，是尼罗河把整个埃及连在一起，为它在商品运输、信息交流、文化传播方面提供了极大方便。世界奇观金字塔的修建，离开了运输是不可想象的。中国古老灿烂的文化与黄河、长江密切相连，水上运输为黄河、长江两岸的经济发展和文化传播奠定了最重要的物质基础。丝绸之路是中国走向世界的一条漫漫长路，作为一条重要的纽带，它传播了不同国家和地区的商品及文化，加强了它们之间的沟通、交流与发展。然而，"路漫漫其修远兮"，虽然这条"路"促进了中国与世界文化的交流，促进了经济发展，却也映衬了原始运输方式的艰辛与落后。

机械运输业的出现,对经济发展和社会进步产生了更大的影响。汽轮船的采用提高了海上运输速度、能力与平均运输距离;铁路及公路的使用与发展,使得人类在陆路上克服空间障碍的能力大大提高;航空运输的发展导致交通运输在速度方面产生了质的飞跃,从而使整个世界为之变小。“地球村”是人们对当今世界的另一种称谓,使原本广阔无比的地球变为“村落”,恰恰是发达的现代交通运输体系。

现代交通运输的意义与作用往往超出了人们对它的认识和理解。其实这并不奇怪,因为现代发达的交通运输体系已经成为社会经济正常运转的重要物质基础。在正常情况下人们很难充分认识它的存在与重要作用,除非这个系统中某一部分出了问题。

二、运输的作用

(一)运输有利于开拓市场

早期的商品交易市场往往被选择在人口相对密集、交通比较便利的地方。在依靠人力和畜力进行运输的年代,市场位置的确定在很大程度上受人和货物可及性的影响。对于多数来说,交通相对便利,人和货物比较容易到达的地方会被视为较好的商品交换场所。久而久之,这个地方就会变成一个相对固定的市场。当市场交换达到一定规模后,人们又会对相关的运输条件进行改进,例如发送道路(或通航)条件,增加一些更好的运输器具,以适应和满足市场规模的不断扩大。

随着技术的发展,运输手段不断发展,运输效率不断提高,运输费用也不断降低。运输费用的降低,使市场的引力范围和市场区域范围不断扩大,同时,也加大了市场本身的交换规模,为大规模的商品销售提供了前提条件,如图 0-2所示。

图 0-2 中,A 为某种商品产地,在 A 地商品售价为 OC,现欲往 B 地出售,B 地可接受该商品的最高价格为 OE。当运输系统没有得到改善以前,由 A 地运输货物到 B 地的固定成本为 CD,变动成本为 DH,总成本为 CH。

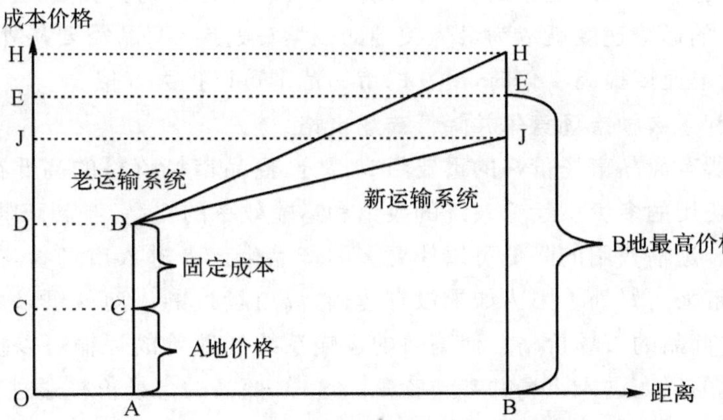

图 0-2　运输系统的改善扩大市场区域范围

假定原有运输系统得以改善,运输效率提高,使每千米运输成本得以降低,即运输总成本由原来的 CH 降低到现在的 CJ(固定成本为 CD,变动成本为 DJ),那么,该商品在 B 地的售价就可降为 OJ(或略高于此),从而可以顺利进入 B 地市场。

由此可见,当使用低效运输系统时,A 地的商品将无法在 B 地市场出售,而在对原有运输系统改善后(降低了 A、B 两地之间的运输费用),A 地的商品的市场范围得以扩大。

上面的分析已经表明,运输系统的改善可以扩大货物运送距离,从而扩大市场范围。这里,市场范围扩大的比率将超过运输距离增加的比率。著名运输经济学家拉德纳(D. Lardner)把这种现象称为运输与贸易的平方定律,如图 0-3所示。

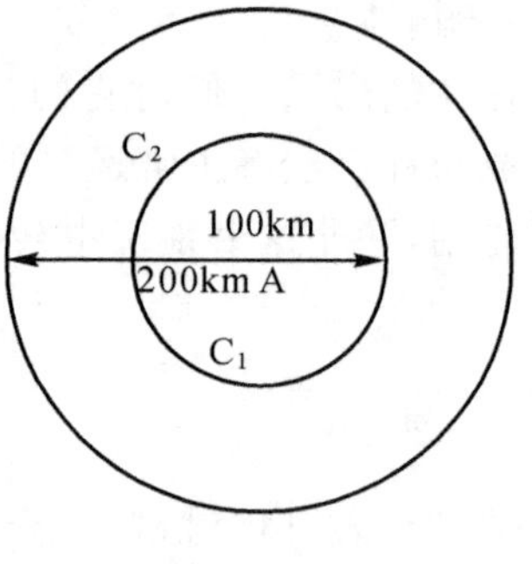

图 0-3 运输与贸易的平方定律

位于 A 地的厂商如果借助一定的运输系统能将其产品运至 100 千米范围就是 C_1;当运输系统改善后,运输费用比原来减少一半,那么,该厂商就可以相同的运输费用把供货距离扩大 3 倍。

运输在开拓市场过程中不仅能创造出明显的"空间效用",同时也具有明显的"时间效用"。

运输的时间效用与空间效用密切相关。市场上对某种商品的需要往往具有很强的时限性,超过了这一时限,商品的需求量就会大大减少甚至完全消失。一种商品如果因为时间关系失去了市场需求,这种商品在特定的时间内就不再具有价值,或者其价值大打折扣。高效率的运输能够保证商品在市场需要的时间内适时运到,从而创造出一种"时间效用",繁荣市场。与运输的空间效用一样,运输的时间效用同样可以开拓市场。例如,当某地区急需一种产品时,这时产品的运输速度就成为最为关键的因素(假定该商品需要从外地调入)。按照拉德纳定律,当运输速度提高 1 倍时,潜在的市场范围可以扩大 3 倍。

(二)运输有利于鼓励市场竞争并降低市场价格

运输费用是所有商品市场价格的重要组成部分,商品市场价格的高低在很大程度上取决于它所含运输费用的多少。运输系统的改革和运输效率的提高,有利于降低运输费用,从而降低商品价格。运输费用的降低可以使更多的产品生产者进入市场参与竞争,也可以使消费者得到竞争带来的好处。因为如果没有运输,离市场近的厂商就可以影响甚至垄断市场,他们可以决定商品的市场价格。而高效的运输系统和廉价的运输可以扩大市场销售范围,使离市场更远的厂商进入市场并参与竞争。这样,商品的市场价格通过公平竞争和市场机制决定。实际上,由于劳动分工及地区专业化的作用,商品的市场价格很可能是由远方供应者决定的,因为他的生产成本最低。因此,正是由于运输系统的存在鼓励了市场竞争,也降低了商品价格。

运输与土地利用和土地价格之间存在密切的关系。高效、廉价运输可以使土地获得多种用途,如果没有运输将产品送到远方市场,很多土地将变得无用或用途很小。运输条件的改善可以使运输伸到的地区地价增值,从而促进该地区的市场繁荣和经济发展。

(三)运输有利于劳动的地区分工和市场专业化

运输有利于生产劳动的地区分工,一个较为简单的情形是:假设A、B两地各生产某种产品(a和b),A地生产a的成本较低,因此价格低廉,而B地生产b的耗费也相对较低,同样能以较低的价格出售。在这种情况下,每一地区生产它最适宜生产(劳动耗费低)的货物并相互交换是对双方都有利的事情。但如果A、B间的交换不会发生,结果是A、B两地都必须拿出一部分土地、劳动力和资金来投入对方生产成本较低的那种产品的生产。这时,运输就成了地区劳动分工和贸易的障碍。然而,当A、B两地间存在高效、廉价的运输后,这个障碍就会被解除。由此,根据比较利益原则,运输能够促进生产劳动的地区分工。在劳动的地区分工出现后,市场专业化的趋势也会逐渐显露,这就使某一个地区的市场在产品的销售上会更加集中在某一类或某几类产品上。市场专业化将大大减少买卖双方在收集信息、管理等方面的成本支出,减少市场交易费用。

三、运输业的性质

运输业既是从事旅客和货物运输的物质生产部门,同时它也是公共服务业,属于第三产业。上述每一种属性都是运输业性质的重要反映。"物质生产性"强调了运输业对其劳动对象,在价值创造和使用价值实现方面所具有的作用。由于运输生产活动是运输生产者使用劳动工具作用于劳动对象,改变劳动对象空间位置的过程,因此,实现劳动对象的空间位移成为运输的基本效用和功能。通过改变劳动对象空间位置,使其价值和使用价值发生变化。"公共服务"强调运输业在运输活动中的服务性质,即运输业必须以服务作为前提向全社会提供运输产品。马克思曾特别强调运输业的服务性,他说:"旅客运输,这种位置变化不过是企业之间向乘客提供的服务。"而实际上,在货物运输方面,运输业同样存在如何向货主服务的问题,在市场经济不断发展的今天,服务性是决定运输业生存的重要因素。

四、运输业的特征

相对于其他行业和部门来说,运输业有其明显的特征。

(一)运输业是一个不产生新的实物形态产品的物质生产部门

运输产品是运输对象的空间位移,用旅客人千米和货物吨千米计量。运输业劳动对象既可以是物,也可以是人,且劳动对象不必为运输业所有。运输业参与社会总产品的生产和国民收入的创造,但却不增加社会产品实物总量。

(二)运输可改变劳动对象的空间位置

运输业的劳动对象是旅客和货物,运输业不改变劳动对象的属性或形态,只改变它的空间位置。运输业提供的是一种运输服务,它对劳动对象只有生产权(运输权),不具有所有权。

(三)运输是社会生产过程在流通领域内的继续

产品在完成了生产过程后,必然要从生产领域进入到消费领域,这就需要运输。产品只有完成这个运输过程,才能变成消费品,运输与流通是紧密相连的,是社会生产过程在流通领域内的继续。

(四)运输生产和运输消费是同一过程

运输业的产品不能储存,不能调配,生产出来的产品如果不及时消费就会被浪费。运输产品的效用是和运输生产过程密不可分的，这种效用只能在生产过程中被消费。生产过程开始，消费过程也就开始，生产过程结束，消费过程也就结束。这一特点要求运输业一方面应留有足够的运输能力储备，以避免由于能力不足而影响消费者需求，另一方面应对运输过程进行周密的规划和管理，因为运输过程中出现的任何差错都无法通过对运输产品的“修复”而使消费者免受侵害或影响。

（五）运输业具有“网络型产业”特征

运输业的生产具有“网状型产业”特征，它的场所遍及广阔空间。运输业的网络性生产特征决定了运输业内部各个环节以及各种运输方式相互间密切协调的重要性。

（六）运输业的资本结构有其特殊性

运输业的固定资本比重大，流动资本比重小，资本的周转速度相对较慢。

五、运输市场的含义、特征与结构

（一）运输市场的含义

市场是随着生产力的发展而产生的，它是社会分工和商品交换的产物，是一种以商品交换为内容的经济联系形式，它属于商品经济范畴。

市场是连接生产者和消费者的桥梁和纽带，哪里有商品生产和商品交换，哪里就有市场。市场将随着社会分工的发展而不断扩大和细化。市场上的基本关系是商品供求关系，其基本活动是商品交换活动。

运输市场是市场的一种特定存在形式。运输市场本身是一个具有多重含义的概念，从不同的角度去理解，它有不同的含义。

1. 运输市场是运输产品交换的场所，亦即买卖双方发生联系和作用的地点

这里谈到的运输市场是一个地理概念，通常被看成是一个交易场所。在这里，运输需求方（旅客和货主）、运输供给方（运输企业及运输代理人）相互见面，在条件具备的情况下，发生交换（买卖）行为。

2. 运输市场是运输产品供求关系的总和

从这个角度来认识运输市场，它是由不同的运输产品、劳务、资金、技术、信息等供给和需求所构成，这一市场概念强调的是买方、卖方力量的结合，“买方市场”、“卖方市场”就反映了这一概念下供求力量的对比结果。从这一认识角度出发，运输企业就应当以市场供求规律指导其市场营销活动，根据供求状况调节运输生产经营活动，调节市场各方的利益对比。判断市场供求的强弱对比和变化走势，对运输企业的营销决策是十分重要的。

3. 运输市场是在一定时空条件下对运输产品需求（现实需求和潜在需求）的总和

商品的需求总和是消费者群在一定时间条件下表现出来的需求总量，所以，市场是由具有现实需求和潜在需求的消费者所组成。当人们说“中国的运输市场很大”的时候，并不是指运输交易场所很大，而是说中国存在大量现实的潜在的运输需求。这种市场就是需求的概念，是从生产者角度提出的。

（二）运输市场的构成

运输市场是一个多层次、多因素的集合体，它由多项要素所构成。构成运输市场的要素主要包括如下方面。

1. 运输需求者

这是具有现实或潜在需求的单位、组织和个人。运输需求者是构成运输市场的重要因素。运输需求者的总体数量以及单个运输需求者的需求状况决定运输市场的总体需求规模。

运输市场上的需求方构成比较复杂，包括各类部门、企事业单位和个人。这些需求者在运输需求的质量、数量等方面存在较大差异，客观上形成了不同层次、不同类型的运输需求。

2. 运输供给者

这是提供各种客货运输服务，满足需求者空间位移要求的各类运输者。运输供给者是运输市场上的卖方，向市场上提供各类运输产品。每个运输供给者的所提供的运输产品数量和质量，决定于他们所拥有的相关运输资源的数量和质量。运输供给者的构成同样比较复杂，它由具有不同经济性质的企业和不同经营者组成。

从一般意义上讲，由于资源的稀缺性，运输供给在一定条件下是有限的。同时，运输供给在不同的时空条件下又是可以变化的，或者说它具有一定弹性。随着生产能力的提高和科技进步的加快，运输供给也表现出不断扩大的趋势。然而，从运输市场上的供需情况来看，不同的运输供给者所提供的运输产品并不一定都是能够满足市场需求，这就出现了有效运输供给问题。有效运输供给是符合市场需求的供给，有效运输供给小于总的运输供给，因为市场上总存在一部分不符合市场需求的供给。运输市场中供给者并非完全都提供一种有效的供给，因此，随着市场的不断变化，运输供给者也在不断调整和变化自己，以使提供的产品更符合运输市场上的需求，提供更多的有效供给。

3. 运输中介者

这是为客货运输需求与供给牵线搭桥，提供各种客货运输服务信息及运输代理业务的企业或经纪人。随着经济的不断发展，市场上各种信息也越来越多，对于消费者来说，获得有关信息是进行购买的前提和基础。一般来说，运输需求者总是想获得(购买)服务上乘同时价格又合理的运输产品，获取有关方面信息是进行购买的前提条件。然而，获取信息是要有代价的，完成交易要付出时间、精力和体力，这种代价对于单个运输需求者来说又可能是比较高昂的，因此，市场客观上需要一种专门从事这项服务的“人”，能够开展这方面的业务，以减少市场交易成本。当运输中介者出现后，越来越多的运输需求者开始把服务要求转向运输中介者。由于运输中介者从事专业化的中介服务，因此，其工作效率相对更高，运输供给者也乐于通过专业化的中介机构来扩大他的市场。

随着运输市场的不断发展，运输中介已经成为市场中一个不可缺少的阶层和集团。由于专门从事中介活动，运输中介服务成本相对较低，在扩大市场范围、促进运输交易发展方面也发挥着越来越明显的作用。例如，在空运事业十分发达的国家，空运代理被广泛采用。美国有空运代理承办商20000余家，英国有4000余家，日航国际客票的60%和旅客预约订座业务的95%由代理人承办。铁路运输代理在各国发展同样十分迅速。

4. 政府

现代市场经济条件下，政府在经济活动中的地位和作用越来越明显，这种作用是其他经济主体不可替代的。在一些特殊的经济领域，如运输市场中，没有政府的参与就无法实现正常运转。虽然一些人认为，经济的发展应当有足够的自由，政府不应对经济发展和市场运行进行干预，在交通运输方面，类似的观点是，一个功能完善的运输市场，可以根据运输消费者的需求和供给者的资源状况，由市场规律和价格机制调整和决定市场的运行。然而事实并非如此，由于市场不是万能的，在调节经济发展中存在着缺陷，因此仅仅依靠市场本身来调节运输供求，决定运输业的发展是不够的，运输市场不能解决所有问题，政府需要在运输市场中发挥必要的作用。

政府作为运输市场的组成部分之一，多数情况下并不直接参与企业的具体经营活动，而是通过制定有关法规、法律、政策来规范和影响这一市场。在运输市场上，政府代表的是国家和一般公众的利益。

(三)运输市场的特征

同其他市场一样，运输市场是商品交换的经济联系形式，它是运输生产者与消费者之间相互连接的桥梁和纽带。因此，它具有一般商品市场所具有的特征和属性。除此以外，由于运输业本身的特点，决定了运输市场具有一些与其他市场不同的特征。

1. 运输市场具有较强的空间性

运输业本身的特点决定了它所遍及的空间十分广泛。人类发展到今天，除个别地区外，现代运输方式几乎遍及所有人类存在的地方。运输线路纵横交错，运输网络遍及全球，运输把城市与乡村，企业与市场紧紧联系在一起，运输产品的交换遍及了经济发展的所有地区和范围。

运输市场中的需求(运输需求)表现出了极强的空间性与时间性。

2. 运输市场的空间特征

有人类生存的地方就有运输需求，运输需求的大小依赖于当地的社会、经济、文化、科技等方面的发展水平。在不同的国家或一个国家的不同地方，运输需求具有很强的区域不平衡性(空间上的不平衡性)，甚至在同一条运输线路(航线)的不同方向上，运输需求也具有明显的差异性。运输需求空间分布的特性决定了运输市场的空间分布特征。

3. 运输市场的时间特征

无论是旅客运输还是货物运输，往往都与季节变化有着特定的关系。在不同的时间和季节当中，运输需求在数量、内容、结构等方面存在着不均衡性，平衡运输需求，实现均衡运输是运输供给者努力追求的目标。

4. 运输需求是一种派生需求

运输需求是人与货物在空间位移方面表现出的有支付能力的需要(注意，需求与需要不同)。较之其他类型商品需求而言，运输需求具有一种特性，那就是它基本上是一种派生需求。一般情况下，一种商品或劳务的需求是由另一种或几种中间过程构成的。旅客出行可能是由于工作需要，如参加会议、商务谈判，或其他事宜；也可能是生活需要，如外出旅游、探亲访友等。货物运输基本上是基于生产或销售的需要，如生产所用原材料的运输，产成品抵达销售地的运输。运输需求的派生性决定了运输需求的大小，取决于社会经济的发展、居民生活水平的改善、企业生产经营状况以及不同地区间的经济联系等因素。

社会生产状况以及人们的生活方式，衍生了运输需求在时间上所具有的特性。某些产品，如瓜果、蔬菜等在生产和销售上具有很强的季节性，由此导致了在运输需求上也具有很强的时间性。旅客运输在时间上的波动更为明显，上下班时间，节假日期间往往是旅客运输的高峰期。运输需求在时间上的波动性是由人们的生产和生活方式所决定的。

从空间角度看，任何一项运输需求都有空间上的特定性。某一个或某批货物从一地运到另一地，其空间特性十分明确，这显然是生活或生产中的某种需要所引发出来的。

运输需求的派生性决定了它必然受到衍生这种运输需求因素的影响，如社会经济的发展水平，自然资源的分布情况，生产力布局，人口分布及消费水平的分布差异等。国民经济及各部门发展的景气情况能够通过运输需求的变动很快反映出来。

5.运输市场上出售的是非实物性产品

运输业不像工农业那样改变劳动对象的性质和形态，它只是改变劳动对象的空间位置，因此，运输业的产品是运输对象的空间位移。

运输市场上出售的商品(位移)实际上是一种运输劳务，它具有以下特性：

(1)不可感知性。运输产品本身是无形无质的，无法用触摸或肉眼感知其存在。消费者在消费这种产品之前，无法用预先的“观察”和其他手段了解它的性能或质量。消费者在消费这种产品之后，同样没有留下任何具有实物形态的东西(除了车票、船票、纪念品等)，对于消费这种商品所得到的利益(独特的、与其他商品不同的)，消费者往往要经过一段时间后才能有所感觉。

(2)不可分离性。实物产品从生产、流通到最终消费要经过一系列的中间环节，生产与消费相互分离，并存在一定的时间间隔。相比之下，运输的生产具有一定的特殊性，那就是运输的生产与消费过程在时间上完全融合在一起，无法分离。运输生产开始之时，也是运输消费开始之时，而运输生产过程结束，运输的消费过程也结束。运输的生产者和消费者同样不可分离，它们必须相互作用和联系才能使生产和消费顺利完成。

(3)不可贮藏性。运输产品的无形性以及生产与消费同时进行的特点，决定了运输产品具有不可贮藏性。生产者无法将产品预先生产好，贮藏起来，以备将来出售；消费者也无法将产品购回，慢慢使用。然而，运输供给者总是要将各种设备(能力)提前准备好，以备市场需要时使用。对于运输供给者来说，生产出来的运输产品必须尽量使需求方及时、完全消费，否则就会造成浪费(如车、船、飞机的空位等)。运输产品如不能及时出售和消费，它的损失不像有形产品那样出现库存积压等，它仅仅是表现为机会的损失和折旧的发生。然而，这种损失一旦出现就无法弥补，因为生产出来的运输产品如果不同时消费，这种产品随即就会消失，而库存中的有形产品在一段时间之后仍可能会全部售出。对于运输供给者来说，如何解决运输产品供求不平衡是十分重要的问题。

(4)缺乏所有权。运输产品在生产和消费过程中不涉及任何东西的所有权转移。由于运输产品不具有实物形态，又不可贮藏，所以，运输过程结束后，一切都消失了，消费者并没有实质性地拥有运输产品或服务。例如，旅客乘坐火车从一地到另外一地，下车后，除了手中的车票(有时有些小纪念品)，他没有得到任何其他东西，铁路部门也没有任何所有权转移给旅客。

6.运输市场上存在较多的联合产品(共同产品)

运输企业是为不同运输对象提供多种不同运输产品的企业，在多数情况下，它的设备是由多个个体(不同的运输消费者)联合使用的(例如同一列车中不同的旅客)。在铁路运输中，存在大量相同方向(起讫点可以不同)的客货流，它们共同利用铁路运输设备，形成各种联合产品，造成大量联合成本(或共同成本)。从理论上讲，当生产某一种的产品同时，导致以某一比例生产出另一些产品，而且这种连带产品与引起它的主产品保持着固定比例，就产生了联合成本。准确地计算联合成本具有一定困难，它给企业从供给角度分析市场竞争带来了一定的难度。

7. 个别市场的进入有一定的困难

个别运输市场(如铁路、航空等)的进入有一定的难度。由于运输企业的投资规模大,所以,一般经营者很难进入这一行业,这为许多经营者进入这一市场设立了一道屏障,同时也成为运输市场形成垄断的一个重要因素。虽然一些国家采取了一些措施和手段(如特许经营等)以减少外界进入的障碍,但总的来说,像铁路等运输市场的进入仍具有一定的难度。从另一个角度看,政府为使运输畅通以保证社会经济发展,保证人们生命安全,对于进入这一市场的经营者也进行较为严格的审查和管制(如城市公交、出租车运输业等)。

(四)运输市场的结构

运输市场结构是具有多重含义、多个侧面和多重规定性的经济范畴。它包括空间结构、技术结构等不同内容。

运输市场的空间结构特性决定不同区域运输供给与运输需求的特征以及它们之间的关系。由于运输业的生产具有点多、线长、面广的特点,所以,运输业的组织形式反映了地理及组织方面的影响。很多运输企业是跨地区经营的,有些甚至是国际性的。不同地区由于人口密度、社会经济发展水平不同,其运输需求在数量、规模、内容等方面也具有明显差异。

综合运输体系是由铁路、公路、民航、水运、管道等 5 种运输方式组成,每种运输方式都有不同的技术经济特征,运输市场的技术构成是这五种运输方式以及它们各自技术内容不断发展的体现。

1. 铁路运输

在 5 种运输方式中,铁路是十分重要的一种。在世界各国的经济发展中,铁路曾经或仍然发挥着十分重要的作用。在美国,铁路曾在近一个世纪的时间内在运输系统中居于主导地位。1896 年美国横贯大陆的铁路建成,为西部的开发以及整个社会经济的发展起到了巨大的促进作用。进入 20 世纪以来,西方国家的铁路业出现了衰退,衰退的主要原因是其他运输方式的兴起与发展。然而,即使如此,铁路在交通运输中,特别是货物运输中,仍然发挥着举足轻重的作用。

2. 公路运输

公路运输的组织形式与其他运输方式不同。汽车运输业包括了各种结构形式,它是不同特点的公司组成的集团,这些公司有不同的特点,承运不同类别的商品,提供不同性质的服务。

在美国,汽车运输公司首先可以分为商业公司和企业所属运输公司,商业汽车运输公司为社会提供运输服务并收取费用,企业所属汽车运输公司一般从事企业自有运输,当它为社会提供运输服务时,也要收取费用。

商业性运输公司在城市或城际间运营,从事城际间商业运输的公司可以分为普通运输公司(满足运输需求,以公道的市场价格为社会服务)和合同运输公司(为特定的货主服务,而且订有长期的合同),见图 0-4。

汽车运输中还有大量的私人车辆活跃于运输市场上。汽车运输具有“门到门”运输的灵活特点,随着道路系统的扩展和完善,包括高速公路的不断发展,汽车运输的作用将会愈来愈明显。

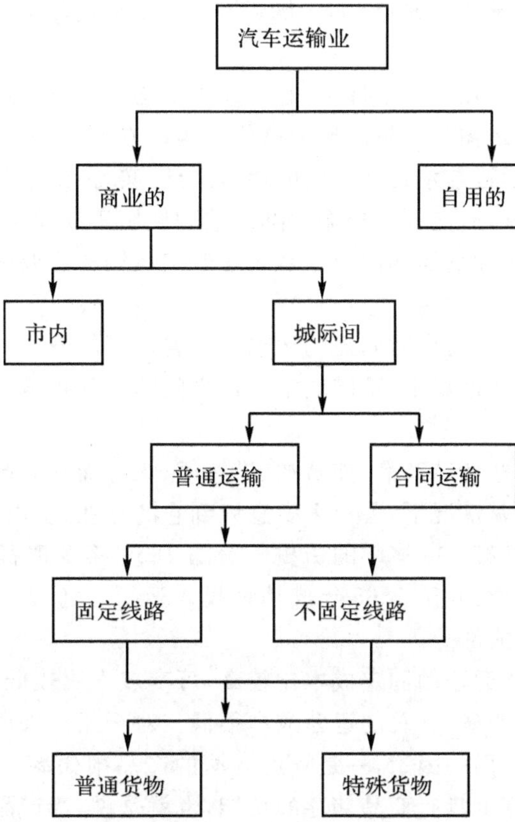

图 0-4　运输市场结构

3. 水路运输

水运是人类最早利用的运输方式之一。

在铁路发展以前，货物的陆路运输既慢且贵，而水运则较陆路运输成本低廉。因而，国际贸易多经水上运输，这是沿海城市社会经济以及商业比较发达的主要原因。

水运从运输区域范围来看，包括内河（江、湖）、沿海和远洋运输；从业务范围来看主要分为港口作业和轮船（航运公司、远洋公司）运输两部分。港口负责货物的装卸和旅客的乘降，而轮船公司则负责旅客和货物的运输（实现位移）。

水运具有运量大、运输成本低等特点，然而，与其他运输方式相比，水运对自然条件依赖较强，它基本上取决于天然河流和海域的分布，只有在具备水运条件的地方，水运才可能参与运输市场的竞争。

水运的竞争对手从外部来看，主要是铁路，因为这两种运输方式都具有运量规模大的特点，承运的货物种类也比较接近，如粮食、煤炭、矿石等。管道运输出现后，在石油及其相关产品的运输方面，水运与管道也存在较为激烈的竞争。

4. 航空运输

在运输市场上，航空公司提供的运输产品最突出的特点就是时间短、速度快。现在世界范围内多数地点之间的飞行时间不超过一昼夜，可以说，航空运输把地球变成了一个“村落”。速度快是航空运输的特点，也是它能够获得快速发展的重要原因，因为现代社会人们把时间看得越来越重。在发达国家，例如美国，1957 处航空运输完成的客运周转量就已经超过了铁路。

航空运输的成本较高。在同等条件下，它的成本平均约比汽车运输高出 3 倍，比铁路运输高出 10 倍。因此，航空运输是一种高速又高价的运输方式。

在经营方式上，航空运输与水运有一定的相似之处，实行“港航分离”的模式，即机场(航空港)与航空公司分开经营，航空公司根据起降次数和使用机场设施的情况付费。在经营范围上，航空运输也包括客运和货运两部分。客运是航空运输的主要内容，航空公司的绝大多数运输收入来自于客运。

航空运输适宜于距离长、要求时间短的运输。随着运输的发展，航空运输同其他运输方式的竞争日趋激烈。在空运市场中，不同航空公司之间的竞争也愈来愈激烈。

5. 管道运输

管道运输是为运送某些特殊产品，如石油、天然气、煤等而建立起来的特殊运输系统，它是一种地下运输方式。通常情况下，公众很少意识到它的存在，所以，管道运输又被称为“藏起来的巨人”。管道运输已有 100 多年的历史。美国 1859 年发现石油后不久，第一条输油管道就在宾夕法尼亚州兴建，并于 1865 年成功地投入运行。随着石油的大量开采，管道逐渐成为运输体系的重要组成部分。

与铁路运输相似，管道运输的固定成本比较高，可变成本比较低。大口径管道在接近其设计能力运行时效益特点明显，其总的运营成本很低。对于用户来说，管道运输除运价低廉外，还有两个有利于降低费用的因素，一是管道运输的产品损失率小，二是管道输送速度相对较低，使管道在一定程度上具有商品储存的功能，也就是说，当产品不是急需时，管道的低速输送可以看作是免费储存的一种形式。从市场角度来看，管道运输仅仅包括石油和煤浆管道运输。虽然天然气也经过管道运输，但天然气管道不与其他运输方式发生直接的竞争，它的经营活动一般也不受到管制。

管道运输的竞争受多种因素的影响。一般来说，管道运输在市场上具有垄断性。在不同运输方式之间，管道的竞争对手主要是铁路和水运。一旦两地之间建起了管道用于输油，除了铁路和水运，其他运输方式很难和管道竞争；相比之下只有水运的成本和管道比较接近，不过，水运受航道的限制和影响，其服务范围有限，所以在很多情况下难于和管道竞争。煤浆管道用于输煤时，其成本与铁路相近，所以在运送煤炭时，两种运输方式存在一定的竞争。

一定时期的运输市场结构取决于这一时期不同的运输方式的发展，不同国家(或地区)在不同时间内运输市场结构特征不尽相同，它是影响运输市场发展与变化的重要因素。

第二节 配送、配送中心的概念及作用

在现代物流的“词典”中，最引人注目的字眼是——配送。它是整个物流系统中，挖掘第三利润的突破口。

一、配 送

配送的英语原词是Delivery,但人们却十分爱用Distribution。因为我们不能简单地把配送理解为交货、送货,它是物流中一种特殊的、综合的活动形式,它把商流与物流紧密结合,它是包含了物流中若干功能要素的一种物流活动。它不是消极的送货式的发货,而是在全面配货的基础上,充分按用户的要求进行服务,它把配和送有机地结合起来,完全按照用户要求的数量、种类、时间等进行分货、配货、流通加工等作业,并提供"门到门"的服务。

(一)配送的定义

我国的国家标准《物流术语》将配送定义为:"在经济合理区域范围内,根据客户要求,对物品进行拣选、加工、包装、分割、组配等作业,并按时送达指定地点的物流活动。"

从物流角度来说,配送几乎包括了所有的物流功能要素,是物流在小范围内全部活动的体现。一般来说,配送集装卸、包装保管、运输于一身,通过这一系列活动完成将物品送达客户的目的。特殊的配送则还要以加工活动为支撑,包含的面更广。

从商流来说,物流和配送有明显的不同。物流是分离的产物,而配送则是商物合一的产物。配送是"配"和"送"的有机结合体。配送与一般送货的重要区别在于,配送是在物流据点有效地利用分拣、配货等理货工作,使送货达到一定的规模,以利用规模优势取得较低的送货成本,同时配送以客户为出发点,强调"按客户的订货要求"为宗旨。

(二)配送的作用

完善配送对于物流系统的提升,生产企业和流通企业的发展,以及整个社会效益的提高,具有重要的作用。配送的作用主要体现在以下几方面:

(1)配送可降低整个社会物资的库存成本。发展配送,实施集中库存,可发挥规模经济优势,降低库存成本。

(2)采用配送方式,批量进货,集中发货,以及将多个小批量集中一起大批量发货,可有效节省运力,实行合理、经济运输,降低物流成本。

(3)实行高水平的定时配送,生产企业可依靠配送中心的准时配送或即时配送,压缩库存,甚至实现零库存,节约储备资金,降低生产储备。

(4)配送可成为流通社会化、物流产业化的战略选择。

(三)配送和送货的区别

前面已述及,配送与送货有一定的区别,其主要区别体现的以下几方面:

(1)送货主要体现为生产企业的一种推销手段,通过送货达到多销售产品的目的。而配送则是社会化大生产,高度专业化分工的产物,是商品流通社会化的发展趋势。

(2)送货方式对用户而言,只能满足其部分需求,这是因为送货人有什么送什么。而配送则将用户的要求作为目标,具体体现为用户要求什么送什么,希望什么时候送便什么时候送。

(3)送货通常是送货单位的附属性工作,也就是说送货单位的主要的业务并非送货。而配送则表现为配送部门的专职,通常表现为专门进行配送服务的配送中心。

送货在商品流通中只能是一种服务方式,而配送则不仅仅是一种物流手段,还是不断发展的一种物流体制,最终要发展为"配送制"。

由配送企业进行集中库存，保证向企业内部的各生产单位进行物资供应，可以取代原来分散在各个企业为保证生产持续进行而设立的库存，这样，使企业实现零库存成为可能。这点在物流发达国家和我国一些地区实践中已得到证明，而送货则不具有这种功能。配送运输的关系如图 0-5 所示。

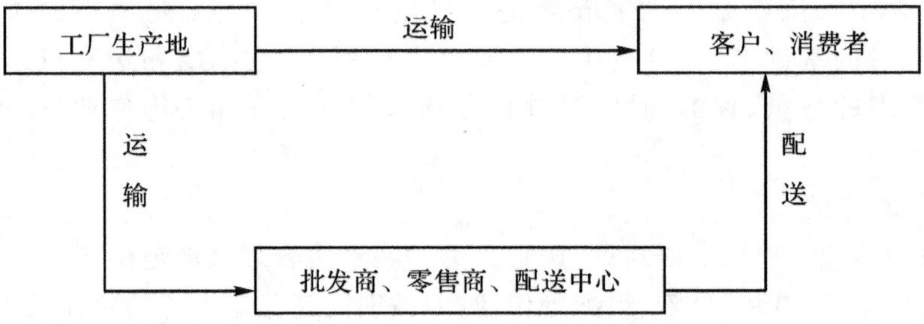

图 0-5　配送与运输的联系和区别

二、配送中心的定义及其形成

配送中心是以组织配送性销售或供应，实行实物配送为主要职能的流通型物流结点。日本《物流手册》定义："配送中心是从供应者手中接受多种大量的货物，进行倒装、分类、保管、流通、加工和信息处理等作业，然后，按照众多需要者的订货要求备齐货物，以令人满意的服务水平进行配送的设施。""配送中心是从事服务配备(集货、加工、分货、拣选、配送)和组织对用户的送货，以高水平实现销售或供应的现代流通设施。"

配送中心的形成及发展是有其历史原因的，它是为了系统化和大规模的必然结果。正如《变革中的配送中心》一文所指出的："由于客户在服务处理的内容上、时间上和服务水平上都提出了更高的要求，为了顺利地满足客户的这些要求，就必须引进先进的分拣和配送设备，否则就不可能建立正确、迅速、安全、廉价的作业体制。"因此，不少企业都建立了配送中心。可见配送中心是基于物流合理化和拓展市场两个需要而逐步发展起来的。

第三节　运输与配送的区别及输配送服务

一、运输与配送的区别

以流通的观念来看，运输配送是指将被订购的物品，使用交通工具从制造厂和生产地或物流据点送到顾客手中的物流活动。

运输是作长距离、大量货物的移动。运输是物流据点间的货物移动，是区域间的货物的移动。运输可以用包括汽车在内的其他交通运输工具。

配送是作短距离、少量货物的移动，是从供货企业或供货枢纽送达商店、顾客手中的商品移动，是区域内的货物移动。配送一般都以汽车作为运输工具。

若以配送中心作为物流据点，由制造厂将货物送到配送中心的过程是运输，其特点是少品种、大批量、长距离的运送；而从配送中心将货品送到客户手中的活动是配送，其特点是多频率、多样少量、短距离的运送。运输较重视运输效率，以尽可能多装满载为目标；而配送则以服务为宗旨，在许可的情况下，尽可能满足客户的服务要求。

二、输配送服务的要点

输配送是最终和最具体直接的服务，其服务要点有下列几点：

(一)时效性

确保能在指定的时间内交货，这是考核输配送作业水平的一项重要指标。

(二)可靠性

可靠性是指将货品完好无缺地送达目的地，这是对输配送的差错率、货损率的考核。

(三)沟通性

输配送人员与客户直接接触，因而其表现出的态度、反应会给客户深刻的印象，代表着公司的形象。

(四)便利性

输配送最重要的是要对客户提供方便。

(五)经济性

满足客户的服务需求，不仅要质量好，价格也是客户重视的要素。所以输配送应该通过自身运作的高效率、物流成本的控制，以经济性来吸引客户。

【本章小结】

本章从阐述运输概念入手，介绍了运输业的性质、特征和运输市场的含义、结构及运输业的特征、特征，然后介绍配送、配送中心的概念及作用、运输与配送的区别及输配送服务等相关知识。通过本章的学习，掌握运输的概念和特征，认识运输的作用，掌握配送、配送中心的概念，认识配送的作用，掌握运输与配送的区别，了解输配送的服务。

【习题】

一、单项选择题

1. 运输是人类实现(　　)的活动。

A. 时间效用　　B. 空间位移　　C. 时间位移　　D. 形质效用

2. 某地厂商原用自营运输系统供货销售，其销售范围在200千米范围内。由于生产规模的扩大改为外包给运输设备较先进成本较低的第三方物流公司，运输费用减少20%，如继续用厂商原运输费用，则可以使厂商的销售范围扩大到(　　)千米。

A. 400　　B. 600　　C. 250　　D. 300

3. 配送是物流活动的一种综合形式，是“配”与“送”的有机结合，可为客户提供(　　)服务。

A. 联合运输　　B. 装卸搬运　　C. 门到门　　D. 专业运输

4. 有效运输供给就是符合市场需求的供给，有效运输供给(　　)总的运输供给。

A. 小于　　B. 等于

C. 大于　　D. 有时大于、有时小于

5. 运输配送是最终和最具体直接的服务，下列哪些服务项目要点是对输配送的差错率、货损率的考核？（　）

A. 时效性　B. 可靠性　C. 便利性　D. 经济性

6. 运输产品的效用和运输生产过程是（　　）。

A. 密不可分的　B. 分离的

C. 完全独立的　D. 时有联系，时有分离

7. 下列哪项决定了运输市场总体需求规模？（　　）

A. 运输需求者　B. 运输供应者　C. 中介　D. 政府

8. 输配送人员是物流活动中与客户直接接触的“形象大使”，下列哪个服务项目要点会影响着公司的形象？（　）

A. 时效性　B. 可靠性　C. 沟通性　D. 经济性

9.（　）是人类最早利用的运输方式之一。

A. 铁路运输　B. 管道运输　C. 水路运输　D. 公路运输

10. 管道运输的对象不包括（　　）。

A. 石油　B. 固体　C. 浆质物体　D. 气体

11. 配送是作（　　）的移动。

A. 长距离、大量货物　B. 长距离、少量货物

C. 短距离、大量货物　D. 短距离、少量货物

二、多项选择题

1. 从配送中心的形成及发展过程来看，配送中心是基于下列哪些需要而逐步发展起来的？（　　　）

A. 物流合理化　B. 拓展市场　C. 系统化

D. 规模化　E. 先进化

2. 构成运输市场的要素主要包括（　　　　）。

A. 运输需求者　B. 运输供给者　C. 运输中介者

D. 政府　E. 政策法律

3. 配送和送货的区别在于（　　　　）。

A. 送货是一种推销手段，配送是商品流通社会化的发展趋势

B. 送货是“用户要求什么送什么”，配送是“有什么送什么”

C. 送货是送货单位的附属性工作，配送则是配送部门的专职

D. 送货只是一种服务方式，配送是一种物流手段

E. 配送比送货更有助于实现生产企业的“零库存”

4. 运输市场上出售的商品(位移)实际上出售的是一种运输劳务，它具有以下哪些特性？（　　　　）

A. 不可感知性　B. 不可分离性　C. 不可贮藏性

D. 缺乏所有权　E. 不可替代性

5. 运输市场是（　　　　）。

A. 运输产品交换的场所　B. 运输产品供求关系的总和

C. 在一定时空条件下对运输产品需求(现实需求和潜在需求)的总和

D. 需求者　　　　　　　　　　　　E. 供给者

6. 运输市场的特征是(　　　)。

A. 具有较强的空间性　　B. 时间特征　　　　C. 派生需求

D. 出售非实物产品　　　E. 不可替代性

三、判断题

1. 运输在开拓市场过程中不仅能创造出明显的空间效用，同时也具有明显的“时间效用”。(　　)
2. 国际运输业快速发展使运输工具不断更新，运输费用也随之上升。(　　)
3. “中国的运输市场很大”是指中国的交易场所很大。(　　)
4. 在资本结构方面，运输业的固定资本比重小，流动资本比重大，资本的周转速度相对较快。(　　)
5. 运输费用是所有商品市场价格的重要组成部分，商品市场价格的高低很大程度上取决于它所含运输费用的多少。(　　)

四、名词解释

1. 配送
2. 运输市场

五、简答题

1. 简述配送与运输、送货的区别。
2. 简述运输业的性质和特征。
3. 运输市场的特征有哪些?
4. 输配送服务的要点有哪些?

六、案例分析题

宝供物流企业集团有限公司创建于1994年，总部设在广州，是国内第一家经国家工商总局批准以物流名称注册的企业集团，是中国最早运用现代物流理念为客户提供物流一体化服务的专业公司，也是目前我国最具规模、最具影响力、最领先的第三方物流企业。公司自创办以来，一直致力于推动中国现代物流的发展和进步。目前，宝供模式已成为中国现代物流发展的主流模式，公司已在全国65个城市设有7个分公司、8个子公司和50多个办事处，形成了一个覆盖全国并开始向美国、澳大利亚、泰国、香港等地延伸的国际化物流运作网络和信息网络，与国内外近百家著名大型工商企业结成战略联盟，为他们提供商品以及原辅材料、零部件的采购、储存、分销、加工、包装、配送、信息处理、信息服务、系统规划设计等，形成供应链一体化的综合物流服务，被中国物流与采购联合会命名为“中国物流示范基地”，成为入选的第三方物流企业。同时也是国家经贸委的重点联系企业、广东省流通龙头企业、中国物流百强企业、中国5A级物流企业。

干线运输：

宝供物流以整合社会资源为主的方式，与国内国际众多运输商建立了长期合作伙伴关系，具备每年超过百万吨的公路和铁路运输组织能力。

公司建立了科学的运输控制体系，并采用先进的信息化管理手段，结合运输跟踪及反馈系统确保货物准时、安全到达，可为客户提供全国零担、整车运输服务，运输方式多样，包括普通货物运输、危险品运输、国际集装箱运输、海关监管货物运输、铁路托运等多种服务。

为了更好地适应市场发展以及客户的需求，发挥宝供全国运作网络的作用，提高物流运作水平，宝供集团在全国20多条主要干线构造了一个安全、稳定、准时、可靠的快速通道。现在已经开通了广州——上海的特快行邮专列——“宝供号”，打通了连接“珠、长三角”的黄金快速通道，与大连港合作开通了广州——大连的南北航线；拟进一步与铁路部门及航空公司共同开辟新的运输线路，与其他同行探讨以武汉为中心的南北干线的交叉理货中心的建设。最后将形成一个快速的干线运输网络。

分销及连锁配送：

宝供除了提供城市间的直达干线运输外，还提供省内和市内的门到门配送业务。宝供对客户的区域配送中心和中转仓库存储体系进行科学的整合管理，形成辐射范围较广的网络体系。宝供的仓储和配送服务使得客户公司的服务半径和货物集散空间得以低成本、低风险地扩张。

宝供针对配送区域内的大客户发生的大批量订单，提供“门对门”的运输配送。针对配送区域内大量中小商家的零散、小批量的订单，安排合理的配送计划，实施高水平的一线多点配送。在配送区域内的中心城市，配合商家的无库存销售模式，为消费者提供完善的24小时送货服务。按客户企业的要求提供产品的流通加工，为客户公司提供各种物流延伸服务。

宝供依托外部资源及自身的资源整合能力，在全面订单管理系统和运输业务调度系统的支持下，在全国15个主要城市开展深度分销配送业务，严格按照运输业务的操作标准为客户提供全方位的商品配送服务，构建一个BTOB，BTOC的运作网络，形成一个以干线运输（大动脉）和区域配送（血管）和城市配送（毛细血管）三级联动的运输配送体系。目前，配送业务已经在广州、上海、北京、沈阳、成都正式启动，配送的范围部分已经到达了蒙古包、漠河边疆、哨所，以及乡镇、家庭。最后将形成一个深度覆盖的配送网络。

在过去10多年中，宝供营运覆盖全国各个城市，服务范围包括全国范围内的干线运输，包括公路、铁路、水路和航空运输，运输产品涉及家用电器、IT产品、日用品、化妆品、食品、饮料、汽车、纸制品等诸多行业。

问题：

(1)宝供物流的优势在哪里？

(2)从本案中你受到哪些启发？

第一章　运输方式

【学习目标】

通过本章的学习，掌握铁路、水路、公路、航空运输的特点，了解它们的发展趋势。

【引例】

2012年全国铁路发送货物38.92亿吨

2013年1月18日，原铁道部发布2012年铁路客货运输指标完成情况，数据显示，在刚刚过去的2012年，全国铁路客货运输主要指标完成情况良好，各项重点物资运输得到有力保障。全国铁路扎实推进安全风险管理、科学有序推进铁路建设，大力发展多元化经营，全面实施客货运输组织改革，努力改善职工生产生活条件，广泛开展创先争优活动，进一步加强党建和思想政治工作，铁路工作取得显著成绩，为经济社会发展作出了贡献。2012年，我国铁路完成的旅客周转量、货物发送量、货物周转量均居世界第一位。

数据显示，2012年，在大宗货物运输需求大幅下降的情况下，全国铁路货物发送量完成38.92亿吨，货物周转量完成28891.9亿吨千米，与上年基本持平。

受宏观经济下行影响，从2012年6月开始，铁路货源受到影响，日均货运装车和货物发送量明显回落。面对经济增速趋缓、请求车数量减少的困难，各铁路局发挥市场主体作用，围绕市场需求和货主需要创新营销策略，加大新产品开发力度，广泛吸引货源，积极组织装车，最大限度地挖掘了运输潜力。2012年11月和12月，全国铁路货物发送量实现止跌回升。

一年来，铁路部门继续倾斜运力加强电煤、粮食、棉花、节日物资、救灾物资等重点物资运输，有力地满足了国民经济发展需求，彰显了铁路“国民经济大动脉”的社会担当。全国铁路全年煤炭运量完成226175万吨；石油运量完成13777万吨，同比增长1.7%；粮食运量完成10444万吨，同比增长5%；化肥及农药运量完成9297万吨，同比增长7.3%。

另据原铁道部统计中心数据显示，2012年，全国铁路累计发送旅客18.93亿人，比2011年增加8618万人，增长4.8%。旅客周转量完成9812.33亿人千米，同比增加200.03亿人千米，增长2.1%。

2012年，铁路部门两次进行列车运行图调整。2012年7月1日第一次调图，新增直通客车13.5对，在能力常年紧张的北京至乌鲁木齐、上海至深圳等方向增开普速客车；2012年12月21日第二次调图，新增客车15对，实行向西部倾斜运力的政策，两次调图均对铁路客运增量起到了显著推动作用。铁路部门还积极扩大动车组列车开行范围，特别是汉宜、龙厦、合蚌、哈大、京广等高铁的相继开通，受到沿线旅客热捧，成为拉动客运增收的亮点。此外，由于春运、暑运和小长假、黄金周旅客出行需求非常旺盛，节假日运输成为促进客运增量的有利契机。清明、五一、端午和中秋国庆期间，全国铁路旅客发送量同比增幅分别为9.8%、4.6%、7.5%和13.4%，一系列客运指标均创新高。2012年9月30日，全国铁路单日旅客发送量首次突破900万，达914万人，创铁路单日旅客发送量新高。

一批铁路重点项目建成投产，世界上第一条高寒高速铁路——哈大高铁顺利开通运营，京石、石武客专建成投产，标志着世界上营业里程最长的高速铁路——京广高铁全线贯通，合蚌、汉宜等一批重点项目顺利开通运营。

到2012年年底，全国铁路营业里程达到9.8万千米，居世界第二位；高铁运营里程达到9356千米，居世界第一位。目前我国铁路完成的旅客周转量、货物发送量、货物周转量、换算周转量居世界第一位。

铁路科技创新水平明显提高，在高速铁路、高原铁路、重载运输等领域取得一系列科技创新成果，我国铁路总体技术水平进入世界先进行列。

资料来源：http://society.people.com.cn。

【思考】

(1)与其他运输方式比较，铁路运输有何特点？

(2)我国铁路运输目前存在哪些问题？今后该如何发展？

第一节　铁路运输

一、铁路运输的分类与特点

铁路运输指利用机车、车辆等技术设备沿铺设轨道运行的运输方式。

(一)铁路运输的分类

(1)按两根钢轨的距离不同，铁路运输可分为三种类型：轨距为1435毫米的称为标准轨距铁路运输；轨距大于1435毫米的称为宽轨距铁路运输；轨距小于1435毫米的称为窄轨距铁路运输。我国绝大多数采用标准轨距，这也是国际上多数国家采用的轨距。

(2)按列车重量大致可分为两种类型，一种是长、大、重型，幅员广阔的国家多开行这种列车，以俄罗斯和美国为代表，我国铁路列车也属于此类。另一类是短、小、轻型，幅员狭小的国家多开行这种列车，如西欧和日本的铁路。

(3)按列车的支持和驱动方式可分为普通铁路运输和悬浮式铁路运输。普通铁路运输设备主要由车体、车轮和钢轨构成。钢轨和车轮具有三个功能：支持车体重量，引导列车前进，获得驱动力。由于是借助于车轮和钢轨之间的摩擦力驱动的，其速度极限为330千米/小时。而悬浮式铁路运输采用气垫或磁垫来支持列车，车体和轨道不直接接触，可以获得超过330千米/小时的行驶车速。

目前，我国的铁路网以首都北京为中心，铁路干线呈辐射状伸向四面八方，总长达5万千米。主要干线可分为南北线和东西线两大类。

属于南北线的主要铁路有：京广线、京九线、京沪线、同蒲、太焦、焦枝、枝柳线、成昆、川黔、黔桂、南昆线、京哈等。

属于东西线的主要铁路有：大秦、陇海、宝成、成渝、兰新线、京哈、京包、包兰、兰青、青藏线、沪杭、浙赣、湘黔、贵昆线、滨州、滨绥线等。

总体上看，铁路运输在我国现阶段的综合运输网中尚起着主导作用，铁路被认为是国民经济大动脉，担负着主要的客货运输任务。但随着其他运输方式，尤其公路运输和航空运输的发展，最近几年管道运输也迅速发展，我国的运输结构方式将有所改变。

（二）铁路运输的特点

1. 铁路运输的优点

(1)运输能力大，这使它适合于大批量低值商品的长距离运输；

(2)单车装载量大，加上有多种类型的车辆，使它几乎能承运任何商品，几乎可以不受重量和容积限制；

(3)车速较高，平均车速与其他运输方式相比，仅次于航空运输，并且今后平均车速有进一步提高的趋势；

(4)铁路运输受气候和自然条件影响比较小，在运输的经常性方面占有优势；

(5)铁路运输可以方便地实现驼背运输、集装箱运输及多种联运。

2. 铁路运输的缺点

(1)由于铁路线路是专用的，其固定成本很高，原始投资较大，建设周期长；

(2)铁路按列车组织运行，在运输过程中需要有列车的编组、解体和中转改编等作业环节，占用时间较长，因而增加了货物的在途时间；

(3)铁路运输中的货损率比较高，而且由于装卸次数多，货物毁损或丢失事故通常也比其他运输方式多；

(4)不能实现“门对门”运输，通常要依靠其他运输方式配合，才能完成运输任务，除非托运人和收货人均有铁路支线。

（三）铁路运输的功能

根据上述铁路运输的特点，铁路运输担负的主要功能是：

(1)大宗低值货物的中、长距离运输，也较适合运输散装货物（如煤炭、金属、矿石、谷物等）、罐装货物（如化工产品、石油产品等）；

(2)大批量旅客的中、长途运输；

(3)都市与卫星城区及郊区间的通勤、通学运输。

二、铁路运输的技术装备和设施

铁路运输的技术装备和设施主要包括铁路机车、铁路车辆及铁路线路。

铁路机车是铁路运输的动力装置，包括蒸汽机车、内燃机车和电力机车。

铁路车辆包括客车和货车两大类，其中客车又包括软、硬席座车和卧车。另有编挂在旅客列车上的餐车、邮政车、行李车以及特种用途车等。铁路货车包括：①棚车（通用型），即标准化的有顶货车，侧墙上有拉门，用于装运普通商品；②棚车（专用型），即专门改装的棚车，用以装运特种商品，如汽车配件；③漏斗车，货车地板斜向有一个或几个可开关的底门，便于卸出散装物料；④有盖漏斗车，用于装运需要防风雨的散粒货物；⑤平车，即没有侧墙、端墙和车顶的货车，主要用于驮背运输；⑥冷藏车，即加装有冷冻设备以控制温度的货车；⑦敞车，即没有车顶，有平整地板和固定侧墙的货车，主要用于装运长大货物；⑧罐车，即专门用于运送液体和气态货物的车辆。

通常将若干铁路车辆编排在一起，配以列车员和列车标志，并由铁路机车牵引组成铁路列车完成运输任务。其中，由大功率机车或多部机车牵引载重量大的货车，编成5000吨以上的普通列车合并运行，这种列车称为组合(合并)列车。

铁路线路是支撑列车重量，引导列车前进的基础，主要由路基和轨道两部分组成。

三、铁路运输的成本构成与市场竞争

铁路运输具有较高的固定成本，这是因为铁路运输自己要拥有铁路网、场站、运输设备等固定设施。并要负责维护这些固定设施。通常，这些固定费用要占铁路运输企业成本支出的1/3左右。铁路运输的高固定成本特点，决定了铁路运输企业不可能像其他运输方式那样，对运量的变化能够做出灵活的反应。

铁路运输的可变成本主要由燃料动力费用、人工开支和税收组成。

铁路运输的上述成本特点，决定了铁路运输企业具有较高的规模经济效益。即当铁路企业在达到运营能力之前，其利润将随运量的增加而上升。换言之，在运量增加时，由于只有可变成本随之增加，而总成本并不会按比例上升。这样，单位成本就可以降低。也可以说，因为固定成本可以分摊到更多的运量单位上，所以单位成本就下降了。与此同时，利润也随着运量的增加而上升。

我国的铁路实行全国高度集中，由国家铁路局统一调度和经营，因而其市场竞争主要不是来自内部，而是来自铁路运输以外的其他运输方式。但在那些由私人经营铁路的国家(如美国)，铁路运输也存在一定程度的内部竞争，表现为差别性寡头垄断竞争形态。

铁路运输的外部竞争，具体表现为：在高值商品运输及中、短途旅客运输上与汽车运输竞争。在紧急货运及中长途旅客运输上与航空运输竞争，在低值商品运输上与水上运输竞争。在流体类货物运输上甚至与管道运输竞争。随着整个交通运输事业的发展，以上竞争将更加趋于激烈。

四、当前铁路运输发展的方向

(一)旅客运输

1.铁路旅客运输重新受到了各国政府的重视

铁路运输已有近190年的历史，具有很多优势，促进了现代经济的发展。而第二次世界大战后，一些国家把交通运输重点转向了公路和民航，同时也引发了一系列问题，如环境恶化、公路拥挤、汽车不能畅行、事故频繁、不能满足运输的需求。所有这些，使得人们重新正视铁路运输的优越性，把发展交通运输再度转向了铁路。发展铁路运输重新受到了各国政府的重视。

2.大力提高旅客列车速度已是共同的趋势

速度是交通运输，尤其是旅客运输最重要的技术指标，也是主要的质量指标。自从有了铁路以后，人们就致力于列车速度的提高，在发展高速铁路技术的同时，各个国家都在大幅度地提高车速。早在1987年，就有15个国家的特、直快列车的旅行速度达到或超过了120千米/小时。在欧洲大陆，非高速线上特、直快列车的运营速度达到了160千米/小时。提高旅客列车速度是当前各国铁路旅客运输发展的一大趋势。

3.发展高速铁路已成为世界潮流

为适应旅客运输高速化的需要，在世界范围内掀起了修建高速铁路的浪潮。短短40余年间，世界已有日本、法国、英国、德国等国家新建和改建的高速铁路近3200千米，最高时速已由210千米/小时提高到了超过500千米/小时。高速铁路是铁路现代化的重要标志，也是改善铁路旅客运输服务质量的新的契机。

(二)货物运输

铁路货物运输普遍采用重载技术，从20世纪50年代开始，被世界上越来越多的国家广泛重视。60多年来一些国家依靠科技进步，更新实行和研究采用先进的技术设备，使重载铁路开创了微控制列车操纵，运用自导型转向架的新技术，使重载单元列车步入了新的一代。实践证明，重载运输是提高运输效益、扩大运输能力、加快货物输送和降低运输成本的有效方法。

重载列车所能达到的重量，在一定程度上反映了一个国家铁路重载运输技术综合发展的水平。目前，不同国家之间存在着较大的差异，基本上都是根据各自的铁路机车车辆、线路条件和运输实际需要确定列车重量标准。世界各国都在积极研究采用新型大功率机车增加轮周牵引力；装设机车多机同步牵引遥控和通信联络操纵系统，提高车辆轴重，减轻自重，采用刚性结构，增加载重量；装设性能可靠的制动装置以及高强度车钩和大容量缓冲器。在改造既有线路或修建重载专线中采用新型轨道基础，铺设重型钢轨无缝线路，强化线路结构提高承载力。对车站站场线路轨道进行相应的改造和延长。选用先进的通信信号设备，在运营中实现管理自动化，货物装卸机械化和行车调度指挥自动化等。

第二节　水路运输

一、水路运输的分类与特点

水路运输是指利用船舶、排筏和其他浮运工具，在江、河、湖泊、人工水道以及海洋上运送旅客和货物的一种运输方式。

(一)水路运输的分类

水路运输按其航行的区域，大体上可划分为远洋运输、沿海运输和内河运输三种类型。

远洋运输通常是指除沿海运输以外所有的海上运输，在实际工作中又有“远洋”和“近洋”之分。前者是指我国与其他国家或地区之间，经过一个或整个大洋的海上运输，如我国至非洲、欧洲、美洲、澳洲等地区进行的运输，后者是指我国与其他国家或地区间，只经过沿海或太平洋(或印度洋)的部分水域的海上运输，如我国与朝鲜半岛、日本及东南亚各国所进行的运输。这种区分主要是以船舶航程的长短和周转的快慢为依据的。

沿海运输是指利用船舶在我国沿海区域各港之间的运输。其范围包括：自辽宁的鸭绿江口起，至广西壮族自治区的北仑河口止的大陆沿海，以及我国所属的诸岛屿沿海及其与大陆间的全部水域内的运输。

内河运输是指利用船舶、排筏和其他浮运工具，在江、河、湖泊、水库及人工水道上从事的运输。航行于内河的船舶除客货轮、货轮、推(拖)轮、驳船以外，还有一定数量的木帆船、水泥船、机帆船。内河运输通常多利用天然河流，因此建设投资少，运输成本低。

我国是一个海疆辽阔、江河众多的国家，水运资源丰富，从而为我国发展水运事业创造了良好的条件。如邻近我国大陆的海洋有渤海、黄海、东海和南海四个海域。它们都是北太平洋西部的陆缘海，四海相连，呈一北东至南西弧形，环绕着亚洲大陆的东南部。整个中国近海纵跨温带、亚热带和热带，面积达 4700000 平方千米。除上述四海外，我国台湾地区直接面临太平洋，具有大洋特性，距岸不远即为水深超过 3000 米的深海盆。在内河航运方面，我国有大小湖泊 900 多个，天然河流 5000 多条，总长约 43 万千米，并且大多数河流水量充沛，常年不冻，适宜航行。主要的通航河流有长江、珠江、黑龙江以及大运河等。

(二)水路运输的特点

1.水路运输的优点

(1)可以利用天然水道，线路投资少，且节省土地资源。

(2)船舶沿水道浮动运行，可实现大吨位运输，降低运输成本。对于非液体商品的运输而言，水运一般是运输成本最低的方式。

(3)江、河、湖、海相互贯通，沿水道可以实现长距离运输。

2.水路运输的缺点

(1)船舶平均航速较低。

(2)船舶航行受气候条件影响较大，如在冬季常存在断航之虞。断航将使水运用户的存货成本上升，这决定了水运主要承运低值商品。

(3)可达性较差。如果托运人或收货人不在航道上，就要依靠汽车或铁路运输进行转运。

(4)同其他运输方式相比，水运(尤其海洋运输)对货运的载运和搬运有更高的要求。

(三)水路运输的功能

根据水上运输的上述特点，在综合运输体系中，水上运输的功能主要是：

(1)承担大批量货物，特别是散装货物运输。

(2)承担原料、半成品等低价货物运输。如建材、石油、煤炭、矿石、粮食等。

(3)承担国际贸易运输，系国际商品贸易的主要运输工具之一。

二、水路运输的技术装备和设施

水路运输的技术装备和设施主要包括船舶和港口。

(一)船舶的技术装备和设施

船舶是水路运输的载运工具。船舶大致可分为集装箱船、散装货船、油船、液化气船、冷藏船、运木船、滚装船、载驳船、驳船、客船、客货两用船、双体船、水翼船、气垫船等。船舶的主要性能包括重量性能和容积性能。前者又包括排水量和载质量，其中排水量的大小是载重能力高低的基础。后者又包括货舱容积和船舶登记吨位。其中货舱容积可用散装舱容(能够装散装货的货舱容积)、包装舱容(能够装载包装货物的货舱容积)及舱容系数(货舱容积与其载重量之比)度量。而登记吨位是指按吨位丈量规范检定的吨位，由总吨位和净吨位组成。

随着科学技术的不断进步.船舶为保证自身的安全和能进行正常的营运生产,如今它所具有的设备装置也越来越趋于完善。除了机舱部门逐渐自动化、电气化之外,船装设备也在不断改进中,诸如锚设备、舵设备、系泊设备、救生设备等。此外,通信导航设备也日益精确有效,一般船上都装有磁罗经、电罗经、计程仪、测深仪、雷达等,较新式的大型船舶犹如一座海上浮动的城市,各种先进的设备基本上能保证它可在世界各大洋上正常的航行。

(二)港口的技术装备和设施

港口是水上运输的另一重要设施。港口是指具有一定面积的水域和陆域,供船舶出入和停泊、货物及旅客集散的场所。它主要由公共部门提供或建造,当然水运大货主也常投资建设港口设施,这些自用设施是专门为满足自己的特定需要而设计的。

港口主要由水域和陆域两部分构成。港口水域指港界之内的水上面积,它是供船舶进出港以及在港内运转、锚泊和装卸作业使用的。一般将港池以外的部分称为港外水域,包括进出港航道和港外锚地;而将港池内的水面部分称为港内水域,包括港内航道、港内锚地、码头前沿水域和船舶调头区等。

港口陆域指港口范围内的陆地面积,包括码头、泊位、仓库、堆场、铁路、道路、装卸机械等。其中,码头是供船舶停靠旅客上下、货物装卸的水工建筑物。码头前沿线即为港口的生产线,也是港口水域和陆域的交接线。泊位是指供船舶停泊的位置,一个泊位即可供一艘船只停泊。通常一个码头往往要同时停泊几艘船只,即应具备多个泊位。

近几十年中,港口的主要改进集中在物资搬运装卸的机械化方面,这在内河港口尤为突出。能高效地装卸大量散装货物已成为一个港口对航道上的其他港口保持经济上竞争优势必不可少的条件,这也是水运业和其他运输方式进行竞争的必要条件。为此,港口要配备起重机、叉车等。对某些商品如谷物、石油和煤,还需要更先进的装载设备如气动装载机和铁路货车卸载设备。

港口还要便于联运中的货物转运,为此港口还应具有铁路和汽车运输设施,例如要有通往港口终端的铁路支线和汽车运输停车场。

由于水运工具的载运量较大,所以港口要有货物储存设备。储存区不断接收由汽车和铁路运来的大量货物。待积存到足够数量后,由驳船或船舶运走。反之,船只到达港口后,货物先卸载储存,稍后再调派相当数量的铁路车辆或运货汽车将货物运走。

此外,船舶在航线上航行还离不开海图、航标、灯塔等设施,供船舶增补燃料、淡水和生活物资的设施,以及发生事故后的救助打捞设施等。

三、水运企业的生产、成本结构与市场竞争

一批货物通过港口装到船上,船舶载着这些货物运到另一港口,再从船上卸下、储存或直接提走,这样就完成了一个水运生产过程。

在我国,目前整个水运系统由交通部或省(市、自治区)地方交通厅(局)统一管理。其中除了水运工业、航务工程以及救助等单位外,实际进行水运生产的大致可分成航运与港口两大类企业。前者主要经营船舶,组织所属运力进行经济合理运输,加速船舶周转,提高营运效率,保质保量地完成和超额完成国家运输生产任务;后者则着重于利用港口设备,对来港的货物和运输工具(包括船舶、车辆等)给予及时而优质的服务,其中应特别注意压缩货物和船、车的在港停留时间,快装快卸。

航运企业的基本成本结构是高可变成本和低固定成本。与汽车运输及航空运输相似，企业不需要为自己准备线路。大自然提供了水道，而政府则负责维护、改善和管理它。航运公司只在使用政府提供的设施时付使用费，如船闸费、码头费、燃料税等。这些使用费与运量直接相关，所以属于可变成本。

水运业并不完全是劳动密集型产业，因为他们运输的主要是散装货物，可以进行机械化装卸。燃料消耗方面，船只虽然每千米要消耗更多的燃料，但由于其运量较大，故单位周转量消耗的燃料较少。可以说水运业是燃油消耗更为经济的运输方式。航运企业的成本还应包括保险费用，它用来应付自然灾害造成的损失。航运公司可以用保险金抵偿损失，否则自己要直接承担事故造成的全部经济损失。

上述成本结构表明，在各种运输方式中，航运企业的规模经济效益不是十分突出，其可变成本通常占到总成本的 90%。

航运业面临的竞争主要来自外部，即与铁路和管道业竞争。航运业在散干货如谷物、煤炭的运输方面和铁路竞争。在散装液体（石油和石油制品）方面，管道常常是水运的主要竞争对手。水运和汽车运输之间的竞争不大。在大多数情况下，汽车运输帮助水运克服了可达性受到限制的困难，起到了联系内陆地区和水道的纽带作用。

四、水路运输的发展现状与趋势

（一）水路运输的发展现状

改革开放以来，我国水运业得到了快速的发展。2012 年年末全国拥有水上运输船舶 17.86 万艘，比上年年末减少 0.4%；净载重量 22848.62 万吨，增长 7.5%；平均净载重量 1279.38 吨/艘，增长 7.8%；载客量 102.51 万客位，增长 1.7%；集装箱箱位 157.36 万 TEU，增长 6.7%；船舶功率 6389.46 万千瓦，增长 7.4%。

随着我国市场经济制度的确立和航运市场的发展，我国的水运发展呈现出如下特点：

1. 国际集装箱运输发展迅速

2012 年全国港口完成集装箱吞吐量 1.77 亿 TEU，比上年增长 8.4%。其中，沿海港口完成 1.58 亿 TEU，内河港口完成 1950 万 TEU，比上年分别增长 8.0%和 12.3%。全年全国港口完成货物吞吐量 107.76 亿吨，比上年增长 7.3%。其中，沿海港口完成 68.80 亿吨，内河港口完成 38.96 亿吨，分别增长 8.2%和 5.9%。我国大陆沿海已初步形成了华南以深圳为中心，华东以上海组合港为中心，华北以青岛、天津和大连为中心的国际集装箱中转型枢纽港口岸。

2. 我国航运市场形成并全面开放

随着我国社会主义市场经济的建立，我国航运市场也已形成，船舶经营（船公司）、港口经营、船舶代理、货运代理及各种辅助服务和相关行业得到了较为充分的发展，我国航运市场实行全面对外开放，有以下特征：

(1) 为了促进航运事业的繁荣发展，自 1985 年以来我国政府对航运业采取了逐步开放的政策。1985 年首次正式规定，允许外资通过合资的形式进入中国从事海上运输；1988 年起取消了国货国运政策；1990 年，向外国航运公司开放了国际班轮运输；1992 年，外国籍船舶在我国港口服务和使用港口设施方面开始享受完全的国民待遇，即允许外国航运公司在华设立独资子公司，允许外国船运公司独资或合资经营国际运输辅助服务，包括装卸、仓储、集装箱站、堆场、船舶代理，并允许适度发展中外合资经营水路运输企业，从事我国境内沿海、内河运输。1995 年，中外合资船队允许进入沿海航运；1996 年起允许外国船运公司在中国设立独资船务公司。

(2)外资航运企业在中国航运市场准入度高，受限制条件少。我国对进入航运市场的外资企业，没有数量和地域等方面的限制，使在我国境内的外资航运企业，在短短的几年中发展迅速。到 1997 年年底，经批准经营水路运输的中外合资企业有 120 多家，经批准的国外航运公司在华设立独立独资子公司及其分支机构的有 53 家，与我国国内航运公司一样，从事中国港口到国外港口间的海上运输，并执行与中国船舶相同的货率标准。

(3)外资航运企业在中国不受歧视。中国现行的政策法规对进入中国航运市场的外资企业无歧视性规定，如中国政府不采用行政手段规定中外船公司承运中国外贸货物的比例。在货运代理方面，目前，中国实行打破垄断，促进竞争的政策，为外资企业在我国顺利开展航运业务创造了有利条件。同时，由于市场准入的双向作用，我国航运市场的对外开放也为我国航运业扩大在国际航运市场的份额提供了有利的条件，我国航运业发展呈现出国际化的时代特征。

(二)水路运输的发展趋势

1. 运输功能拓展与运输方式变革

现代运输强调物流的系统观念，在拓展港口功能，充分发挥港口集疏运作用的前提下，建立以港口为物流中心，由铁路、公路、水运、航空和管道等多种运输方式优化组合的联运系统，使由原材料供应、产品生产、储存、运输到商业销售的整个物流过程更畅通，从而使货方、运输方、销售方和购买方在合理的方式联运中全面受益，体现运输服务于社会经济的宗旨。物流的系统观念改变了船方、港方、货方在运输中过分顾及各自利益的传统做法，而树立了全新的物流流通全系统利益的观念，使运输服务于社会经济的观念得到升华，这是运输的时代新特征。

2. 航运经营观念的新变革

在航运市场激烈的竞争形式下，航运公司经营观念从单纯追求利益转变为追求低运输成本和服务高质量，以使自己获得新的生存和发展机会。

3. 船型专业化与运输全球化

在经济贸易全球化的今天，运输全球化成为必然的趋势，长距离的海上运输促进了船舶大型化和专业化。从船型构成看，油轮和散货船舶等专业化船舶占有极大的比例，作为新运输方式的集装箱船发展迅速。

4. 泊位深水化，码头专用化，装卸机械自动化

船舶大型化的趋势对港口航道水域和泊位前沿的水深提出了新的更高的要求，例如随着第四、第五代集装箱船舶和大型油轮、散货船的出现，要求港口航道和集装箱泊位前沿水域的水深不断加深。对于流量大而稳定的货物，如散货、石油及其成品油类和集装箱的运输，专用码头泊位的产生，加上专用装卸机械自动化程度高，大大地提高了港口通过能力，同时也提高了港口的装卸效益。因此，泊位专用化和装卸高效益已成为现代化港口的发展趋势。

5. 港航企业经营管理改革

近几年来，世界航运业实现了“强强联手，优势互补”。在港口方面，实行“政企分开”和

"港口经营民营化"。我国港口对外开放以来,吸收了大量外资,沿海各大城市港口的集装箱码头的中外合资经营屡见不鲜,以"政企分开"建立港口现代企业制度已经成为我国港口体制改革的核心任务,港口组合经营、港航联合经营、港方和货方合作经营正成为港口一种新的经营机制。

第三节　公路运输

一、公路运输的概念及类型

公路运输的概念有广义和狭义之分。从广义来说,公路运输指利用一定载运工具(汽车、拖拉机、畜力车、人力车等)沿公路实现旅客或货物空间位移的过程。从狭义来说,公路运输即指汽车运输。

目前,在发达国家中汽车已取代了拖拉机、畜力车和人力车等低效率运输工具。在我国,虽然拖拉机、畜力车和人力车仍不同程度存在着,但无论从完成的运输量,还是从对社会经济的影响方面,汽车已成为公路运输的主要运载工具。因此,现代公路运输主要指汽车运输。

公路运输的种类较多,总体可以分为汽车客运和货运两大类。其中汽车客运可以分为公共汽车运输、出租汽车运输、长途汽车运输、自用汽车运输(通勤);汽车货运可以分为普通货物运输、特种货物运输、零担货物运输、集装箱运输等。

汽车运输具有较高的机动性,运行的平顺性和较小的运载能力,使它具有更高的可达性、货物批量适应性、货物安全性和较短的输送时间等特点。

二、公路运输的技术装备与设施

公路运输的技术装备与设施主要由运输车辆、公路和场站组成。汽车运输车辆包括客车、普通载货汽车、专用运输车辆、牵引车和挂车等。其中货运车辆从其运行距离看,不是长途运输车就是城市运输车。长途货运车辆用于城市间长距离的货物运输,城市货运车辆用于市内货物集送服务。有时长途货车也在城市里运输,但这样使用时效率不会很高。长途货车常常属于三轴以上的汽车列车,城市货运车辆通常小于长途货车,并且不带挂车。

汽车运输专用车辆主要包括:①厢式车,即标准的挂车或货车,货厢封闭;②敞车,即挂车顶部敞开,可装载高低不等的货物;③平板车,即挂车无顶也无侧厢板,主要用于运输钢材和集装箱类货物;④罐式挂车,用于运输流体类货物;⑤冷藏车,用于运输需控制温度的货物;⑥高栏板车,其车厢底架凹陷或车厢特别高以增大车厢容积;⑦特种车,其车体设计独特,用来运输像液化气那样的货物或是小汽车。

公路是汽车运输的另一重要设施。公路根据交通量及其使用任务、性质分为两类五个等级。

(一)汽车专用公路

1.高速公路

一般能适应按各种汽车(包括摩托车)折合成小客车的年平均昼夜交通量为25000辆以上,为具有特别重要的政治、经济意义,专供汽车分道高速行驶并全部控制出入的公路。

2.一级公路

一般能适应按各种汽车(包括摩托车)折合成小客车的年平均昼夜交通量为10000辆至25000辆,为连接重要政治、经济中心,通往重点工矿区、港口、机场,专供汽车分道行驶并部分控制出入的公路。

(二)一般公路

1.二级公路

一般能适应按各种车辆折合成中型载重汽车的年平均昼夜交通量为2000辆至5000辆,为连接政治、经济中心或大工矿区、港口、机场等地的公路。

2.三级公路

一般能适应按各种车辆折合成中型载重汽车的年平均昼夜交通量为2000辆以下,为沟通县以上城市的公路。

3.四级公路

一般能适应按各种车辆折合成中型载重汽车的年平均昼夜交通量为200辆以下,为沟通县、乡(镇)、村等的公路。

在上述各等级公路组成的公路网中,高速公路及汽车专用一、二级公路在公路运输中的地位和作用相当重要。

汽车运输场站包括汽车客运站和货运站两种类型。其中货运站又可分为集运站(或集送站)、分装站和中继站等几类。集运(送)站是集结货物或分送货物的场站;分货站是将货物按某种要求分开,并进行配装的场站;中继站是供长途货运驾驶员及随车人员中途休整的场站。

三、公路运输的成本构成与市场竞争

汽车运输业的成本结构,包括较高的可变成本和较低的固定成本。大约90%的成本是可变的,10%为固定的,对于公路系统的公共投资是形成这种低固定成本结构的主要原因。因此,汽车运输可以用增加或减少在用汽车数量的办法来适应短期内运量的变化。此外,汽车运输的场站也可以为众多的汽车运输企业或个人使用。每个汽车运输从业者对车站的投资比较少,也是其固定成本较低的一个原因。所以,汽车运输业成本的大部分属于日常运行支出,即燃油、工资、车辆磨损和维修费用等组成的可变成本。汽车运输的这种成本结构,使得它的规模经济效益不太明显,这也是那些小型汽车运输从业者能够保持竞争活力的主要原因。

汽车运输的低固定成本特点,使得进入汽车运输业不会受到太高的资金限制,因而汽车运输从业者众多,从而导致汽车运输业的内部竞争十分激烈。对于商业性汽车运输公司(或个人)而言,这种竞争既来自其他商业性汽车运输公司(或个人),也来自企事业单位的自备运输系统。对于大多数的旅客运输、普通货物运输而言,竞争几乎表现为自由市场竞争形态。但对于特种货物运输、零担货物运输、集装箱运输而言,竞争却表现为垄断竞争或寡头垄断形态,因为完成这类运输任务,需要投资较高的专用车辆、装卸设备、专用场站及具有丰富装运经验的专业人员。

四、公路运输的现状及发展趋势

(一)公路运输的现状

改革开放以来,我国公路运输业快速发展,从完成的运量和周转量来看,公路客运已成为重要的客运方式,公路货运量也远远超过了其他运输方式,周转量也快速增长。这说明公路运输方式在国民经济及社会发展过程中发挥着越来越重要的作用。我国公路运输服务方式和经营主体日益呈现多样化的趋势。

1.运输市场竞争激烈化

随着市场经济的发展,公路运输行业的竞争日益激烈,为了最大限度地占有市场,运输经营者不断扩展其服务方式。在客运方面,从等客上门到想方设法"拉客上门",尽可能为旅客出行安排全程便利着想,在售票网点设置售票方式(电话订票、送票上门、优惠票等),站点安排,车辆设施配置,途中服务等方面,都采取了行之有效地服务措施。除了最常规的购票乘车外,还有计程包车、定时包车。近年来,又出现了车辆租赁业务。目前一些省市正在采取措施取消公务用车,定向服务客运应运而生。在公路客车配置方面,有大、中、小型客车;有普通车、空调车、豪华空调车;有直达班车、定点停靠班车;有快速客运班车、普通客运班车。在货运方面,有整车货运、零担货运;有直达快车、普通货车;货车车辆有普通货车、专用货车;有合同运输、非合同运输;按承担方承担的责任分,有全责运输、非全责运输;按货物运营的要求分,有特殊运输、通用运输;有单纯运输服务、储运结合运输服务和运销结合运输服务。至于租赁、计价结算及提供运送保障等方面的服务方式,就更具有多样化的特点。服务方式多样化,大大地促进了公路运输业的发展。这也是发展市场经济对公路运输行业带来的最大的而且根本性的变化。

2.运输经营主体多样化

20 世纪 80 年代初,交通部先后提出了"有路大家走,有客有货大家运,各部门、各地区、各行业一起干,国家、集体、个体和各种运输工具一起上"的措施,以缓解公路运输能力严重不足的矛盾,针对计划经济体制下存在的弊端,解放和发展了生产力。经过几十年的发展干线运输任务主要由国有大中型运输企业承担,在公路货运方面,个体运输户所占的比重很大,许多营运车辆挂靠在企业,实质上相当于个体运输户。一些批量较大的合同运输任务主要还是由企业来承担,公路快速货运企业正在兴起。

3.经营方式单车化

"单车"是指从事公路运输营运业务的单台车辆,它是公路运输系统最基本的构成单位。20 世纪 80 年代以来,为了适应市场多变的环境,各运输企业纷纷采取了单车承包的经营方式,即每一承包人对所承包的单车负全面的经济责任并赋予承包人相应的经营管理权限。这种模式目前在我国仍占主导地位。实践证明,在市场经济条件下,这种经营方式与较低水平的运输生产力是相适应的。

(二)公路运输存在的主要问题

(1)公路交通的基础设施还较差;路网密度只相当于巴西的 1/2,印度的1/5,美国的1/6;日本的 1/30;公路品质与发达国家相比差距仍很大,还不能满足经济及社会发展的需要。

(2)运输车辆的车型结构不合理，技术性能还较差。

(3)运输经营组织与管理的手段还比较落后，经营主体结构不合理，建立高效、有序的运输市场缺乏基础。

(三)公路运输的发展趋势

(1)随着高速公路及汽车专用公路建成投入使用，开展公路快速客、货运业务。

(2)随着公路网的完善，特别是高速公路网的形成，需要有按规模化要求集约化经营的运输企业。在这一过程中，行政区域的界限将趋于淡化。

(3)公路货运业将纳入物流服务业发展的系统中，更强调在专业化原则上的合作，包括不同运输方式之间的合作，与服务对象的合作。

(4)在经营管理方面，现在许多运输企业都建立并运用了运输信息管理系统。在某些发达国家，已普遍采用了车辆运行动态监控系统以及自动记录仪(俗称"黑匣子")。

(5)运输组织方式按生产水平分层发展。在公路通行条件好、客货流量大的公路上，按现代企业制度的要求建立规模化、集约化经营的运输企业；在车辆配置上，充分考虑使用强度的影响及运输服务品质的要求。而在其他公路上，仍延续现行的运输组织方式。

(6)逐步加强运输规划，使公路建设及运输站场设施的配置与客货流规律更好地协调起来，同时还根据效率与效益原则，把运输服务向纵深推进。

第四节　航空运输

一、航空运输的特点及功能

自从20世纪初人类第一次飞行取得成功以来，飞机的进步神速，现在地球上的多数地点在不到一天时间内就可以到达。乘坐飞机已成为长途旅行的普通方式，也是在时间紧迫情况下的唯一合理选择。

(一)航空运输的特点

(1)速度快。现代喷气运输机，时速都在900千米上下，比海轮快20～30倍，比火车快5～10倍。速度快是航空运输的最大优势和主要特点。它使得旅客出行时间大大缩短，货主存货减少，保管费用降低。但是，班机正点率的高低，办理旅客出发和到达手续的快慢、机场与市区间地面运输时间的长短、航程中有无经停站以及停留时间的长短，对于营运速度和旅客的旅行速度都有直接影响。

(2)运输路程短。飞机除了由于航行的特殊需要以外，一般是在两点间作直线飞行，不受地面条件限制，因此，同一起讫点间航空运输路程最短。

(3)舒适。喷气式民航机的飞行高度一般在10000米左右，不受低空气流的影响，飞行平稳。20世纪70年代初出现的宽体客机，客舱宽敞、噪声小，机内有供膳、视听娱乐设备，舒适程度又大大提高。

(4)灵活。飞机是在广阔的空中飞行，较火车、汽车或船舶受到线路制约的程度要小得多。飞机可以按班期飞行，也可以作不定期飞行，可以在固定航线上飞行，也可以在非固定航线上飞行。

(5)安全。航空运输中，对飞机适航性要求极其严格，没有适航证的飞机不允许飞行。尽管飞行事故中会出现机毁人亡(事故严重性最大)，但按单位客运周转量或单位飞行时间死亡率来衡量，航空运输的安全性是很高的。

(6)货物空运的包装要求通常比其他运输方式要低。在空运时，用一张塑料薄膜包裹货物并不少见。空中航行的平顺性和自动着陆系统减少了货损的可能性，因此可以降低包装要求。

(7)载运能力低、单位运输成本高。因飞机的机舱容积和载重能力较小。因此，单位运输周转量的能耗较大。除此之外，机械维护及保养成本也很高。

(8)受气候条件限制。因飞行条件要求很高(保证安全)，航空运输一定程度上受到气候条件的限制，从而影响运输的准点性与正常性。

(9)可达性差。通常情况下，航空运输都难以实现客货的“门到门”运输，必须借助其他运输工具(主要为汽车)转运。

(二)航空运输的功能

航空运输的上述特点，使得它主要担负以下功能：

(1)中长途旅客运输，这是航空运输的主要收入来源；

(2)鲜活易腐等特种货物以及价值较高或紧急物资的运输；

(3)邮政运输。

二、航空运输的技术装备与设施

航空运输的技术装备与设施主要包括航空器(飞机)和航空港(机场)。

(一)航空器

航空器(aircraft)包括重于空气的和轻于空气的两类。每一类中又可分为用动力驱动和不用动力驱动两种，每种又可分为若干型。气球是轻于空气和不用动力驱动的；汽艇是轻于空气而用动力驱动的；滑翔机是重于空气而不用动力驱动的；飞机是重于空气而用动力驱动的，它又包括定翼机和旋翼机(如直升机)两种，在以上各种航空器中，飞机是航空运输的主要运输工具。

由于飞机是以高速造成与空气间的相对运动而产生空气动力以支托飞机并使飞机在空中飞行的，因此，为了确保飞行安全、起飞和着陆安全，飞机的重量是其主要的技术指标。每次飞行前，应严格根据当时当地的条件控制飞机装载重量。同时，飞机的重量也是确定跑道长度、道面结构及厚度的重要设计参数。

飞机的重量包括：

(1)基本重量。又作不变重量，是飞机的基本飞行空机重量，由空机重量、附加设备重量、空勤人员及其随带物品(用具)重量、服务设备及供应的重量、其他按规定应计算在基重之内的重量组成。

(2)最大起飞重量。系指飞机根据其结构强度、发动机功率、刹车效能等因素而确定的在起飞线加大马力起飞滑跑时限制的全部重量，其数值由飞机设计制造时确定。

(3)最大滑行重量。系指飞机在滑行时限定的全部重量，其数值大于最大起飞重量，两者的差额就是滑行过程中的用油重量，这部分燃油必须在起飞前用完。

(4)最大无燃油重量。系指除燃油以外所允许的最大飞机重量。它由飞机的基本重量和业务载重量所组成。

(5)燃油重量。系指航段飞行耗油量和备用量,但不包括地面开车和滑行的油量,故又称起飞油量。

(6)最大着陆重量。系指飞机在着陆时,根据其起落装置与机体结构所能承受的冲击荷载限定的最大飞机重量。

(7)最大业务载重量。系指航空营运限定的最大客货重量,包括旅客、行李、货物、邮件等重量。

(二)航空港

航空港是航空运输的又一重要设施,其含义系指民用航空运输交通网络中使用的飞机场及其附属设施。与一般飞机场比较,航空港的规模更大,设施更为完善。航空港体系主要包括飞机活动区和地面工作区两个部分,而航站楼则是两个区域的分界线。

航空运输使用的机场多由政府部门筹资建造,航空公司使用机场要支付使用费,停放飞机要支付租金。

在机场,航空公司要完成对乘客、货物和飞机的各项服务。对乘客要完成检票、登机和下机,行李的集中和分发。货物要由专门的飞机运到终点机场或等待卡车发送。对飞机的服务包括加油、乘客、货物及行李的上下机,食物供应以及维修工作。大型航空公司的飞机维护工作在特定的机场进行。

随着航空公司的运营日趋复杂,某些机场要发展成为航行中心(枢纽)。从人口较少的外围地区来的航班集中到该中心,然后由接运航班运送到其他地方。总之,中心机场的作用有些类似于汽车运输业的客货转运站。

三、航空运输的成本结构与市场竞争

与汽车运输业相似,航空运输的成本结构也是高可变成本和低固定成本。这是因为由政府投资并经营机场和航线。航空公司不必直接支付这些固定设施的建设及管理费用。

航空公司的固定成本主要包括购置运输机成本、飞机保险费及其维护费用。其可变成本则包括机场使用费、人工和燃料开支、代理售票机构佣金、旅客用餐费用、广告及服务促销费用等。

由于航空运输主要以客运为主,对于既定客位数的飞机而言,只有其客位被充分利用时,才能发挥出较好的营运效益。这种效益属于规模经济效益,当运用大型运输机时,规模经济效益将更加突出。影响航空公司规模经济效益的另一重要因素是其建立的完整通讯网(用以实施运营控制和预订机票),这种固定投资的回收与运输量大小密切相关。总之,航空运输业的成本结构和汽车运输业很相似。

航空运输市场的竞争较为剧烈,各国航空公司之间通常在机票票价、航线开辟、服务质量方面展开竞争。目前国内民用航空公司,也逐步形成中央与地方多家经营的局面,联合、竞争的态势将进一步发展,当然这也将促进我国航空运输事业的进步。

四、航空运输的发展历程及趋势

(一)航空运输的发展历程

1903 年 12 月美国莱特兄弟完成了首次飞行,实现了人类梦寐以求的翱翔蓝天的愿望。航空运输开始于第一次世界大战后期,当时主要是进行航空邮件的传递。据说,最早的航空定期客运开始于 1914 年,到 1919 年,世界航空运输客运量为 3500 人。

20 世纪 30 年代以后,航空设计和制造技术的发展,带动了新的、可靠的飞机机型不断出现和航空喷气发动机的问世。1932 年,被称为世界第一架"现代"运输机——全金属的单翼波音 247 型—电机诞生。1936 年具有可以收缩起落架的 DC—3 型飞机投产。由于新机翼的加盟,出现了第一代喷气式飞机——贝尔 XP59A。1945 年世界航空运输客运量达到了 900 万人。从 1945 年开始,航空运输机主要机型(如波音)的发展呈现系列化的趋势。1987 年,世界航空运输客货量突破 10 亿人,1996 年达到 15 亿人,2011 年达到 28 亿人,预计 2016 年将达到 36 亿人,客机的系列化为航空运输量的不断增长提供了有力的保证。

电子和信息技术的发展,使航空运输飞行安全保障能力不断提高。1920 年第一代空中交通管制员只能站在跑道两端用小旗和信号枪进行指挥。1930 年,美国 Cleveland 机场建成了世界上第一座装备无线电台的塔台。1935 年,世界上第一个用于仪表飞行的空中交通管制中心在美国 Newark 机场建成。20 世纪 40 年代,能够监视飞机动态的雷达投入使用;50 年代,用于导航的全向信标和测距仪投产;60 年代,出现计算机雷达数据和飞机计划处理系统以及自动转报网;70 年代,出现空地数据通信和卫星导航;80 年代,国际民航组织提出新一代航行系统方案;90 年代开始进入系统方案的实施阶段。

航空运输的国际化使航空运输业的经营和管理模式日趋成熟、完善。早在 1919 年,在航空运输发展的初期,有多个国家参加的巴黎会议通过了《国际航空公约》。1944 年,52 个国家在芝加哥召开了国际民航会议,签订了《国际民用航空公约》,又称《芝加哥公约》,成立了临时国际民航组织,制定了国际航行的一些基本原则,共有 18 个附件,分别对人员执照的颁发、空中规则、国际空中航行气象服务、航图、空地和地图运行中所使用的计量单位、航空器的运行、航空器国籍和登记标志、航空器适航性、简化手续、航空电信、空中交通服务、搜寻与救援、航空器事故和事故征候调查、机场航空情报服务、环境保护、保安、危险品的安全航空运输等作了具体规定。1947 年,负责处理国际民航事务的政府间组织——国际民航组织(International Civil Aviation Orgnization,简称 ICAO)正式成立,现有缔约方 188 个,在 ICAO 成立后的 60 多年里,随着科技的不断进步和标准规范的逐步完善,全世界航空运输事业得到了迅猛发展。

(二)航空运输的发展趋势

(1)推出新一代航空运输载运工具。20 世纪的航空设计和制造技术决定了目前绝大部分民用飞机只能是亚音速客机,最大载容量不超过 500 人,21 世纪,在解决音爆、高升阻比、高温材料、一体化飞机推力控制系统问题的基础上,将推出一批新机型,届时,超音速客机的飞行速度将达到 2～3 倍音速,亚音速的最大载客量将达 800～1000 人,按转翼垂直起降运输机载客可达 100 人左右的能力,两栖运输船(又称地空式飞机)是 21 世纪最看好的运输工具之一,可载 100 人左右的乘客,沿水面或平坦地面飞行。

(2)实施新一代通信、导航、监视和空中交通管理(Communication Navigation System

and Air Transportation Management，又称 CNS/ATM）系统。现行的空管系统有三大缺陷：覆盖范围不足，对大洋和沙漠地区无法有效控制；运行标准不一致，跨国（地区）飞行安全难以保障；自动化程度不高，管制人员的负担过重。为此，ICAO 正在全球部署实施 CNS/ATM 系统，新系统可在 21 世纪上半叶完成。

（3）信息技术在航空运输中得到更普遍的应用。从 20 世纪 50 年代起，计算机就开始应用于美国航空公司的航班订票系统。现在，计算机信息处理已渗透到商务、机房、航务、财务等各个领域。21 世纪航空公司的生产组织和运行管理已进入系统化的动态控制时期，信息技术将广泛应用于航空运输的市场预测、机队规划、航班计划、价格决策、受益管理、订座系统、机房与航材管理、飞机飞行管理、财务数据分析、运行统计评价等各个方面。

21 世纪，机场生产自动化和管理信息化，已成为现实。以信息化为核心的机场运作体系将涉及运行信息、现场管理、旅客服务信息、进离港系统、保安系统、货运系统及航空公司和管理部门的信息接口等各个业务领域。

航空运输是一种科技含量高而密集的运输方式，高水平航空科技成果和大型、高速运输飞机的发展，先进通信、导航设备和技术的应用、新一代空中交通管理技术的实施、机场及其设施的现代化、自动化以及运输管理系统的信息化，都是航空运输发展新水平的体现，也是 21 世纪航空运输再前进的方向和目标。

第五节　管道运输

一、管道运输的概念及特点

管道运输是主要利用埋藏在地下的运输管道，通过一定的压力差而完成的商品（多为流体货物）运输的一种现代运输方式。

管道运输具有以下特点：

（1）运量大。一条输油管线可以源源不断地完成输送任务。根据其管径的大小不同，每年的运输量可达数百万吨到几千万吨，甚至超过亿吨。

（2）占地少，运输捷达。运输管道通常埋于地下，其占用的土地很少；运输管道可以走捷径，缩短既定起讫点间的运距。

（3）稳定性强。管道运输受气候条件影响小，并很少出现机械故障，便于长期稳定运行。

（4）耗能低、效率高、成本低。管道输送能力大，单位能耗小，管道运输自动化程度高，占用劳动力小，对货物的损坏和损失都较小。管道的低速输送也可视作免费储存的一种形式（但也增加了存货成本）。因此，管道运输的成本很低。

（5）灵活性差。管道运输不如其他运输方式（如汽车运输）灵活，除承运的货物比较单一外，它也不允许随便扩展管线，实现“门到门”的运输服务，对一般用户来说，管道运输常常要与铁路运输或汽车运输配合才能完成全程输送。一方面，因而，管道运输一般认为缺乏伸缩性，它只能为有限的地区和地区内的有限地点提供服务。而且管道运输只能单向输送。此外由于运行技术上的原因，它实际排除了批量小的运输。

管道运输的上述特点，使得管道运输主要担负单向、定点、量大的流体状货物（如石油、油气、煤浆、某些化学制品原料等）运输。另外，在管道中利用容器包装运送固态货物（如粮食、砂石、邮件等），也具有良好的发展前景。

二、管道运输的技术装备与设施

以石油产品运输为例，管道运输的生产过程大体是：集油线把原油从油田送到集油站，待积储到足够数量后，再由输油干线送到炼油厂。原油经精炼后，各种成品油储存在油罐场，然后再由成品线送到另一个靠近市场的油罐场。从这里到用户的最后阶段，绝大多数是由汽车运输完成的。如一次要将两种等级以上的原油或两种以上的成品油，从同一系统输送时，可以用橡皮球把各批油料隔开。如果各种成品油的比重不同，本身容易分开，橡皮球也可以不用。如发生混油现象，那部分混入的高级油料将一起被当作较低级油料。通常成品油应依次输送，先输煤油，然后依次为高级汽油、中级汽油、其他成品油，最后是取暖用油。下一循环开始前，通常要进行清洗以防止发生混杂。

由此可见，管道运输的技术装备与设施主要包括输油站和运输管线。其中，输油站系指沿管道干线为输送油品而建立的各种作业和加压站场，由首站（起点站）、中间站和末站（终点站）组成。

首站指输油管道的起点，通常位于油田、炼油厂或港口。其任务是接受来自油田或海运的原油，或来自炼油厂的成品油，经计量、加压（有时还加热）后输往下一站。此外，首站还发送清管器、油品化验、收集和处理污油等辅助作业。有的首站还兼有油品预处理任务，如原油的脱水、脱盐、脱机械杂质、加添加剂等。

中间站设在管道沿线的中间地点，其任务主要是给油流提供能量（压力能、热能）。它可能是只给油品加压的泵站，也可能是只给油品加热的加热站，或者是既加压又加热的热泵站。

末站位于管道线的终点，往往是收油单位的油库或转运油库，或者两者兼而有之。接受管道来油，将合格的油品计量后输送给收油单位；或改换运输方式继续运输。为此，末站常设有足够容量的油罐，其容量大小主要根据转运周期、转运运量、转运条件及管道输送量等因素综合确定。此外，末站还设有计量、化验和转输设施等。

运输管线通常包括集油线和输送干线两种类型。集油线将未经精练的原油从油田输送至贮油区，其管径通常较小，线路较短，且多铺设在地面上，而干线则用于长距离输送，其管径一般较大，且是永久性铺设在地下。

运输管线的口径尺寸是管道运输的主要设计参数，对既定线路走向和运量的一条管线，随着管径的增大，其所用的钢管成本及线路建设投资也增加，但又由于大口径管线所需的运输压力降低，由此可减少泵站数量和减少运输动力消耗。因此，应根据综合成本最小原则，选取相应的管线口径。

三、管道运输的成本构成与市场竞争

管道运输使用的设施多由所输送货物的生产性公司（如石油公司）拥有，因而与铁路运输相似，管道运输业的固定成本比例较高，而可变成本比例较低。一方面，因为管道业必须购买或租赁土地以拥有线路权（这在西方国家很普遍），需自己建设管道和沿线泵站，资产摊提和折旧,投资者收益和预防维修等,都使管道运输的固定成本提高。另一方面,由于管道运输的自动化程度高,其人工开支很小,驱动管道运输的动力系统消耗的能源和燃料也不高,也无须再增添其他运输设备,这些因素都使得管道运输的可变成本较低。管道运输的这种成本结构使得其规模经济效益相当显著,因而管道运输必须以大运量为前提。

上述成本特点决定了管道运输基本上不存在内部竞争,其运输具有垄断性。管道运输的市场竞争来自管道运输方式以外的其他运输方式。从技术上说,管道运输和铁路、水运及汽车运输都会有竞争,但他们之间的竞争不算激烈。较重要的竞争对手是水运(油船),只有水运的运输成本可以接近管道运输。但水运受航道的限制,其服务范围有限,使它难以和管道进行有效的竞争。

运货汽车现已扩充了承运货物的种类,其中包括管道运输的货物。但汽车运输只是管道运输的补充,它的主要作用是分送由管道运来的货物。

在两地之间一旦建起了管道,其他运输方式就难以和它竞争。因为管道运输的成本特别低,可靠性很高,损坏的风险很小。可能的例外是煤浆管道。由于它的用水量很大,使其成本和铁路运输相似。

四、管道运输的发展

(一)管道运输的发展历史和现状

作为与铁路、公路、航空、水运并驾齐驱的五大运输方式之一的管道运输,在输送流体物质方面具有悠久的历史。古罗马的水管道和我国东汉时期四川自贡一带利用打通的竹子输送天然气和卤水熬盐的事实可以证明这一点。

现代管道运输始于19世纪中叶,1865年美国宾夕法尼亚州建成第一条原油输送管道。然而它的进一步发展则是从20世纪开始的。随着第二次世界大战后石油工业的发展,管道的建设进入了一个新的阶段,各产油国竞相开始兴建大量石油及油气管道。20世纪60年代开始,输油管道的发展趋于采用大管径、长距离,并逐渐建成成品油输送的管网系统。同时,开始了用管道输送煤浆的尝试。截至目前,全球的管道运输承担着很大比例的能源物资运输,包括原油、成品油、天然气、油田伴生气、煤浆等。其完成的运量常常大大高于人们的想象(如在美国接近于汽车运输的运量),一般人很少注意到它的地位和作用。近年来,管道运输也被进一步研究用于解决散状物料、成件货物、集装物料的运输,以及发展容器式管道输送系统。

我国是世界上最早利用管道进行运输货物的国家之一,但其发展缓慢。1949年以前,我国的长输管道几乎为零。直到1958年新疆克拉玛依油田开发后,才自行设计建造完成了克拉玛依—独山子炼油厂的两条平行输油管道(全长300千米),它标志着我国的长输管道建设掀开了新的一页。此后,随着大庆、辽河、胜利、华北、中原等东部油气田和四川、新疆、长庆等西部油气田的开发,相继建成了一定规模的大型油气长输干线管网。现代管道运输与石油天然气工业的发展密切相关,主要是指输送原油、成品油和天然气的长距离输送管道。大型油气长输干线管网主要有:

1. 原油管道输送系统

我国目前已建成四个具有一定规模的原油管道输送系统:一是1970年开始建设,集大庆、吉林、辽河三大油区的油管道输送于一体,以东北输油管道和秦皇岛—北京输油管线为主体的华北地区大型原油管道输送系统，总长度约3000千米。二是随着华北、胜利和中原油田的开发，1975年开始建设的以鲁宁线、东黄（复）线、东临（复）线为主体的华东地区大型原油管道输送系统，总长度约2000千米。另两个较大的原油输送系统在我国的西部地区，20世纪90年代建成：一是新疆油田管道输送系统，由克拉玛依油田分别到百口泉、独山子炼油厂和乌鲁木齐至火烧山油田，全长1082千米；二是连接塔里木油区和吐哈油区的原油长输管线，由塔中经轮南、库尔勒到鄯善（吐哈油田），全长1137千米。

2. 天然气管道系统

我国已建成并投入商业运营的输气管道有44000千米。已建成的大型输气干线系统有四个：一是以四川气区为核心，连接各矿区和成都、重庆两大城市的四川环形管网；二是以中原油田为核心，连接沧州、济南、开封、郑州等城市的中原华北管网；三是以靖边气田为核心，连接北京、天津、西安、银川等城市的输送管网；四是从海南到香港的海底天然气输送管道。

3. 成品油管道

成品油管道的建设与原油管道和天然气管道相比，发展缓慢。我国的成品油消费量居世界第二位，2010年已建成的成品油管道总长达2.1万千米。作为成品油运输主要方式之一的成品油管道，在美国和西欧发展很快。据1994年统计，平均1000平方千米国土上成品油管道拥有量美国为13千米，法国为12.2千米，英国为10.7千米，意大利为5.8千米，伊朗为5.11千米，墨西哥为3.13千米，尼日利亚为3千米，我国基本上还是空白。

最新统计资料显示，截至2012年，我国共有输油（气）管道总长度9.3万千米，其中原油管道2.4万千米，成品油管道2.1万千米，天然气管道4.4万千米，其他气体管道0.4万千米。全年输油（气）总量为5.4亿吨，占全社会货运量的1.47%；全年输油（气）周转量为2847.2亿吨千米，占全社会货物周转量的1.8%。

4. 其他管道

除输油（气）管道以外，我国还建成了少量的输送其他介质管道，如输卤水管道、输矿浆管道等，由于其所占份额较少，这里不作介绍。

（二）我国油气管道运输的发展

1. 我国油气管道运输发展的动力

推动我国油气管道运输事业向前发展的动力，来自以下几个方面：

(1)石油天然气工业的发展和国民经济的持续发展；

(2)能源结构和产业结构的调整及保护环境的需要；

(3)国内外可利用油气资源的变化及进口资源来源的多元化；

(4)发展综合交通运输及优化运输结构的需要。

2. 我国未来油气管道运输的发展方向

“十一五”期间，我国重视增加石油和天然气的消费，改变以煤为主的能源消费结构，改善大气环境，提高城乡人民的生活水平。经济高速增长带来的石油和天然气消费持续上升，打破了原有的国内供求平衡关系，增加对外部油气资源的合理利用。在交通运输还不能满足经济发展要求的现状下，协调发展综合交通，优化交通运输结构等因素都促使管道的建设工作要有一个新的发展和提高，大量的管道运输系统需要建设，尤其是天然气输送干线和成品油输送干线。在未来的一段时期内，我国将进行以下的国内管道和跨国管道建设项目：

(1)原油管道

①俄中原油管道。为了合理利用外部资源和实现进口原油来源的多元化,自 2011 年 1 月起,我国开始从俄罗斯通过管道进口原油。这一从俄罗斯经蒙古到达我国华北地区的跨国管道全长 2400 千米,其中在我国境内 700 千米,原油输送能力为 3000 万吨/年。

②海进江原油管道。为了满足华东地区石化企业的原油需求,从国外进口的原油到达浙江舟山地区的深水油港后,通过管道再转输到厂。这些进口原油,从舟山通过海底管道在上海登陆,再通过陆上管道输送到各企业,管道系统全长 497 千米(包括海底管道 180 千米),原油输送能力为 3000 万吨/年。

③沿江原油管道。在长江南京以北一带,集中了石化集团的五个炼厂,所需原油绝大部分经长江水运到厂。原油江运存在运费高,损耗大,容易引发事故,加重长江水域污染,并受汛期和枯水期影响等诸多不利因素。建设从南京至岳阳的沿江原油输送管道,全长 938 千米,原油输送能力为 1800 万吨/年。

(2)天然气管道

①西气东输。这是我国管道运输史上一个最宏伟的项目。作为我国政府推动西部开发,改善国家能源和产业结构,保护环境的一个战略性举措,已被列入今后一段时期的重要工作内容。这一从新疆到上海,横贯我国长达 4200 千米的工程,将把新疆的资源优势变成经济优势,大大促进新疆和沿线地区的经济发展,增加财政收入和就业机会,具有巨大的经济效益和社会效益。

②忠县—武汉天然气输送管道。为了开发四川盆地丰富的天然气资源,满足华中和东部地区对天然气的需求,规划并建成从重庆市忠县至武汉,并进一步向南京、长沙延伸的天然气管道工程。该输气管道长度 800 千米,天然气输送能力为 30 亿立方米/年。

③涩北气田—西宁—兰州天然气管道。该管道的气源来自青海西北部的涩北气田,管道将天然气输送到西宁市和兰州市。该输气管道长度 953 千米,天然气输送能力为 30 亿～50 亿立方米/年。

此外,为了满足我国南部地区对天然气的需求,我国已完成了在珠江三角洲一带的进口 LNG 项目,利用进口 LNG 气化后通过管道供应深圳、珠海、广州等城市。LNG 的进口量首期为 400 万吨/年,以后逐步扩大到 600 万吨/年。

(3)成品油管道

作为管道运输中的最薄弱环节和最利于优化交通运输结构的成品油管道运输,在今后一段时期将会有一个大的发展。这无论对于降低成品油的运销成本,还是缓解铁路运输紧张局面等,都是一个快捷有效的手段。而 1998 年中国石油和石化两大集团的重组,更加快成品油管道的建设步伐。这些成品油管道包括:

①兰州—成都—重庆成品油管道。在确定新疆地区原油资源近期以大幅增产的情况下,新疆原油的大规模东输计划被成品油东输取代,将西北地区的资源优势转变成经济优势,建设这一成品油输送管道,管道全长 1300 千米,最大输油能力为 750 万吨/年。

②西南成品油管道。为了解决西南地区的广西、贵州、云南三省区的成品油运输供应问题,降低运输成本,建设该成品油输送管道。管道全长 1560 千米,输油能力为 1000 万吨/年。

③镇海—南昌—长沙成品油管道。在沿长江炼厂获得原油资源的成本越来越高,炼油

能力不能扩大，江南地区成品油需求增长主要靠沿海炼厂提供的情况下，为实现东油西调，建设这一成品油输送管道。管道全长1112千米，输油能力为1000万吨/年。

(4)与国外油气开发市场的合作

在更长远的将来，随着我国油气供需缺口的加大，实现国外资源对国内资源的战略接替已势在必行。为此，我国将进一步开拓国外油气开发市场，扩大合作，建设大规模的进口输油(气)长输管道。这些跨国输油(气)长输管道的油气来源主要是俄罗斯和中亚，并通过我国向韩国、日本转口。目前已完成或正在实施的项目有：

①西西伯利亚—上海输气管道。全线总长5000～6000千米，我国境内2500～3000千米，从新疆入境，在新疆吐哈(吐鲁番、哈密盆地境内)与"西气东输"管线连接，通往江苏省连云港市，最后分别到上海和日本。气量为300亿立方米/年，我国境内用气200亿立方米，出口日本100亿立方米。管线的供气限30～40年。

②伊尔库茨克—日照输气管道。全线总长3364千米，从内蒙古自治区入境，通往山东省日照市，从日照出口韩国和日本。进入我国境内气量为200亿立方米/年，我国境内用气100亿立方米，出口韩国、日本100亿立方米。管线的供气年限30～40年。

③萨哈林—沈阳输气管道。全线总长1810千米，从黑龙江省入境，通往辽宁省沈阳市。进入我国境内气量为50亿～100亿立方米/年。管线的供气年限30～40年。

④中亚—我国东部输气管道。全线总长5730千米，从新疆伊宁入境，直至江苏省连云港市，从连云港分别至日本、经日照出口韩国。进入我国境内气量为300亿立方米/年。该管线对弥补国内天然气短缺，进一步利用中东的油气资源有长远战略意义。

(三)管道运输与国民经济发展的关系

交通运输在我国国民经济发展史上，既是一个促进发展的因素，也是制约发展的一个因素。交通运输的发展，推动了国民经济的发展，同时交通运输能力的不足，又影响了货物的流通，提高了货物流通成本，从这个意义上说，交通运输能力的不足又阻碍了经济的发展。管道运输作为最适合承担流体物质运输的交通运输方式，由于各种原因，在我国一直发展缓慢，使像石油和石油产品这样的货物运输，还大量由铁路、水路和公路运输来完成，这不仅增加了铁路、水路和公路的运输压力，也带来了运输成本、环保、安全上的一系列的问题。美国1990年石油的运输周转量为18346亿吨·千米，其中管道运输占51.3%，水路占45.0%，公路为2.6%，铁路为1.1%。而我国1998年石油的运输周转量为2687吨·千米，管道运输只占22.6%，水路占52.0%，公路为0.2%，铁路为25.2%。由此可见，在经济发达的美国，管道运输是石油运输的主要方式。反观我国，石油的管道运输量还不及铁路运输量，这样的交通运输结构显然是不合理的。随着我国石油和天然气消费量的进一步增加，我国的管道运输事业必将进入一个快速的发展时期。

【本章小结】

本章从阐述铁路运输概念入手，介绍了铁路运输的技术装备和设施、特点、成本构成与市场竞争、功能及当前铁路运输发展的方向，然后分别介绍了水路运输、公路运输、航空运输的概念、技术装备和设施、特点、成本结构与市场竞争及水路运输发展现状与趋势。通过本章的学习，掌握铁路、水路、公路、航空运输的特点，了解它们的发展趋势。

【习题】

一、单项选择题

1. 铁路运输的外部竞争从具体表现形式上看，在低值商品运输上主要与（　　）竞争。
   A. 管道运输　B. 汽车运输　C. 水上运输　D. 航空运输
2. 将山西大同的1万吨煤炭运往北京，选择（　　）方式比较合适。
   A. 航空运输　B. 汽车运输　C. 铁路运输　D. 管道运输
3. 列车编组后载重量通常在（　　）以上。
   A. 5000吨　B. 2000吨　C. 1500吨　D. 1000吨
4. 汽车运输可实现"门到门"运输是因为它具有更高的（　　）。
   A. 机动性　B. 平顺性　C. 可达性　D. 安全性
5. 飞机的业务载重量等于飞机最大无燃油重量减去飞机（　　）。
   A. 最大起飞重量　B. 最大滑行重量　C. 最大着陆重量　D. 基本重量
6. 下列哪项不是铁路运输的可变成本的构成要素？（　　）
   A. 燃料动力费用　B. 购置机车费用　C. 人工开支　D. 税收
7. 将中国大庆出产的石油运往美国西海岸城市，选择下列哪种方式比较合适？（　　）
   A. 航空运输　B. 汽车运输　C. 水上运输　D. 管道运输
8. 下列哪个功能不属于铁路钢轨和车轮的功能？（　　）
   A. 支持车体重量　B. 防止货物受损　C. 引导列车前进　D. 获得驱动力
9. （　　）是提高运输效益、扩大运输能力、加快货物输送和降低运输成本的有效方法。
   A. 满载运输　B. 超载运输　C. 重载运输　D. 负荷运输
10. 铁路运输的外部竞争从具体表现形式上看，在高值商品运输及中短旅客运输上主要与（　　）竞争。
    A. 航空运输　B. 汽车运输　C. 水上运输　D. 管道运输
11. 将重庆的2万吨红薯运往湖北汉口，选择（　　）方式比较合适。
    A. 航空运输　B. 汽车运输　C. 水上运输　D. 铁路运输
12. 下列哪项不属于我国公路运输现状？（　　）
    A. 运输市场竞争激烈化　B. 运输经营主体多样化
    C. 经营方式单车化　D. 发展高速化
13. 我国自行设计建造的第一条输油管道是（　　）。
    A. 秦皇岛—北京线　B. 鲁宁线
    C. 克拉玛依—独山子线　D. 东黄线
14. 世界上第一条输油管道是在（　　）。
    A. 英国　B. 法国　C. 德国　D. 美国
15. 一般能适应按各种车辆折合成中型载重汽车的年平均昼夜交通量为2000～5000辆的公路是（　　）。
    A. 一级公路　B. 二级公路　C. 三级公路　D. 四级公路
16. 船舶载重能力高低的基础是（　　）。
    A. 排水量大小　B. 载质量　C. 货舱容积　D. TEU

17. 铁路运输的外部表现具体体现在：在高价值商品运输中与（　　）竞争，在紧急货运上与（　　）竞争。

A. 汽车运输　水路运输　　B. 汽车运输　航空运输
C. 水路运输　航空运输　　D. 航空运输　汽车运输

18. 从新疆到上海的西气东输工程采用了下列哪种运输方式？（　　）

A. 航空运输　B. 汽车运输　C. 水上运输　D. 管道运输

19. 下列哪种铁路货车车辆适合驮背运输（　　）。

A. 冷藏车　B. 敞车　C. 罐车　D. 平车

20. （　　）为沟通县、乡（镇）、村等的公路。

A. 一级公路　B. 二级公路　C. 三级公路　D. 四级公路

21. 对于特种货物运输、零担货物运输、集装箱运输而言，竞争表现为（　　）。

A. 自由竞争　B. 完全竞争　C. 垄断　D. 垄断竞争

22. （　　）指航空营运限定的最大客货重量。

A. 基本重量　B. 最大起飞重量　C. 最大滑行重量　D. 最大业务载重量

23. 现代管道运输最早在哪个国家兴建？（　　）

A. 美国　B. 英国　C. 法国　D. 德国

24. 下列铁路属于南北线的是（　　）。

A. 黔桂线　B. 湘黔线　C. 贵昆线　D. 滨绥线

25. 从完成的运量和周转量来看，我国最重要的客运方式是（　　）。

A. 水运　B. 铁路　C. 公路　D. 航空

26. 对长距离运输，如果对时间的要求不变，（　　）的成本最低。

A. 航空运输　B. 公路运输　C. 铁路运输　D. 水路运输

27. 能最多实现“门到门”运输的运输方式是（　　）。

A. 铁路　B. 水路　C. 公路　D. 航空

二、多项选择题

1. 铁路运输的优点是（　　　）。

A. 运输能力大　B. 单车装载量大　C. 车速快
D. 原始投资小　E. 受气候影响小

2. 航空运输的特点有（　　　）。

A. 速度快　B. 运输路程短　C. 灵活
D. 安全　E. 可达性好

三、判断题

1. 对于所有商品的运输而言，水运是运输成本最低的方式。（　　）
2. 铁路运输肯定不能实现“门到门”运输。（　　）
3. 航运企业的基本成本构成是低可变成本和高固定成本。（　　）
4. 轨距大于1520毫米的称为宽轨铁路。（　　）
5. 管道运输实际排除了批量小的运输。（　　）
6. 航运企业与铁路运输企业类似，其规模经济效益不是十分突出，其可变成本通常占到

总成本的90%。 (　　)

7. 我国绝大多数铁路轨距为1435毫米。 (　　)

四、名词解释

1. 管道运输

2. 公路运输

五、简答题

1. 简要叙述我国公路运输的现状及其主要问题。

2. 简述水路运输的发展趋势。

3. 管道运输特点有哪些?

4. 如何理解公路运输经营方式单车化?

5. 比较铁路运输与水路运输的优缺点。

6. 谈谈航空运输的发展趋势。

六、案例题

1. 北京空港物流基地开发中心于2002年6月成立,注册资金6800万元,总资产5.43亿元,现有职工80人,是以航空物流为特色的全民所有制企业,是《北京市商业物流发展规划(2002—2010)》中确立的三大物流基地中重点建设的试点基地,是2008年奥运会唯一物流配送中心。

空港物流基地与首都机场紧密衔接,地理位置优越,交通发达,批复规划面积8.86平方千米,一期开发面积1.55平方千米,已经完成高标准的"八通一平"的市政设施。空港物流基地与首都机场集团公司合作开发建设首都机场航空货运大通关项目,主体设计聘请荷兰DISTRICON和英国AMB咨询公司共同完成,借鉴了国外多家机场货运区建设和运作的先进经验,并正在实现与首都机场的"无缝对接"。空港物流基地将充分发挥海关总署赋予的保税物流中心(B型)"政策叠加、优势互补、资源整合、功能集成"的独有的政策优势,逐步实现与出口加工区对接,努力打造国内独具特色的航空保税港区。

空港物流基地总投资2.5亿元,建设集海陆空于一体的具有物流业务管理、物流信息服务、办公、交易、结算等综合功能的信息平台。目前,保税物流中心(B型)暨航空货运大通关项目已获海关总署正式批复,最终建成与海关监管系统配套的综合信息平台。

到目前为止,空港物流基地共引进项目200余个,包括TNT、日本邮船、索尼、日本住友、美国大都会、普洛斯、德国汉莎等12家世界500强企业以及BGS、中外运、SANTAFE、宅急送等国内外知名物流企业。目前,空港物流基地已吸引企业入驻400多家,入驻基地企业2011年上半年共实现税收收入17.78亿元,同比增长9.13亿元,取得了良好的经济和社会效益。

问题:

(1)北京空港物流基地的建设有何特点?

(2)本案说明了航空运输发展的趋势如何?

2. 面对21世纪,各个领域都在规划自己的发展,铁路、公路、商业、物资、外贸等领域都有本领域有特点的物流体系,但这些物流系统之间缺乏沟通和协调,因此很难使之系统化,一体化那就更为遥远了。以铁路和公路两种主要的运输方式而言，在各自规划的结点中，大部分都是“分立”的，也就是说有铁路、铁路站点的地方没有规划相应的公路及公路站点，有公路及公路站点的地方没有规划铁路及铁路站点。只有少数地区同时具备了铁路、公路及其站点的条件，但是也没有将两者“一体化”地规划。仍然是你干你的，我干我的。

问题：

(1)分析这样做可能出现的弊病及其产生的后果。

(2)请提出解决这些问题的办法和措施。

第二章　运输组织与管理

【学习目标】

通过本章的学习，使学生对各类运输组织与管理有一个全面的理解和掌握。掌握运输的概念、职能和原则，了解运输在物流中的地位和作用，掌握铁路运输的种类和铁路货物运输程序，掌握公路运输组织、水路运输管理、航空运输的经营方式。

【引例】

2012年我国港口吞吐量

港口货物吞吐量持续较快增长。2012年全国港口完成货物吞吐量107.8亿吨，比上年增长7.3%。其中，沿海港口完成68.8亿吨，内河港口完成39亿吨，分别增长8.2%和5.9%。见图2-1。

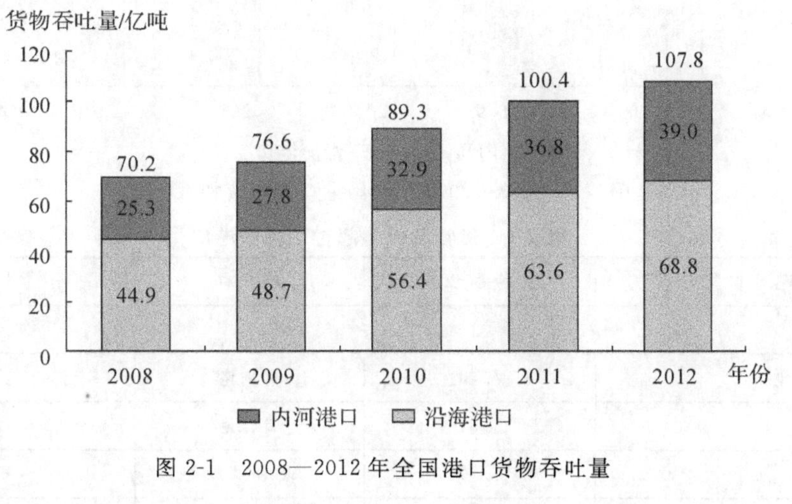

图2-1　2008—2012年全国港口货物吞吐量

全国港口完成旅客吞吐量1.94亿人，比上年下降0.1%。其中，沿海港口完成0.79亿人，内河港口完成1.15亿人，分别下降1.5%和增长0.8%。见图2-2。

全国港口完成外贸货物吞吐量30.6亿吨，比上年增长9.7%。其中，沿海港口完成27.9亿吨，内河港口完成2.7亿吨，分别增长9.5%和12.0%。见图2-3。

货物吞吐量超过亿吨的港口由上年的26个增加到29个。其中，沿海亿吨港口19个，内河亿吨港口10个。见表2-1。

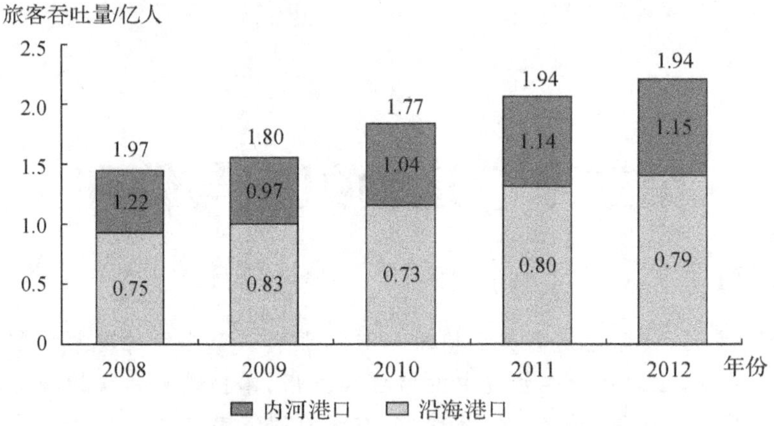

图 2-2　2008—2012 年全国港口旅客吞吐量

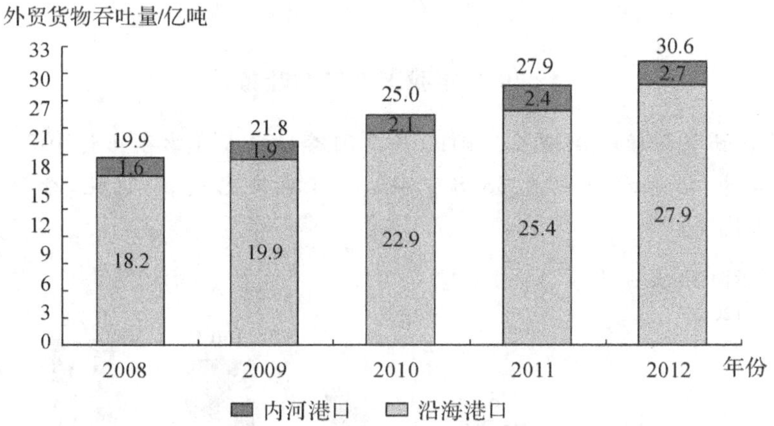

图 2-3　2008—2012 年全国港口外贸货物吞吐量

表 2-1　货物吞吐量超过亿吨的港口　　单位：亿吨

港　口	货物吞吐量	港　口	货物吞吐量
沿海港口：			
宁波—舟山港	7.44	深圳港	2.28
上海港	6.37	烟台港	2.03
天津港	4.77	北部湾港	1.74
广州港	4.35	连云港港	1.74
青岛港	4.07	厦门港	1.72
大连港	3.74	湛江港	1.71
唐山港	3.65	黄骅港	1.26
营口港	3.01	福州港	1.14
日照港	2.81	泉州港	1.04
秦皇岛港	2.71		

续表

港　口	货物吞吐量	港　口	货物吞吐量
内河港口：			
苏州港	4.28	江阴港	1.32
南京港	1.92	泰州港	1.32
南通港	1.85	重庆港	1.25
湖州港	1.78	嘉兴内河港	1.09
镇江港	1.35	岳阳港	1.04

全国港口完成集装箱吞吐量 1.77 亿 TEU，比上年增长 8.4%。其中，沿海港口完成 1.58 亿 TEU，内河港口完成 1950 万 TEU，比上年分别增长 8.0%和 12.3%。见图 2-4。

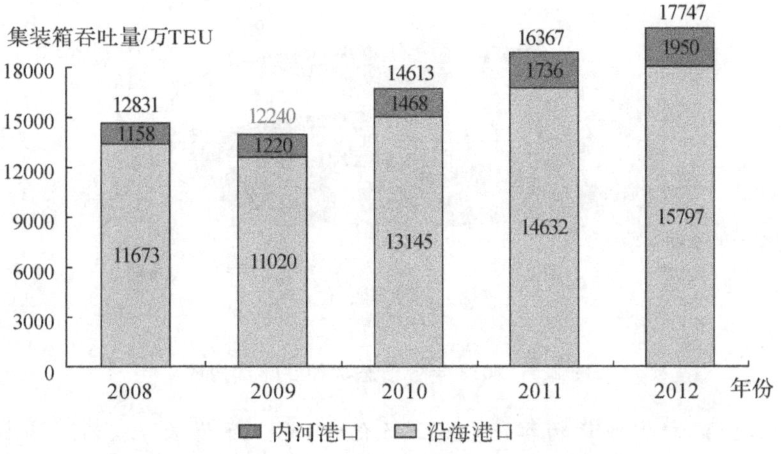

图 2-4　2008—2012 年全国港口集装箱吞吐量

集装箱吞吐量超过 100 万 TEU 的港口由上年的 19 个增加到 22 个。其中，沿海港口 18 个，内河港口 4 个。见表 2-2。

表 2-2　集装箱吞吐量超过 100 万 TEU 的港口　　单位：万 TEU

港　口	集装箱吞吐量	港　口	集装箱吞吐量
沿海港口：			
上海港	3262.94	营口港	485.10
深圳港	2294.13	烟台港	185.05
宁波—舟山港	1617.48	福州港	182.50
广州港	1454.74	日照港	174.92
青岛港	1450.27	泉州港	169.70
大连港	806.43	汕头港	125.02
厦门港	720.17	虎门港	110.36
连云港港	502.01	海口港	100.01

续表

港　口	货物吞吐量	港　口	货物吞吐量
内河港口：			
苏州港	586.35	南京港	230.03
佛山港	266.71	江阴港	115.38

全国港口完成液体散货吞吐量9.06亿吨，比上年下降0.5%；干散货吞吐量62.91亿吨，增长7.4%；件杂货吞吐量10.64亿吨，增长4.6%；集装箱吞吐量(按重量计算)19.81亿吨，增长11.7%；滚装汽车吞吐量(按重量计算)5.33亿吨，增长10.2%。液体散货、干散货、件杂货、集装箱和滚装汽车在港口货物吞吐量中所占比重分别为8.4%、58.4%、9.9%、18.4%和4.9%(见图2-5)。

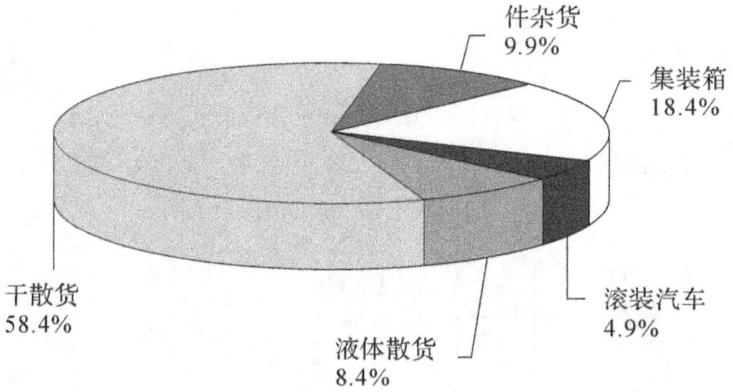

图2-5　2012年各形态货种吞吐量构成

全国规模以上港口完成货物吞吐量97.75亿吨，比上年增长7.2%。其中，完成煤炭及制品吞吐量19.96亿吨，石油、天然气及制品吞吐量7.38亿吨，金属矿石吞吐量15.00亿吨，分别增长2.7%、下降1.3%和增长8.3%(见表2-3)。

表2-3　2012年规模以上港口各货类吞吐量及增长速度

货类名称	吞吐量(亿吨)	比上年增长(%)	外贸吞吐量(亿吨)	比上年增长(%)
总　计	97.75	7.2	30.31	9.7
煤炭及制品	19.96	2.7	2.63	23.3
石油、天然气及制品	7.38	−1.3	3.36	6.4
#原油	3.93	−3.9	2.56	6.1
金属矿石	15.00	8.3	9.08	10.9
#铁矿石	13.29	7.7	7.96	10.6
钢铁	4.23	1.0	0.67	−0.6
矿建材料	14.94	10.2	0.27	−1.3
水泥	2.49	12.7	0.11	19.2

续表

货类名称	吞吐量(亿吨)	比上年增长(%)	外贸吞吐量(亿吨)	比上年增长(%)
木材	0.66	4.5	0.52	10.7
非金属矿石	0.26	—3.4	0.47	—9.5
化学肥料及农药	0.38	0.4	0.20	6.7
盐	0.13	5.0	0.05	29.2
粮食	2.00	20.1	0.76	31.4
机械、设备、电器	1.95	13.9	1.18	8.8
化工原料及制品	1.90	8.8	0.77	7.6
有色金属	0.12	34.8	0.10	31.6
轻工、医药产品	1.00	9.9	0.46	—3.8
农林牧渔业产品	0.43	30.0	0.22	35.5
其他	23.10	11.4	9.44	7.5

资料来源：交通运输部《2012 年公路水路交通运输行业发展统计公报》。

【思考】

(1)水路运输的组织与管理有哪些方面？

(2)我国水路运输现状如何？今后该如何发展？

第一节　运输管理概述

一、运输的概念

运输，就是人和物的载运和输送。即以各种运载工具、沿着相应的地理媒介和输送路线将人和物等运输对象从一地运送到另一地的过程。

人类社会生活的基础是生产劳动。在生产劳动过程中，必然要发生生产工具、劳动产品及人本身的位置移动，这种位置移动就是运输，它是社会物质生产过程中的必要条件之一。无论在生产过程内部还是在生产部门之间和生产领域与消费领域之间，都离不开运输。因此，运输是人类社会不可缺少的活动之一。随着社会生产力的不断向前发展和社会分工的不断完善，还有商品生产与商品交换的日益扩大，运输量的不断增加，促使运输业务迅速发展，运输业也应运而生，并逐步发展成为一个独立的物质生产部门。马克思指出："除了采矿工业、农业和加工制造业，还有第四个物质生产部门，它也经过手工业生产、工场手工业生产和机器生产三个不同的阶段，这就是运输业，不论是客运还是货运。"

二、运输的职能

在社会生产和人们生活中，运输具有重要的不可缺少的作用。通过考察运输的功能，我们可以深入地理解运输在物流中的作用。运输提供两大主要职能。

（一）运输的基本职能

1. 产品转移职能

无论产品处于哪种形式，是材料、零部件、装配件、制品，还是制成品，也不管是在制造过程中将被转移到下一阶段，还是更接近最终的顾客，运输都是必不可少的。运输的主要功能就是产品在价值链中的来回移动。既然运输利用的是时间资源、财务资源和环境资源，那么，只有当它确实提高产品价值的时候，该产品的移动才是重要的。

运输之所以涉及利用时间资源，是因为产品在运输过程中难以存取，这种产品通常是指转移中的存货，是各种供应链战略以及准时化和快速响应等业务所要考虑的一个因素，以减少制造和配送中心的存货；运输之所以要使用财务资源，是产生于驾驶员劳动报酬、运输工具的运行费用，以及一些杂费和行政管理费用的分摊。此外，还要考虑因产品灭失损坏而必须弥补的费用。

运输直接和间接地使用环境资源。在直接使用方面：运输是能源的主要消费者之一；在间接使用环境资源方面：由于运输造成的拥挤、空气污染和噪声污染而产生了环境费用。

运输的主要目的就是要以最短的时间、最少的财务和环境资源成本，将产品从原产地转移到规定地点。此外，产品灭失损坏的费用也必须是最低的，并且产品转移所采用的方式也必须要能满足顾客的有关交付履行和装运信息的可行性等方面的要求。

2. 产品储存职能

对产品进行临时储存是一个不太寻常的运输功能，就是将运输车辆临时作为储存设施。然而，如果转移中的产品需要储存，但在短时间内（例如几天后）又将重新转移的话，那么，该产品在仓库卸下来和再装上去的成本也许会超过储存在运输工具中每天支付的费用。

在仓库空间有限的情况下，利用运输车辆储存也许不失为一种可行的选择。可以采取的一种方法是，将产品装到运输车辆上，然后采用迂回线路或间接线路运往其目的地。对于迂回线路来说，转移时间将大于比较直接的线路。当起始地或目的地仓库的储存能力受到限制时，这样做是合情合理的。在本质上，这种运输车辆被用作一种临时储存设施，但它是移动的，而不是处于闲置状态。

概括地说，如果用运输工具储存产品可能是昂贵的，但当需要考虑装卸成本、储存能力限制，或延长闲置时间的能力时，从物流总成本或完成任务的角度来看却是正确的。

（二）运输的增值效用

物流运输除了以上所述的两大基本职能（即空间效用和时间效用）以外，还具有增值效用。具体体现在以下几个方面：

（1）品种效用。品种效用表现为通过物品流通过程中的劳动，来克服产品生产和消费品种方面的不一致。因为无论生产资料还是生活资料消费者需要的是多种多样的物品，而专业化生产使某一厂家所提供的物品具有单一性。物品流通则可以集中多家产商的物品提供给消费者，这方面的劳动投入表现为物品品种效用的增加。

（2）批量效用。批量效用表现为通过物品流通过程中的劳动克服生产和消费批量的不一致。社会化大生产的一种重要方式是生产的专业化和规模化，而很多时候消费的需求量都是很有限的。物品流通中所消耗劳动的一个重要用途就是将生产大批量分割成最终的小批量需求，在此表现为由整到散的分流过程；反过来的情况也一样。

(3)信息效用。信息效用表现为专业物品流通企业收集大量的信息，如买卖双方的信息，产品说明和使用情况，发展情况，用户的意见，供求信息，技术发展趋势等，并对这些信息进行过滤、筛选、整理、分析、总结规律和发现问题。同时指导自己的工作，也将这些信息传递给供求双方，形成一种知识学习的作用。

(4)风险效用。风险效用表现在流通过程中存在和隐藏着许多风险，如质量风险，信贷风险、政策风险、汇率风险、财务风险等，让谁来承担这些风险责任可能都会是一讨价还价的"扯皮"过程，会极大地加大交易费用甚至阻碍物品流通。由专业企业来承担这风险无疑会极大地提高供求双方的信心，同时加快流通和再生产的过程。

(5)信用效用。信用效用表现在流通企业利用自身第三方的角色，在支付额度、支付周期、物流速度、物流量等方面都有着信用放大和信用保证作用。同时这种专业化分工对社会产业结构优化、吸收就业、改变流通困难和创造社会效益也有深刻意义。

无论是运输的基本职能，还是运输的增值效用，它们既是运输企业或物流企业生存的基本点，也是争取客户，创造价值的出发点。

三、运输在物流中的地位和作用

从运输的职能我们可以知道，运输是社会生产和人们生活的保障，它创造了很多价值。同时，运输也是物流的一项基本功能，它还对仓储、包装、搬运、装卸、配送起着一些决定或制约作用。具体体现在以下几个方面。

(一)便利和可靠的运输服务是物流有效组织输入和输出的关键

企业的工厂、仓库与其供货厂商和客户之间的地理分布直接影响着物流的运输费用。因此，运输条件是企业选择工厂、仓库、配送中心等物流设施配置地点需要考虑的主要因素之一。

(二)运输费用在物流费用中占有很大的比重

表 2-4 是美国、加拿大的公司 2001 年物流成本构成情况，从表中可以看出运输成本超过了总的物流成本的 1/3。组织合理运输，以最小的费用，较快的时间，及时、准确、安全地将货物从其产地运到销地，是降低物流费用和提高经济效益的重要途径之一。企业的货物运输一般委托独立的运输企业进行，也有的大型企业自己进行运输活动。

表 2-4　美国、加拿大的公司 2001 年物流成本构成情况

成本内容	美国公司(%)	加拿大公司(%)
客户服务/订单清关	8	8
仓　储	25	25
运　输	37	36
管　理	9	8
库存搬运	21	23

（三）运输方式影响物品包装的要求

货物包装的材料、规格、方法等都不同程度地影响着运输。作为包装的外廓尺寸应该充分与运输车辆的内廓尺寸相吻合，这对于提高货物的装载率有着重要意义，将给物流水平的提高带来巨大影响。

（四）运输工具决定了配套使用的装卸设备

运输活动必然伴随有装卸活动，一般来说，运输发生一次，往往伴有两次装卸活动，即运输前、后的装卸作业。货物在运输前的装车、装船等活动是完成运输的先决条件。此时，装卸质量的好坏，将对运输产生巨大的影响。装卸工作组织得力，装卸活动开展顺利，都可以使运输工作顺利进行。当货物通过运输到达所应到达的地点后，装卸为最终完成运输任务作补充的劳动，使运输的目的最终完成。除此之外，装卸又是各种运输方式的衔接环节，当一种运输方式与另一种运输方式进行必要的变更时，如铁路运输变为公路运输、水路运输变为铁路运输等，都必须依靠装卸作为运输方式变更的必要衔接手段。

（五）运输状况影响着库存量的大小

储存保管是货物暂时停滞的状态，是货物投入消费前的准备。货物的储存量虽直接决定于需要量（即使用量），但货物的运输对储存也会带来重大影响。当仓库中储存一定数量的货物而消费领域又对其急需时，运输就成了关键。如果运输活动组织不善或运输工具不得力，那么就会延长货物在仓库中的储存时间，这会无端增大货物储存量，而且还会造成货物损耗增大。

从运输与物流其他功能的关系可以看出，运输在物流系统中具有很重要的作用。这也是我们从事运输管理工作要时时考虑到的问题。

四、运输管理原则

无论是铁路、公路、水路还是航空运输，尽管运作和管理的方法不一样，但都必须要遵守“及时、准确、经济、安全”的基本原则。

（一）及时原则

就是按照产、供、运、销等实际需要，能够及时将物品送达指定地点，尽量缩短物品在途时间。如果不能及时运输，往往会造成工厂停产，市场缺货，后果是很严重的。

（二）准确原则

就是在运输过程中，能够防止各种差错事故的发生，准确无误地将物品送交指定的收货人。要做到不少送、多送或错送。

（三）经济原则

就是通过合理地选择运输方式和运输路线，有效地利用各种运输工具和设备，运用规模经济的原理实施配货方案，节约人力、物力和运力，提高运输经济效益，合理地降低运输费用。

（四）安全原则

就是在运输过程中，能够防止霉烂、残损及危险事故的发生，保证物品的完整无损。尤其值得重视的是，近几年以来，车辆交通事故比较频繁。如何避免交通事故等威胁运输安全的不利因素的发生是安全工作，也是运输管理工作的一项重要内容。

第二节　铁路运输管理

一、铁路运输的特点

铁路运输是轨道运输的一种，与其他的运输方式相比较，它具有以下特点：

（一）运行速度较快

铁路是以铺设的钢轨引导列车向前运行的。铁路车辆在钢轨上运行，其行走阻力较低，因而铁路运输一般速度较高。

（二）运输能力较大

就整个列车的载重而言，可以不像其他某些运输工具那样受到载重力方面的限制，其动力可以充分利用牵引列车作水平方向的移动，因而铁路的载重量较大。

（三）持续性较强

相对于汽车运输来说，铁路运输基本上不受到雨、雪、冰、雾等气候的影响，可以全天候地进行。这一点非常重要，对于冬天运输方向为西北、东北等气候严寒地区的货物来说，应该考虑选用铁路运输。

（四）安全性和准确性较好

相对于汽车来说，列车发生交通安全事故的可能性较低，到发时间的准确性也较高。

（五）铁路运输投资较大

由于铁路固定设施的工程费用、建筑材料和器材设备等需要量很大，因此其基本建设投资较大。

（六）运输成本较低

相对于汽车和航空运输的运费来说，铁路运输的成本较低，仅次于水运。

铁路运输最适宜于承担长距离、运量较大的货运任务。基于铁路运输的技术经济特征，根据本国的具体情况，各自评价铁路在其交通运输业中的作用，从而制定相应的运输政策。我国幅员辽阔，铁路被认为是国民经济的大动脉，铁路运输在各种现代化运输方式中占有重要地位，主要担负着中、长途旅客和大宗货物的运输任务。

二、铁路运输的种类

（一）整车运输

一批货物的重量、体积、形状或性质需要以一辆或一辆以上的货车装运的，应按整车方式办理运输。

（二）零担运输

一批货物的重量、体积、形状和性质均不需单独使用一辆货车装运的，则可按零担方式办理运输。

铁路规定，按零担办理运输的货物，一件体积不得小于0.02立方米（一件重量10千克以上的除外）。一张运单托运的货物不得超过300件。为了保证货物拼装后的安全，便于装卸作业和仓储保管，还规定一些货物一般不得按零担办理，如按规定限按整车办理的危险货物、需要冷藏、保温、或加温运输的货物、易于污染其他货物的污秽品、蜜蜂、不易计算件数的货物、未装容器活动物，以及单件重量超过 2 吨，体积超过 3 立方米或长度超过 9 米的货物。

（三）集装箱运输

适合以集装箱运输的货物，可按集装箱运输方式办理。运输货物的种类很多，但并不是所有货物都适合用集装箱运输的。有些货物虽然从技术角度看是能够用集装箱运输的，但从经济角度看并不一定适合。从货物适合装箱程度来分，有最适合装箱的最佳装箱货，一般是价值大、运价高、易损坏、易盗窃的商品，这些货物其尺寸、容积质量等方面适合于装载集装箱，并还具有装箱利用率较高等特点。如光学仪器、家用电器、医用品等体积不是很大的货物；比较适合装箱的适合装箱货，一般是价值较大、运价较高、较易损坏和较易被盗的商品，如电线、电缆、纸浆和金属制品等货物；介于适合与不适合装箱之间的原装箱货，这类货物从技术上看是可以装箱的，但由于其价格低廉，运价便宜，所以从经济上装箱并不是有利的，而且这些货物在包装方面都是难以进行集装箱化的商品，如钢、生铁和原木等；完全不适合装箱的不适合装箱货。这一类货物是指那些从技术上看装箱有困难，或是货运量不大宜于直接用集装箱装运的货物，如桥梁、钢轨、大型卡车以及原油、谷物和沙石等货物。应该指出，货物的适箱程度不是一成不变的，随着集装箱种类的逐渐增加，特别是专用集装箱的使用，各种货种适合装箱程度的等级都将有所提高，边缘装箱货和不适合装箱货的品种正在不断减少。铁路集装箱只能在指定的办理站之间进行运输，自备箱还可在铁路局批准的专用线发送或到达。

三、铁路运输合同

货主或货代公司利用铁路运输货物时，应与铁路（承运人）签订货物运输合同。根据货运量的大小，其合同形式一般有以下几种：

(1)大宗物资的运输，有条件的可按年度、半年度或季度签订货物运输合同，也可以签订更长期的运输合同，但还需按月签订运输合同；其他整车货物运输，应按月签订运输合同。

(2)按月签订货物运输合同的合同文件，可以用“月度要车计划表”代替。

(3)对于量小的零担、日常的整车、集装箱货物的运输合同可用“铁路货物运单”作为合同文件。

(4)铁路货场代表铁路企业与托运人签订运输服务合同，增加延伸服务内容，可使用“铁路货物运输服务订单”，并与“铁路货物运单”共同使用，作为合同文件。

铁路货物运输合同具有标准合同的性质。它的主要条款如运输条件、运输费用的计收、承托双方的权利、义务和责任等，都是依据国家有关法律、法规的规定而成立的，不能由双方当事人自行商定，也不能更改。此外，货物运输合同虽然是承、托双方签订的. 但它往往还涉及第三者，即收货人。合同生效后，收货人同样成为合同当事人，享有相应的权利，并承担相应的义务和责任。

四、铁路货物运输程序

作为货主或货代公司，如果选择了铁路运输，就必须到相关的铁路货场办理托运手续。这些货运程序主要包括托运、受理、进货、验收、制票、承运、装车等主要环节。对于整车、零担和集装箱货物来说，这些程序有轻微的差异。

(一)铁路整车货运程序

(1)托运。托运人向车站货运室提交货物运单。

(2)受理。车站货运室根据批准的要车计划，核对运单填写是否正确，若认为可以承运，即予以签证并指定货物搬入日期和地点。

(3)进货和验收。托运人将货物搬入车站，货运员按照运单验收货物。

(4)保管。货物在装车前的保管。

(二)铁路零担货运程序

(1)托运。托运人向车站货运室提交货物运单。

(2)受理。车站货运室核对运单填写是否正确，若认为可以承运，即予以签证并指定货物搬入地点。

(3)进货验收。托运人将货物搬入车站，货运员按照运单验收货物，对于需要检斤的货物予以检斤，并将货物重量填记在运单上。

(4)制票和承运。核算制票货运员填制货运票据，核收运输费用，在运单上加盖站名日期戳以示承运。

(5)保管。货物在装车前的保管。

(6)装车。货物的装车，对需要施封的货车予以施封。

(7)送票。车站货运员整理货运票据，并送交车站运转室。

(三)铁路集装箱货运程序

(1)托运。托运人向车站货运室提交货物运单。

(2)受理。车站货运室核对运单填写是否正确，若认为可以承运，即予以签证并指定货物搬入地点。

(3)取空箱。托运人从车站取回空集装箱。

(4)装箱。托运人将货物装入集装箱。

(5)进货验收。托运人将重集装箱搬入车站，货运员按照运单验收货物。

(6)制票和承运。核算制票货运员填制货运票据，核收运输费用，在运单上加盖站名日期戳以示承运。

(7)保管。集装箱在装车前的保管。

(8)装车。集装箱装车。

(9)送票。车站货运室整理货运票据，并送交车站运转室。

以上是铁路货物运输的主要货运程序。但对于承运方——铁路货运公司来说，其运输工作还有列车运行计划和运行组织工作以及车站作业等具体工作。由于这方面工作技术性较强，大家接触到的可能也不大，这里就不作进一步的讲解。

五、铁路特种货物运输

铁路特种货物主要有三大类：危险货物、鲜活货物和大件货物。下面就分别对这三种货物的铁路运输技术和方法作一个简单的介绍。

(一)危险货物运输

铁路运输中，把具有爆炸、易燃、毒害、腐蚀、放射性等性质，在运输、装卸和储存保管过程中，容易造成人身伤亡和财产毁损而需要特别防护的货物，均称为危险货物。对于这一类货物，主要的措施和方法采取分级和严格按照《铁路危险货物运输管理规则》的规定进行。

1. 危险货物的分级

危险货物在运输过程中容易发生爆炸、燃烧、毒害、腐蚀、放射性等事故，由于它们的性质不尽相同，发生事故的原因和后果也有区别。为了对性质相近的货物确定相应的运输条件，以保证运输安全和提高运输效率，在交通运输中把危险货物分成了若干类，每一类中又分为若干项和危险性级别。目前，世界各国对危险货物的分类基本上是采纳联合国危险货物运输专家委员会推荐的分类方法。根据这一方法，我国《铁路危险货物运输管理规则》把铁路运输的危险货物共分为 9 类 21 项。在运输过程中按照不同的级别采取相应的管理措施。

2. 危险货物安全运输措施

铁路运输的危险货物，在整个运输的各个环节中都要受到不同程度的摩擦、震动和冲击、冷热变化、风雨侵袭，以及与不同性质的货物接触等。为了保证危险货物的运输安全，铁路部门在《铁路危险货物运输管理规则》中，就如何防止危险货物在运输过程中造成人身伤亡和财产毁损，制定了承运人和托运人均必须遵循的条例。其范围涉及整个危险货物运输过程中的各个方面，包括：危险货物包装和标志、危险货物托运和承运、装卸和运输、保管和交付、危险货物配装、危险货物车辆调车、危险货物车辆编组和挂运、危险货物车辆洗刷除污等。

（二）鲜活货物运输

在铁路运输过程中，把需要采取制冷、加温、保温、通风、上水等特殊措施，以防止腐烂变质或病残死亡的货物叫鲜活货物。对于这类货物的运输主要采取以下措施。

1. 特殊的运输设备

鲜活货物的运输设备包括冷藏车、冷藏集装箱、加冰所、制冰厂和机械冷藏车保温段等。

(1)冷藏车。铁路鲜活货物冷藏运输的冷藏车包括冰盐冷藏车、机械冷藏车及冷板冷藏车三种。另配备有隔热车和准备与国际冷藏运输接轨的冷藏集装箱等运输设备。

①冰盐冷藏车。这是以一定比例的冰盐混合物来调节车内货物温度的运输工具。我国目前大量使用的是(B6)型七冰箱车顶式冷藏车。冰盐冷藏车除具有良好隔热性能的车体外，还具有冰箱、排水设备、通风循环设备以及检温设备等。

②机械冷藏车。机械冷藏车采用逆卡诺循环制冷原理制造，它克服了加冰冷藏车温度不可调，车内保持温度不够低，寒季运送不能加温，途中需要加冰所补冰、补盐服务，以及降低旅行速度等缺点。我国机械冷藏车目前有 B18、B19、B20、B21、B22、B23 六种类型。

③冷板冷藏车。冷板冷藏车利用冷冻板与货物间的若干块温度调节板，实现车内温度的控制。改进后的冷冻板车还增设了制冷机组，装车站利用外插电源驱动制冷机为冷冻板充冷。

(2)加冰所。加冰所是专为加冰冷藏车服务的基层单位。其具体工作主要是制冰、储冰、储盐；检查冷藏车的技术状态，卫生情况；及时正确地给冷藏车加冰加盐；对装有需要通风的易腐货物的冷藏车进行通风等。为了完成上述工作，加冰所都应具有加冰台和必要的加冰机械，无制冰厂的加冰所还要建临时贮冰库和贮盐库。

2. 严格按照《铁路鲜活货物运输规则》进行组织管理

为了适应鲜活易腐货物对运输的特殊要求，防止该类货物在贮存、运输过程中腐烂、变质或病残死亡,铁路制定了《铁路鲜活货物运输规则》。该规则确定了易腐货物运输的基本条件,并对易腐货物装车与卸车、易腐货物车辆运行组织、加冰冷藏车的加冰作业以及一般活动物运输和蜜蜂运输等作了具体详尽的规定。在鲜活货物运输组织中,应严格按规定办理。

(三)大件货物运输

铁路运输的货物中,有些具有长、大、重的特点。把超限货物、超长货物和集重货物统称为大件货物,也叫阔大货物。对于这类货物的运输主要的措施有以下两点:

1.采取恰当的装载技术

阔大货物外形复杂、体积庞大,价格昂贵,对运送条件要求高,经由铁路运送时,不仅在车辆使用上要严格挑选,而且必须遵守《铁路货物装载加固规则》和《铁路超限货物运输规则》所规定的装载加固技术条件和其他各项规定。

由于货物装载受到车辆的技术规格、铁路限界和运行条件等因素的影响,因此货物装载必须满足一定的基本要求,即装载货物的重量,不得超过货车容许载重量,货物重量应该合理地分布在车地板上,不得偏重;货物装载的宽度和高度,除超限货物外,不得超过机车车辆限界和特定区段装载限制;当一件货物宽度等于或小于车地板宽度时,突出货车端梁长度不得超过 300 毫米,大于车地板宽度时,突出货车端梁长度不得超过 200 毫米。超过时必须使用游车;货物重心的投影,一般应位于车地板纵、横中心线的交叉点上,特殊情况下必须位移时,横向位移不得超过 100 毫米,超过时要采取配重措施。纵向位移时,每个车辆转向架所承受的货物重量一般不得超过货车容许载重量的 1/2,且两转向架承受重量之差不得大于 10 吨;重车重心高自钢轨面起一般不得超过 2000 毫米,超过时,可采取配重措施,以降低重车重心高度,否则,应限速运行。

超长货物的装载方法有两种:一种负重加挂游车装运。可使用一辆游车,一端突出装载,或使用两辆游车,两端突出装载。所使用的横垫木或支座的高度,应保证当货车运行上下蹿动及连挂车组通过变坡点时,货物底部同游车地板不相接触。另一种是两车(或加挂游车)跨装运送。跨装运送时,货物的重量由两辆负重车共同负担,且跨装的货物不得直接装在车地板上,而应放在货物转向架上。

集重货物的特点是重量较大,支重面长度较小,因而货物装车后,重量将较为集中地落在车地板上,如果货物的重量超过所装车辆车地板一定长度内最大载荷的能力,也即作用于车底架的工作弯曲力矩超过其容许弯曲力矩时,会使车底架受到损伤,甚至断裂。因此,装载集重货物时,应选择合适的车辆,确定合理的装载方案,使货物装车后所产生的工作弯曲力矩不大于车辆最大容许弯曲力矩,以保证货物和车辆的安全。

2.采取恰当的加固技术

在列车运行或调车作业过程中,装在车辆上的货物可能受到各种外力的作用,相对于车地板可能发生纵向或横向的位移、滚动或倾覆。因此货物装车后,应采取必要的加固措施。货物加固的基本要求是:所采用的加固方法应与货物的重量、形状、大小等特点相适应,加固材料必须具有足够的强度,加固要牢固,使货物能够经受正常调车作业以及列车运行中所产生的各种力的作用,在运输全过程中,不发生移动、滚动、倾覆、倒塌或坠落等情况。

为了保证加固强度,同时又节省加固材料,必须进行加固计算。其一般程序是:计算作用于货物上包括纵向惯性力、横向力、垂直惯性力、风力以及货物支重面与车地板或垫木之间的摩擦力等各种力的值；检查货物纵向或横向位移、滚动或倾覆的稳定性；确定合理的加固方法；根据加固强度要求，确定加固材料的规格和数量。

第三节　公路运输管理

一、公路运输的特点

公路运输通常情况是指通过汽车运输。汽车运输相对于铁路、航空、水路运输方式来说，具有以下特点。

(一)汽车运输灵活性大

这是汽车运输区别于其他运输方式显著的特点。正因为如此，所以汽车运输的适应性大，能满足各方面的需要。

(二)运送速度较快

尤其是随着高速公路的建设，汽车运输在速度上有了很大的优势。比如京沪高速公路建成后，原来通过航空运输的一部分货物转向了汽车运输。

(三)可实现“门到门”运输

实现“门到门”运输是其他运输方式很难做到的。因此，汽车运输是其他运输方式的重要辅助运输。

(四)汽车运输投资少，收效快

汽车运输简捷方便、应急性强，能深入到其他运输工具到达不了的地方，收效快。

(五)运输成本较高

相对于铁路和水运来说，汽车运输的成本相对较高，但较航空运输低。

(六)汽车运输的气候适应性较差

汽车运输往往会受到雨、雪、雾等天气的影响，运行的持续性较差。

(七)汽车运输的装载能力较小

一般的货车装载在3～10吨，只有少量才能装10吨以上，这相对于铁路和轮船来说显然小许多。

基于汽车运输以上的特点，汽车运输较适合于中短距离的小量货物的运输。

二、公路运输组织

目前，我们国家公路运输在各种运输方式中占了主导地位。现阶段公路货运的主要形式有零担货物运输、整车货物运输和集装箱货物运输三种运输方式。下面分别就这三种运输方式的组织管理工作进行介绍。

(一)零担货物运输

1. 零担货物运输的定义

按照公路《价规》和《货规》的规定，托运人一次托运货物的质量不足3吨的为零担运输。但是，现在的运输市场上，对于零担运输并没有严格的规定，有时，也可能把大于3吨的货物按零担运输进行，也可能把小于 3 吨的货物按整车方式进行运输，要根据实际情况而定。

2. 零担货物运输的特点

(1)货源的不确定性和来源的广泛性。

(2)组织工作的复杂性。

(3)单位运输成本较高。

(4)运输安全、迅速、方便。

(5)零担货物运输机动灵活。

3. 零担货物运输形式

社会生产和人民生活对零担货物运送时间和方式、收发和装卸交接等的不同需要，零担货物运输采取不同的营运组织方式，这些组织方式形成了零担货物运输的基本组织形式。决定零担货物的运输所采用的组织方式。一方面受制于用户的需求，另一方面取决于零担货运所使用的车辆。零担车指装运零担货物的车辆。

(1)直达式零担班车。直达式零担班车是指在起运站将各个发货人托运的零担货物同一到站，且性质适宜配载的零担货物，同车装运后直接送达目的地的一种货运班车。

(2)中转式零担班车。中转式零担班车是指在起运站将各个发货人托运的同一线路、不同到达站且性质允许配载的各种零担货物，同车装运至规定中转站，卸后复装，重新组成新的零担班车运往目的地的一种货运班车。

(3)沿途式零担班车。是指在起运站将各个发货人托运同一线路不同到达站，且性质允许配装的各种零担货物，同车装运后，在沿途各计划停靠站卸下或装上零担货物再继续前进，直至最后终点站的一种货运班车。

在上述三种零担班车运行模式中，以直达式零担班车最为经济，是零担货运的基本形式。

4. 零担货物运输程序

零担货运企业承托、仓储、配装、发送、交接零担货物，按照相关规定办理业务手续，统称为零担货物运输作业。零担货运商务作业是根据零担货运工作的特点，按照流水作业形式构成的一种作业方式。它的内容及其程序是：受理托运，过磅起票，验收入库，开票收费，配运装车，卸车保管，提货交付。

(二)整车货物运输

1. 整车货物运输的定义

按照公路《价规》和《货规》的规定，托运人一次托运货物的质量不足 3 吨的为零担运输。在实际操作中，一般把单独使用一辆车装运的都叫整车运输。

2. 整车货物运输的特点

整车货物运输是公路运输的一种主要形式，它相对于零担运输来说有以下几个特点：

(1)货源相对单一。一般情况下，如果一个托运人运往同一个收货点的货物在 3 吨以上或体积在 15 个立方米以上，都可以采用一个整车进行运输。这时候，车里装载的货物是同一个托运人的，避免了货物之间的相互污染。这是许多货主选择整车运输的重要原因。

(2)运输过程中出现差错的可能性小。由于是整车运输，途中不进行装卸搬运，货物损坏、丢失的几率大为降低。

(3)运输组织工作较简单。在组织过程中，只要在装货点交接清楚，卸货点交接清楚即可，有时候甚至由驾驶员一个人就可完成全过程。因此，运输公司比较喜欢整车运输业务。

(4)运费相对零担运输来说较低。整车运输中，单位货物的运输成本要比零担低。

3. 整车货物运输形式

整车运输的形式主要取决于车辆的大小，也就是车辆的装载能力。目前，运输市场上主要有3吨车、5吨车、8吨车、10吨车、10吨以上这几种。货主可以根据自己货物的多少来选择合适的车辆。但这几种吨位的车辆都是相对的，并没有非常严格的界限。

4. 整车货物运输程序

整车货物运输的组织较为简单，主要有货源组织与计划、车型选择、装货、开单、运输、目的地卸货、交接这几个过程。

(三)集装箱货物运输

1. 集装箱货物运输的定义

采用集装箱这种专门容器来装运货物的运输方式叫集装箱运输。集装箱运输有海运集装箱、铁路集装箱和公路集装箱运输这三种形式。而公路集装箱运输往往是作为海运和铁路集装箱运输的连接和补充环节。

2. 集装箱货物运输的特点

集装箱运输是一种现代化的先进运输方式。由于集装箱运输使货物流通过程中各个环节发生重大改变，被称为20世纪的"运输革命"。集装箱运输可促使运输生产走向机械化、自动化。现代集装箱运输具有以下特点：

(1)装卸功率高；

(2)运输工具利用率高；

(3)货物运达速度快，使之流动资金周转率高；

(4)节省货物的运输包装费用和运杂费用；

(5)提高库场使用率；

(6)运输过程中货物比较安全；

(7)运输效率高。

3. 集装箱货物运输的组织

关于这部分的内容在集装箱运输与国际多式部分有论述，这里就不详述了。

三、公路特种货物运输

公路特种货物与铁路特种货物一样，包括危险货物、鲜活货物和大件货物。

(一)公路危险货物运输技术

凡具有燃烧、爆炸、腐蚀、毒害、放射性等性质，在运输过程中能引起人身伤亡，人民财产受到毁损的货物，均称为危险货物。

对于这种货物的运输主要按《汽车危险货物运输规则》的有关规定，认真做好危险货物的包装、配载、装卸、保管、运送、鉴定、防护等各项工作。

(二)公路鲜活货物运输

鲜活货物是指在运输过程中，需要采取相应的保鲜、活措施，并需在规定期限内运抵目的地的货物。

对于这种货物的运输，主要做到两点。一是要采用专用车辆，比如保温车、冷藏车等特殊运输车辆。在运用这些车辆时，如果是冷藏车，要根据所载货物，设定不同的冷藏机温度，要有良好的运输组织工作。对保证鲜活货物的质量十分重要。承运鲜活货物时，应由车站货运员对托运货物的质量、状态进行认真的检查。要求质量新鲜，包装合乎要求，热状态符合规定。对已有腐烂变质现象的货物，托运前应加以适当处理；对不符合规定质量的鲜活易腐货物不予承运。

（三）公路大件货物运输

汽车运输货物中，具有长、大或重的特点，甚至几者皆有之的货物称大件货物。

由于大件货物在装卸方面需要特殊的设备，在运输过程中需要特殊的车辆和技术，所以，一般的运输公司不承担这种运输任务。在一个地区，一般都是专门承担这种货物的运输公司，即大件运输公司。所以，如果货主有这种货物需要运输，都由大件运输公司承担。由于大件货物在装卸和运输方面需要用特殊的设备和技术，所以运费较高。至于大件运输公司在承运这种货物时的组织措施，在上一节铁路运输中有论述。

四、公路运输经济核算

在公路运输中，货主需要向运输公司支付运费，运输公司需要对自身的运输经营活动进行经济方面的核算，即公路运输经济核算。因此，这里面包含两个方面的问题：一是运费的计算；二是经济核算。

（一）运费的计算

公路运输的运费结算是运输活动中一项重要内容，它涉及托运方和承运方双方的切身利益。一般情况下，在双方商谈和签订承运合同的时候，运价就已经定下来了。当运输任务完成之后，双方根据事先定好的运价去乘以运量，就可以得出运费。那么，运价的表现形式，在目前运输市场上，比较广泛使用的是表 2-5 的形式。

表 2-5　公路运输运费结算表　　起运地：杭州

运价 目的地	整车价（元/车）				零担价		运输时间
	3 吨车	5 吨车	8 吨车	10 吨车	按重量（元/吨）	按体积（元/立方米）	
北京	1500	2500	3000	3500	450	140	3 天
广州	1200	2200	2700	3100	420	130	3 天
成都	3200	3800	4500	5000	550	210	5 天
…	…	…	…	…	…	…	…

假如表 2-5 是某运输公司与杭州某工厂签订的运价合同，一个月内，该工厂通过运输公司从杭州发了如下货物：北京 8 吨整车 2 车，成都 5 吨整车 1 车，广州 10 个立方米的零担货物，那么，该工厂应该支付的运费为：$3000\times2+3800\times1+130\times10=11100$ 元。

（二）内部经济核算

作为公司运输，通过自己的运输劳动，取得了一定的运费，这是公司的收入。那么，公司的营运情况到底如何，能否盈利，就要进行一些经济方面的核算与营运方面的评价。为了评价、分析和计算车辆的运输生产活动，必须采用一系列足以表明车辆运输生产活动的数量和质量指标，据此来研究车辆各方面的利用程度，这对于改善企业的生产经营活动，加强运输组织工作，有很大的指导意义。

汽车运输企业车辆运用指标系，是针对车辆时间、速度、行程、载重能力、拖挂能力等几个方面来设置的。

1.车辆时间利用指标

车辆时间利用指标主要有工作率、完好率、平均每日出车时间、出车时间利用系数和昼夜时间利用系数。

2.车辆速度利用指标

车辆速度利用指标主要有平均车日行程、技术速度和营运速度。

3.车辆行程利用指标

车辆行程利用指标主要有装载行程、无载行程、总行程和行程利用率。

4.车辆载质量利用指标

车辆载质量利用指标主要有静载质量、静载质量利用系数、吨位利用率、实载率和拖运率。

5.车辆生产率

车辆生产率是指营运车辆在运输过程中的效率，它是车辆在时间、速度、行程和载质量利用方面的一个综合性指标。

第四节　水路运输管理

一、水路运输的特点

水路运输是指通过船舶这种运输工具在水上完成货物运输任务的运输方式。与其他几种运输方式相比，水运具有以下特点：

(一)运输能力大

在五种运输方式中，水路运输能力最大。在长江干线，一支拖驳或顶推驳船队的载运能力已超过万吨，国外最大的顶推驳船队的载运能力达3万～4万吨，世界上最大的油船已超过50万吨。

(二)运输成本低

我国沿海运输成本只有铁路的40%，美国沿海运输成本只有铁路的12.5%，长江干线运输成本只有铁路的84%，而美国密西西比河干流的运输成本只有铁路的25%～33.3%。

(三)运输速度慢

货物在途中的时间长，会增加货主的流动资金占有量。

(四)安全性、准时性较差

水路运输与铁路和汽车运输相比，运输的安全性和准时性较差。

(五)平均运距长

水路运输平均运距分别是铁路运输的2.3倍，公路运输的59倍，管道运输的2.7倍，民航运输的68%。

(六)远洋运输能力强

远洋运输在我国对外经济贸易方面占着独特而又重要的地位,我国有超过90%的外贸货物采用远洋运输,是发展国际贸易的强大支柱,战时又可以增强国防能力,这是其他任何运输方式所无法代替的。

(七)适合大宗商品长距离运输

水路运输运费低,经济性好,适合大宗商品长距离运输。

二、水路运输管理

水路运输可以分为江河运输和海上运输。海上运输又分为沿海运输和远洋运输。

江河运输是指利用一个国家或地区的内河水系进行运输的一种水运方式。我国江河众多,有长江、珠江、黄河、黑龙江等大河水系。在公路、铁路出现之前的漫长的岁月历史过程中,江河运输一直是最重要的运输方式。现在,随着三峡水库的建成,长江及其支流的通航能力大大提高,并将在以后的运输过程中发挥越来越重要的作用。

海上运输包括沿海运输和远洋运输。沿海运输是指在国内海港之间进行的海上运输方式;远洋运输是指在国际港口之间进行的海上运输方式。

无论是哪一种水运方式,从经营方式上都可以分为定期船运和不定期船运两种。下面,我们分别从这两种运输方式的货运程序、使用单证和运价三个方面进行阐述。

(一)定期船运

1. 定期船运的定义

定期船运亦称班轮运输(liner shipping, liner transport),是指班轮公司将船舶按事先制定的船期表(liner schedule),在特定航线的各挂靠港口之间,为非特定的众多货主提供规则的、反复的货物运输服务(transport service),并按运价本(tariff)或协议运价的规定计收运费的一种营运方式。

2. 定期船运的基本特点

(1)"四固定",即航线、挂港、船期、运价比较固定,有利于掌握船期、核算运输费用、组织货源、促进出口成交。

(2)同一航线上的船型相似并保持一定的航班密度。这样既不脱销,又不集中到货,适应均衡应市的需要,使商品具有相对合理的价格。

(3)运价内已包括装卸费用。班轮运输中货物的装卸费用一般由承运人支付,承运人和托运人之间一般不计滞期、速遣费用而是按照港口习惯快速装卸(Customary Quick Dispatch, C. Q. D.)。但近年来,有的班轮公司为了减少船期损失,与一些装卸效率很低的港口签订了速遣协议,这种协议与货主没有直接关系。

(4)承托双方的权利义务和责任豁免以签发的提单条款为依据。班轮公司出示的班轮提单载明了承运人应负的有关责任条款,它是班轮公司接收货物并负责运输的依据。若因特殊情况,在某一航次中取消了沿途中某一挂港时,班轮公司将负责安排其他船将原定由本航次运往该港的货物尽快运到目的地,交给提单指定的收货人,并负担由此产生的一切费用。

3. 货运程序

从事定期船运输的船舶按照船期表营运,通常挂靠港口较多,物品装卸作业频繁,所承运物品的种类多，票数也多，船舶在港停泊时间较短，出现货运质量事故的情况比较复杂。因此，定期船运输中必须建立起一套行之有效的关于物品运输的安排、物品装卸、物品交接等货运程序。

(1)订舱(booking)。是指托运人(包括其代理人)向班轮公司申请物品运输，承运人对这种申请给予承诺的行为。国际贸易实践中，出口商通常会要求以 CIF(cost,insurance,freight)价格条件成交，此时，由出口商安排物品运输工作，即出口商承担出口物品的托运工作，将物品交船公司运往国外交进口商，所以订舱工作多数在装货港或物品输出地由出口商办理。但是，如果出口物品是以 FOB(free on board)价格条件成交，则物品运输由进口商安排，此时订舱工作就可能在物品的卸货地或输入地由进口商办理。这就是所称的卸货地订舱(home booking)。在国内物品的运输中，同样可以由卖方或买方来安排有关运输事宜。

(2)接货装船。在定期船的杂货运输中，除另有约定外，都规定托运人应将其托运的物品送至船边，如果船舶是在锚地或浮筒作业，托运人还应用驳船将物品驳运至船边，然后进行物品的交接和装船作业。船代理人在各装货港的指定地点(通常为港口码头仓库)接受托运人送来的物品，办理交接手续后，将货物集中整理，并按次序进行装船的形式，即所谓的“仓库收货，集中装船”的形式。

(3)卸船交货:在定期船的杂货运输中，卸船交货是指将船舶所承运的物品在运输合同规定的卸货港从船上卸下，并在船边交给收货人并办理物品的交接手续。为使船舶在有限的停泊时间内迅速将货卸完，实践中通常由船公司指定装卸公司作为卸货代理人，由卸货代理人总揽卸货和接收物品并向收货人实际交付物品的工作。因此，对于普通物品，通常采取先将货物卸至码头仓库，进行分类整理后，再向收货人交付的形式，即所谓“集中卸船，仓库交付”的形式。

4. 货运单证

在定期船运输中，从办理物品的托运手续开始，到物品装船、卸船、直至交付的整个过程，都需要编制各种单证。这些单证是在货方(包括托运人和收货人)与船方之间办理货物交接的证明，也是货方、港方、船方等有关单位之间从事业务工作的凭证，又是划分货方、港方、船方各自责任的必要依据。在这些单证中，有的是受国际公约和各国国内法规的约束的，有的则是按照港口当局的规定和航运习惯而编制使用的。尽管这些单证种类繁多，而且因各国港口的规定会有所不同，但主要单证是基本一致的。对于从事现代物流运输业务而言，最重要的单证是运单和提单。

(1)运单。在国内水路运输中，使用运单。运单经承托双方确认后，具有合同效力，也具有承运人接受物品的收据作用，但它不是物权凭证，不能通过转让运单来达到转让物品的目的。

运单上记载的主要内容包括运单号码、船名与航次、起运港与到达港、托运人与收货人、货名、件数、包装、价值、重量、体积、费用、托运人签章与日期、特约事项，还有运到日期等内容。

(2)提单。在国际海上运输中，主要使用提单，根据具体情况需要也可使用海运单。提单(Bill of Lading,B/L)是用以证明海上货物运输合同和货物已经由承运人接收或者装船，以及承运人保证交付货物的单证。海运单(Sea Way Bill,SWB)与提单相比，则不具有物权凭证的功能。

提单包括品名、标志、包数或者件数、重量或者体积，以及运输危险货物时对危险性质的说明；承运人、船名、托运人与收货人；装货港和在装货港接收货物的日期；卸货港；提单的签发日期、地点和份数；承运人或者其代表的签字；运费的支付；多式联运提单增列接收地点和交付地点；以及根据实务需要，记载被通知人等内容。

根据贸易需要和国际海运习惯，通常使用的提单是在货物装船以后，经托运人要求，由承运人本人、载货船船长或经承运人授权的代理人签发的已装船提单（Shipped B/L，On-board B/L）。用提单来证明装船时间是为了符合国际贸易中以将货物装船象征卖方将货物交给买方的习惯。如果装船时货物的外表状况良好，则签发清洁提单（Clean B/L）；反之，则会在提单上做出保留，加以批注（Remarks），或签发不清洁提单（Foul B/L）。对一票货，承运人可以签发一式数份提单，通常是一式三份。各份提单具有同样的效力，除变更卸货港或特殊情况外，收货人只要凭任意一份经过适当背书（Duly Endorsed）的提单，并付清应支付的费用后，即可换取提货的权力，而其余份数的提单则自行失效。提单是"物权凭证"（Document of Title），是"准流通证券"：记名提单（Straight B/L），不得（背书）转让；指示提单（Order B/L），经过记名背书或者空白背书转让；不记名提单（Bearer B/L），无需背书，即可转让。

5. 班轮运费

班轮运价（Liner Freight）是班轮公司为运输货物向货主收取的运输价格，也就是班轮公司为运输单位货物所消耗的人力、物力以及为运输货物所支付给各有关方面的费用。其中包括船舶折旧、大修理基金的提取、银行利息、燃料物料的消耗、港口使用费、船员工资福利和利润等。班轮运费的构成主要有两部分：第一部分为基本运费；第二部分为附加运费。

（1）基本运费。基本费率是指各船公司或轮船协会制定的单位货物（如 1 运费吨）的运费费率。而基本运费就等于基本费率与货物的计费重量、体积的乘积。

（2）附加运费。为了保持在一定时期内基本费率的稳定，又能正确反映各港口各种货物的航运成本，班轮公司在基本费率之外，又规定了各种附加费用。附加费种类繁多并经常变化，在计算运费成本时不能忽视。现将主要的附加费列举如下：

①燃油附加费（Bunker Surcharge or Bunker Adjustment Factor, B. A. T）。在燃油价格突然上涨时，按每一运费吨加收一绝对数或按基本运价的一定百分比加收的附加费。

②货币贬值附加费（Devaluation Surcharge or Currency Adjustment Factor C. A. F）。在货币贬值时，船方为保持其实际收入不致减少，按基本运价的一定百分比加收的附加费。

③转船附加费（Transshipment Additional）。凡运往非基本港的货物，需转船运往目的港，船方收取的附加费，其中包括转船费和二程运费。但有的船公司不收此项附加费，而是分别另收转船费和二程运费。这样收取一、二程运费再加转船费，即通常所称的"三道价"。

④直航附加费（Direct Additional）。当运往非基本港的货物达到一定的货量，船公司可安排直航该港而不转船时所加收的附加费。一般直航附加费较转船附加费为低。

⑤超重附加费（Heavy Lift Additional）、超长附加费（Long Length Additional）和超大附加费（Surcharge for Bulky Cargo）。当一件货物的毛重或长度或体积超过或达到运价规定的数值时加收的附加费。

⑥港口附加费（Port Additional or Port Surcharge）。有些港口由于设备条件差或装卸效率低，以及其他原因，船公司加收的附加费，一般按基本运价的一定百分比收取。

⑦港口拥挤附加费(Port Congestion Surcharge)。有些港口由于拥挤,致使船舶停泊时间增加而加收的附加费。这种附加费随着港口条件的改善或恶化而变化,一般也是按基本运价的一定百分比计收。

⑧选港附加费(Optional Surcharge)。货方托运时尚不能确定具体卸货港,要求在预先提出的两个或两个以上港口中选择一港卸货,船方因此而加收的附加费。所选港口限定为该航次规定的挂港,并按所选港中收费最高者计收运费及各种附加费在船舶到达第一卸港前的规定时间内(一般规定为 24 小时或 48 小时前),通知船方最后选定的卸货港。

(3)运费计算步骤及实例。班轮运费的计算步骤为,根据所运的货物类别、相应航线、启运港、目的港,查到相应的基本运价;再从附加费部分查出所有应收(付)的附加费项目和数额(或百分比)及货币种类;根据基本运价和附加费算出实际运价;运费=运价×运费吨。

例 2-1 一批棉织品,毛重为 1.020 公吨,尺码 3.040 立方米,目的港为一基本港,基本费率为人民币 37.00 元,W/M,燃油附加费每运费吨人民币 8.50 元,港口附加费 10%,求运费。

解 运价:基本费率 37.00 元

燃油附加费 8.50 元

港口附加费 37.00 元×10%=3.70 元

合 计 49.20 元

运费吨:因为 1.020<3.040,所以取 M 按尺码吨计算

运费=49.20 元×3.040=149.57 元

这批棉织品运费为人民币 149.57 元。

(二)不定期船运

远洋运输的经营方式有定期船运和不定期船运两种:定期船运就是班轮运输,不定期船运叫租船运输。

1. 租船运输的特点

(1)没有固定的航线、固定的装卸港口和固定的船期。租船的航线和装卸港口不是固定不变的,它可以根据货主各种不同的需要,结合市场上的各种因素临时决定。

(2)没有固定的运价。租船运价是随租船市场供求情况的变化而变动的。在某一地区,如船舶供过于求,则运价下跌,反之,则运价上涨,经常处于变动之中。但与班轮运价相比,租船运价一般是较低的。

(3)适于运输大宗货物。租船主要是用来装运大宗货物,如各种矿石、石油、煤炭、磷、磷灰石,各种谷物、饲料、化肥、食糖、水泥等大宗货。这种货物一般数量较大,而班轮不能提供足够的舱容,用租船装运较为适宜和方便,世界海运干货中,租船运输的占总运量 80%以上,油轮运输用租赁方式的,也占 50%以上,由此可见租船在运输大宗货物中的重要作用。

2. 租船的方式

租船的方式可分为程租和期租两种。

(1)程租(Voyage Charter)。又称航次租船。是指船舶按照船、租双方事先约定的条件,按时开到装货港装货,再开到卸货港口卸货,完成整个航程的运输任务。程租的基本形式是单程,但也可包括若干个航程。依航次的多少,程租船可分为单航次租船、来回程租船、连续航次程租和包运合同四种形式。

(2)期租(Time Charter),又叫定期租船,是按一定的期限租船,在这个期限内,租船支付租金,以取得船舶的使用权。租期少则3个月,多到若干年直到船舶报废为止均可。在租期内,租船人可按照自己的需求来安排船舶的营运和调度,并负责在使用期内船舶的燃料费、港口费和拖轮费等。船东除保证船舶的适航性外,还负责船员的配备和供应船员的给养。

3.租船程序

(1)询租(Inquiry)。询租就是租船人对外发出租船单(Order),使对方了解租方有什么货、需要什么船。询租可以向租船经纪人发出,也可直接发给船东。询租内容要求简单扼要,但不能缺少对方必须知道的项目,如运什么货、多少数量、装港和卸港或交船地点,受载期或交货期和对船舶或租船合同条款的特殊要求等。

(2)询租的答复。租船单发出后,船东如有兴趣,则提出大致的运价和船只,供租方考虑和比较。如果所报的船符合租方要求,运价也较合理,那就可以开始报价,谁先报价没有规定,但通常都是船东首先报价。

(3)报价(Offer)和还价(Counter Offer)。在租船过程中,报价和还价是交替进行的,也就是双方讨价还价的过程,通常租一条船要经过反复几个回合才能最后成交。报价人对另一方提出船舶租赁的主要条件,并规定接受的期限,称为报实价(Firm Offers)。凡是部分地接受对方的报价就是还价。在还价时,先要仔细审查对方报价的全部内容,决定哪些可接受,哪些不能接受,哪些需要修改,哪些含义不明确,还有哪些需要补充,然后在还价中逐一列明。凡是还价中提到的条件都是不同意的,需修改或需补充的。如全部接受报价的条件,就算已经成交。如完全不能接受或可接受条件很少,可用报价形式回答,要求对方还价。

(4)接受(Acceptance)。接受分为有效的接受和有条件的接受。前者是真正的接受而后者属于还价,特别是一笔交易经双方多次讨价还价后再最后达成交易时更要注意审核双方一致的条件。此外有效的接受必须在发盘的时限之内,如时限已过,一方欲接受,必须要求另一方再确认才能生效。

(5)签约(Conclusion of Charter Party)。船舶洽妥后,就要决定由谁来签约。如果是直接和船东成交,则由租船人自己签约,如通过租船代理人成交的,可授权代理人签约,也可决定由租船人自签。租约通常编制正本两份,签约后双方各持一份存查。租约副本则根据需要决定。

4.租船合同

承租人和船舶所有人之间订立租船合同是一项很细致的工作。双方为了各自利益,必须要对合同条款逐项推敲,因而不能尽快成交。为了简化签订租船合同的手续,加快签约的进程和节省签订租船合同的费用,也为了能通过在合同中列入一些对自己有利的条款,以维护自己一方的利益,在国际航运市场上,一些航运垄断集团、大的船公司,或货主垄断组织,先后编制了供租船双方选用,作为洽商合同条款基础的租船合同范本。租船合同范本中罗列了事先拟定的主要条款,以供承租双方选用及删减、修改和补充。

租船合同范本的种类很多,当在百种以上。随运载货物、航线不同,有着各种不同的范本。目前,国际航运市场中,被采用的比较有影响的标准租船合同格式主要有航次租船和定期租船合同两大类。

(1)航次租船合同范本中的租船合同

①统一杂货租船合同(Uniform General Charter),简称为"金康(GENCON)",目前租

船市场上选用的大多是1994年修订后的金康合同。它是一个不分货种和航线，适用范围比较广泛的航次租船合同的标准格式。

②斯堪的纳维亚航次租船合同(Scandinavian Voyage Charter)，简称为斯堪康(SCANCON)，适用于斯堪的纳维亚地区的杂货航次租船合同。

③威尔士煤炭租船合同(Chamber of Shipping Walsh Coal Charter Party)、美国威尔士煤炭合同(Americanized Walsh Coal Charter)和黄尔煤炭航次租船合同(Coal Voyage Charter)都是专用于煤炭运输的租船合同标准格式。

④谷物泊位租船合同(Berth Grain Charter Party)和北美谷物航次租船合同，1989(North American Grain Charter Party，1973＜Amended 1989＞)都是广泛用于从美国和加拿大出口谷物的海上运输航次租船。

⑤油轮航次租船合同，1977(Tanker Voyage Charter Party，1977)，专门适用于油轮航次租船。

⑥气体航次租船合同，1972(GASVOY，1972)，这是为液化天然气以外的其他气体的运输租船而制定的航次租船合同标准格式。

⑦化学品船航次租船合同(For Transportation of Chemicals in Tank Vessels)，简称为"BIMOHEMVOY"，是为化学品船航次租船合同而制定的标准格式。

其他还有"古巴食糖租船合同(Cuba Sugar Charter Party)"、"北美化肥航次租船合同(North American Fertilizer Charter Party，1978)"、"波罗的海木材船租船合同(NVBALTWOOD，1973)"等。

(2)定期租船合同范本中的租船合同

①定期租船合同(Time Charter Party)，又称为"土产格式"(NYPE Form)。是美国纽约土产交易所(New York Produce Exchange)制定的定期租船合同的标准格式。现行使用的是1993年修订版，代码为"NYPE 93"。

②标准期租船合同(Uniform Time Charter Party)，又简称为"BALTIME"。该标准定期租船合同格式由波罗的海国际航运协会于1909年制定，并由英国航运工会认可，现行使用的是1974年修订版。

③中租期租船合同，1980，又简称为"SINO TIME，1980"，由中国租船公司制定，专门用于中国租船公司从国外期租船使用的租船合同标准格式。

根据我国《海商法》第127条的规定，我国法律关于定期租船合同的规定属于任意性规定，租船业务当事人在不违反法律的前提下，可以订立其协商认可的内容。

第五节　航空运输管理

一、航空运输管理的特点

航空运输是近代发展起来的一种运输方式。随着国际贸易的发展，航空运输得到了飞跃式的发展，成为重要的国际运输方式。航空运输的特点主要有以下几点：

(1)运行速度非常快,一般在800～900千米/小时。

(2)机动性好,几乎可以飞越各种天然障碍,可以到达其他运输方式难以到达的地方。

(3)适合运费负担能力强的小批量商品的中长距离运输。

(4)航空运输安全及时。航运时间性较强,有定期航班,能保证货物能及时到达。

(5)运输成本高。

(6)运输技术复杂,物品的重量和尺寸受到限制。

因此,只适宜长途旅客运输和体积小、价值高的物资,以及鲜活产品和邮件等货物的运输。

二、航空运输的经营方式

航空运输的主要经营方式包括班机运输、包机运输、集中托运、联运和航空快递。

(一)班机运输(Scheduled Airline)

班机是指在固定航线上定期航行的航班,是指定期开航、固定航线、固定始发点和目的港、固定的途径站的飞机。该运输方式的特点是:

(1)能迅速到达各通航地点;

(2)货物发运和到达的时间固定准时;

(3)适于急需品、鲜活易腐品及贵重物品的运送;

(4)舱位有限,货运量不大;

(5)班机运输使用的是客货混合型飞机(Combination Carrier)。

(二)包机运输方式(Chartered Carrier)

包机运输方式可分为整包机和部分包机两种形式。整包机是指航空公司或包机代理公司按照与租机人双方事先约定的条件和费率,将整架飞机租给包机人的运输方式;其包机费原则上是按每一飞行千米固定费率核收,并按每一飞行千米费用的80%收取空运费。部分包机是指由多家航空货运公司或发货人联合包租一架飞机,或者是由航空公司把一架飞机的舱位分别租给几家航空货运公司装载货物。

(三)集中托运方式(Consolidation)

集中托运方式是由航空货运公司把若干批单独发运的货物组成一整批后,再向航空公司集中托运,然后填写一份总运单发送到同一目的站,并由航空货运公司委托到站当地的代理人负责收货、报关并拨给各实际收货人。该运输方式的特点是:节省运费、提前办理结汇、为货主提供方便等,一般情况下,集中托运不办理贵重物品、危险品、文物等的运输。

(四)联运方式

联运方式包括陆空联运,即火车、飞机和汽车的联合运输方式(Train-Air-Car,简称TAC),以及“Train-Air”方式。

(五)航空快递(Air Courier)

航空快递是指航空货运公司在货主、机场和用户之间传递急件的运输服务方式,其特点是运送快速灵便,安全可靠,并且查询起来也方便、迅速。

三、航空运输程序

一般的,国际航空货物承运,必须遵守有关国家的法令和规定,并且要按照《统一国际航空运输某些规定的公约》及《海牙议定书》等运输规定办理。

(一)航空货物运输的发运和交接

1. 接受委托,准备报关单据

若是进口货物的运输,须附上合同副本、进口许可证、免税证明等单据,然后由航空货运公司办理承运工作;对于出口货物的运输,其做法是,从发货人处取得必要的出口单据,再安排货物发运工作。

2. 申报海关

对于进口货物运输,其申报海关的做法是:在进口货物到达后,由航空公司出示航空运单及随附文件,并接受货物检查;然后由海关填制进口货物报关单,并随附必要的报关单据;根据收货人的要求,代垫有关进口税、关税和运费;办理海关手续后,则通知收货人取货。出口货物运输的申报海关做法是:由海关验收货物,同时制定航空运单;收货人提供的货物随行单据应附在运单后面;然后将运单标签贴在每一货物上,并把制定好的航空运单到海关报关;最后将报关后的运单和货物交与航空公司验收。

(二)航空货物运输的转运

一般是针对进出口货物再运输时需办理转运手续;需在最终目的地报关的货物转运前要办监管手续,同时填制海关转运准单及随附有关单据,一并与货物同时转运。

四、航空运单(Air Waybill)

航空运单是一种不可转让(non-negotiable)的运输合同,是由承运人或其代理人出具的一个重要的货物单据,它不代表所托运货物的所有权。

(一)航空运单的作用

(1)航空运单是发货人与承运人之间的运输合同,一经签发,便成为签署承运合同的一个书面证据,并且,该合同须由发货人或其代理人与承运人或其代理人共同签署后方能生效;

(2)当发货人将货物发运后,承运人或其代理人将第一份航空运单正本(original-for the shipper)交给发货人,可作为接收其货物的证明;

(3)航空运单上由于分别记载着属于收货人或发货人应负担的费用和属于代理的费用,因而它又可作为运费账单,承运人可将运单的第三份正本(original-for the issuing)自己留存,作为运费收取凭证;

(4)在航空货物运达目的地后,在报关时,航空运单又是海关检查放行的基本单据;

(5)若承运人承办保险或发货人要求承运人代办保险,则航空运单可用来作保险证书;

(6)航空运单还是收货人核收货物的依据,亦是承运人在办理该运单货物的发货、转运、交付的依据。

(二)航空运单的种类

航空运单有两种,一种是航空公司的运单(Air Waybill),又称为主运单(Master Waybill),或称为总运单;另一种是航空货运公司的运单(House Air Waybill),又称为分运单。航空运单一般是每套12联,其中,正本3联,副本9联,按照每联下面注明的用途分别使用。3份正本背面都印有承运条款,当发货人签署后,就意味发货人承认并同意承运合同的条款。另外,航空运单只有在发货人和承运人签署并注明日期后才生效,当货物到达目的地交给收货人后，运单作为承运合同的效力宣告终止。

（三）航空运单的填制

发货人或其代理人在填写运单的各项内容时须正确无误，否则，因发运人对运单的填写不正确而致使承运人受损，则由发货人负全部责任。运单的填制内容如下：

（1）运单编号由12位数字组成，前3位数字是承运人代码，第4至11位数字是顺序号，最后一位数字是核查号；

（2）托运人名称地址和账号；

（3）收货人名称地址及账号；

（4）签发运单的货运代理人名称及地址；

（5）货运代理人的IATA代号及账号；

（6）始发站和指定航线；

（7）由承运人填写的航空路线和目的站；

（8）目的站名称及航班/日期；

（9）货物件数、重量单位、运价类别、品名编号、计费重量；

（10）货物单价或起码运费、总运价、货物品名和体积。

五、国际航空货物运输的运价和费用

计算一笔航空货物的运输费用，须考虑计费重量、有关的运价和费用、货物的声明价值三因素。

（一）计费重量

规定在货物体积大、重量大的情况下，以货物的毛重作为计费重量；若货物体积小、重量小，则以货物的体积重量作为计费重量。体积重量（Measurement Weight）的计算方法：分别测出货物的最长、最宽和最高的部分，尾数采用四舍五入法，三者相乘算出体积。

集中托运货物的计费重量是采用整批货物的总毛重或总体积重量，按两者之中较高的一个计算。

（二）运价和费用

运价（Rates）是指承运人为运输货物对规定的重量单位（或体积）收取的费用，它包括四类：一般货物运价、特种货物运价或指定商品运价、货物的等级运价、集装箱货物运价。运费（Transportation Charge）是指根据适用运价计得的发货人或收货人应当支付的每批货物的运输费用。各种不同的航空运价和费用都具有如下特点：

（1）运价是指从一机场到另一机场，并且只适用于单一方向；

（2）提货、报关、交接和仓储费用等其他额外费用不包括在内；

（3）运价一般以千克或磅为计算单位；

（4）航空运单中的运价是按出具运单之日所适用的运价；

（5）运价通常使用当地货币公布。

（三）有关运费的其他规定

（1）起码运费，是航空公司办理的一批货物所能接受的最低运费不管使用哪一种运价，运费都不能低于公布的起码运费，但对特种货物运输可有例外；

（2）声明价值费，按《华沙公约》规定，对由于承运人的失职而造成的货物损坏、丢失或出错等所承担的责任，其赔偿金额规定为每千克 20 美元或相等的当地货币，如果要求按货物的价值赔偿，则由托运人在付运费的同时，向承运人另外支付一笔声明价值费；

(3)货到付款服务费，是由承运人接受发货人的委托，在货物到达目的地后交给收货人的同时，代收回运单上规定的金额，承运人则按货到付款金额收取规定的服务费。

【本章小结】

本章从运输管理入手，阐述了运输的概念、职能、原则及其运输在物流中的地位和作用，然后介绍了铁路运输、公路运输、水路运输、航空运输四种不同运输方式的种类、运输程序、经营方式及相应的单据等相关知识。通过本章的学习，使学生对各类运输组织与管理有一个全面的理解和掌握。

【习题】

一、单项选择题

1. 关于航空运输运价与费用的下列说法错误的有(　　)。
   A. 运价是指从一机场到另一机场，并且只适用于单一方向
   B. 提货、报关、交接和仓储等费用包括在运价内
   C. 运价一般以千克或磅为计算单位
   D. 航空运单中的运价是按出具运单之日所适用的运价

2. 班轮运费主要由基本运费和附加运费构成，下列(　　)不属于班轮运输的附加运费。
   A. 燃油附加费　B. 直航附加费　C. 货币贬值附加费　D. 货到付款服务费

3. 铁路规定，按零担办理运输的货物，一件货物的体积不得小于(　　)立方米(一件重量 10 千克以上的除外)。
   A. 0.02　B. 0.2　C. 0.03　D. 0.025

4. 将 5 吨钢铁从杭州运往上海，选择(　　)方式比较合适。
   A. 铁路运输　B. 公路运输　C. 水上运输　D. 航空运输

5. 以下关于航空运单说法错误的是(　　)。
   A. 航空运单是一种不可转让的运输合同
   B. 航空运单可以代表所托运货物的所有权
   C. 如果发货人要求承运人代办保险，则航空运单可用来作为保险证书
   D. 航空运单是收货人核收货物的依据

6. 在集装箱运输中，从货物适合装箱程度来看，下列哪些货物是适合装箱的最佳装箱货？(　　)
   A. 谷物　B. 电缆
   C. 钢与生铁　D. 光学仪器

7. 产品移动的重要意义在于确实提高了(　　)。
   A. 产品价值　B. 运输质量
   C. 服务质量　D. 生产质量

8. 运输成本占物流总成本的比重往往超过(　　)。
   A. 1/2　B. 1/3　C. 1/4　D. 1/5

9. 影响企业选址的主要因素之一是(　　)。

A. 运输条件　　B. 生产管理能力

C. 营销网络分布　　D. 生产原料的批量大小

10. 铁路零担运输中，单件托运货物的体积应(　　)0.02 立方米。

A. 小于　　B. 大于或等于　　C. 大于　　D. 等于

11. 制定铁路货物运输合同的依据是(　　)。

A. 承、托运双方的协商意见

B. 当地运输协会的有关规定

C. 国家有关法律、法规

D. 由承运人、托运人、收货人三方共同协商的意见

12. (　　)合同是一个不分货种和航线，适用范围比较广泛的航次租船合同的标准格式。

A. “GENCON”　　B. “SCANCON”

C. “BIMOHEMVOY”　　D. “BALTIME”

13. P. S. 是指(　　)。

A. 燃油附加费　　B. 港口附加费　　C. 港口拥挤附加费　　D. 超重附加费

14. (　　)主要优点是灵活性强，可以实现“门到门”运输，且运输速度快、物品损耗少。

A. 铁路运输　　B. 管道运输　　C. 水路运输　　D. 公路运输

15. (　　)被称为 20 世纪的“运输革命”。

A. 整车运输　　B. 零担运输　　C. 集装箱运输　　D. 多式联运

16. 定期船运的“四固定”是指(　　)比较固定。

A. 航线、挂港、船期、运价　　B. 航线、挂港、时间、运价

C. 航线、堆场、船期、运价　　D. 航线、船型、船期、运价

17. 下列哪种货物在铁路运输中可以当成零担货物运输？(　　)

A. 一吨炸药

B. 两箱蜜蜂

C. 一箱体积为 0.015 立方米，重量为 15 千克的啤酒

D. 一箱体积为 2.5 立方米，重量为 2.4 吨的金属铸件

18. 定期租船合同中，美国纽约土产交易所制定的定期租船合同标准格式被称为(　　)。

A. 中租期租船合同　　B. 标准期租船合同

C. 土产格式　　D. 金康合同

19. 在运输中，不得转让的海运提单是(　　)。

A. 记名提单　　B. 指示提单　　C. 不记名提单　　D. 背书提单

20. 班轮运输的运费应该包括(　　)。

A. 装卸费，不计滞期费、速遣费　　B. 装卸费，但计滞期费、速遣费

C. 卸货费和滞期费，不计速遣费　　D. 卸货费和速遣费，不计滞期费

21. 在进出口业务中，能够作为物权凭证的运输单据有(　　)。

A. 铁路运单　　B. 提单　　C. 海运单　　D. 运单

22. 不属于租船运输的特点的是（　　）。

A. 根据货主的要求来确定装运货物的起运港、目的港和航线

B. 租船运价是随租船市场供求情况的变化而变动的

C. 同一航线上的船型保持一定的航班密度

D. 适于运输大宗货物

23. 下列对于定期租船的说法错误的是（　　）。

A. 在租船期间，租船人可按照自己的需求来安排船舶的营运和调度

B. 船东负责在使用期内船舶的燃料费、港口费和拖轮费

C. 船东保证船舶的适航性

D. 船东负责船员的配备和供应船员的给养

24. 必须经背书才能进行转让的提单是（　　）。

A. 记名提单　　B. 不记名提单　　C. 指示提单　　D. 海运单

25.（　　）最为经济，是零担货运的基本形式。

A. 直达式零担班车　　B. 中转式零担班车

C. 沿途式零担班车　　D. 联运式零担班车

26.（　　）是指营运车辆在运输过程中的效率，它是车辆在时间、速度、行程和载质量利用方面的一个综合性指标。

A. 车辆时间利用率　　B. 车辆生产率

C. 车辆速度利用指标　　D. 车辆载质量利用指标

27.（　　）经过记名背书或者空白背书才能转让。

A. 记名提单　　B. 清洁提单　　C. 指示提单　　D. 不记名提单

28. 下列属于物流运输基本职能的是（　　）。

A. 品种效用　　B. 信息效用　　C. 信用效用　　D. 时间效用

29. 下列哪些产品可以办理铁路货运零担运输？（　　）

A. 一箱蜜蜂

B. 一头鸵鸟

C. 一件体积 2 立方米，重量为 3 吨的机器

D. 体积为 0.01 立方米，重量为 14 千克的零件

30. 以下不属于公路货运主要形式的有（　　）。

A. 零担货物运输　　B. 整车货物运输

C. 散货货物运输　　D. 集装箱货物运输

31. 不属于航次租船形式的租船方式是（　　）。

A. 定期租船　　B. 单航次租船　　C. 连续航次租船　　D. 包运租船

32. 航空运单编号的 12 位数字中，包含的信息是（　　）。

A. 收货人编码　　B. 承运人编码

C. 货运代理人编码　　D. 目的站

二、多项选择题

1. 物流运输除了有产品转移职能和产品储存职能两大职能外，还具有增值效用，下列哪些是物流运输的增值效用？（　　　）

A. 品种效用　　B. 批量效用　　C. 信息效用
D. 风险效用　　E. 信用效用

2. 无论是铁路、公路、水路还是航空运输，尽管运作和管理的方法不一样，但都必须遵守（　　）的基本原则。

A. 及时　　B. 准确　　C. 经济
D. 安全　　E. 系统

3. 航空运输的运费计费重量标准是（　　）。

A. 体积大、重量大时以毛重计费　　B. 以体积计费
C. 以重量计费　　D. 以体积与重量之和计费
E. 体积小、重量小时以体积重量计费

4. 航空运输的经营方式有（　　）。

A. 班机运输　　B. 包机运输　　C. 集中托运
D. 联运方式　　E. 航空快递

5. 班轮运输中的四固定指的是（　　）。

A. 航线固定　　B. 挂港固定　　C. 船期固定
D. 运价比较固定　　E. 顾客固定

6. 根据国际贸易需要和国际海运习惯，通常使用的提单是在货物装船以后，经托运人的要求，由（　　）签发的已装船提单。

A. 托运人授权的代理人　　B. 承运人本人
C. 经承运人授权的代理人　　D. 载货船船长
E. 载货船大副

7. 物流运输实现了（　　）职能。

A. 物品移动　　B. 产品储备　　C. 短时产品库存
D. 产品所有权转移　　E. 信息交流

8. 班轮运输的特点是（　　）。

A. 定线、定港、定期和相对稳定的运费费率
B. 由船方负责对货物的装卸，运费中包括装卸费，不规定滞期、速遣条款
C. 承运货物的品种、数量较为灵活
D. 适于运输大宗货物
E. 双方权利、义务、责任豁免以船公司签发的提单的有关规定为依据

9. 海运提单的性质与作用主要是（　　）。

A. 它是承运人或其代理人出具的货物收据
B. 它是承运人保证交付货物的凭证
C. 它是代表货物所有权的凭证
D. 它是承运人与托运人之间订立的运输合同
E. 它是承运人与托运人之间订立的运输契约的证明

10. 公路运输主要运输方式有（　　）。

A. 零担货物运输　　B. 整车货物运输　　C. 车队运输
D. 集装箱运输　　E. 散装运输

三、判断题

1. 定期船运中,承托双方的权利义务和责任豁免以双方签订的合同为依据。 ( )
2. 铁路货物运输合同具有标准合同的性质,它的主要条款都是依据国家有关法律、法规的规定而设立的,不能由双方当事人自行商定,也不能更改。 ( )
3. 远洋运输是国际货物运输的主要形式。 ( )
4. 定期船运的运价内,不包含装卸费用。 ( )
5. 如果用运输工具储存产品可能是昂贵的,但当需要考虑装卸成本、储存能力限制或延长闲置时间的能力时,从物流总成本或完成任务的角度来看却是正确的。 ( )
6. 租船运输具有"四固定"的特点。 ( )
7. 运输活动不一定都要伴随装卸活动。 ( )
8. 航空运单和海运提单一样具有物权凭证的性质。 ( )
9. 按月签订货物运输合同的合同文件,可以用"铁路货物运单"代替。 ( )
10. 在公路运输中,货物重量小于3吨的货物不可能采用整车运输。 ( )
11. 海运单与提单一样,都具有物权凭证的功能。 ( )
12. 铁路货物运输合同虽然是承、托双方签订的,但它往往还涉及第三者,合同生效后,收货人同样成为合同当事人,享有相应的权利,并承担相应的义务和责任。 ( )
13. 包机运输可以分为整包机和部分包机两种形式。 ( )
14. 公路零担运输中,沿途式零担班车最为经济。 ( )
15. 铁路规定,按零担办理运输的货物,一件体积不得超过0.02立方米(一件货物超过10 千克以上的除外);一张运单托运的货物不得超过200件。 ( )
16. 在国际贸易实践中,出口商通常会要求以CIF价格条件成交,此时由出口商安排物品运输工作,并多数由出口商办理订舱业务。 ( )
17. 在国际贸易实践中,假如出口货物是以FOB价格条件成交,则物品运输由进口商安排,此时卸货地订舱。 ( )
18. 通常海运提单有一式三份,收货人凭其中任何一份即可换取提货的权利,而其余几份自行失效。 ( )
19. 海运提单具有物权凭证的性质。 ( )

四、名词解释

1. 提单
2. 程租
3. 阔大货物
4. 定期船运输(班轮运输)
5. 订舱
6. 中转式零担班车

五、简答题

1. 简要叙述铁路零担、整车货运程序。
2. 简要叙述公路零担货运运输作业的内容及程序。
3. 什么是海运提单? 海运提单有什么性质?

4. 简要叙述不定期船运的租船程序。

5. 为什么集装箱运输被称为20世纪的“运输革命”？请谈谈你的想法。

6. 如何理解运输的“品种效用”？

7. 航空运输的经营方式有哪些？

六、计算题

1. 杭州某纺织公司(简称A公司)，2004年8月与某运输公司B(简称B公司)签订了运价合同。8月内A公司通过B运输公司从杭州发出了如下货物：南京8吨整车4车，上海5吨整车3车，宁波3.040立方米的零担货物，其中运往宁波的这批棉织品，毛重为1.020公吨，尺码为3.040立方米，是出口货物，通过某班轮运输公司承运，目的港为一基本港，基本费率为人民币37元，W/M，燃油附加费每运吨人民币8.50元，港口附加费用10%。B公司的运费结算表见表1。求A公司8月要支付的运费。

表1　B公司运输运费结算表　　　　起运地：杭州

运价 / 目的地	整车价(元/车)				零担价		运输时间
	3吨车	5吨车	8吨车	10吨车	按重量(元/吨)	按体积(元/立方米)	
南京	600	1100	1600	210	80	1天	
上海	300	450	850	120	50	1天	
宁波	340	480	900	130	55	1天	
…	…	…	…	…	…	…	

2. 上海某公司出口到法国商品1000箱，每箱体积为40cm×30cm×20cm，每箱净重20千克，毛重25千克，经查该商品货物等级表规定计算标准为W/M，等级为10级，又查“中国—欧洲地区等级费率表”规定，10级运费率为200美元，另外加收港口附加费10%，燃油附加费每运费吨12美元，问：应付船公司运费多少？

3. 某公司出口某商品1000箱，每箱净重20千克，纸箱装，该批商品的总毛重为22260千克，每箱尺码为30cm×28cm×25cm。该批货物出口澳大利亚，海运运费按W/M 11级，查出口地至澳大利亚11级货基本运费70美元，加港口附加费25%，试求该商品的出口运费是多少？

4. 某省某公司按CFR价格出口洗衣粉100箱，该商品内包装为塑料袋，每袋0.5千克，外包装为纸箱，每箱100袋，箱的尺寸50cm×30cm×20cm，基本运费为每尺码吨USD $380，另加收燃油附加费33%，港口附加费5%，转船附加费15%，计费标准为“M”，试计算该批商品的运费为多少？

七、案例分析题

1. 几年前，有国内航空货运业人士说：“上海是国内理想的航空货运始发地。”于是，各航空货运公司举着“掘金长三角”的大旗，开始了这场没有硝烟的“腹地”争夺战。如今，随着第五航权的逐步放开，架着“洋枪洋炮”的国外航空公司也加入进来，使这场“战争”愈演愈烈。

东方航空公司旗下的中国货运航空公司（简称中货航）作为上海基地航空公司，借助地理优势与浦东机场建立了长期合作关系，同时依托东航的网络优势，一度让人产生可以稳坐"山头"观"虎斗"的乐观心态。但随着东航整体战略部署的调整，将中货航原货物操作部门剥离成立了东方远航物流公司，中货航的发展和"养家"之本只剩下风险最大的运力销售。"内忧外患"让中货航人意识到，必须尽快调整主攻方向，练好内功打造服务品牌，提高公司核心竞争力，才能立于不败之地。

对于专营货物运输的航空公司来说，产品就是货机的舱位，销售之后必须要有良好的服务品牌支持，才能培养客户的忠诚度，在留住老客户的同时，不断开发潜在的客户。这为中货航客户服务部确立了目标：要与销售部携手共同做好客户管理工作。

为此，客服部成立之初，就提出 VIP 客户服务的构想，对 VIP 客户的货物实行全程信息跟踪，强调建立"信息绿色通道"、"货物绿色通道"，提高中转运输服务质量，树立全新中转品牌，增强与外站沟通，协助外站提升销售能力。

由于货运服务流程复杂，涉及进出口各流程的每一个环节，包括公司内部、地面操作代理公司、外站等诸多部门及单位，因此，客服部提出先从一个"点"突破，再分阶段总结完善 VIP 方案。

为了提高服务质量，降低货物破损及预防货物被偷盗，客服部先从进口这个"点"突破，于 2005 年 3 月初开展了重点货物跟踪服务，主要对目的港为上海的外交邮袋、贵重品、高科技精密仪器、高价值货物、危险品及有特殊要求的货物开展现场跟踪服务。客服部根据外站提供的重点货物信息，实施从卸机—分解—理货—交货的全过程现场跟踪，收集信息并及时反馈给外站。

为此，直至 5 月底，客服部对东京等 9 个站点发来的 558 票直达重点货物、48 票中转重点货物等总计 19157 件，重达 354564 千克的货物进行了跟踪服务，其中发现 10 票出现破损情况。在 9 个站点中，东京办事处要求跟踪的重点货物最多，共计 489 票，占总票数的 87%。需要整板交接的货物有 15 票，共计 25 块板，2854 件，重达 38355 千克，由于大多为精密仪器及电子产品，客户对操作的要求较高。于是客服部经与东远物流公司仓管部门、货航实业公司协调，调整了整板交接货物的操作流程，全程不使用铲车，避免因操作不当造成货物破损。

在总结了近阶段重点货物跟踪服务的结果后，客服部依据总体情况，对 VIP 服务方案进行了修改，从出口、中转、进口几方面的操作进行了细化，并于 6 月 9 日召集市场、销售等相关部门，在浦东召开了 VIP 服务预案演示会。与会人员对预案的可操作性进行了深入探讨，操作方案基本上得到了与会人员的认可。

主管市场的人士提出，方案中要具体体现针对客户的需求制定的操作标准，如超大件、超重货物如何操作等。对于方案中提及的加强货物运输网络建设，规范各外站操作标准的要求，市场部准备对近期签署的中货航各外站与当地地面服务公司操作协议进行整理，并进一步完善。目前，中货航的信息网络建设已达到操作要求，信息管理部门已对各站点的系统使用情况进行了跟踪，对薄弱的站点制订培训计划。会上大家达成共识，各部门要通力合作共同建立公司的服务品牌。

推出 VIP 服务是为了从点到线提升中货航的整体服务水平，为中货航做大做强建立坚实的基础。VIP 服务的终极目标是，能为中货航所有客户提供一种主动的、集成的、贴切的、高效的、无缝的服务，让所有客户都成为VIP。在VIP服务正式推行前，客服部将继续做好重点货物跟踪服务，真正为客户着想，以客户的满意为标准，不断提高货运服务水平。

问题：

(1)中货航提出的VIP服务从“点”做起指的是什么？

(2)你认为作为航空运输企业应如何获得其竞争优势？

2. UPS是一家大型的国际快递公司，它除了自身拥有几百架货物运输飞机之外，还租用了几百架货物运输飞机，每天运输量达1000多万件。UPS在全世界建立了10多个航空运输的中转中心，在200多个国家和地区建立了几万个快递中心。UPS公司的员工达到几十万，年营业额可达到几百亿美元，在世界快递公司中享有较高的声誉。UPS公司是从事信函、文件及包裹快速传递业务的公司，它在世界各国和地区均取得了进出的航空权。在中国，它建立了许多快递中心。公司充分利用高科技手段，做到了迅速安全、物流服务内容广泛的完美形象。

问题：

(1)UPS主要从事的是航空运输中的哪一种业务，它的特点是什么？

(2)UPS所运用的高科技物流手段，请列出至少三项。

(3)UPS的航空运输，除了遵守有关国家法律法规外，还要按照哪些国际运输规定办理？

第三章　集装箱运输与多式联运

【学习目标】

通过本章的学习，使学生对新型运输方式——集装箱运输与多式联运有深刻的认识，掌握集装箱运输与多式联运的特点、组织及相关的业务操作流程。

【引例】

世界最大集装箱船靠泊宁波—舟山港

世界最大的新型集装箱船"EMMAMAERSK"轮，于2007年4月18日上午10时成功靠泊宁波北仑三期集装箱码头，卸下了634个集装箱，装上1200标准箱，于22时驶离该码头。

图3-1　宁波集装箱码头

资料来源：浙江省交通厅，http://www.moc.gov.cn/06zhejiang；交通运输部，http://www.moc.gov.cn/。

该船总吨为170794吨，长397.71米，宽有56.40米，最大吃水16米，可装载11000个标准箱，最高船速可达到25.2节，是丹麦马士基航运有限公司开辟的环球航线上最大的集装箱的班轮，其挂靠的都是世界顶级港口。随宁波—舟山港一体建设的推进，港口的软硬件得到进一步的改善，港口经济日益繁荣，物流业发展迅速，引起了世界航运界的高度关注。目前宁波港域共拥有各类航线176条，其中远洋干线88条，近洋支线44条。此次世界最大集装箱船"EMMAMAERSK"轮挂靠北仑港，标志着宁波—舟山港的发展已进入了一个新阶段。

2012年宁波—舟山港货物吞吐量为7.44亿吨，同比增长7.7%，居中国内地港口第一位；集装箱吞吐量突破1600万TEU，居中国内地港口第三位，同比增长9.3%，增幅连续8

年居中国内地主要集装箱港口前茅。

交通运输部最新公布的数据显示，2013 年 1—4 月全国规模以上港口完成集装箱吞吐量 5267.48 万标箱，比上一年同期增长 8.1%。其中，浙江省宁波—舟山港完成 550.35 万标箱，总量居第四位，同比增长 6.9%，增幅居前列。

【思考】

1. 宁波集装箱码头持续走强的重要原因是什么？
2. 你认为宁波港今后的会往哪些方向发展？

第一节　集装箱运输概述

一、集装箱的定义

所谓集装箱，是指具有一定强度、刚度和规格的专供周转使用的大型装货容器。集装箱是运输货物的一种大容器，是一种综合性的运输工具。

根据国际标准化 104 技术委员会（International Organization for Standardiza-tion Technical Committee：ISO/TCl04）及我国 GB/T1992－1985《集装箱名词术语》的规定，集装箱应具有如下条件：

(1)具有耐久性，其坚固强度足以反复使用；

(2)便于商品运送而专门设计的，在一种或多种运输方式中运输无需中途换装；

(3)设有便于装卸和搬运的装置，特别是便于从一种运输方式转移到另一种运输方式；

(4)设计时应注意到便于货物装满或卸空；

(5)内容积在 1 立方米或 1 立方米以上。

各国有关规章和其他国际公约对什么叫集装箱，集装箱应具备的条件都作了规定，虽有差异，但其实质内容基本相同。

二、集装箱的主要规格及外部标志

国际化标准组织制定的集装箱标准规格有 13 种，最常见的有 20 英尺和 40 英尺两种。集装箱外部标志主要有箱主的名称、箱子的尺寸、箱子的编号、经检验合格的徽记等。图 3-2是中国远洋运输公司的集装箱外部标志，读者对货柜可以有个基本的认识。

三、集装箱的种类

集装箱自诞生后便随着货物的性质和运输条件的发展而不断完善，伴随着集装箱制造技术的更新而出现了不同种类的集装箱，形成了功能齐全、用途广泛、结构规范的集装箱类型，出现了不同分类标准，如表 3-1 所示。集装箱的主要种类如下：

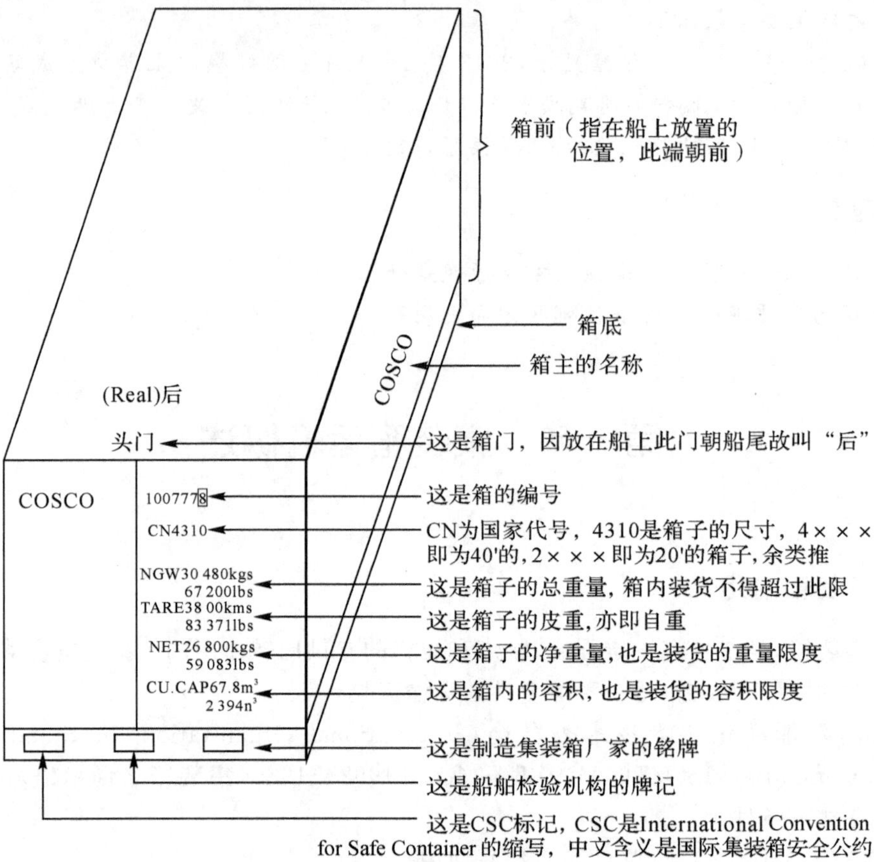

图 3-2　中国远洋运输公司集装箱外部标志

表 3-1　常用集装箱类型尺寸

		干货集装箱								散货集装箱			冷藏集装箱			
		20 英尺			40 英尺					20 英尺			20 英尺			40 英尺
		钢质	钢质高柜	铝质	钢质	钢质高柜	玻璃钢质	铝质	铝质高柜	钢质	钢质高柜	玻璃钢质	铝质	铝质高柜	玻璃钢质	铝质
外部尺寸	长(毫米)	6058	6058	6058	12192	12192	12192	12192	12192	6058	6058	6058	6058	6058	6058	12192
	宽(毫米)	2438	2438	2438	2438	2438	2438	2438	2438	2438	2438	2438	2438	2438	2438	2438
	高(毫米)	2438	2591	2591	2591	2896	2591	2591	2896	2438	2591	2438	2438	2591	2591	2591
内部尺寸	长(毫米)	5917	5902	5925	12050	12034	11977	12045	12060	5887	5824	5892	5477	5360	5085	11398
	宽(毫米)	2336	2338	2344	2343	2345	2273	2350	2343	2330	2335	2333	2251	2242	2236	2256
	高(毫米)	2249	2376	2391	2386	2677	2300	2377	2690	2159	2375	2202	2099	2148	2220	2113
内容积(立方米)		31	32.84	33.1	67.4	75.9	61.3	67.4	76	29.6	32.3	30.3	25.9	25.51	25.1	52.04
总重(千克)		24000	22396	21372	30480	30480	30480	30373	30480	20320	24386	20320	20320	21241	24384	30848
自重(千克)		1860	2275	1794	3100	4080	4763	2981	3000	2530	2351	2450	2520	3004	3372	4519
载重(千克)		22140	20121	19578	27380	26400	25717	27392	27480	17790	22035	17870	17800	18237	21012	26329

注：(1)干货集装箱又称杂货集装箱，是用以装载除液体货和需要调节温度的货物外，以一般杂货为主的集装箱。(2)散货集装箱是用于装载麦芽、化学品、谷物等散货的一种密闭式集装箱。(3)冷藏集装箱是专为运输要求保持一定温度的冷冻货或低温货，如鱼、肉、新鲜水果、蔬菜等食品进行特殊设计的集装箱。

(一)干货集装箱

除冷冻货、活的动物、植物外,在尺寸、重量等方面适合集装箱运输的货物,几乎均可使用干货集装箱。这种集装箱样式较多,使用时应注意箱子内部容积和最大负荷,特别是在使用20英尺、40英尺集装箱时更应注意这一点。

(二)散装集装箱

散装集装箱主要用于运输啤酒、豆类、谷物、硼砂、树脂等货物。散装集装箱的使用有严格要求。

(三)冷冻集装箱

冷冻集装箱是指“装载冷冻货并附设有冷冻机的集装箱”。在运输过程中,启动冷冻机使货物保持在所要求的指定温度。箱内顶部装有挂肉类、水果的钩子和轨道,适用于装载冷藏食品、新鲜水果,或特种化工产品等。但冷冻集装箱的经济效益并不一定好。

(四)开顶集装箱

开顶集装箱在集装箱种类中属于需求增长较少的一种,主要原因是货物装卸量上不去,在没有月台、叉车等设备的仓库无法进行装箱,在装载较重的货物时还需使用起重机。这种箱子的特点是吊机可从箱子上面进行装卸货物,然后用防水布覆盖。目前,开顶集装箱仅限于装运较高货物或用于代替尚未得到有关公约批准的集装箱种类。

(五)框架集装箱

框架集装箱是以装载超重货物为主的集装箱,省去箱顶和两侧,其特点是可从箱子侧面进行装卸,框架集装箱有独到之处,这是因为不仅干货集装箱,即使是散货集装箱、罐式集装箱等,其容积和重量均受到集装箱规格的限制,而框架集装箱则可用于那些形状不一的货物,如废钢铁、卡车、叉车等。除此之外,相当一部分的集装箱在集装箱船边直接装运散装货,采用框架集装箱就较方便。

(六)牲畜集装箱

牲畜集装箱是一种专门为装运动物而制造的特殊集装箱,箱子的构造采用美国农业部的意见,材料选用金属以使其通风良好,而且便于喂食,该种集装箱也能装载小汽车。

(七)罐式集装箱

罐式集装箱专门装运各种液体货物,如食品、酒品、药品、化工品等。货物由液罐顶部的装货孔进入,卸货时,货物由排出孔靠重力作用自行流出,或者由顶部装货孔吸出。

(八)汽车集装箱

汽车集装箱是专门供运输汽车而制造的集装箱,结构简单,通常只设有框架与箱底,根据汽车的高度,可装载一层或两层。

集装箱的种类相当多,如生皮集装箱、台架式集装箱、平台集装箱、侧开式集装箱、绝热集装箱等。但每一种集装箱的种类主要视其用途、装载货物的种类、性质来确定。

集装箱制造材料也较多,但主要由铝合金、钢(包括不锈钢)、木材(包括胶合板)、玻璃钢等。目前,世界上广泛使用的集装箱根据制材分类,主要有钢制集装箱、铝制集装箱和玻璃钢集装箱等。

四、集装箱货物及装载方法

(一)集装箱货物分类

集装箱化以后,由于集装箱类型的多样性带来了适箱货的多样性,通用集装箱和专用集装箱都有其各自的适箱货,所以货物分类的方法与普通货运相比有许多差异,形成了适合于这一运输方式的自由的货物分类方法,一般而言包括以下几种:

1.按货物性质分类

(1)普通货物(General Cargo)。一般统称为百杂货,是指在货物性质上不需要特殊方法进行装卸和保管,可以按件计算的货物。其特点是货物批量不大,但其货价较高,具有较强的运费负担能力。普通杂货按其包装形式和货物的性质又可分为两小类:

①清洁货(Clean Cargo)。又称细货(Fine Cargo)或精良货。

②污货(Dirty Cargo)。又称粗货(Rough Cargo,Thouble Some Cargo)。

(2)特殊货物(Special Cargo)。是指货物在性质上、质量上、价值上或货物形态上具有特殊性,运输时需要用特殊集装箱装载的货物。如冷藏货、活动植物、重货、高价货、液体货、易腐货和散货等。

2.按适箱程度分类

随着集装箱货物国际多式联运的发展,种类繁多且性质、包装不同的货物进入了集装箱运输领域。与此同时,随着从事集装箱运输的管理人员和操作人员的不断增多,为确保货运质量的安全,做好箱内货物的积载工作是很重要的,许多货损事故的发生都系装箱不当所致。货物在集装箱内的堆装、系固等工作看起来似乎比较简单,但由于集装箱货物在整个运输过程中涉及多种运输方式,特别在海上运输区段风险更大,货损事故难免发生。货物在箱内由于积载、装箱不当不仅会造成货损,还会给运输及装卸机械等设备造成损坏,甚至人身伤亡。

(二)集装箱货物装载注意事项

集装箱货物在积载、堆装时应注意的事项有:

(1)在不同件杂货混装在同一箱内时,应根据货物的性质、重量、外包装的强度、货物的特性等情况,将货区分开。将包装牢固、重件货装在箱子底部,包装不牢、轻货装在箱子上部。

(2)货物在箱子内的重量分布应均衡。如箱子某一部位装载的负荷过重,则有可能使箱子底部结构发生弯曲或脱开的危险。在吊机和其他机械作业时,箱子会发生倾斜,致使作业不能进行。此外,在陆上运输时,如存在上述情况,拖车前后轮的负荷因差异过大,也会使行驶发生故障。

(3)在进行货物堆码时,应根据货物的包装强度,决定货物的堆码层数。另外,为使箱内下层货物不致被压坏,应在货物堆码之间垫入缓冲器材。

(4)货物与货物之间,也应加隔板或隔垫器材,避免货物相互擦伤、沾湿、污损。

(5)货物的装载要严密整齐,货物之间不应留有空隙,这样不仅可充分利用箱内容积,也可防止货物相互碰撞而造成损坏。

(6)在目的地掏箱时,由于对靠箱口附近的货物没有采取系固措施,曾发生过货物倒塌,造成货物损坏和人身伤亡的事故。因此,在装箱完毕,关箱前应采取措施,防止箱口附近货物倒塌。

(7)应使用清洁、干燥的垫料(胶合板、草席、缓冲器材、隔垫板),如使用潮湿的垫料,易发生货损事故。

(8)应根据货物的不同种类、性质、包装,选用不同规格的集装箱,选用的箱子应符合国际标准,经过严格的检查,并具有检验部门颁发的合格证书。

第二节　集装箱运输组织

一、集装箱运输的特点

集装箱运输(Container Transport),是以集装箱作为运输单位进行货物运输的一种现代化的运输方式。它可以从发货人仓库运到收货人仓库,实现门到门的运输。适用于海洋运输、铁路运输及国际多式联运。集装箱具有坚固、密封和反复使用的优点,放在船上等于货舱,放在火车上等于车皮,放在卡车上等于货车。因此,具有装卸效率高、减少货损货差,提高货运质量、降低货运成本、简化手续、可进行连续运输的优点。

二、集装箱货物的流转程序

集装箱货物的运输,是根据各国的运输法规和每条航线上的经济、地理等条件,决定其不同的流转程序、运输方式的组成。

集装箱货物是建立在大规模生产方式的基础上开展起来的。所以它必须将分散的小批量货物,预先在内陆地区的某几个点加以集中,等组成大批量的货源后,通过内陆、内河运输,将其运至集装箱码头堆场。

从运输成本分析,只有采用这样的货流组织方式,把小批量货流组成大批量货流后,才能使运输总成本减至最小。

在上述集装箱货物流通过程中。对于货物的交接主要有两种不同的形态,一种叫整箱货(Full Container Cargo Load,简称 FCL);另一种叫拼箱货(Less Than Container Cargo Load,简称 LCL)。整箱货是指由发货人自行装箱,并负责填写装箱单、场站收据,并由海关加铅封的货。整箱货又习惯理解为一个发货人、一个收货人。

拼箱货系指由集装箱货运站负责装箱、填写装箱单,并由海关加铅封的货。拼箱货又习惯理解为几个发货人、几个收货人。

(一)整箱货流转

整箱货的流转可归纳为:

(1)在发货人工厂或仓库配置集装箱;

(2)由发货人在自己工厂或仓库装箱;

(3)通过内陆或内河运输;

(4)在集装箱码头堆场办理交接;

(5)将集装箱根据堆场计划堆放;

(6)装船;

(7)通过海上运输;

(8)卸船;

(9)将集装箱根据堆场计划堆放;

(10)在集装箱码头堆场办理交接;

(11)通过内陆运输;

(12)在收货人工厂或仓库掏箱;

(13)集装箱空箱回运。

上述发货人至集装箱码头堆场,以及从集装箱码头堆场运至收货人方面的内陆运输,可采用3种运输系统:

(1)货主自己托运。由货主自己托运是指有关空箱的配置、实箱运输均由货主负责,再运至集装箱码头堆场大门与船公司办理交接。

(2)承运人托运。由承运人托运是指有关空箱的配置,以及实箱运输(内陆)均由船公司安排,并支付运费,承运人的责任从发货人的工厂或仓库开始。

(3)混合托运。混合托运是指由船公司负责并监管空箱配置,有关实箱的运输由货主安排,并支付运费。

(二)拼箱货流转

(1)货运站从码头堆场领取空箱;

(2)货运站配箱、装箱;

(3)对已装箱的实箱加铅封;

(4)将实箱运至码头堆场;

(5)装船;

(6)通过海上运输;

(7)卸船;

(8)将实箱运货运站;

(9)货运站掏箱;

(10)货运站交货;

(11)箱子回空。

三、集装箱货物的交接方式

在集装箱货物运输中,根据整箱货、拼箱货的不同,其主要的交接方式有以下几种。

(一)门到门(door to door)

由托运人负责装载的集装箱,在其货仓或厂库交承运人验收后,负责全程运输,直到收货人的货仓或工厂仓库交箱为止。这种全程连线运输,称为"门到门"运输。

(二)门到场(door to CY)

由发货人货仓或工厂仓库至目的地或卸箱港的集装箱装卸区堆场。

(三)门到站(door to CFS)

由发货人货仓或工厂仓库至目的地或卸箱港的集装箱货运站。

(四)场到门(CY to door)

由起运地或装箱港的集装箱装卸区堆场至收货人的货仓或工厂仓库。

(五)场到场(CY to CY)

由起运地或装箱港的集装箱装卸区堆场至目的地或卸箱港的集装装卸区堆场。

(六)场到站(CY to CFS)

由起运地或装箱港的集装箱装卸区堆场至目的地或卸箱港的集装箱货运站。

(七)站到门(CFS to door)

由起运地或装箱港的集装箱货运站至收货人的货仓或工厂仓库。

(八)站到场(CFS to CY)

由起运地或装箱港的集装箱货运站至目的地或卸箱港的集装箱装卸区堆场。

(九)站到站(CFS to CFS)

由起运地或装箱港的集装箱货运站至目的地或卸箱港的集装箱货运站。

四、集装箱货物运输计费方法

(一)集装箱运费

集装箱运费包括内陆运输费、拼箱服务费、堆场服务费、海运运费、集装箱及其设备使用费等。集装箱运费计收方法基本上有两种:以每运费吨(freight ton)为计算单位(按件杂货基本费率加附加费);按包箱费率以每个集装箱为计费单位。包箱费率将逐步取代件杂货基本费率加附加费。

(二)货运单证

(1)托运单(Booking Note,B/N):货代接受出口企业的订舱委托后编制的单据,是向船公司订舱配载的依据。该托运单一式数联,含场站收据。

(2)装箱单(Container Load Plan, CLP):一式数份,整箱货由货主或货代填制,拼箱货由货运站填制,该单要与托运单完全一致。

(3)设备交接单(Equipment Interchange Receipt,EID):是货柜所有人与用柜人之间划分责任的依据,是用柜人进出港区、场站及提柜、换柜的凭证。

(4)集装箱提单(Container B/L):它与传统的海运提单略有不同,其上有货柜的收货地点、交货地点、集装箱号和铅封号等。

(5)提货单(Delivery Order,D/O):进口收货人或其代理在收到"到货通知"后,持正本提单向承运人或其代理换取提货单,然后办理报关,经海关在"提货单"上盖章放行后,才能凭此单向承运人委托的货场或货运站提箱或提货,提货后,收货人在提货单上盖章以证明承运人的责任结束。

五、集装箱货物进出口运输程序

(一)集装箱运输出口操作程序

(1)订舱(即订箱)。货代填制托运单,办理订箱手续。

(2)接受托运并出具手续:船公司或其代理接受订舱后应在托运单上加填船名、航次和编号(该编号应与事后签发的提单号一致),同时还应在装货单上加盖船公司或其代理的图章以示确认,然后将有关各联退还发货人,或供货代办理报关、装船和换取提单之用。

(3)发送空箱：整箱货所需箱由船公司或其代理运交，或由发货人领取；拼箱货所需箱由货运站领取。

(4)整箱货的装箱与交货：发货人收到空箱后，应在装箱前(不晚于24小时)向海关报关，并在海关监督下装箱，装毕，由海关在箱门处施加铅封，铅封上的号码称为"封志"(seal)。然后发货人或货代应及时将重箱和场站收据一并送往堆场，堆场点收货箱无误后，代表船方在场站收据上签字并将该收据退还来人，证明已收到所托运的货物，并开始承担责任。

(5)拼箱货的装箱与交货：发货人亦应先行报关，然后将货物递交货运站，但也可委托货运站办理报关，如属这种情况，则发货人应将报关"委托书"及报关所需单证连同货物一并交货运站。货运站收货后进行拼装。这时最好派人去现场监装，以防短装、漏装、错装。货运站点收货物或在拼装完毕后代表船方在场站收据上签字并将该收据退交发货人，证明收到所托运的货物并开始承担责任。

(6)货物进港：发货人或货运站接到装船通知后于船舶开装前5天将重箱运进指定港区备货，通常在船舶吊装前24小时停止货箱进港。

(7)换取提单：场站收据是承运人或货运站收货的凭证，也是发货人凭以换取提单的唯一凭证。

(8)货箱装船：集装箱船在码头靠泊后，便由港口理货公司的理货人员按照积载计划进行装船。

(9)寄送资料：船公司或其代理应于船舶开航前2小时向船方提供提单副本、仓单、装箱单、积载图、特种集装箱清单、危险货物说明书和冷藏集装箱清单等随船资料，并于起航后(近洋24小时内，远洋48小时内)以电告或邮寄方式向卸货港或中转港发出卸船的必要资料。

(二)集装箱运输进口操作程序

(1)进港前准备：集装箱船进港前，该船所载集装箱情况便由发运港箱管代理通过传真等方式通知卸货港箱管。

(2)重箱进港：收货人持提单到船公司换取提货单(D/O)提箱时，整箱收货人要缴纳集装箱押金(各地区不一，以天津为例，一般杂货箱约3000～10000美元/20英尺，5000～20000美元/40英尺)，然后才能提箱。拼箱收货人的货由货运站拆箱放货，提货后的空箱由箱管码头调度，调回指定堆场。整箱提回仓库或工厂后，有一定的免费使用天数(一般杂货箱为10天)，超过天数支付滞箱费，从押金中扣除。

第三节 国际多式联运概述

一、国际多式联运的概念

国际多式联运(International Multimodal Transportation)是伴随着世界集装箱运输而发展起来的一种高效、现代化的联合运输。它是指一个经营人组织两种或两种以上不同的运输方式完成一票或单元货物在两国(或地区)间的全程运输,实行一次收费、一票到底,全程负责的运输方式。即一个多式联运经营人负责履行多式联运合同,管理和控制整个运输过程,一次性向托运人(shipper)收取全程运费,使用一种多式联运单据。

二、国际多式联运的发展

一种新运输方式的出现,总离不开科学技术的发展、贸易结构的变化、经济的发展、经营管理的变革,以及为社会服务。归纳起来,国际多式联运发展的主要因素有以下几点。

(一)货物流通过程的变化

在经济高速发展的时代里,任何一个国家所面临和关心的主要问题都是如何降低单位生产成本,提高经济效能,扩大销售市场,使商品生产多样化,满足市场的需要。经过相当一段时间,许多工业发达国家首先实现了这一目标,但随之又出现了另一个问题,就是在生产过程的合理措施已达到一定程度时,货物流通过程怎么办?社会产品从生产领域到消费领域必须经过流通领域。没有流通过程,便不会实现社会产品的使用价值。流通过程不创造新产品,但创造新价值,而且,最终又增加了产品的价值。因为,无论是产品的包装、储存、运输和装卸都要消耗劳动,要有人来完成这一工作。

此外,还要有资金建造仓库,购置包装材料和运输工具,增加装卸机械设备。增加了的价值就是流通成本,是构成价格条件的主要部分。而经济性却要求产品在流通过程中增加的价值越小越好。因此,要求尽量节省流通过程中的劳动消耗,最大限度地降低流通费用。流通过程的主要环节是包装、储存、运输、装卸,虽然每一环节都在不断进行改革,但只有在出现集装箱的多式联运后,才使流通过程发生了根本性的变化。

(二)货物运输方式的变化

集装箱运输的产生不仅对运输业本身,而且对与运输业有关的其他工业部门均带来了很大的变化。它不仅能给货主节省包装费、运费、保险费,还能大大缩短货物装卸时间,提高运输的周转率。追溯集装箱运输的发展历史可以发现,世界各国集装箱的使用,首先都是从铁路、公路运输开始的。

在集装箱运输发展的同时,科学技术突飞猛进,电子计算机技术广泛应用于运输的各个领域。目前,世界上许多船公司积极开展计算机管理,建立计算机国际联机网络。通过这种国际联机网络可随时掌握集装箱的动态和盘存管理,从而大幅度提高管理的效率。同时,通过由计算机处理订舱业务和编制各种货运单证,从而实现对海上运输、集装箱维修保养和内陆运输控制的一体化管理。无疑,科学技术的这一发展,又使传统的交通运输方式得以改变,经济效益得到提高,从而进一步促进了国际多式联运的发展。

(三)货物贸易结构的变化

第二次石油危机后,世界经济贸易结构发生了很大的变化。发达国家的工业品出口结构更趋高级化,且经济重心由重、化工业转向电子技术为代表的高、精、尖产品,所谓进入了产品“轻、薄、短、小、精加软件的时代”。在这种情况下,为避免贸易摩擦,实现进出口贸易的平衡,巩固自己的竞争地位,发达国家的生产商先后在销售地发展自己的生产、加工、销售等基地。

与此同时,发展中国家为了摆脱发达国家的控制,避免失去国际市场,努力发展本国经济,向工业化目标发展,从单纯的出口原材料变为在本国加工,制成半成品或成品。这样做,一方面满足本国的需求，以取代从发达国家的日用品进口，另一方面则用于出口，获得外汇。制成品贸易的发展.适箱货源的不断增加，为集装箱的多式联运创造了条件。

由于这种经济贸易结构的变化，原材料的海运量下降，加之部分具有较高价值的产品改由航空运输，给海运业带来很大影响。船舶吨位过剩，船、货比例失调，航运市场竞争日趋激烈。为了在竞争中求生存、谋发展，航运业面临着对传统运输方式的改革，开始进入铁路、公路、航空非海运领域，即所谓“登陆上天”。在科学技术和世界经济贸易结构发展的同时，社会产业结构中第三产业的比重不断增加，运输业的各种经纪人业务迅速发展，也就是出现了服务社会化的趋势。在信息社会高度发展的情况下，信息不受任何行业、区域、国界的限制，只要掌握信息。能提供货主所需要的优质服务，即使不拥有硬件(运输工具)。也可以通过软件(信息、市场经营)控制硬件。

因此，在国际多式联运方式下，无船承运人、国际货运代理人等不断涌现。

(四)经营方式的变化

国际多式联运业务开展之前，各种运输方式经营者各自为政，自成体系，因而其经营的范围十分有限，但一旦进入国际多式联运业务，其经营范围可大大扩展，并可最大限度利用自己所拥有的设备、设施。对其他行业者来说，则可避免不必要的重复投资。由于发展了国际多式联运，打破了行业界限，各承运人可选择最佳运输方式、路线，组织合理运输，提高运输效率，协调各种运输方式的衔接。这样做的目的是在提高运输效率的情况下，降低运输成本。

通过国际多式联运，提供优质服务，方便了货主。货主只要指定交货地点，运输经营人在条件许可下将各种运输方式组合起来。设定最佳运输路线，提供统一货运单证、统一责任限制、统一费率。因此，货主对多式联运的要求日益高涨，并与国际运输业者一起致力于促进联运的发展。

三、国际多式联运的特点

从国际多式联运的定义可以知道，国际多式联运具备以下特征：

(1)必须有一个多式联运合同；

(2)使用一份全程多式联运单据；

(3)必须是两种或两种以上不同的运输方式的连贯运输；

(4)必须是国际的货物运输；

(5)多式联运经营人对全程运输责任承担责任(全程单一负责制)；

(6)实行全程单一费率。

四、国际多式联运的优越性

国际多式联运除具有实现门对门运输的优越性外还具有以下优越性。

(一)手续简便

不论运输多远，运输环节多少，货主只需办理一次委托，支付一笔运输费，取得一份联运提单即可把货物从起点运到终点，一旦发生运输问题，也只需找一个总承运人便可处理问题，对货主非常方便。由于多式联运可实行门到门运输，因此，对货主来说，在将货交由第一承运人后即可取得货运单证，并据此结汇。结汇时间提前，不仅有利于加速货物资金的周转，而且减少了成本的支出。又由于货物装载集装箱运输，从某种意义上说可节省货物的包装费用和保险费用。此外，多式联运可采用一张货运单证，统一费率，因而也就简化了制单和结算手续，节省了人力、物力。

（二）安全可靠

国际多式联运以集装箱运输为主体，货物需经长途运输，多次装卸，但不需要将货物逐件翻动搬移，可以减少货损货差。同时，货物密封在集装箱内，可以防止污染，也不易被盗，能比较安全可靠地完成全程运输。货物在工厂或仓库装箱后，可直接运送至收货人的工厂或仓库。运输途中换装时无须掏箱、装箱，从而减少了中间环节。尽管货物经多次换装，但由于使用专业机构装卸，且又不涉及箱内的货物，因而，货损货差事故、货物被窃大为减少，从而在一定程度上提高了货运质量。此外，由于各个运输环节的各种运输工具之间配合密切，衔接紧凑，货物所到之处中转迅速及时，大大减少了货物停留时间。因此，从根本上保证了货物安全、迅速、准确、及时地运抵目的地。

（三）提早结汇

货物在起运地装上第一程运输工具后，就可取得多式联运提单进行结汇。例如内地省市的一些出口商品采用多式联运方式。货物在起运地装车后，即由外运公司签发联运提单。多式联运可提高运输组织水平，实现合理化运输，改善不同运输方式间的衔接工作。在国际多式联运开展之前，各种运输方式的经营人各自为政，自成体系。因而，其经营的业务范围受到限制。货运量相应是有限的，而一旦由不同的运输业者共同参与多式联运，经营的业务范围可大大扩展，并且可以最大限度地发挥其现有设备的作用，选择最佳运输路线，组织合理化运输。

（四）简化包装

国际多式联运使用集装箱运输，集装箱犹如外包装。商品只需简易包装，这样可节省包装费用。此外，由于货物简化了包装，又可缩小货物的重量与体积，还可减少运费支出。

（五）加快运送

使用国际多式联运，由于集装箱的处理机械化程度高，运送及装卸较快。同时货物从起运地至终点的各段运输，都由联运经营人同各段分承运人事先做好联系安排，加之经营人与分承运人之间一般采取包干费率，各分承运人都以最快速度处理以降低成本增加利润。所以，货物可以迅速地从一个运输环节转换到另一个运输环节，运输速度要比货主一段段分别办理快得多。

在当前国际贸易竞争激烈的情况下，运输商品要求速度快、破损少、费用低，而国际多式联运安全可靠、迅速及时以及手续简便等优点，在国际上很受欢迎。

五、开展国际多式联运的条件

国际多式联运是一种先进的运输方式，但开展这种运输必须具备以下条件：

(1)要有服务良好的国内外多式联运经营网络；

(2)要有能组织社会各种运输方式的能力；

(3)要具备多式联运线路；

(4)要有国内外集装箱场站；

(5)要有信息管理系统；

(6)要有国际多式联运的运输单证；

(7)要具备雄厚的资金；

(8)要有一支具备专业知识的队伍。

第四节 国际多式联运经营人

一、国际多式联运经营人的定义

国际多式联运经营人是指其本人或通过其代表与发货人订立多式联运合同的任何人，他是事主，而不是发货人的代理人或代表或参加多式联运的承运人的代理人或代表，他负有履行合同的责任。

多式联运经营人负责履行或者组织履行多式联运合同，对全程运输享有承运人的权利，承担承运人的义务。

二、国际多式联运经营人应该具备的条件

国际货运公约或货物运输合同一般都规定，承运人应是与发货人订有运输合同的人，或完成货物运输的人。然而，现行的国际货运公约对承运人的概念理解不一，在认识上没有统一。如《海牙规则》中的承运人是指参加运输的人，或是与发货人订立合同的人，或两者兼而有之。同样，因对《华沙公约》中所规定的承运人认识不一，由此制定了《瓜达拉哈拉公约》。多式联运作为不同运输方式间的组合，由众多关系人组成，其法律关系十分复杂，其中主要关系有多式联运经营人与发货人之间的关系，以及与其受雇人、代理人之间的代理关系、承揽关系、侵权行为关系等。多式联运首先应调整上述关系人的法律关系，确定多式联运经营人的法律地位，从而平衡相互间的权利、义务和赔偿责任。

从国际多式联运经营人的概念中可见，当多式联运经营人从发货人那里接管货物时起，即表明责任已开始，货物在运输过程中的任何区段发生灭失或损害，多式联运经营人均以“本人”的身份直接承担赔偿责任，即使该货物的灭失或损害并非由多式联运经营人本人的过失所致。因此，作为多式联运经营人的基本条件是：

(1)多式联运经营人本人或其代表，就多式联运的货物必须与发货人本人或其代表订立多式联运合同，而且，该合同至少使用两种运输方式完成货物全程运输，合同中的货物系国际间的货物。

(2)从发货人或其代表那里接管货物时起即签发多式联运单证，并对接管的货物开始承担责任。

(3)承担多式联运合同规定的运输和其他服务有关的责任，并保证将货物交给多式联运单证的持有人或单证中指定的收货人。

(4)对运输全过程中所发生的货物灭失或损害，多式联运经营人首先对货物受损人负责，并应具有足够的赔偿能力，当然，这种规定或做法不会影响多式联运经营人向造成实际

货损的承运人行使的追偿权利。

(5)多式联运经营人应具备与多式联运所需要的、相适应的技术能力,对自己签发的多式联运单证确保其流通性,并作为有价证券在经济上有令人信赖的担保程度。

三、多式联运经营人的责任形式

在现行的国际集装箱运输中,负责集装箱运输的承运人和负责其运输的经营人所采用的责任形式主要有三种:一是统一责任制,由负责集装箱运输的人对全程运输按统一责任制负责;二是网状责任制,该种责任制虽由经营集装箱运输的人对全程运输负责,但对货物损害赔偿的原则仍按不同运输区段所适用的法律规定;三是单一责任制,即各单一运输方式下的承运人仅对自己运输区段发生的损害负责赔偿,并适用该区段的法律规定。多式联运公约主要在前两种责任形式间作出选择。

多式联运公约采用"经修正后的统一赔偿责任制",排除了"网状责任制"。根据这一责任形式,多式联运经营人对货损的处理,不管是否能确定造成货损的实际运输区段,都将适用本公约的规定。但是,多式联运公约又作了这样的规定,如果货物的灭失、损害发生于多式联运的某一特定区域,而对这一区段适用的一项国际公约或强制性国家法律规定的赔偿责任限额高于本公约规定的赔偿责任限额,多式联运经营人对这种灭失、损害的赔偿,则应按照多式联运公约或强制性国家法律予以确定,而该规定却是完全的网状责任制形式。根据这一规定,一旦发生货物的灭失、损害,多式联运经营人对赔偿首先要依据所适用的法律规定来确定所适用的责任形式。

第五节 国际多式联运单据

一、多式联运合同和单据的定义

在国际多式联运全过程中,其运输合同,即多式联运合同应是由多式联运经营人与发货人订立的,因此,有必要对运输合同作进一步说明。虽然多式联运公约第一条第(二)款对多式联运合同作了规定,但该合同的成立必须具备下列条件:

(1)使用两种或两种以上运输方式完成货物运输;

(2)接受货物运输,因有合同而对货物负有运输和保管责任;

(3)必须是对货物的运输,而且是国际间的;

(4)该合同必须是一种承揽、有偿、不定式的合同。

根据《华沙公约》的规定,合同的形式表现为书面的运输单证,即空运货运单,《海牙议定书》又将其称为空运单或空运路单。

而在铁路、公路货运公约中,合同的形式也是以所使用的运单来体现,发货人与承运人在运单上一经签字,即认为双方缔结了运输合同。

可以这样认为,多式联运公约对单据所下的定义与《汉堡规则》中对提单所下的定义是一致的,即:"提单是指用以证明海上运输合同和承运人接受或装载货物,以及承运人保证据以交付货物的凭证,单据中关于货物应按记名人的指示或不记名人的指示交付,或者交付给提单持有人的规定,便是这一保证”。可见,即使是多式联运单据,其作用也是多式联运合同的证明以及多式联运经营人收到货物的收据和凭其交货的凭证。

二、多式联运单据的签发

多式联运经营人凭收到货物的收据,在签发多式联运单据时,可根据发货人的要求签发可转让,或不可转让多式联运单据中的一种。

如签发可转让的多式联运单据:

(1)应列明按指示交付或向持票人交付。

(2)如列明按指示交付,须经背书后才能转让。

(3)如列明向持票人交付,无须背书即可转让。

(4)如签发一套以上的正本,应注明正本份数。

(5)如签发任何副本,每份副本应注明“不可转让副本”字样。

在实践业务中,对多式联运单据正本和副本的份数规定不一。主要视货主的要求而定。正本单据签发一份以上的目的,在于保护收货人的合法权益。如在单据的转送过程中,有时会发生空难、海难、盗窃、遗失等,如有几份正本单据便可通过多种方式向收货人递送。同时,为防止一票货物多提的可能性,因此,只要多式联运经营人按正本单据中的一份完成交货后,便已履行了其交货责任,其余各份正本单据即失去任何效力。而且,凭其中一份正本交货仅在单证中指定的交货地点有效。单据副本在法律上是没有效力的,主要是为了满足业务上的需要。

多式联运单据的背书转让有两种,一种是记名背书,另一种是空白背书。按指示交付的单据在转让时要经过背书手续,向持票人交付的单据无须背书即可转让。

货物的托运人如要求多式联运经营人签发不可转让的多式联运单据时,多式联运经营人或经他授权的人在单据的收货人一栏内,应注明具体的收货人姓名,货物在运抵目的地后,多式联运经营人向该单据中记明的人交货后,便履行了其交货责任。由于国际多式联运与单一运输方式不同,办理货物运输的单证和手续也有所区别。除按一般的集装箱货物运输的做法办理外,在制单和单证流转等方面,应从信用证开始,注意是否与多式联运条件相符,及时、正确地缮制和递送单据,避免某一环节脱节而造成失误。

三、缮制海运提单及联运提单

由于国际多式联运多为门到门运输,故货物在港口装船后,均应同时签发海运提单与联运提单。这是多式联运与单一海运根本不同之外。现将这两种提单的缮制分述如下。

(一)海运提单的缮制

发货人为多式联运经营人(例如外运公司),收货人及通知方一般为多式联运经营人的国外代理,海运提单由船公司代理签发。

(二)联运提单的缮制

联运单上的收货人和发货人是实际的收、发货人。通知方则是目的港或最终交货地点收货人指定的代理人。提单上除列明装货港、卸货港外,还要列明收货地(Place of Receipt)、交货地(Place of Delivery)或最终目的地(Final Destination)、第一程运输工具

(Per-carriage by)以及海运船名及航次等。缮制联运提单均按信用证规定缮制，联运提单由多式联运经营人签发。

四、其他单据

有关其他单据，一般都是信用证规定的船务单据和商务单据两种。这些单据的份数，也按信用证中所规定的并由发货人提供。除将上述海运提单正本和多式联运提单正本分别递交多式联运经营运人的国外代理买方(收货人)外，还应将联运提单副本和海运提单副本连同装箱单、发票、产地证明等单据分别递交联运经营人国外代理及买方。这些单证要在船抵卸货港前寄到代理方和买方手中，以便国外代理办理货物转运并将信息通知最终目的地收货人。同时，也有利于收货人与代理取得联系。

第六节　国际多式联运业务

一、多式联运业务

多式联运业务，从多式联运经营人角度，主要包括：与发货人订立多式联运合同，组织全程运输，完成从接货到交货过程的合同事项等基本内容。由于多式联运是依托不同运输方式、跨国跨地区的物资流通业务，如把多式联运从货物接收到最后交付这一过程进行分解，则具体业务主要包括以下几项：

(1)出运地货物交接，即托运人根据合同的约定把货物交至指定地点。

(2)多式联运路线和方式的确定，与分包方签订货物联运合同。

(3)货物出口安排。对货物全程运输投保货物责任险和集装箱保险。

(4)通知转运地代理人，与分包承运人联系，及时做好货物过境或进口换装、转运等手续的申办和业务安排。

(5)货物运输过程的跟踪监管，定期向发货人或收货人发布货物位置等信息。

(6)通知货物抵达目的地时间，并要求目的地代理人办理货物进口手续。

此外，还有估算费用、集装箱跟踪管理、租箱与归还业务，以及货物索赔和理赔业务等。

二、多式联运业务关系方

国际多式联运业务的参与方比较复杂，主要的相关关系方有以下几种：

(1)多式联运经营人。他是与托运人进行签约，负责履行或组织履行联运合同，并对全程运输负责的企业法人和独立经营人。实务中，以船舶运输公司为多式联运经营人，以及货运代理人以无船承运人的身份从事多式联运经营活动者居多。他们在国际多式联运业务活动中，以本人或委托他人以本人的名义，与有关区段承运人订立分合同，安排相关联运，与枢纽港和网络点如码头、仓储、场站和内陆货站等订立分合同，安排相关货物的交接、装卸、存放与保管等相关业务。

(2)货物托运人与收货人。这里所述的托运人和收货人，是指货物实际托运人和实际收货人。在与多式联运经营人的关系中，前者是业务委托关系和合同当事方；后者是多式联运合同涉及的第三方以及在目的地享受货物提运权的关系人。

(3)分合同方，包括区段承运人，如船舶所有人或经营人，铁路、公路、航空和江河运输经营人，以及非运载工具经营人，如集装箱场站、仓储经营人和转运代理人等。与多式联运经营人签订分合同的当事人应承担合同中所约定的责任。

(4)其他有关方。主要是指那些与货物和国际多式联运业务相关的其他关系，包括与货物进出口业务相关的货物保险与货物检验，以及其他责任保险方，进口贸易监管、外汇控制机构、海关和理赔行等。

三、多式联运单据流转和控制的一般程序

(1)多式联运经营人或其代理人在合同约定地点接受货物并装运后，应及时缮制和签发多式联运单据给托运人。托运人通过银行或直寄方式转交收货人。

(2)多式联运单据上的收、发货人是实际收、发货人，通知方可以是多式联运经营人在目的地指定的代理人或发货人在合同中指定的代理人。正本单据签发后，副本单据三份，一份由多式联运经营人留底，另两份连同有关分承运单据即货运单、装箱单等交送最终目的地的代理人用于办理接货、交货或转运等工作。

(3)多式联运经营人缮制一套货运单据交沿途各区段代理人，作为向该区段承运人或其代理人进行提货的凭据，区段承运人或其代理人一般为多式联运经营人的分合同方，他们根据多式联运经营人的指示放货给指定收货人或其代理人。

(4)每一程货运单据中，发货人均是多式联运经营人在该区段的代理人或分合同方，收货人是多式联运经营人在下一程的代理人或作为分合同方的区段承运人及其代理人。各程代理人在货物出运后均需以最快的通讯方式告知多式联运经营人有关运输资料、货名、重量、尺码、签单日期、运载工具及其发运和预计抵达时间等。多式联运经营人接到发运地代理人或分合同方有关货物发运资料的同时，通知其把货交给下一程指定收货人或其代理人，依此类推。

(5)货物运至目的地，区段承运人或其代理人按多式联运经营人的指示放货给多式联运经营人在目的地的代理人，多式联运经营人在目的地的代理人凭货运单或提单办理手续提取货物的同时，通知目的地实际收货人凭多式联运正本单据前来办理提货手续，在缴纳了各项应交费用和收回多式联运正本单据后放货给实际收货人，并完成交货义务和终止货运责任。一般情况下，目的地区段的承运人及其代理人在放货完毕后应及时通知多式联运经营人，并汇总收回单据送交多式联运经营人，若有待结费用，则应按规定及时进行清算。

四、货物接管和交付

接管货物是多式联运经营人责任的开始。多式联运经营人可以从发货人或其代理人手中接管货物，或根据接管货物地点适用的法律或规章，必须由负责管理运输的当局或其他第三者手中接受货物。

多式联运经营人接管货物、安排全程运输、签发多式联运单据，在货物抵达目的地时有义务通过其代理人按多式联运单据中收货人的地址通知收货人货物已达目的地，并按多式

联运单据载明的交接方式交付货物给多式联运单据持有人。

多式联运经营人向收货人交付货物，在交货后的规定时间内，收货人未将货物灭失或损坏的情况书面通知多式联运经营人的，视此项交付为多式联运经营人已经按照多式联运单据的记载交付货物的初步证据。除非货物在交付时已经当事各方或其授权在交货地的代表联合调查或检验，则无须就调查或检验所运货物的灭失或损坏送交书面通知。

五、索赔与诉讼

货物在多式联运过程中发生损害，受损人按照国际公约和有关法规规定可以进行索赔。实际业务中，一般做法是，收货人发现货物损害后，首先向多式联运经营人或区段承运人进行书面通知，同时通知货物投保公司，根据货物本身的保险范围，向保险公司索赔；保险公司赔付后再凭权益转让书所取得的代位权责任范围向责任区段的承运人或分合同方追偿。多式联运经营人若已投保货物责任险，则在赔付后可向所投保的保险公司索赔，其中如有责任属于区段承运人或分合同方责任者的，保险公司再向他们追偿。

索赔不成可以按规定进行诉讼。依照公约与法规规定，索赔和诉讼都有一定的程序和时效。我国《海商法》第 81 条和《集装箱多式联运管理规则》第 33 条的规定是，“货损不明显时，整箱货在交付次日起连续 15 天内，拼箱货在交付次日起连续 7 天内提交书面索赔通知。否则，所作的货物交付视为多式联运经营人已经按照多式联运单据的记载交付以及货物状况良好的初步证据”。

诉讼，应依照公约或法规规定在具有管辖权或双方协议地点的法院进行。诉讼时效，多式联运公约的规定是 2 年，与《汉堡规则》规定相同但与《海牙规则》和《维斯比规则》的规定不同。如果自货物交付之日起 6 个月内没有提出书面索赔通知，则会失去诉讼时效。我国《集装箱多式联运管理规则》规定，对多式联运经营人诉讼时效期限是，若多式联运全程包括海运段的为 1 年；若多式联运全程未包括海运段的，则按《民法通则》的规定为 2 年。时效时间从多式联运经营人交付或应当交付货物的次日起计算。

【本章小结】

本章从集装箱运输和多式联运概念入手阐述了集装箱的种类、规格和集装箱运输的特点、货物交接方式、流转程序等，同时介绍了国际多式联运的概念特点、条件及其优越性。

通过本章的学习，使学生对新型运输方式——集装箱运输与多式联运有深刻认识，掌握集装箱运输与多式联运的特点、组织及相关的业务操作流程。

【习题】

一、单项选择题

1. 在集装箱运输中，由起运地或装箱港的集装箱装卸区堆场至收货人的货仓或工厂仓库的这种交接方式是属于(　　)。

   A. CY to CY　　B. CY to Door　　C. Door to CY　　D. CFS to Door

2. 在集装箱运输中，装运较高货物或用于代替尚未得到有关公约批准的集装箱可选用(　　)集装箱来运输。

   A. 散装集装箱　　B. 冷冻集装箱　　C. 开顶集装箱　　D. 罐式集装

3. 在集装箱运输中，由起运地或装箱港的集装箱货运站至目的地或卸箱港的集装箱装卸区堆场的这种交接方式是属于(　　)。

A. CY to CY　　B. CY to CFS　　C. Door to CFS　　D. CFS to CY

4. 集装箱货物按货物性质分类可分为普通货物与特殊货物，普通货物按照包装形式和货物的性质又可分为(　　)。

A. 清洁货与污货　　B. 清洁货与精良货

C. 粗货与污货　　D. 细货与清洁货

5. 在集装箱运输中，由起运地或装箱港的集装箱装卸区堆场至目的地或卸箱港的集装箱货运站的这种交接方式是属于(　　)。

A. CY to CFS　　B. CY to CY　　C. CFS to CY　　D. CFS to CFS

6. 国际多式联运按(　　)收取运费。

A. 远洋运输运费费率　　B. 公路运费费率

C. 全程单一运费费率　　D. 航空运费费率

7. 整箱货的箱门铅封是由(　　)施封的。

A. 船运公司　　B. 港口　　C. 海关　　D. 货主

8. 在集装箱运输中，由起运地或装箱港的集装箱装卸区堆场至目的地或卸箱港的集装箱装卸区堆场的这种交接方式是属于(　　)。

A. CY to CFS　　B. CY to CY　　C. CFS to CY　　D. CFS to CFS

9. 在集装箱运输中，运输啤酒、豆类、谷物、硼砂、树脂等货物时，一般选用(　　)来运输。

A. 散装集装箱　　B. 冷冻集装箱　　C. 汽车集装箱　　D. 框架集装箱

10. 集装箱运输与海运散货运输中都使用的单据是(　　)。

A. 装箱单　　B. 托运单　　C. 设备交接单　　D. 分运单

11. 集装箱运输时，场站收据包括在下列哪份单据中？(　　)

A. 装箱单　　B. 集装箱提单　　C. 提货单　　D. 托运单

12. 在下列集装箱运输的情况下，船公司可以提供“门—门”的服务的条件是(　　)。

A. FCL/FCL　　B. FCL/LCL　　C. LCL/FCL　　D. LCL/LCL

13. 签发多式联运提单的承运人的责任是(　　)。

A. 只对第一程运输负责　　B. 必须对全程运输负责

C. 对运输不负责　　D. 只对最后一程运输负责

14. 下列条件中不符合多式联运的条件是(　　)。

A. 签订一份运输合同　　B. 使用一份运输单据

C. 分段办理托运手续　　D. 全程单一运费费率

二、多项选择题

1. 集装箱货物在积载、堆装时应注意(　　　　)。

A. 不同件杂货混装时将货区分开

B. 货物在箱子内的重量分布应均衡

C. 堆码时应注意货物包装的强度

D. 为了防震应使用潮湿的软垫

E. 货物的装载要严密整齐

2. 国际多式联运的主要特点有(　　　　)。

A. 必须有一个多式联运合同

B. 使用一份全程多式联运单据

C. 国际多式联运人必须有自己的运输工具

D. 实行全程单一费率

E. 多式联运经营人对全程运输承担责任

3. 世界广泛使用的集装箱按制材分类，主要有(　　　　)。

A. 木制集装箱　　B. 钢制集装箱　　C. 玻璃钢集装箱

D. 皮制集装箱　　E. 铝制集装箱

4. 在使用集装箱运输时，下列哪些货物属于特殊货物？(　　　　)

A. 电视机　　B. 肥皂　　C. 冰淇淋

D. 马　　E. 葡萄酒

三、判断题

1. 国际多式联运人必须拥有运输工具，否则不能保障发货人的权益。(　　)

2. 在集装箱货物的交接形态中，整箱货是指由发货人自行装箱，并负责填写装箱单、场站收据，并由海关加铅封的货。(　　)

3. 集装箱运输的最大优势是减少了运输工具的筹集装卸时间。(　　)

4. 在集装箱货物的交接形态中，拼箱货是指由集装箱货运站负责装箱，负责填写装箱单，并由海关加铅封的货。(　　)

5. 多式国际联运是伴随着世界集装箱运输发展而来的一种高效、现代化的联合运输。(　　)

6. 多式联运公约主张多式联运经营人承担“网状责任制”的形式。(　　)

7. 集装箱提单与传统的海运提单一模一样。(　　)

8. 多式联运下有两类承运人：契约承运人和实际承运人，这种方式会影响契约承运人和实际承运人之间的追偿权利。(　　)

9. 散装集装箱主要专门装运各种液体货物。(　　)

四、名词解释

1. 集装箱运输
2. 国际多式联运
3. 集装箱
4. LCL(拼箱货)
5. 国际多式联运经营人
6. FCL(整箱货)

五、简答题

1. 集装箱整箱发货人至集装箱码头堆场以及从集装箱码头运至收货人方面的内陆运输，可采用哪些运输系统？

2. 简述多式联运的优越性。

3. 国际多式联运有何特点?

4. 简述集装箱货物进出口运输程序。

5. 集装箱运输的优点有哪些?

六、案例分析题

1. 浙江物产物流杭州基地

浙江物产物流杭州基地位于杭州市余杭区良渚镇,东临京杭大运河,南依石祥路,北接杭宁高速公路出入口(上塘高架延伸段),宣杭铁路线、杭州绕城高速公路,距104国道2千米,具有明显的交通优势。

集三式联运于一体、集三式联运于一地的区位优势:浙江物产物流杭州基地是具备公、铁、水三式联运于一体、三式联运于一地的大型物流平台,且将众多功能板块集中在一个实体平台中,可以在基地内为客户完成装卸、仓储、中转、加工、配送、库存服务、经营、物流质押、电子交易、金融、信息、保险及安全等全方位的服务,形成以五大区域(钢材贸易区、钢材中转作业区、钢材仓储区、钢材加工配送区、综合办公区)为空间轴心、八大功能(钢材交易功能、钢材中转功能、钢材仓储功能、钢材加工功能、钢材配送功能、金融服务功能、信息服务功能、后勤服务功能)为服务轴心的现代物流服务平台。

随着杭州市城市规划设计的全面展开和市区交通管制,市区内的几个钢材交易市场势必要拆迁至杭州市周边地区。基地建成后,首年的钢材到达量将达到100万吨(其中水路75万吨,铁路25万吨)。远期钢材到达量将达到300万吨/年(其中水路200万吨/年,铁路100万吨/年)。

问题:

(1)浙江物产杭州物流基地与其他物流基地优势在哪里?

(2)浙江物产杭州物流基地今后如何发展其优势?

2. 美国集装箱多式联运服务

美国集装箱多式联运开展较早,目前在国际上处于领先地位。美国的国际标准集装箱运输大部分是通过一些大的货主与运输企业,根据运输的特殊条件和需要签订合同来实现的。合同包括运输时间表、货物价值、最小的运量保证等。小货主的运输一般通过第三方物流经营者来实现,货代是其中一部分。在美国,运输企业的竞争能力和货主的需求决定了服务水平,周转时间是衡量服务标准的一项指标。在美国铁路集装箱专列平均速度是70千米/小时~90千米/小时,而且在专用线、编组站等环节疏导很快,基本不压箱,并且在1500千米范围内,铁路为主的多式联运部门在各服务通道上都与门到门服务的汽车运输公司展开竞争。而铁路运输受多个环节影响,其运送速度只相当于公路运输的60%~70%,但公路运输可以从港口实现到货主的门到门运输,因而避免了货场转运的时间延误。一辆集装箱货车装完两个TEU(集装箱计量单位)就可以运出,但铁路专列要装完100多个TEU才能开出,集装箱多式联运的周转时间比仅用集装箱货车实现门到门运输时间长。

美国的多式联运服务大致包括4个独立的作业环节:

(1)港口作业。船停港总共3~5天,其中通关作业一般为1~2天。

(2)港口附近周转作业(即从港口转到火车上);

(3)铁路长途运输。多式联运长途运输方式主要是铁路,平均速度60~80千米/小时。

一般工作日集装箱在列车出发前3～5小时集中到站场，列车的运输距离可以达到每天1200～1500千米。

(4)内陆中转站的内陆作业集装箱的停留时间主要取决于物流工作的商业考虑，如集装箱运输过程是由集装箱所有者来控制的。

集装箱周转时间：

(1)当港口至货主的运输距离为1500千米时，采用集装箱货车运输进口货物，集装箱从船上运到集装箱货车后，其运送速度一般为80千米/小时，若配备两个驾驶员，则会减少停车时间。在24小时内集装箱最大运输范围可达2000千米。这样集装箱运到货主手中只需要片刻，返空箱再用2天，总周转时间为4天。对于出口货物公路运输则只需要3天。

(2)进口货物使用多式联运系统送到货主手里共需要7天左右，为与公路竞争，对于加急货物时间可以压缩一半，即利用高效的多式联运系统的总周转时间为6～8天。在各环节配合极为协调，如货主、货车、铁路车次时间等各环节均不耽误的情况下，集装箱总周转时间为5天。对于出口货物，在相同的运距下使用多式联运系统，货物运到船上的时间为5天左右。

问题：

(1)结合案例说明国际多式联运有什么样的优越性？

(2)你认为国际多式联运发展的主要因素有哪些？

(3)美国的集装箱多式联运中集装箱的周转有什么特点？

第四章 物流运输合理化

【学习目标】

通过本章学习，掌握物流运输合理化的含义，理解影响运输合理化的因素及运输路线的优化方法，了解物流运输合理化的作用。

【引例】

名运动品牌李宁的物流组合拳

国际著名品牌耐克在中国的物流分拨时间是7天，而李宁公司物流分拨时间只要4天半就够了，李宁公司物流绩效的优秀可见一斑。李宁的物流策略在物流运输服务、仓储配送、物流信息化上都擅长组合拳。

一、整合储运

李宁公司在全国共有两个一级配送中心，一个位于北京五里店，总面积25000平方米，负责长江以北地区；另一个在广东三水，面积总共12000平方米，负责长江以南地区。全国共13个分公司，各自下辖的仓库是二、三级配送中心。集中起来，李宁公司的仓储面积共有50000平方米左右。

为了集中网络优势促销售，李宁公司一边把全国13个分公司的物流储运部整合起来，设物流中心进行统一管理，一边推行按销售地入仓的做法。产品出厂后直接送到相应销售地的配送中心，然后通过分拣，分销出去，而不再走以前通过生产地的仓库，再入配送中心的路线。

这种新做法试行一年，已经达到了三个目标：

(1)在广东生产的，一部分发北京，一部分到三水，分拨距离短、速度快。

(2)由于减少了运送环节，不仅成本降低了，在接到订单后，货物在36小时内可到达所有的门店，对当地的销售反应非常及时。

(3)整车运输的成本小于零散车的成本，按销售地点入仓所耗费的运力实际上等同于做批发的车辆运力。大部分里程都是长途干线运输，整车价格比小批量送到门店的成本要低很多。

二、改造仓储

李宁公司在可控范围内压缩时间和库存，以即时生产、没有原料库、成品库成为目标，在反思了整个物流过程的各个指标之后，发现货物捡配时间还是比不上第三方物流公司。其中原因主要是由于李宁牌产品在国内市场上推出新品频率很高，现在已有2万种不同款式、色码的服装、鞋、帽、便装、套服等。在货物捡配时，要首先分清产品大类，然后根据不同的款式、色码上架；而且配送中心既做批发又做零售，选配货物要不断拆箱，这些都给货物捡配带来了难度。

因此，李宁公司投入巨资改造了仓库，并且非常注重细节。比如为了选择合适的货架，相关人员几乎考察了所有的货架类型。他们先对货品进行了EIQ（属性分析），然后请来五家货架厂家，根据货品属性做出不同的方案，前后修改了一个月，不同的货架在仓库里按照不同的发货需求和货品属性依次排开。

三、物流信息化

为加速物流运转，李宁公司继续上马新的信息系统，以实现三个目标：加快物流分拨和配送速度，降低成本；分拣准确性更高，从交订单到货物出库的时间大幅度压缩；进一步节省仓储面积、增加库容，不再租更大的仓库，现有的改造基础已经可以满足需求，以后的运输控制也依靠信息系统电子化的手段。

图4-1 李宁公司网站

资料来源：李宁公司网站，http://www.li-ning.com.cn/。

【思考】

1. 李宁公司物流分拨时间只要4天半是如何做到的？
2. 你从本例李宁公司在物流运输合理化上的做法中受到哪些启发？

第一节 运输合理化概述

一、物流运输合理化的含义

物流合理化是指在一定的条件下以最少的物流运作成本而获得最大的效率和效益，物流合理化是一个动态过程，其趋势是从合理到更加合理。在现代物流的合理化中，物流运输合理化占据重要地位。所谓物流运输合理化，也就是物流运输配送优化，是指从物流的总体目标出发，运用系统理论和系统工程原理和方法，充分利用各种运输方式的优点，扬长避短，以运筹学等数量建立模型与图表选择和规划合理的运输路线和运输工具，以最短的路径、最少的环节、最快的速度和最少的费用以及最好的服务，组织好物品的运输和配送活动，避免不合理运输情况和次优化的出现。

现代物流优化方法就是从物流的“规模适中、结构合理、发展健康、效益显著”的总体目标出发，选择合理的物流程序及设施、设备，进行整体优化物流作业，使物流效率化和效益化。

二、物流运输合理化的作用

物流运输合理化的作用主要体现在以下几个方面：

(1)物流运输合理化有利于加速社会再生产的进程，促进国民经济持续、稳定、协调发展。

(2)物流运输合理化能节约运输费用，降低物流成本。

(3)物流运输合理化缩短了运输时间，加快了物流速度。

(4)物流运输合理化可以节约运力，缓解运力紧张的状况，还能节约能源。

三、影响物流运输合理化的因素

随着现代物流对社会经济发展影响的增大，物流合理化的要求越来越高。而物流合理化在很大程度上，也依赖于运输配送的合理化。所以，物流运输要在传统运输的基础上，更合理地选择运输方式和运输路线，做到运力省、速度快、费用低，更大程度上实现物流运输配送的合理化。影响物流运输配送合理化的因素有很多，而起决定作用的有以下五个主要因素，即合理化运输的“五要素”：

(一)运输距离

运输距离是影响合理运输的一个基本要素，运输过程中的运输时间和运输费用等技术经济指标都与运输距离有关。

(二)运输环节

在物流运输过程中，每增加一个运输环节都会增加运输的辅助作业，如装卸、搬运、包装等，各项技术经济指标也会发生变化。所以，减少运输环节对合理运输有利，运输环节越少越好。

(三)运输工具

在现代的五种运输方式中，各种运输工具都有其各自的优缺点，对运输工具进行合理地选择，最大限度地发挥运输工具的优点和作用，是运输合理化的重要因素。

(四)运输时间

运输时间包括两方面的含义，运输时间的长短和运输的准时性。在全部物流运作时间中，特别是在远程运输中，运输时间占了绝大部分，因此，缩短运输时间对缩短整个流通时间有决定性的作用。运输时间的缩短还有利于加速运输工具的周转，有利于发挥运力效能，提高运输线路的通过能力，还可不同程度地改善不合理运输现状。对于准时性要求高的物流运作,要利用准时性高的运输方式。

(五)运输费用

运输费用在全部物流费用中占据很大的比例,运输费用的高低是运输合理化的一个重要标志,也是各种合理化措施是否有效的判断依据之一。

以上五个要素是相互关联、相互影响的,如运输距离与运输时间及运输费用之间就存在着一定的关系,要进行全面的考虑。同时,在考虑运输合理化时还要与物流系统整体合理化相结合,要使物流运输服务的成本与运输服务水平导致的相关间接库存成本之间达到平衡。运输的速度和可靠性会影响库存水平(订货库存和安全库存)及在途库存水平。物流运输合理化应根据物流系统的要求服务水平和允许的物流成本来进行。

四、运输方式的选择

在进行物流运输作业时,首先要对运输进行选择,对不同物品的特点和不同客户的要求选择合适的运输方式。决定运输方式一般可以对下列因素进行认真考虑:货物的品种、运输期限、运输成本、运输距离、运输批量和运输成本。当然,这些条件不是互相独立的,而是紧密相连、互相决定的。如果要对运输方式选择条件进行具体分析的话,可以分成两种类型。

在上述六个选择条件中,运输货物的品种、运输批量和运输距离三个条件是由货物自身的性质和存放地点决定的,因而属于不可变量。事实上,对这几个条件进行大幅度变更,从而改变运输方式的可能性很小。与此相反,运输时间和运输成本是不同运输方式相互竞争的重要条件,运输时间与成本的变化必然带来所选择的运输方式的改变。运输时间和运输成本之所以如此重要,背景在于企业物流需求发生了改变。运输服务的需求者一般是企业,目前企业对缩短运输时间、降低运输成本的要求越来越强烈,这主要是在当今经营环境较复杂、困难的情况下,只有不断降低各方面的成本,加快商品周转,才能提高企业经营效率,实现竞争优势所致。所以,在企业物流体系中,JIT(Just in Time,准时制)运输在急速普及,这种运输方式要求为了实现顾客在库的最小化,对其所需商品,在必要的时间,以必要的量进行运输。JIT 运输方式要求必须削减从订货到进货的时间。正因为如此,从进货方来讲,为了实现迅速的进货,必然会在各种运输方式中选择最为有效的手段来从事物流活动。例如,以缩短运输时间为主要特征的“宅急便”就是一个很典型的例子,正因为“宅急便”能实现第二天在全国范围内将货物送达用户手中,该企业才得以不断迅速成长,而且目前顾客群体的范围不仅包括一般消费者,也包括很多要求实现迅速运输服务的企业。

此外,削减成本是企业在任何时期都十分强调的战略,尤其是在企业经营面临挑战与困难的当代,运输成本的下降是企业生存、发展的重要手段之一,物流成本一直被称作企业经营中的“黑暗大陆”,只有真正高度重视运输成本的削减,选择合适的运输方式,才能使物流成为企业利润的第三大来源。从运输方式的发展来看,不同的运输具有不同的成本构成,货车运输能提供低成本的运输服务,如今在不断发展、扩大。

缩短运输时间与降低运输成本是一种此长彼消的关系,如果要利用快速的运输服务方式,就有可能增加运输成本;同样,运输成本下降有可能导致运输速度减缓,所以如何有效地协调这两者的关系,使其保持一种均衡状态是企业选择运输方式时必须考虑的重要因素。

(一)不合理运输的形式

1. 返程或起程空驶

空车无货载行驶是最严重的不合理运输形式,其主要原因是调度不当,货源计划不周和不采用社会化的运输。在实际的运输管理中,偶尔调运空车,则不能看成是不合理运输。

2. 对流运输

对流运输,也称为"相向运输"、"交叉运输",是指同一种货物,或相互间可以代用的而不影响管理、技术及效益的货物,在同一线路上或平行路上作相对方向的运送,而与对方运程的全部或部分发生重叠交错的运输,如图 4-2 和图 4-3 所示。

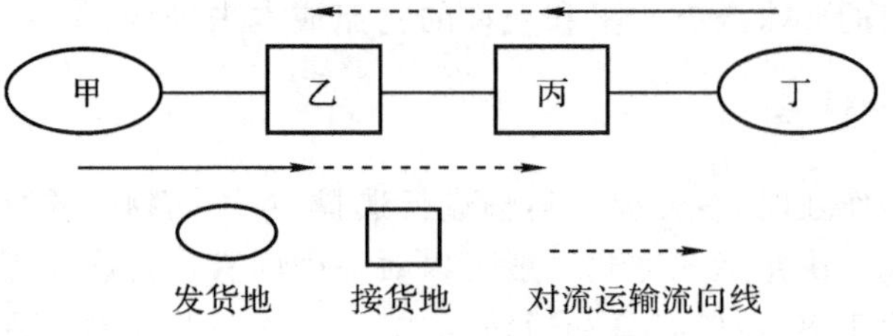

图 4-2 明显对流运输

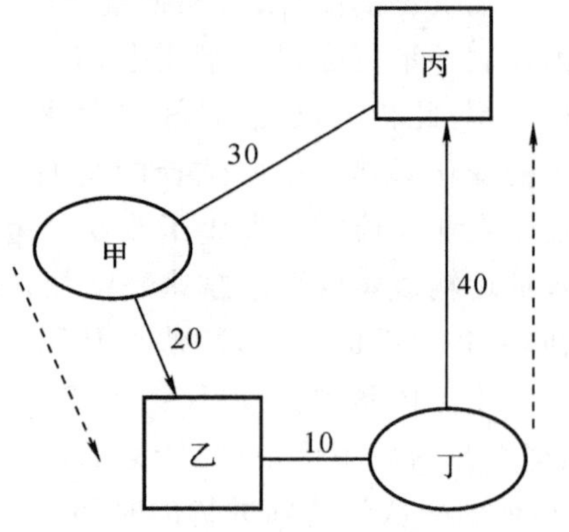

图 4-3 隐蔽对流运输

3. 迂回运输

迂回运输是舍近求远的一种运输。可以选取短距离进行运输却选择路程较长路线进行运输的一种不合理形式,如图 4-4 所示。如果最短距离有交通事故发生、道路情况不好或有对噪音、排气等特殊限制而不能通行时发生的迂回,不能称作不合理运输。

4. 重复运输

重复运输是指本来可以直接将货物运到目的地,但是在未达目的地之处,或目的地之外的其他场所将货物卸下,再重复装运,送达目的地,这是重复运输的一种形式。另一种是同一品种货物在同一地点一面运进,同时又向外运出。

5. 倒流运输

倒流运输是指货物从销地或中转地向产地或起运地回流的一种现象,其不合理程度要大于对流运输,其原因在于,往返两程的运输都是不必要的,形成了双程的浪费。倒流运输也可以看成是隐蔽对流的一种特殊形式。

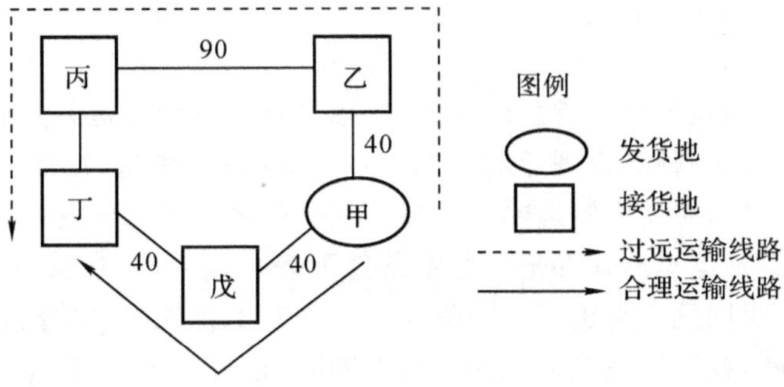

图 4-4　迂回运输

6. 过远运输

过远运输是指调运物资舍近求远，近处有资源不调而从远处调，这就造成能采取近程运输而不采取，拉长了货物运距的浪费现象，如图 4-5 所示。过远运输占用运力时间长，运输工具周转慢，物资占用资金时间长，远距离运输自然条件相差大，易出现货损，增加了费用支出。

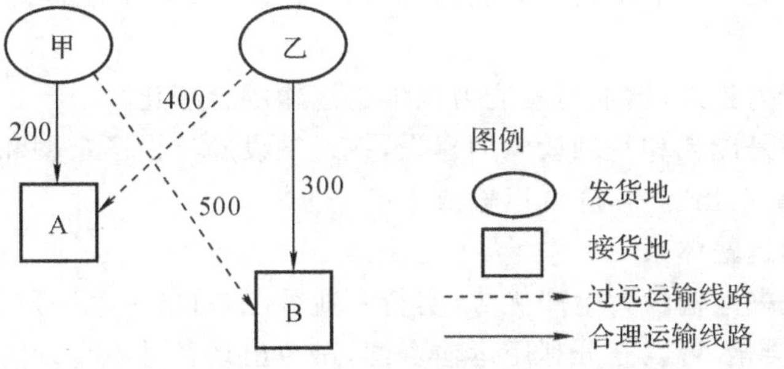

过远运输

产地＼销地	A	B
甲		5吨×500千米
乙	5吨×400千米	

合理运输

产地＼销地	A	B
甲	5吨×200千米	
乙		5吨×300千米

图 4-5　过远运输

7. 运力选择不当

运力选择不当是指没有选择有优势的运输工具，或不正确地选择运输工具造成的不合理现象，常有以下几种形式：

(1)弃水走陆。在同时可以利用水运及陆运时，不利用成本较低的水运或水陆联运，而选择成本较高的铁路运输或汽车运输，使水运优势不能发挥。

(2)铁路、大型船舶的过近运输。不是在铁路及大型船舶的经济运行里程范围内，却利用这些运力进行运输的不合理做法。主要不合理处在于火车及大型船舶起运及到达目的地的准备、装卸时间长，且机动灵活性不足，在过近距离中利用，发挥不了其优势。相反，由于装卸时间长，反而会延长运输时间。另外，和小型运输设备比较，火车及大型船舶装卸难度大、费用也较高。

(3)运输工具承载能力选择不当。不根据承运货物数量及重量来选择，而盲目决定运输工具，造成过分超载、损坏车辆或货物不满载而浪费运力的现象。

8.托运方式选择不当

托运方式选择不当是指对于货主而言，在可以选择最好的托运方式而未选择，造成运力浪费及费用支出加大的一种不合理运输。例如，应选择整车未选，反而采取零担托运，应当直达而选择了中转运输，应当中转运输而选择了直达运输等都属于这一类型的不合理运输。

上述的各种不合理运输形式都是在特定条件下表现出来的，在进行判断时必须注意其不合理的前提条件，否则就容易出现判断失误。以上对不合理运输的描述，必须将其放在物流系统中做综合判断，在不做系统分析和综合判断时，很可能出现"效益背反"现象。单从一种情况来看，避免了不合理，做到了合理，但它的合理却使其他部分出现不合理。只有从系统的角度，综合进行判断才能有效避免"效益背反"现象，从而优化整个系统。

(二)运输合理化的措施

企业在物流运输的组织实施过程中，都应该采取措施，实现运输合理化的目标。实现运输合理化可以采取的有效措施如下。

1.提高运输工具实载率

运输工具实载率是指运输工具装载能力的利用效率。要尽可能提高实载率，使运力得到充分的利用。

2.有效地减少劳力投入、增加运输能力以求得运输的合理化

运输的投入主要是能耗和基础设施的建设，在运输设施建设已定型和完成的情况下，尽量减少能源投入，提高产出能力，降低运输成本。

3.发展社会化的运输体系

运输社会化是发挥运输的大生产优势，实行专业分工，打破一家一户自成运输体系的状况，实现物流运输社会化，可以充分利用运输资源，避免出现各种不合理的运输形式，还可以实现运输组织效益和运输规模效益。在社会化运输体系中，采用各种联运体系和联运方式，提高运输效率。

4.选择合理的运输方式

根据运距的长短进行铁路、公路的分流。一般认为，公路的经济里程为200千米至500千米，随着高等级公路的发展，高速公路网的形成，新型货车与特殊货车的出现，公路运输的经济里程有时可达1000千米以上。另外，还可以充分利用公路从门到门等便捷、灵活的优势，实现铁路运输无法达到的服务水平。

5.分区产销平衡合理运输

在物流系统的规划中，努力使某一物品的供应区固定于一定的需求区。根据供需的分布情况和交通运输条件，在供需平衡的基础上，按照近产近销的原则，使运输里程最少而组织运输活动。它加强了产、供、运、销等的计划性，消除了过远、迂回、对流等不合理运输现象，在节约运输成本及费用后，降低了物流成本。

6.尽量发展直达运输

这是指越过商业物资仓库环节或铁路、水路等交通中转环节，将物品从产地或起运地直接运到销地或用户的目的地，以减少中间环节的运输。它减少了中间环节，可节省运输时间和运输费用，且灵活性较大。

7. 直拨运输

直拨运输是指商业、物资批发等企业在组织物品调运过程中，对当地生产或由外地到达的物品不运进批发站仓库，而是采取直拨的办法，将物品直接分拨给基层批发、零售中间环节甚至直接用户，以减少中间环节，并在运输时间与运输成本方面收到双重的经济效益。在实际工作中，通常采用就厂直拨、就车直拨、就仓库直拨、就车船过载等具体运作方式，即"四就"直拨运输。

8. 合整装载运输

合整装载运输主要是指商业、供销等部门的杂货运输中，由同一个发货人将不同品种发往同一到站、同一收货人的少量物品组配在一起，以整车方式运输至目的地；或将同一方向不同到站的少量物品集中的配在一起，以整车方式运输到适当的中转站，然后分运至目的地。采取合整装车运输，可以减少运输成本和节约劳动力。实际工作中，通常采用零担拼装直达、零担拼装接力直达或中转分运；整车分卸、整装零担等动作方式。

9. 提高技术装载量

这也是组织合理运输提高运输效率的重要内容。它一方面要最大限度地利用车船载重吨位，另一方面又要充分使用车船装载容积。实际工作中可以采取：组织轻重配装，即将重货和轻货合理地配装在一起，这样既可以充分利用装载容积，又能充分利用载重能力，提高运输工具的使用效率；实行解体运输，即将体大笨重、且不易装卸又易致损的物品拆卸后分别包装，使其便于装卸和搬运，提高运输装载效率；提高堆码技术，即根据运输工具的特点和物品的包装形状，采取有效堆码方法，提高运输工具的装载量等方法。

10. 通过物流加工，使运输合理化

有些货物的本身由于形态和特征问题很难实现运输的合理化，如果进行适当加工，就能够有效地实现运输的合理化。

第二节　运输路线的优化技术

由于在整个物流活动中运输成本占 1/3～2/3，因而最大化地利用运输设备和人员，提高运作效率是我们关注的首要问题。

货物运输在途时间的长短可以通过运输工具在一定时间内运送货物的次数和所有货物的总运输成本来反映。其中，最常见的决策问题是，找到运输工具在公路网、铁路网、水运航道和航空线运行的最佳路线以尽可能地缩短运输时间或运输距离，从而使运输成本降低的同时客户服务也得到改善。运输路线问题种类繁多，如起讫点不同的单一路径、多个起讫点的路径等，不同的问题要用不同的方法去解决，运输问题的解决方法主要有最短路径法、节省里程法、线性规划法、表上作业法，等等，而且，已经出现了一些解决运输问题的软件，使得解决运输问题更加简便。我们在此主要介绍最短路径法和节省里程法。

一、最短路径法(定路线方法)

最短路径法（定路线方法）可描述如下：已知一个由链和节点组成的网络，其中节点代表由链连接的点，链代表节点之间的成本(距离，时间或距离和时间的加权平均值)。最初，所有的节点都没有经过求解；也就是说，没有通过各个节点的明确的路线。已解的节点是在某一路线上的，开始时只有起点是已解的节点。

第n次迭代的目的：找出第n个距起点最近的节点。对n=1,2,…重复此过程，直到所找出的最近节点是终点。

第n次迭代的输入值：在前面的迭代过程中找出(n-1)个距起点最近的节点及距起点最短的路径和距离。这些节点和起点统称为已解的节点，其余的称为未解的节点。

第n个最近节点的候选节点：每个已解的节点直接和一个或多个未解的节点相连，就可以得出一个候选节点——连接距离最短的未解点。如果有多个距离相等的最短连接，则有多个候选点。

计算出第n个最近的节点：将每个已解点与其候选节点之间的距离累加到该已解节点与起点之间最短路径的距离上。所得出的总距离最短的候选点就是第n个最近节点，其最短路径就是得出该距离的路径(若多个候选节点都得出相等的最短距离，则都是已解的节点)。

例4-1 如图4-6所示，求起点A到终点J之间行车时间最短的路线。节点之间的每条链上都标有相应的行车时间，节点代表公路的连接处。

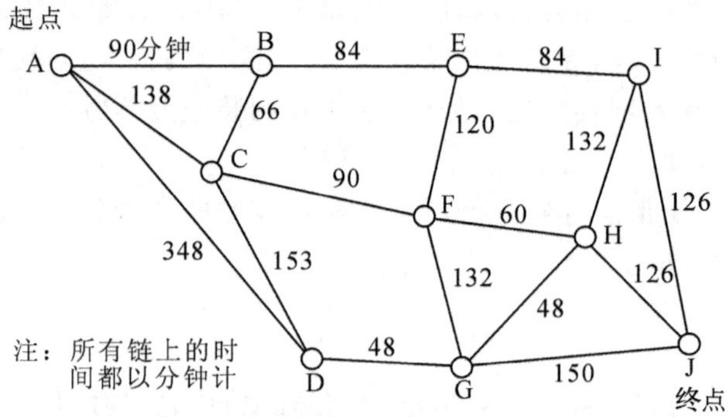

图4-6 起点A与终点J之间的高速公路网

解 首先列出表格，如表4-1所示。

第一个已解的节点就是起点A与其直接连接的未解的节点B、C、D点。第一步，我们可以看到B点是距A最近的节点，记为AB。由于B点是唯一选择，所以它成为已解的节点。

随后，找出距A点和B点最近的未解的节点。只要列出距各个已解的节点最近的连接点，我们有A→C和B→C，记为第二步。注意，从起点通过已解的节点到某一节点所需的时间应该等于到达这个已解节点的最短时间加上已解节点与未解节点之间的时间。也就是说，从A点经B点到达C点所需的总时间是AB+BC，即(96+66)分钟=156分钟。比较到达未解节点的总时间，最短时间是从A点到C点的138分钟，这样C点就成为已解节点。

表 4-1　最短路径法的计算步骤表

步　骤	直接连接到未解结点的已解结点	与其直接连接的未解结点	相关总成本	第 n 个最近结点	最小成本	最新连接
1	A	B	90	B	90	AB*
2	A B	C C	138 90＋66＝156	C	138	AC
3	A B C	D E F	348 90＋84＝174 138＋90＝228	E	174	BE*
4	A C E	D F I	348 138＋90＝228 174＋84＝258	F	228	CF
5	A C E F	D D I H	348 138＋156＝294 174＋84＝258 228＋60＝288	I	258	EI*
6	A C F I	D D H J	348 138＋156＝294 228＋60＝288 258＋126＝384	H	288	FH
7	A C F H I	D D G G J	348 138＋156＝294 288＋132＝420 288＋48＝336 258＋126＝384	D	294	CD
8	H I	J J	288＋126＝414 258＋126＝384	J	384	IJ*

*　成本最小路径

第三次迭代要找到与各已解节点直接连接的最近的未解节点。如表 4-2 所示，有三个候选点，从起点到这三个候选点的总时间分别是 348 分钟、174 分钟和 28 分钟。最短时间是产生在连接线 BE 上，因此 E 点就是第三次迭代的结果。

重复上述过程直到到达终点 J，即第八步。最短路径的时间是 348 分钟，连接各段路径，得到的最佳路径为 ABEIJ，这个最佳路径在表中用＊表示。

二、节省里程法

(一)节省里程法的基本思路

节省里程法(VSP)的基本思路见图 4-7(1)所示，P 为配送中心所在地，A 和 B 为客户所在地，相互之间道路距离分别为 a、b、c。最简单的配送方法是利用两辆车分别为 A 和 B 客户送货；此时，如图 4-7(2)所示，车辆运行距离为 2a＋2b；然而，如果按图 4-7(3)所示改用一辆车巡回送货，运行距离为 a＋b＋c，如果道路没有什么特殊情况，可以节约车辆运行距离为(2a+2b)—(a+b+c)=a+b—c>0,所以也被称为“节约行程”法。

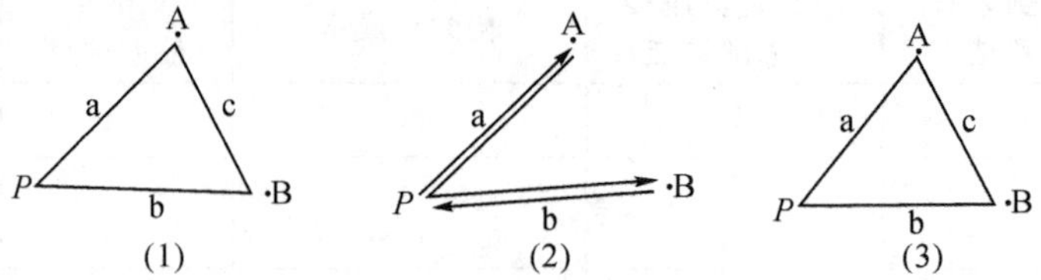

图 4-7 配送中心配送路线的选择

在实际操作时,需要运送货物的客户数量多,应首先计算包括配送中心在内的相互之间的最短距离,然后计算出各客户之间的可节约运行距离,按照节约运行距离的大小顺序连接各配送地,最后规划出运输路线。但是,VSP 规划法所求出的运输路线并不一定都是最优解,有时可能是近似解,但是,对于客户多、规模大的情况,它比人工计算要快得多。为了更好地掌握和运用 VSP 规划法,现举例进行计算。

例 4-2 图 4-8 为一配送网络,P 为配送中心所在地,A～J 为客户所在地,括号内的数字为配送量,单位为吨(t),线路上的数字为两地间的最短距离,单位为千米(km)。

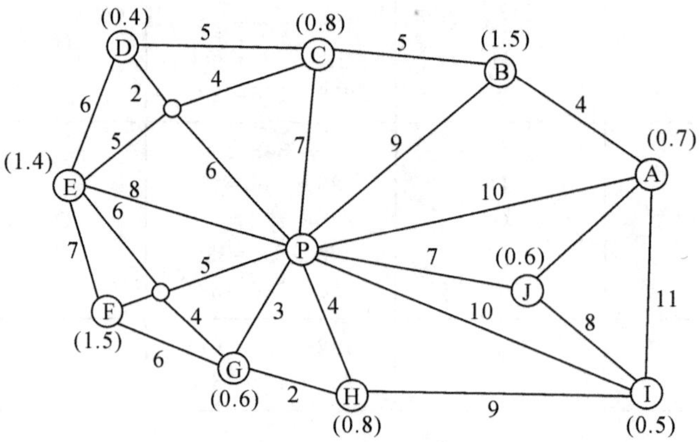

图 4-8 配送中心的配送网络

为了尽量缩短车辆的运行距离,必须求出最佳配送路线。现有可以利用的车辆是最大装载量为 2 吨和 4 吨的两种厢式货车,并限制车辆一次运行距离在 30 千米以内。

解 第一步,计算出相互之间的最短距离,根据图 4-8 中配送中心至各用户之间以及用户与用户之间的距离,得出最短配送路线距离矩阵,如图 4-9 所示。

第二步:从最短配送路线距离矩阵中(见图 4-9)计算出各用户之间的节约行程(见图 4-10)。例如,计算 B—E 的节约距离:

P—A 的距离:PB=a=9

P—E 的距离:PE=b=8

A—E 的距离:AE=c=14

节约距离为:a+b+c=9+8—14=3

第三步:对节约行程按大小顺序进行排列,见表 4-2。

第四步:按照节约行程排列表 4-2,组合成配送路线图。

	P	A	B	C	D	E	F	G	H	I
A	10									
B	9	4								
C	7	9	5							
D	8	14	10	5						
E	8	18	14	9	6					
F	8	18	17	15	13	7				
G	3	13	12	10	11	10	6			
H	4	14	13	11	12	12	8	2		
I	10	11	15	17	18	18	17	11	9	
J	7	4	8	13	15	15	15	10	11	8

图 4-9　最短配送路线距离矩阵

	A	B	C	D	E	F	G	H	I
B	15								
C	8	11							
D	4	7	10						
E	0	3	3	10					
F	0	0	0	3	9				
G	0	0	0	0	1	5			
H	0	0	0	0	0	4	5		
I	9	4	0	0	0	1	2	5	
J	13	8	1	0	0	0	0	0	9

图 4-10　配送路线节约行程

表 4-2　配送线路节约行程排序表

序　号	连接点	节约行程	序　号	连接点	节约行程
1	A～B	15	13	F～G	5
2	A～J	13	13	G～H	5
3	B～C	11	13	H～I	5
4	C～D	10	16	A～D	4
4	D～E	10	16	B～I	4
6	A～I	9	16	F～H	4
6	E～F	9	19	B～E	3
6	I～J	9	19	D～F	3
9	A～C	8	21	G～I	2
9	B～J	8	22	C～J	1
11	B～D	7	22	E～G	1
12	C～E	6	22	F～I	1

(1)初始解：如图 4-11 所示，从配送中心 P 向各个用户配送。配送路线 10 条，总运行距离为 48 千米。

(2)二次解：按照节约行程的大小顺序连接 A—B、A—J、B—C，如图 4-12 所示，配送路线 7 条，总运行里程为 109 千米，需要 2 吨车 6 辆，4 吨车 1 辆。在图中可以看出，规划的配送路线Ⅰ，装载量为 3.6 吨，运行距离为 27 千米。

(3)三次解：按照节约行程大小顺序，应该是 C—D 和 D—E，C—D 和 D—E 都有可能连接到二次解的配送路线Ⅰ中，但是由于受车辆装载量和每次运行距离这两个条件的限制，配送路线Ⅰ不能再增加用户，为此不再连接 C—D，而连接 D—E，组成配送路线Ⅱ，该路线装

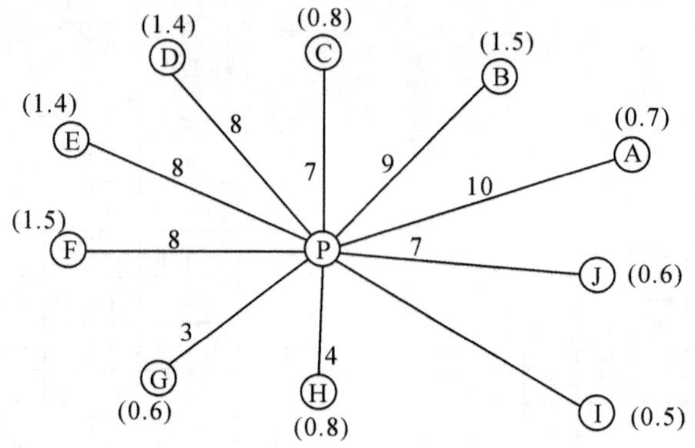

图 4-11　初始解

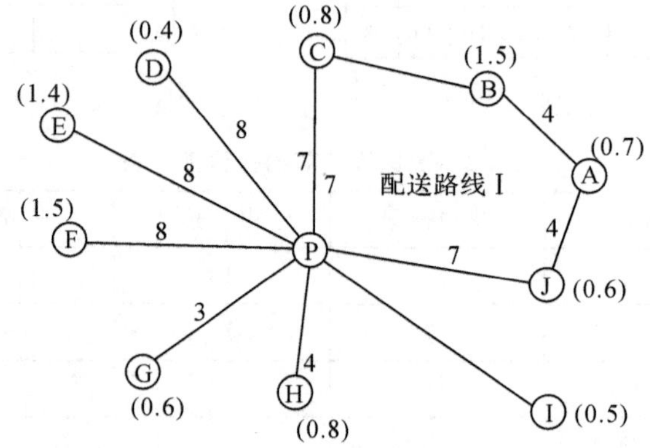

图 4-12　二次解

载量为 1.8 吨，运行距离为 22 千米。此时，配送路线共 6 条，总运行距离为 99 千米，需要 2 吨车 5 辆，4 吨车 1 辆。

(4)四次解：接下来的顺序是 A—I，E—F，由于已将用户 A 组合到配送路线 I 中，而且该路线不能再扩充用户，所以不再连接 A—I；连接 E—F 并入到配送路线 Ⅱ 中，配送路线 Ⅱ 的装载量为 3.3 吨，运行距离为 29 千米。此时，配送路线共有 5 条，运行距离为 90 千米，需 2 吨车 3 辆，4 吨车 2 辆。

(5)五次解：按节约行程顺序排列接下来应是 I—J，A—C，B—J，B—D，C—E，但是，这些连接均由于包含在已组合的配送路线中，不能再组成新的配送路线。接下来可以将 F—G 组合到配送路线 Ⅱ 中，这样配送路线 Ⅱ 的装载量为 3.9 吨，运行距离为 30 千米，均未超出限制条件，此时，配送路线只有 4 条了，运行距离 85 千米，需要 2 吨车 2 辆，4 吨车 2 辆。

(6)最终解：接下来的节约行程大小顺序为 G—H，由于受装载量和运行距离的限制，不能再组合到配送路线 Ⅱ 内，所以不连接 G—H，连接 H—I 组成新的配送路线 Ⅲ，如图 4-13 所示。

到此为止，完成了全部的配送路线规划设计，共有 3 条配送路线，运行距离 80 千米，需要 2 吨车 1 辆，4 吨车 2 辆。其中，配送路线 Ⅰ：4 吨车 1 辆，运行距离 27 千米，装载量为 3.6 吨；配送路线 Ⅱ：4 吨车 1 辆，运行距离 30 千米，装载量为 3.9 吨；配送路线 Ⅲ：2 吨车 1 辆，运行距离 23 千米，装载量为 1.3 吨。

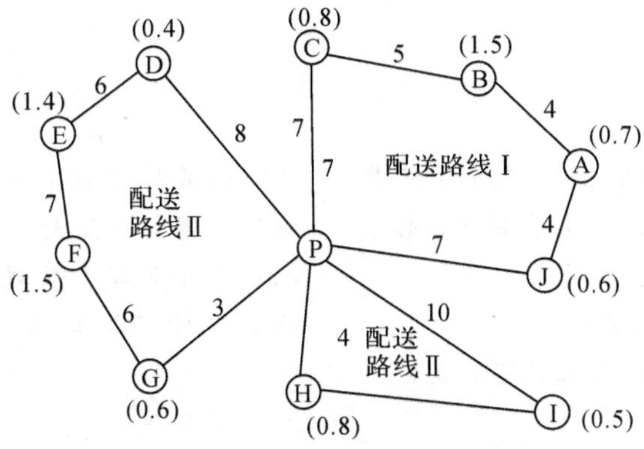

图 4-13　配送中心最佳配送路线(最终解)

(二)VSP 规划法的基本规定

(1)运送的是同一种或类似的货物,即货物之间不存在忌装性。

(2)各用户的位置及需求已知。

(3)运输方有足够的运输能力。

(4)方案能满足所有用户的到货时间要求。

(5)不使车辆超载。

(6)每辆车每天的总运行时间及里程满足规定的要求。

(7)每个用户都只有一条运输线路通过。

(三)使用 VSP 规划法的注意事项

(1)适用于顾客需求稳定的配送中心。

(2)对于需求不固定的顾客,采用其他途径配送,或并入到有富裕的配送路线中去。

(3)最终确定的基本路线要充分听取司机及现场工作人员的意见。

(4)要充分考虑道路运输状况。

(5)各配送路线的负荷量尽量调整平衡。

(6)预测需求的变化及发展。

(7)不可忽视在送达用户后需停留的时间。

(8)要考虑到司机的作息时间及指定的交货时间。

(9)因为交通状况和需求变化影响到配送线路,最好利用仿真模拟研究对策及实施措施。

(10)对于 VSP 规划法,几乎所有的计算机应用程序软件包都是比较完备的,特别是规模较大的配送网络应利用计算机进行规划设计。

【本章小结】

本章从运输合理化含义入手阐述了运输合理化的因素、选择和作用,然后介绍了运输路线优化的最短路径法和节省里程法。通过本章的学习,掌握物流运输合理化的含义,理解影响运输合理化的因素及运输路线的优化方法,了解物流运输合理化的作用。

【习题】

一、单项选择题

1. 企业在物流运输的组织实施过程中，可以采取多种措施来实现运输合理化的目标。采用组织轻重配装、实行解体运输、提高堆码技术等方法是一种(　　)措施。
   A. 合整装载运输　　B. 提高运输工具实载率
   C. 提高技术装载量　　D. 通过物流加工，使运输合理化
2. 使用 VSP 规划法基本规定的是(　　)。
   A. 需求量大　　B. 需求固定
   C. 需求不固定　　D. 需求小但比较均衡
3. 在不合理运输中，运力选择不当是指没有选择有优势的运输工具，或不正确地选择运输工具造成的不合理现象，下列哪一项不是运力选择不当的现象？(　　)
   A. 弃水走陆　　B. 铁路、大型船舶的过近运输
   C. 应当中转而直达运输　　D. 运输工具承载能力选择不当
4. (　　)是可以选取短距离进行运输却选择路程较长路线进行运输的一种不合理形式。
   A. 对流运输　　B. 迂回运输　　C. 重复运输　　D. 过远运输
5. 优化物流运输的目的是为了避免不合理运输情况和(　　)的出现。
   A. 结构不合理　　B. 次优化　　C. 直拨运输　　D. 直达运输
6. 判断运输合理化是否有效的重要依据之一是(　　)。
   A. 运输费用高低　　B. 运输速度快慢
   C. 运输数量大小　　D. 运输质量好坏
7. 在供需平衡基础上平衡运输，这一合理化原则就是(　　)。
   A. 近产近销　　B. 合整装载　　C. 提高实载率　　D. 提高技术装载量
8. 设 P 点为水产品配送中心，分别向 A 点与 B 点两客户配送水产品，已知 PA 间的距离为 100 千米、PB 间的距离为 150 千米、AB 间的距离为 75 千米；假定道路是绝对畅通的，则用一辆车巡回送货比用两辆车分别给两客户送货能节约(　　)运输里程。
   A. 25 千米　　B. 125 千米　　C. 175 千米　　D. 没有节约
9. 企业在物流运输的组织实施过程中，可以采取多种措施来实现运输合理化的目标。采用零担拼装直达、零担拼装接力直达或中转分运、整车分卸、整装零担等运作方式是一种(　　)措施。
   A. 直达运输　　B. 直拨运输
   C. 选择合理运输方式　　D. 合整装载运输
10. VSP 的意思是(　　)。
   A. 节省里程法　　B. 最短路径法
   C. 卫星定位系统　　D. 地理信息系统
11. VSP 规划法不适用于下列哪种情况的配送？(　　)
   A. 血库向医院配送医疗用血　　B. 向学校食堂配送米面
   C. 向各便利店配送牙膏肥皂　　D. 向发电厂配送电煤

12. 提高技术装载量是组织合理运输、提高运输效率的重要内容，在实际工作中可以采用除了下列(　　)之外的各种方法。

A. 组织轻重配装　　B. 实行解体运输
C. 合整装载运输　　D. 提高堆码技术

13. 不合理运输最严重的形式是(　　)。

A. 对流运输　　B. 重复运输
C. 返程或起程空驶　　D. 运力选择不当

二、多项选择题

1. 影响物流运输配送合理化的因素有很多，下列哪些因素是起决定作用的因素？(　　)

A. 运输距离　　B. 运输环节　　C. 运输地点
D. 运输时间　　E. 运输费用

2. 在下列决定运输方式的因素中，哪些是由货物自身的性质和存放地点决定的不可变量？(　　)

A. 运输货物的品种　　B. 运输成本　　C. 运输距离
D. 运输批量　　E. 运输期限

3. 运输合理化的作用包括(　　)。

A. 节约运费、降低物流成本　　B. 缩短运输时间、加快物流速度
C. 节约运力和能源　　D. 节约包装费用
E. 加速社会再生产进程

4. "四就"直拨运输的"四就"是指(　　)。

A. 就厂　　B. 就站　　C. 就时间
D. 就库　　E. 就车(船)

5. 下列运输方式的影响因素中属于不可变量的是(　　)。

A. 货物的品种　　B. 运输时间　　C. 运输距离
D. 运输批量　　E. 运输成本

6. 运输合理化的要素有(　　)。

A. 运输距离　　B. 运输环节　　C. 运输工具
D. 运输时间　　E. 运输费用

三、判断题

1. 在不合理运输形式中，倒流运输的不合理程度要远远小于对流运输。(　　)
2. 物流运输合理化应根据物流系统要求的服务水平和允许的物流成本来进行。(　　)
3. 直达运输是追求运输合理化的重要形式，其对合理化的追求要点是通过减少中转过载换载，从而提高运输速度，省却装卸费用，降低中转货损。(　　)
4. 空车无货载行驶是最严重的不合理运输形式，在实际的运输管理中，有时候调运空车也应看成是不合理运输。(　　)
5. 现代物流优化方法的总体目标是"规模适中、结构合理、发展健康、效益显著"。(　　)

6. 缩短运输时间与降低运输成本都可以达到最低水平。 ( )

7. 在不合理运输形式中,倒流运输也可以看成是隐蔽对流的一种特殊形式。 ( )

8. 空车无货载行驶是最严重的不合理运输形式。 ( )

9. 直拨运输是指越过商业物资仓库环节或铁路、水路等交通中转环节,将物品从产地或起运地直接运到销地或用户的目的地。 ( )

四、名词解释

1. 过远运输
2. 直拨运输
3. 物流运输合理化
4. 合整装载运输
5. 对流运输

五、简答题

1. 影响物流运输合理化的因素有哪些?
2. 简述物流不合理运输的形式。
3. 实现运输合理化的措施有哪些?

六、计算题

1. 有一配送中心向某客户送货,其行车可能途经有6个地点,为简便描述,我们假定该配送中心位置在A处,客户在H处,其他6个地点依次是B、C、D、E、F、G处,各点之间的交通线路如图1所示,其中箭头上的数字代表两地间的距离(千米),求配送中心到客户的最短距离和行车路线。

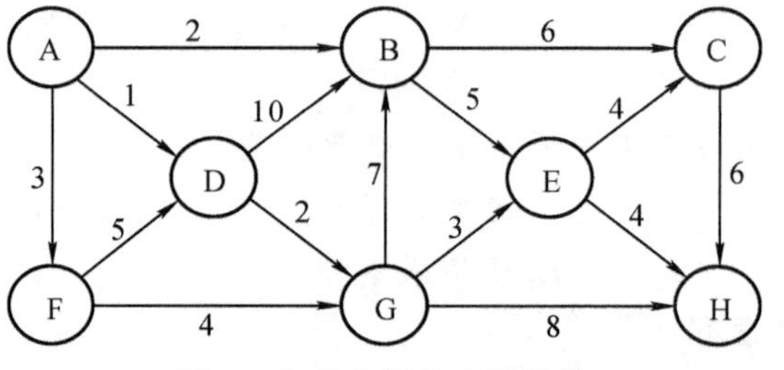

图1 各点之间的交通线路

2. 图2是某地交通运输示意图。试问:从A出发,经哪条路线到达E才能使总路程最短? 节点之间的每条链上都标有相应的里程,单位为千米,节点代表公路的连接处。

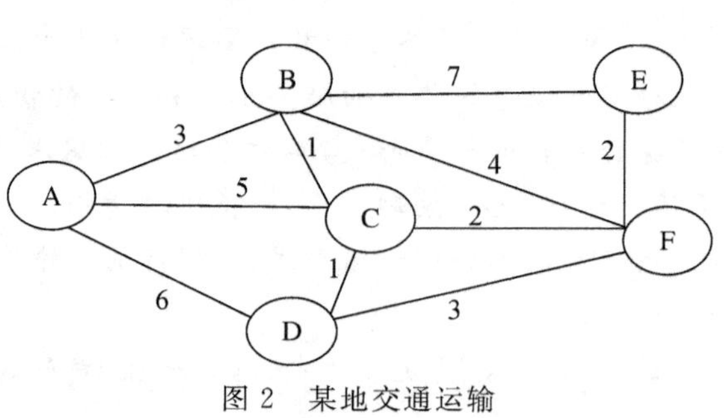

图2 某地交通运输

七、案例分析题

韩国三星公司物流运输工作合理化

韩国三星公司从1989年—1993年实施了物流运输工作合理化革新的第一个五年计划。这期间，为了减少成本和提高配送效率进行了“节约成本200亿”、“全面提高物流劳动生产率”等活动，最终降低了成本，缩短了前置时间，减少了40%的存货量，并使三星公司获得首届韩国物流大奖。1994年—1998年，实行第二个五年计划，将销售、配送、生产和采购有机地结合起来。三星公司扩展和强化物流网络，同时建立一个全球性的物流链使产品的供应线路最优化，并设立全球物流网络上的集成订货——交货系统，从原材料采购到交货给最终客户的整个路径上实现物流和信息流一体化，这样客户就能以最低的价格得到最高质量的服务，从而对企业更加满意。三星公司物流工作合理化革新小组在配送选址、实物运输、现场作业和信息系统四个方面进行物流革新。

(1)配送选址新措施。为了提高配送中心的效率和质量，三星公司将其划分为产地配送中心和销地配送中心。前者用于原材料的补充，后者用于存货的调整。对每个职能部门都确定了最优工序，配送中心的数量被减少、规模得以最优化，便于向客户提供最佳的服务。

(2)实物运输革新措施。为了及时地交货给零售商，配送中心考虑货物数量和运输所需时间的基础上确定出合理的运输路线。同时，一个高效率的调拨系统也被开发出来，这方面的革新加强了支持销售的能力。

(3)现场作业革新措施。为使进出工厂的货物更方便快捷地流动，公司建立了一个交货点查询管理系统，可以查询货物的进出库频率，高效地配置资源。

(4)信息系统革新措施。三星公司在局域网环境下建立了一个通信网络，并开发了一个客户服务器系统，公司集成系统的1/3将投入物流中使用。由于将生产、配送和销售一体化，整个系统中不同的职能部门将能达到信息共享。客户如有涉及物流的问题都可以通过实时订单跟踪系统得到回答。

问题：

(1)三星公司的物流运输合理化的作用体现在哪些方面？

(2)影响三星公司物流运输合理化的因素主要有哪些？在物流运输合理化方面三星公司采取了哪些措施？

(3)物流运输企业(部门)提高技术装载的运输方式主要做法有哪些？

第五章　运输信息系统

【学习目标】

通过本章学习，使学生理解运输信息系统建设对运输管理现代化的重要意义，掌握相关的运输信息技术。

【引例】

美国联合包裹服务

UPS 公司于 2007 年迎来其 100 周年庆典。作为世界上最大的包裹递送公司以及全球领先的供应链服务提供商，UPS 提供多种服务，使货物流、信息流与资金流能够实现同步协调运作。UPS 的总部设在美国佐治亚州的亚特兰大市，其业务网点遍布世界 200 多个国家和地区。UPS 的股票在纽约证券交易所上市(代码为 UPS)。

UPS 于 1907 年作为一家信使公司成立于美国，通过明确地致力于支持全球商业的目标，UPS 如今已发展到拥有 426 亿美元资产的大公司。如今的 UPS 是一家全球性的公司，作为世界上最大的快递承运商与包裹递送公司，同时也是专业的运输、物流、资本与电子商务服务的领导性的提供者。每天，都在世界上 200 多个国家和地区管理着物流、资金流与信息流。

UPS 能够对每日运送的 1300 万个邮包进行电子跟踪。例如，一个出差在外的销售员

图 5-1　UPS 中国网站

资料来源：UPS 中国网站，http://www.ups.com/content/cn/zh/index.jsx。

在某地等待某些样品的送达，他可以通过在UPS安排的3COM网络系统中输入UPS运单跟踪号码，即可知道货物在哪里，当需要将货物送达另一个目的地时，可再次通过网络以及附近的蜂窝式塔台，找出货物的位置，并指引到最近的投递点。

【思考】

1. 你认为UPS 100年发展到拥有426亿美元资产的大公司成功的关键是什么？
2. UPS如何做到对每日运送的1300万个邮包进行跟踪？

第一节　运输信息系统概述

一、运输信息系统的概念

运输是物流的主要功能之一，其产品是物质形态的位移，是服务。运输涉及面广，运输的对象各种各样，客户的服务要求各有不同，且越来越高。所以，要在竞争越趋激烈的运输市场中取得竞争优势，提高客户服务水平，实现物流运输的合理化，就必须有现代运输信息系统的有力支持。

运输信息系统就是在物流业务活动中，凡是有关运输方面的物流信息，都归类为运输信息系统工程，由主管运输业务的部门进行管理。如有关运输计划，统计资料，货物发运清单，货物到达通知，货物中转手续，运输事故查询、处理等。

物流运输信息系统是物流信息系统的一个重要的子系统，与其他子系统有着密切的关系，他们之间的相互衔接、相互配合相当重要。

二、运输信息系统的作用

运输信息系统提高了物流运输活动的服务水平，降低了物流运输的作业成本，其具体作用表现在以下四个方面。

(一)提供运输信息的查询服务

当顾客需要对货物的状态进行查询时，只要输入货物的发标号码，马上就可以知道有关货物状态的信息。查询作业简便快捷，信息及时准确。

(二)提高运送货物的准确性和及时性，提高客户服务水平

通过货物信息可以确认货物是否将在规定的时间内送到顾客手中，能及时发现运输过程中发生的问题，便于快速查明原因并及时进行改正。

(三)提升企业的竞争优势

运输信息系统是获得竞争优势的重要手段之一，给运输调度提供所需的决策信息，提供最佳路线选择信息，从而提高物流运输效率，提供差别化的物流服务。

(四)有利于信息资源的共享

通过物流运输信息系统所得到的有关货物运送状态的信息丰富了供应链的信息分享资源，有关货物信息的分享有利于顾客预先做好接货以及后续工作的安排。

三、运输信息系统的主要内容与运作

运输计划、配车与运输路线计划、配送与货物跟踪、车辆运作管理、成本管理与控制以及运输信息的查询交换等。物流运输信息系统一般是由发送货物业主、物流运输业主和接收货物业主组成的。其运作步骤如下：

(1)发送货物业主(如生产厂家)在接到订货通知后制订货物运送计划，并把运送货物的清单及运送时间安排等信息发送给物流运输业主和接收货物业主(如零售商)，以便物流运输业主预先制定货物接收计划。

(2)发送货物业主依据顾客订单的要求和货物运送计划下达发货指令、分拣配货、打印出货物条形码的货物标签(如 SCM 标签，Shipping Carton Marketing)并贴在货物包装箱上，同时把运送货物品种、数量、包装等信息发送给物流运输业主和接收货物业主，向物流运输业主发出运送请求信息，物流运输业主依据请求下达车辆调配指令。

(3)物流运输业主在向发送货物业主取运货物时，利用车载扫描仪读取货物标签的物流条形码，并与先前收到的货物运输数据进行核对，确认运送货物。

(4)物流运输业主在物流中心对货物进行整理、集装、填妥送货清单并向收货业主发送发货信息。在货物运送的同时进行货物跟踪管理，并在货物交纳给收货业主之后，通过 EDI 向发送货物业主发送完成运送业务信息和运费请求信息。

(5)收货业主在货物到达时，利用扫描读数仪读取货标签的物流条形码，并与先前收到的货物运输数据进行核对确认，开出收货发票，货物入库。同时向物流运输业主和发送货物业主发送收货确认信息。

第二节 运输信息技术

一、条码技术

条码作为国内外商品流通的通用语言，是商品走向国际市场的绿卡之一，被认为是进出口商品的“身份证”。它已渗透到生产管理、商业销售、仓储和运输的票据(单证)管理等领域的计算机应用之中，大大提高了经济工作的效率。条码自动识别技术，以其简便、快速、准确、低成本、可靠性等显著特点，广泛地应用于各行各业，成为商品的主要自动识别技术。在发达国家和地区，条码技术应用非常广泛，产生了巨大的经济效益和社会效益。

条码是一种信息代码，由一组宽度不同，反射率不同的条和空及字符按规定的编码规则组合起来，用于表示一级数据的符号。这种黑色、粗细不同的线条表示一定的数据、字母信息和某些符号。人们根据其构成图形的外观结构，称其为“条码”或“条形码”(Bar Code)。它是一种用光电扫描阅读设备识读并实现数据输入计算机的特殊代码。

条码出现的历史较短。1949 年，美国德雷克塞尔理工学院的乔·乌德郎德和巴尼亚·希罗巴二人共同提出申请条码专利，这时视为条码的起始。1970 年，美国为制定通用商品代码及其标志而设立了一个委员会。3 年后，由 IBM 公司提出的黑色和白色的条纹为基础

的通用商品代码——UPC 条码诞生。在欧洲为 EAN 条码，在日本为 JAN 条码，我国通用商品条码标准也采用 EAN 条码结构。一个完整的条码符号是由两侧空白区、起始符、检验字符和终止字符组成。

条码由一组黑、白相间的线条组成，每根线条的宽窄不同代表不同的数据。将磁性物质经激光喷墨机打印到一空白纸条和商品的包装袋上，然后用光阅读器扫描，将光信号转换电子数据送入计算机中，完成数据输入。条码主版是由 13 位数字及相应的条码符号组成(见图 5-2)，在较小的商品上也采用 8 位数字及其相应的条码符号(见图 5-3)。条码包含的信息如下：

9 401234 567894 >

图 5-2　EAN-13

< 2012 3451 >

图 5-3　EAN-8

(一)前缀码

前缀码由三位数字组成，是商品生产国别(地区)，我国是 690、691、692、693、694 和 695，是国际物品编码协会(EAN International)统一决定的。

(二)商品制造厂名(公司)代码

该代码由四位数字组成，我国由中国物品编码中心(设在北京)统一分配并统一注册，一厂一码。

(三)商品代码

由一位数字组成，用以校验前面各码的正误。

条码技术是一项信息处理技术，旨在解决大量信息自动进入数据库的登录问题的智能技术，是释放信息集散的有力工具。同时，条码技术也是一项综合技术，主要包括编码技术、符号技术、识别与应用系统设计技术。主要用于自动识别和计算机数据输入。目前，编码工作主要集中在如何提高条码符号的信息密度，已突破了创立编码制的早期思想，而向条码介质的更新和高分辨方向迈进，出现全息条码和二维条码(见图 5-4)。

条码应用的主要设备是条码刷制机、条码打印机、条码扫描器(光笔、台式、手持式等)、条码译码(在线式、便携式、无线便携式)等设备。通常这些设备和计算机终端、自动扫描器连接在一起，以实现数据录入和自动化操作。条码与其他自动识别技术相比，具有可读性高、可靠性高、经济性好、可反复使用、信息对应强、更加灵活等优越性。

二、EDI 技术

EDI 的英文全称是“Electronic Data Interchange”，被译为“电子数据交换”、“电子资料联络”和“电子资料转换”。其整体含义为：计算机到计算机之间，以标准格式进行的数据运输。是电子计算机与通讯技术相结合的一种技术和服务手段，是贸易、运输、保险、银行和海

图 5-4 二维条码

关等行业的买卖双方或多方，将信息用一种国际公认的标准格式，通过计算机通讯网络，以实现有关部门或公司与企业公司之间的数字交换与处理，并完成以商务贸易为中心的全过程。EDI 是一种新的迅速发展起来的数据传送方式，它在计算机上以数据形式将文件从一个公司或企业传输到另一个公司或企业，并以全新的方式来经营公司或企业。

实现 EDI 包括三个方面的内容：计算机应用，通讯网络和数据标准化，三者间相互衔接、相互依存，构成了 EDI 的基本框架。它是按照协议对已具有一定结构性的标准经济信息，经过电子数据通讯网络，在商业贸易伙伴的计算机信息系统之间进行转换和自动处理。这就比传统的手工信息处理要快得多、准确得多，效率也高得多，而且能系统地反映出顾客的需求和商品的盈缺状况，进而增强其在国际市场上的竞争力。

在整个对外贸易系统中，外贸货物运输是一个比较大的系统。由于外运工作具有涉及面广、线路长、环节多、手续复杂、风险大等特点，因而对 EDI 的综合运用提供了广阔的天地，也只有 EDI 系统的服务支持，才能保证外贸买卖双方实施及时、优质的货物交付与货款的收取。出口货物的运输尤为复杂，大量货运单证的缮制和传递，都由出口方来实现。此外，租船订舱、结汇、交货过程中，大量的信息传递也要求及时、准确、节省费用，由发货人、承运人和收货人构成的 EDI 物流模型见图 5-5。国际运输中 EDI 系统的应用项目包括以下几点：

(1)节省时间。使用 EDI 系统可以快速准确地传递信息，自动化处理数据，可以最大限度地减少运输过程的中间环节，诸如港口、码头、银行等与之相关的中间服务环节。

(2)大力降低日常文传工作费用。

(3)减少销售费用，开发货运跟踪系统，将进出口商、海运、港口、海关、银行联系在一起，对进出口商提供 EDI 综合服务。

三、运输工具和货物跟踪技术

运输工具和货物跟踪是通过全球卫星定位系统(Global Positioning System, GPS)和地理信息系统(Geographic Information System, GIS)来实现的。

(一)全球卫星定位系统

全球卫星定位系统是利用多颗通信卫星对地面目标状况进行精确测定的系统。可以实现运行车辆的全程跟踪监视，并通过相关的数据和输入的其他系统相关数据进行交通管理。

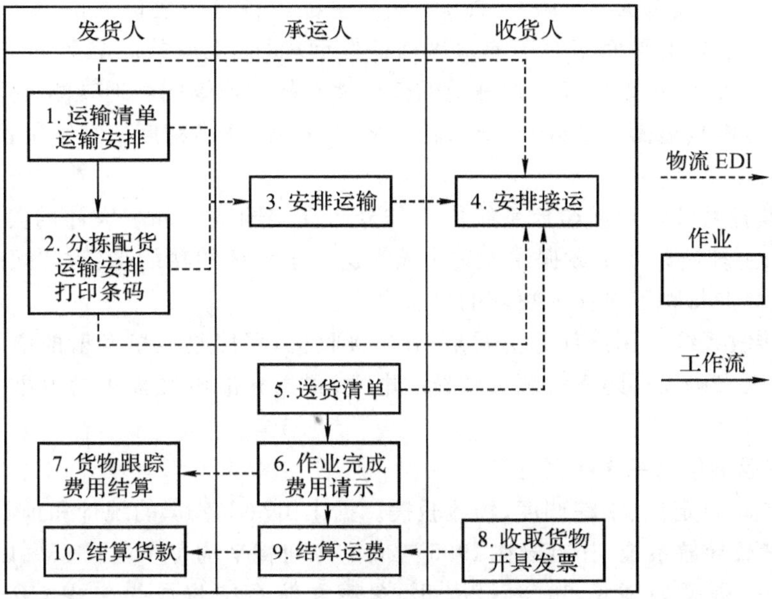

图 5-5　由发货人、承运人和收货人构成的 EDI 物流模型

全球卫星定位系统是通过卫星对地面上运行的车辆、船舶进行测定并精确定位，在车辆、船舶或其他运输工具设备上配置信标装置，就可以接收卫星发射信号，以置于卫星的监测之下，通过接收装置，就可以确认精确的定位位置。应用于物流领域的 GPS 系统的构成见图 5-6。

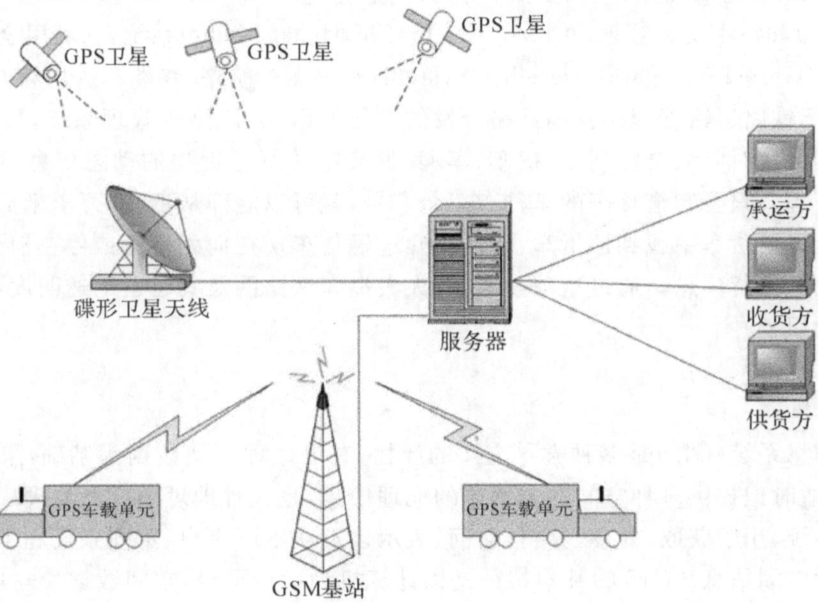

图 5-6　应用于物流领域的 GPS 系统的构成

1. GPS 的基本构成

(1)空间卫星系统。空间卫星系统由分布在 6 个轨道平面上的 24 颗(其中 3 颗备用)高

轨道卫星构成，轨道高宽为 2×10^4 千米，每颗卫星都配备有精度极高的原子钟（30 万年的误差仅为 1 秒），各轨道平面相对于赤道平面的倾面内，各卫星的间隔为 90 度。GPS 空间卫星的这种分布方式，可以保证在地球上的任何地点都能连续同步地观测到至少 4 颗卫星，从而提供全球范围从地面到 2×10^2 千米高空之间任一载体高精度的三维位置，三维速度和系统时间信息。

（2）地面监控系统。地面监控系统由均匀分布在美国本土和三大洋的美军基地上的 5 个监测站、1 个主控站和 3 个数据注入站构成。这些子系统的功能是：对空间的卫星系统进行监控、控制，并向每颗卫星注入更新的导航电文。

（3）用户接收系统。用户部分主要是 GPS 接收机，它接收卫星发射的信号并利用本机产生的伪随机噪音码取得距离观测量和导航电文，根据导航电文提供的卫星位置和钟差改正信息计算位置。

2. GPS 在运输信息系统中的应用

（1）用于汽车自定位、跟踪调度、陆地救援。据丰田汽车公司的统计和预测，日本公司利用 GPS 开发车载导航系统，其市场在 1995—2000 年间将平均每年增长 35%以上，全世界在车辆导航上的投资平均增长 60.8%，因此，车辆导航系统将成为未来 GPS 的主要领域之一。

（2）用于内河及远洋船队最佳航程和安全航线的测定、航向的实时调度、监测及水上救援。在我国，GPS 最先使用于远洋运输的船舶导航。

（3）用于空中交通管理、精密进场着陆、航路导航和监视。国际航线组织提出，在 21 世纪将用未来导航系统 FANS(Future Air Navigation System)取代现行航行系统，它是一个以卫星技术为基础的航空通信、导航、监视（CNS，Communication，Navigation，Surveillance）和空中交通管理（ATM，Air Traffic Management）系统，它利用全球导航卫星系统 CNSS(Global Navigation satellite System)实现飞机航路、终端和进场导航。

（4）用于铁路运输管理。我国铁路开发的基于 GPS 的计算机管理系统，可以通过 GPS 和计算机网络实时收集全路列车、机车、车辆、集装箱及所运货物的动态信息，可实现列车、货物跟踪管理。只要知道货车的车种、车型、车号，就可以立即从近 10 万千米的铁路网上流动着的几十万辆货车中找到该货车，还能得知这辆货车现在何处运行或停在何处，以及所有的车载货物的发货信息。通过这项技术，可大大提高铁路网及其运营的透明度，为货主提供更高质量的服务。

（二）GIS 技术

1. GIS 概述

地理信息系统(GIS)是多种学科交叉的产物，它以地理空间数据为基础，采用地理模型分析方法，适时地提供多种空间的和动态的地理信息，是一种地理研究和地理决策服务的计算机技术系统，用于获取、处理、分析、访问、表示以及在不同用户、不同系统和不同地点之间传输数字化空间信息。GIS 的基本特征是以计算机为运行平台，空间数据参与运算，为各类应用目的服务。

根据应用领域的不同，地理信息系统又有各种不同的应用系统，例如土地信息系统、城市信息系统、交通信息系统、环境信息系统、仓库规划信息系统等，它们的共同点是用计算机处理与空间相关的信息。

地理信息系统的主要应用领域有以下几个方面：

（1）电子地图。借助于计算机和数据库的应用，电子地图可以比一般地图有几百、几千倍的信息容量，通过电子地图可以提供一种新的按地理位置进行搜索方法，以获取相关的社会、经济、文化等各方面的信息。

（2）辅助规划。地理信息系统可以辅助仓库、站场等基础设施的规划，用地理坐标、图标方式，直观地反映基础设施的基本情况和布局情况，以进一步分析布局是否合理，从而对规划起到支持作用。

（3）交通管理。GIS 和 GPS 相结合，实时反映车辆运行情况、交通路段情况、交通设施运行情况等，从而支持有效的交通管理。

（4）军事应用。GIS 对于军事后勤及战时提供信息、进行分析和辅助决策作用。

2. GIS 在物流运输中的应用

地理信息系统在物流运输中的应用主要为以下两个方面：一是 GIS 与 GPS 相结合，实现交通信息的查询和对运输工具的实时跟踪，从而提高物流运输的服务质量和效率，如图 5-7 招商迪辰 GPS/GIS 综合应用系统；二是车辆路线的规划，用于解决一个起始点、多个终点货物运输中如何降低物流作业费用，并保证服务质量的问题，包括决定使用多少车辆及每辆车的行走路线等。

图 5-7　招商迪辰 GPS/GIS 综合应用系统

需要指出的一个关键问题是，以上所述的技术在一个物流运输系统中不是相互独立的，而是通过计算机及计算机网络形成综合的物流运输信息管理系统，从而实现降低物流运输成本，提高运输效率和效益，提高运输服务水平。

【本章小结】

本章从阐述运输信息系统概念入手，介绍了运输信息系统的主要内容、运作及作用，同时也介绍了条码技术、EDI 技术、GPS 技术和 GIS 技术等相关运输信息技术。通过本章学习,使学生理解运输信息系统建设对运输管理现代化的重要意义,掌握相关的运输信息技术。

【习题】

一、单项选择题

1. 运输工具和货物跟踪可以通过(　　)来实现。
   A. GPS 和 GIS　　B. GSP 和 GIS
   C. EDI 和 GPS　　D. FANS 和 GPS
2. 使用 GPS 技术能提供全球范围内在 200 千米高空以下的任一载体的位置、速度及系统时间的(　　)信息。
   A. 一维　　B. 二维　　C. 三维　　D. 四维
3. 目前,我国通用商品条码标准采用下列哪种条码结构?(　　)
   A. 二维条码　　B. UPC　　C. EAN　　D. JAN
4. 运输信息系统是(　　)的子系统。
   A. EDI 信息系统　　B. 物流信息系统
   C. 销售信息系统　　D. GPS 信息系统
5. 条形码之所以被广泛采用是因为它能(　　)。
   A. 自动跟踪　　B. 电子转换　　C. 自动识别　　D. 自动编码
6. GIS 信息系统的数据基础是(　　)。
   A. 电子地图　　B. 数据化传输空间数据
   C. 交通规划数据　　D. 地理空间数据
7. GPS 的基本构成不包括(　　)。
   A. 空间卫星系统　　B. 地面监控系统
   C. 用户接收系统　　D. 用户发射系统
8. 条码包含的前缀码由三位数字组成,表示商品生产国别(地区),我国是(　　),是由国际物品编码协会统一决定的。
   A. 689、692、693　　B. 690、691、692
   C. 691、692、687　　D. 690、691、686
9. 商业条形码的前缀码的意思是(　　)。
   A. 生产国别　　B. 制造厂商　　C. 商品代码　　D. 验证码
10. 我国通用的条形码是(　　)。
    A. UPC 码　　B. JAN 码　　C. EAN 码　　D. 牛眼码
11. EDI 是通过电子方式,采用(　　),利用计算机网络进行结构化数据的传输和交换。
    A. WORD 格式　　B. 超文本格式　　C. 标准化格式　　D. RTF 格式
12. GIS 是指(　　)。
    A. 全球卫星定位系统　　B. 地理信息系统
    C. 企业资源计划　　D. 条码技术

二、多项选择题

1. 条形码的完整组成内容有(　　　　)。

A. 一级数据符号　　B. 两侧空白区　　C. 起始符

D. 检验字符　　E. 终止字符

2. 全球卫星定位系统由下列(　　　　)构成。

A. 空间卫星系统　　B. 导航系统　　C. 用户接收系统

D. 地理信息系统　　E. 地面监控系统

3. 下列哪些选项是地理信息系统的主要应用领域?(　　　　)

A. 电子地图　　B. 城市规划　　C. 辅助规划

D. 交通管理　　E. 军事应用

三、判断题

1. 在 EAV—13 条形码中,我国的国家代码是 960。　(　　)

2. 条码技术是一项信息处理技术,旨在解决大量信息自动进入数据库的登录问题的智能技术,是释放信息集散的有力工具。　(　　)

3. 电子地图是 GIS 的主要应用领域。　(　　)

4. 应用 GPS 技术,可以全天候、连续地为无限用户提供任何覆盖区域内目标的高精度的三维速度、位置和时间信息。　(　　)

5. 运输工具和货物跟踪是通过全球卫星定位系统和地理信息系统来实现的。　(　　)

四、名词解释

1. 运输信息系统

2. 全球定位系统(GPS)

3. 条码

4. EDI 技术

5. 地理信息系统

五、简答题

1. 简要叙述物流运输信息系统的作用。

2. 简述 GPS、GIS 在运输信息系统中的作用。

3. EDI 技术包括什么内容?

六、案例分析题

A 集团是位于华南的一家大型制造企业。为了实施其北进战略,在北方某省招标外包其物流业务。参与竞争的主要有一家当地运输公司(简称 B 公司)和来自南方的一家第三方物流企业(简称 C 公司)。B 公司在本省是数一数二的传统运输公司,仅运输车辆就有 500 台。招标会上,他们自以为家大业大,根本不把 C 公司放在眼里,声言:"一个运输指标,我们用 3 台车作保证,你们 C 公司能做到吗?"当时 C 公司也不示弱,反复阐述现代物流的运作模式,就是运用现代信息技术,整合社会运力资源。所谓的"3 台车等一个指标"是运力资源的浪费;而 C 公司"一个萝卜一个坑",才是最佳配置。A 集团考虑到要关照当地企业,暂定两家各做 50%的份额。

实践辨真金。C公司凭借其全国性物流网络和信息系统，高素质的管理，给社会车辆创造了一个能够“满载荷”、“零回空”的良好运输空间。这像一个强大的“磁场”，广泛吸引了社会动力，保证了“一个萝卜一个坑”模式的落实。C公司不但圆满完成了本身的份额，还承担了曾出狂言的B公司部分无法完成的份额。更戏剧性的是，B公司的大部分车辆“叛变”到C公司的运作网络中。不到一年，C公司就竞争到了A集团百分之百的份额。

问题：

(1)C公司依靠什么取得A集团的信任而获得50%的份额？

(2)B公司的车辆为什么会“叛变”到C公司的运作网络？

第六章　配送与配送中心

【学习目标】

通过本章学习，使学生了解配送水平对经济发展的重要性，掌握配送与配送中心概念、种类及职能，理解配送中心的规划。

【引例】

联华超市集团配送服务

联华超市股份有限公司于1991年起在上海开展业务，在20余年间，以直接经营、加盟经营和并购方式发展成为一家具备全国网点布局、业态最齐全的零售连锁超市公司。目前联华超市的总门店数目已经达到5590多家(不包括本公司联营公司经营的门店)，遍布全国20多个省、市、自治区，继续保持中国最大的零售连锁超市公司的行业领先地位，连续十年成为以营业额计中国最大的快速消费品连锁零售企业。其提供配送服务主要有：

一、配送时段

提供的送货时间为9:00～20:30(张江高科地区配送时间为9:00～18:00)，根据商品的供应情况，具体配送服务如表6-1所示。

表6-1　配送时段

订购时段	最早送货时段	送货时段
00:00～15:59	后日09:00～11:00	任选
16:00～24:00	大后日09:00～11:00	任选

1. 商品一旦订购，您可以选择距离订购时间3小时内的送货时段，对于特殊情况不能及时送达，我们将随时电话联系协商送货。

在06:00～16:00订购的用户当天订购当天配送；

在16:01以后订购的用户当天订购隔天送货。

2. 商品一旦订购，您可以选择距离订购时间72小时以内的送货时段，如有特殊情况我们将在72小时内与您取得联系！

3. 商品如果订购，您可以选择一个参考送货时段，我们会在订单确认后由供应方同您联系是否有货后再确定最终的时间。

备注：①如遇大雨、台风等自然因素，为确保商品品质和送货安全，本公司会酌情延迟送货，敬请谅解。②预定商品配送范围限外环线以内用户。③预定商品每周日、周一不配送，法定假日另行安排。

二、配送方式

1."门店送货上门"。您在网上订购超市类商品，就近服务门店会按您所要求的时间和指定的地址，送货到您家。

2."供方送货上门"。您在网上订购非超市类预定商品，我们供应商会按您所要求的时间和指定的地址，送货到您家。

3."顾客自提"。您在网上选购商品(限超市商品)，然后可以前往就近的超市门店提货。

三、配送费用

每张独立类型订单的商品总额高于20元人民币，免收配送费，如果追加订单满20元的也不收取2元送货费；低于20元人民币，我们将收2元配送费。

图 6-2　联华电子商务网站

资料来源：联华电子商务网站，http://www.lhok.com。

如果由于商品质量问题，顾客拒收该商品而导致商品总额不足20元人民币时，免收配送费。若由于顾客无正当理由拒收而致使货款总额低于20元人民币，将相应补收2元人民币配送费。

【思考】

1. 联华超市配送服务有何特点？
2. 您认为目前联华超市配送服务还可以在哪些方面拓展？

配送作为一种特殊的、综合的物流活动形式，几乎包括了物流的所有职能。在某种程度上讲，配送是物流的一个缩影或在特定范围内物流全部活动的体现。而配送中心则是专门从事配送工作的物流据点，它集信息流、商流、物流于一体，具有物流的全部职能，是现代物流的一种先进的货物配送组织形式。所以，研究配送和配送中心的理论与实践问题，无疑对发展社会主义市场经济体制下的物流产业，并使其更好地为我国的建设事业提供物质资料和提高人们生活水平具有极为重要的意义。

第一节　配送的概念、分类与作用

一、配送的概念

配送是物流活动中一种特殊的、综合的具有商流特征的形式。从物流来讲，配送包括了物流的全部职能，是物流的缩影或在特定范围内物流全部活动的体现。一般来讲，配送集包装、装卸搬运、保管、运输于一身，并通过一系列的作业活动，完成将货物送达的目的，如图6-2所示。从商流来讲，物流是商物分离的产物，而配送则是商物合一的产物；从本质上讲，配送可看作是一种商业形式。虽然，配送具体实施时，所有的作业活动是以商物分离形式出现的，但是，从配送的发展趋势来看，商流与物流越来越紧密地结合，这是配送职能发挥的重要保障。根据上述分析，对于配送概念的理解可以描述为：配送是按用户订货的要求，以现代送货形式，在配送中心或其他物流据点进行货物配备，以合理的方式送交用户，实现资源的最终配置的经济活动。这个概念说明了以下几方面的内容：

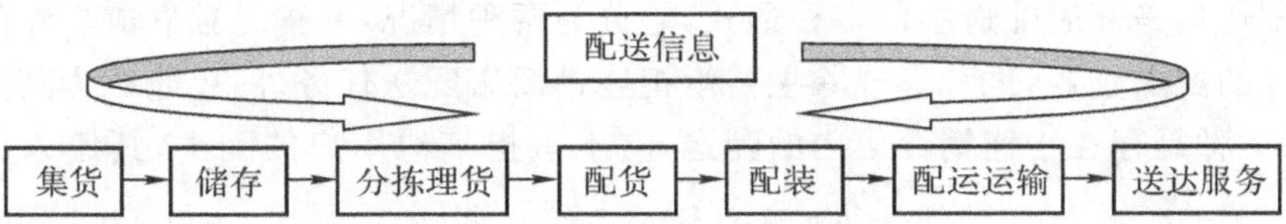

图 6-2　配送一般流程

(1)首先明确指出了按用户订货的要求，所以，配送以用户为出发点，用户处于主导地位，配送处于服务地位。因此，配送在观念上必须明确“用户第一”、“质量第一”。

(2)配送实质是送货，但与一般送货有区别。一般送货可以是一种偶然行为；而配送是一种固定的形态，是一种有确定组织、确定渠道，有一套设施、装备和管理力量、技术力量，有一套规范的制度和体制。

(3)配送是从物流据点至用户的一种特殊送货形式，它表现为中转型送货，而不是工厂至用户的直达型；更重要的是，用户需要什么送什么，而不是有什么送什么。

(4)配与送有机地结合。配送利用有效的分拣、配货等理货工作，使送货达到一定的规模，以利用规模优势取得较低的送货成本。

(5)合理的方式送交用户，是指配送者必须以用户要求为依据的同时，应该追求合理性，并指导用户，实现双方都有利可图的商业原则。

(6)对资源的配置作用，是最佳配置，因而是接近顾客配置，这种配置方式在市场环境下对实现经营战略具有重要的作用。

二、配送的分类

配送作为一种现代流通组织形式，具有集商流、物流于一身的职能。但由于配送者、主体、配送对象、服务对象，以及流通环境等的不同，配送可以有不同的分类。

（一）按实施配送的结点不同进行分类

1. 配送中心配送

这种配送的组织者是配送中心，规模大，有一套配套的实施配送设施、设备和装备等。配送中心配送专业性较强，和用户一般有固定的配送关系，配送设施及工艺是按用户专门设计的。所以，配送中心配送具有能力强、配送品种多、数量大等特点。但由于服务对象固定，其灵活机动性较差，而且由于规模大，要有一套配套设施、设备，使其投资较高，这就决定了配送中心的建设和发展受到一定的限制。

2. 仓库配送

仓库配送一般是以仓库为据点进行的配送，也可以是以原仓库在保持储存保管功能前提下，增加一部分配送职能，或经对原仓库的改造，使其成为专业的配送中心。

3. 商店配送

这种配送的组织者是商业或物资的门市网点。商店配送形式是除自身日常的零售业务外，按用户的要求将商店经营的品种配齐，或代用户外订外购一部分本店平时不经营的商品，以及本店经营的品种配齐后送达用户，因此，从某种意义上讲，它是一种销售配送形式。连销商店配送也是商店配送中的一种形式，它分为两种情况：一种是独立成立专门从事为连销商店服务的配送企业，这种形式除主要承担连销商店配送任务外，还兼有为其他用户服务的职能；另一种是存在于连销商店内的配送，它不承担其他用户的配送，其任务是服务于联销经营。

4. 生产企业配送

配送业务的组织者是生产企业。一般认为这类生产企业是具有生产地方性较强的产品的特点，如食品、饮料、百货等。

（二）按配送商品的种类和数量的多少进行分类

1. 单（少）品种大批量配送

这种配送适应于那些需要量大、品种单一或少品种的生产企业。由于这种配送品种单一、数量多，可以实行整车运输，有利于车辆满载和采用大吨位车辆运送。

2. 多品种少批量配送

由于这种配送的特点是用户所需的物品数量不大、品种多，因此在配送时，要按用户的要求，将所需的各种物品配备齐全，凑整装车后送达用户。

3. 配套成套配送

这种配送的特点是用户所需的物品是成套的。例如，装配性的生产企业，为生产某种整机产品，需要许多零部件，需要将所需的全部零部件配齐，按生产节奏定时送达生产企业，生产企业随即将此成套零部件送入生产线装配产品。

（三）按配送时间和数量的多少进行分类

1. 定时配送

这种配送是按规定的时间间隔进行配送，每次配送的品种、数量可按计划执行，也可以在配送之前以商定的联络方式通知配送时间和数量。它可以区分为日配送和准时—看板方式配送。

2. 定量配送

定量配送是指按规定的批量在一个指定的时间范围内进行配送。这种配送方式由于配送数量固定，备货较为简单，可以通过与用户的协商，按托盘、集装箱及车辆的装载能力确定配送数量，这样可以提高配送效率。

3. 定时定量配送

这种方式是按照规定的配送时间和配送数量进行配送，兼有定时配送和定量配送的特点，要求配送管理水平较高。

4. 定时定路线配送

这种配送方式是在规定的运行路线上制定到达时间表，按运行时间表进行配送，用户可按规定路线站和规定时间接货，或提出其他配送要求。

5. 即时配送

这种配送是完全按用户提出的配送时间和数量随即进行配送，它是一种灵活性很高的应急配送方式。采用这种配送方式的物品，用户可以实现保险储备为零的零库存，即以即时配送代替了保险储备。

(四)按经营形式不同进行分类

1. 销售配送

这种配送主体是销售企业，或销售企业作为销售战略措施，即所谓的促销配送型。这种配送的对象一般是不固定的，用户也不固定，配送对象和用户取决于市场占有情况，因此，配送的随机性较强，大部分商店配送就属于这一类。

2. 供应配送

供应配送用户为了自己的供应需要采取的配送方式，它往往是由用户或用户集团组建的配送据点，集中组织大批量进货，然后向本企业或企业集团内若干企业配送。商业中的连销商店广泛采用这种方式。这种方式可以提高供应水平和供应能力，可以通过批量进货取得价格折扣的优惠，达到降低供应成本的目的。

3. 销售—供应—体化配送

这种配送方式是销售企业对于那些基本固定的用户及其所需的物品，在进行销售的同时还承担着用户有计划的供应职能，既是销售者，同时又是用户的供应代理人。这种配送有利于形成稳定的供需关系，有利于采取先进的计划手段和技术，有利于保持流通渠道的稳定等。

4. 代存代供配送

这种配送是用户把属于自己的货物委托配送企业代存、代供，或委托代订，然后组织对本身的配送。这种配送的特点是货物所有权不发生变化，所发生的只是货物的位置转移，配送企业仅从代存、代供中获取收益，而不能获得商业利润。

(五)按加工程度的不同进行分类

1. 加工配送

这种配送是与流通加工相结合，在配送据点设置流通加工，或是流通加工与配送据点组建一体实施配送业务。流通加工与配送的结合，可以使流通加工更具有针对性，并且配送企业不但可以依靠送货服务、销售经营取得收益，还可以通过流通加工增值取得收益。

2. 集疏配送

这种配送只改变产品数量组成形式，而不改变产品本身的物理、化学性质，并与干线运输相配合，如大批量进货后小批量多批次发货，或零星集货后形成一定批量再送货等。

(六)按配送企业专业化程度进行分类

1. 综合配送

这种配送的特点是配送的商品种类较多，且来源渠道不同，但在一个配送据点中组织对用户的配送，因此综合性强。同时，由于综合性配送的特点，决定了它可以减少用户为组织所需全部商品进货的负担，只需和少数配送企业联系，便可以解决多种需求。

2. 专业配送

专业配送是按产品性质和状态划分专业领域的配送方式。这种配送方式由于自身的特点，可以优化配送设施，合理配备配送机械、车辆，并能制定适用合理的工艺流程，以提高配送效率。诸如中、小件杂货配送，金属材料配送，燃料煤、水泥、木材玻璃、化工产品、生鲜食品等的配送，都属于专业配送。

(七)共同配送

共同配送是为了提高物流效益，对许多用户一起配送，以追求配送合理化为目的的一种配送形式。共同配送可分为以下几种形式：

(1)由一个配送企业综合各用户的要求，在配送时间、数量、次数、路线等方面的安排上，在用户可以接受的前提下，做出全面规划和合理计划，以便实现配送的优化。

(2)由一辆配送车辆混载多货主货物的配送，是一种较为简单易行的共同配送方式。

(3)在用户集中的地区，由于交通拥挤，各用户单独配置按货场或处置场有困难，而设置的多用户联合配送的接收点或处置点。

(4)在同一城市或同一地区中有数个不同的配送企业，各配送企业可以共同利用配送中心、配送机械装备或设施，对不同的配送企业的用户共同实行配送。

三、配送的作用

发展配送，对于物流系统的完善，流通企业和生产企业的发展，以及整个经济社会效益的提高，无不具有重要的作用。

(1)配送可以降低整个社会物资的库存水平。发展配送，实行集中库存，整个社会物资的库存总量必然低于各企业分散库存总量。同时，配送有利于灵活调度，有利于发挥物资的作用。此外，集中库存可以发挥规模经济优势，降低库存成本。

(2)配送有利于提高物流效率，降低物流费用。采用配送方式，批量进货，集中发货，以及多个小批量集中一起大批量发货，都可以有效地节省运力，实现经济运输，降低成本，提高物流经济效益。

(3)对于生产企业来讲，配送可以实现低库存。实行高水平的定时配送方式之后，生产企业可以依靠配送中心准时配送或即时配送而不需保持自己的库存，这就可以实现生产企业的“零库存”，节约储备资金，降低生产成本。

(4)配送可以成为流通社会化、物流产业化的战略选择。实行社会集中库存、集中配送，可以从根本上打破条块分割的分散流通体制，实现流通社会化、物流产业化。

第二节　配送中心的分类

一、配送中心的含义

配送中心是组织配送性销售或供应，专门从事实物配送工作的物流结点。物流活动发生于两类场所——物流经路(运输路线)和物流结点(车站、港口、仓库等)，配送中心是物流结点的一种重要形式。

配送中心是物流领域社会分工、专业分工细化的产物，它适应了物流合理化、生产社会化、市场扩大化的客观需求，集储存、加工、集货、分货、装卸、情报等多项功能于一体，通过集约化经营取得规模效益。

具体来讲，配送中心的含义可描述为：配送中心是从事货物配备(集货、加工、分货、拣货、配货)和组织对用户的送货，以高水平实现销售或供应的现代流通设施。

这个含义要注意以下几个问题：

(1)"货物配备"，即配送中心按照生产企业的要求，对货物的数量、品种、规格、质量等进行的配备。这是配送中心最主要、最独特的工作，全部由其自身完成。

(2)"组织送货"，即配送中心按照生产企业的要求，组织货物定时、定点、定量地送抵用户。由于送货方式较多，有的由配送中心自行承担，有的利用社会运输力量完成，有的由用户自提，因此就送货而言，配送中心是组织者而不是承担者。

(3)含义强调了配送活动和销售供应等经营活动的结合，配送成为经营的一种手段，以此排除了这是单纯物流活动的看法。

(4)含义强调配送中心为"现代流通设施"，着眼于和以前的流通设施者诸如商场、贸易中心、仓库等相区别。这个流通设施以现代装备和工艺为基础，不但处理商流，而且处理物流、信息流，是集商流、物流、信息流于一身的全功能流通设施。

二、配送中心的分类

按照不同标准，配送中心可分为以下几种类型。

(一)专业配送中心

专业配送中心大体上有两个含义：一是配送对象、配送技术属于某一专业范畴，在某一专业范畴有一定的综合性，综合这一专业的多种物资进行配送，如多数制造业的销售配送中心，我国目前在石家庄、上海等地建的配送中心大多采用这一形式。二是以配送为专业化职能，基本不从事经营的服务型配送中心。

(二)柔性配送中心

这是在某种程度上与第二种专业配送中心对立的配送中心。这种配送中心不向固定化、专业化方向发展，能够随时变化，对用户要求有很强适应性，不固定供需关系，不断发展配送用户和改变配送用户。

(三)供应配送中心

这是专业为某个或某些用户(例如联营商店、联合公司)组织供应的配送中心,如为大型联营超级市场组织供应的配送中心、代替零件加工厂送货的零件配送中心。

(四)销售配送中心

这是以销售经营为目的、以配送为手段的配送中心。销售配送中心大体有三种类型:第一种是生产企业将本身产品直接销售给消费者的配送中心,在国外这种配送中心很多;第二种是流通企业作为本身经营的一种方式,建立配送中心以扩大销售,我国目前拟建的配送中心大多属于这种类型;第三种是流通企业和生产企业联合的协作性配送中心。比较起来看,国外和我国的发展趋向,都以销售配送中心为主要发展方向。

(五)城市配送中心

这是以城市范围为配送中心。城市范围一般处于汽车运输的经济里程,汽车配送可直接送抵最终用户。由于运距短、反应能力强,这种配送中心往往和零售经营相结合,在从事多品种、少批量、多用户的配送上占有优势。

(六)大区域型配送中心

这是以较强的辐射能力和库存准备,向相当广大的一个区域进行配送的配送中心。这种配送中心规模较大,用户和配送批量也比较大,配送目的地既包括下一级的城市配送中心,也包括营业所、商店、批发商和企业用户;零星配送虽有从事,但不是主体形式。该类型配送中心在国外十分普遍。

(七)储存型配送中心

这是有很强储存功能的配送中心。一般来讲,买方市场下,企业成品销售需要有较大库存支持;卖方市场下,企业原材料、零部件供应需要有较大库存支持;大范围配送也需要较大库存支持。我国目前拟建的配送中心都采用集中库存形式,库存量较大,应当为储存型。

(八)流通型配送中心

这是基本上没有长期储存功能,仅以暂存或随时进随时出方式进行配货、送货的配送中心。这种配送中心的典型方式是,大量货物整进并批量零出,采用大型分货机,进货时直接进入分货机传送带,分送到各用户货位或直接分送到配送汽车上,货物在配送中心里仅做少许停滞。

(九)加工配送中心

从提高原材料利用率、提高运输效率、方便用户等多重目的出发,许多材料都需要配送中心的加工职能。但是加工配送中心的实例目前见到的不多。

三、配送中心的职能

配送中心的职能全面完整。下述职能配送中心一般都具备,但侧重点不同,其中对某些职能重视程序的差异,决定了配送中心的性质及具体规划。

(一)集货职能

为了能够按照用户要求配送货物,首先必须集中用户需求规模备货,从生产企业取得种类、数量繁多的货物,这是配送中心的基础职能,是配送中心取得规模优势的基础所在。一般来说,集货批量应大于配送批量。

(二)储存职能

配送依靠集中库存来实现对多个用户的服务,储存可形成配送的资源保证,是配送中心必不可少的支撑职能。为保证正常配送特别是即时配送的需要,配送中心应保持一定量的储备;同时,为对货物进行检验保管,配送中心还应具备一定的检验和储存设施。

(三)分拣、理货职能

为了将多种货物向多个用户按不同要求、种类、规格、数量进行配送,配送中心必须有效地将储存货物按用户要求分拣出来,并能在分拣基础上,按配送计划进行理货,这是配送中心的核心职能。为了提高分拣效率,应配备相应的分拣装置,如货物识别装置、传送装置等。

(四)配货、分放职能

将各用户所需的多种货物,在配货中心有效地组合起来,形成向用户方便发送的货载,这也是配送中心的核心职能。事实上,分拣职能和配货职能作为配送中心不同于其他物流组织的独特职能,作为整个配送系统水平高低的关键职能,已不单纯是完善送货、支持送货的准备,它是配送企业提高竞争服务质量和自身效益的必然延伸,是送货向高级形式发展的必然要求。

(五)倒装、分装职能

不同规模的货载在配货中心应能高效地分解组合,形成新的装运组合或装运形态,从而符合用户的特定要求,达到有效的载运负荷,提高运力,降低送货成本。这是配送中心的重要职能。

(六)装卸搬运职能

配送中心的集货、理货、装货、加工都需要辅之以装卸搬运,有效的装卸能大大提高配送中心的水平。这是配送中心的基础性职能。

(七)送货职能

虽然送货过程已超出配送中心的范畴,但配送中心仍对送货工作指挥管理起决定性作用,送货属于配送中心的末端职能。配送运输中的难点是,如何组合形成最佳路线,如何使配装和路线有效搭配。

(八)情报职能

配送中心在干线物流与末端物流之间起衔接作用,这种衔接不但靠实物的配送,也靠情报信息的衔接。配送中心的情报活动是全物流系统中重要的一环。

第三节　配送中心规划

一、配送中心的规划原则

配送中心的规划就是根据现状和发展的预期,确定配送中心应如何分布,特定条件下其位置又应如何确定的问题。

配送中心的规划是一项带有战略性的决策。事实证明,配送中心一旦建成,其现实布局对它的经济活动将产生举足轻重的影响,国内外不乏先例。由于配送中心分布不合理,难以与用户进行有效的衔接，活动功能受到了很大的抑制乃至失败。

为了追求配送中心的合理分布，保证功效的充分发挥，在它未形成之前需要慎重规划。配送中心的布局受多方因素制约，是一项复杂的系统工程。解决这个问题应从以下分析原则入手，辅以相应的数学实证方法。

(一)动态的原则

影响配送中心的经济环境和相关因素处于时刻的变动之中，如交通条件的变化、价格因素的变化、用户数量的变化、用户需求的变化。布局选址时，首先应抛弃绝对化的观念，从动态原则出发，对这些动态因素予以充分考虑，使配送中心建立在详细分析现状和准确预期未来的基础上。同时，配送中心在规划设计时还要留有宽容度，以便能够在一定范围内适应数量、用户、价格等多方面的波动。否则，布局一旦实现，就可能出现不能满足配送要求或配送需求不足的被动情况。

(二)统筹的原则

配送中心的布局、层次、数量与生产力布局、消费布局等紧密相关，存在相互促进制约的关系。因此，设定合理的配送中心布局，必须从宏观微观两方面加以考虑，统筹兼顾，全面安排。

(三)竞争的原则

配送中心的业务活动贴近用户，服务性强，必须充分体现竞争原则。在市场机制中，配送服务竞争的强弱是由用户可选择性的宽窄范围决定的，为了扩大用户选择，配送中心的布局应体现多家竞争，即每一家配送中心只能占领局部市场，只能从局部市场的角度规划。如果忽略了这种市场机理的作用，单纯从路线最短、成本最低、速度最快等角度片面考虑，一旦布局形成，用户的选择就会被弱化，从而导致垄断的形成和配送服务质量的下降。

但体现竞争并不等于过度竞争，在市场容量有限的情况下，过多设置和布局配送中心可能会导致过度竞争和资源浪费。

(四)低运费原则

配送中心利用规划的、技术的方法，组织对用户的配送运输，低运费原则在成本收益分析中至关重要，成为竞争原则在运费方面的具体体现。

由于运费和运距有关，最低运费原则可以简化为最短距离问题，用数学方法求解，得出配送中心与预计供应点之间的最短理论距离或最短实际距离，以此作为配送中心布局的参考。但运费与运量也有关系，最短距离求解并不能说明抵达各供应点的运量，即使求解出最短距离，也不等于掌握了最低运费。因此，最低运费原则也可以转化为运量问题(吨或吨千米)，通过数学方法求解。在市场环境中，运量处于经常的波动之中，不像供应点位置那样固定不变，所以这种转化也只能作布局上的参考。

(五)交通原则

配送中心的内部活动依赖于该中心的设计及工艺装备，而配送中心的外部活动散布于中心周围相当广泛的一个辐射地区，需要依赖于交通条件。竞争原则、低运费原则的实现都和交通条件密切相关，通过交通条件最终实现。交通原则是配送中心布局的特殊原则。

交通原则的贯彻包括两方面：一是布局时要考虑现有交通条件；二是布局配送中心时，交通作为同时布局的内容之一。只布局配送中心而不布局交通，往往导致布局的失败。

二、物流分析是配送中心规划的前提

在规划一个配送中心之前，要对物流现况进行详尽的分析。

(一)普查物流的对象

例如，商品的包装形态(纸箱、木箱等)，商品的单件包装重量以及外形尺寸的最大值、最小值、平均值，商品根据每一品种的出库量、库存量分项进行ABC分析(以后的章节中我们会详细介绍各类方法在物流管理中的运用)。A类商品大多库存量较大，且收货、出货、配货均为以托盘为单位的连续作业和大量搬运，使用叉车最为有效，而保管时又在仓库内直接堆放；B类商品属于中批量商品，库存期比A长，须加强日期管理，先进先出，采用立体货架进行储存；C类商品一般库存仅数箱，为了确保保管效率，往往采用重力式货架最为合理。

(二)对配送中心的物流量进行分析和预测

配送中心规模的确定取决于物流量的大小，故调查必须抓住这个重点，包括物流量的最大值、最小值和平均值，查明年间、月间、日间的变化情况。在调查清楚物流量变化的基础上，要科学地分析和预测将来的物流量，它是配送中心设计的重要依据。预测内容通常包括从经营之日起，6年内物流量的逐年变化情况，如品种、数量、周转率，以及使物流量发生变化的各种因素。

(三)对物流量信息处理情况进行调查

要了解配送中心订货以及库存、分拣、配送等物流管理信息的处理，信息的网络形式，目前信息处理中存在的问题等。

(四)对配送中心作业的内容进行调查

作业内容包括验货的内容、所需时间、验货标准等，作业流程包括包装材料和种类、商品托盘堆码图谱、堆码方案、配货方法、配货量、作业表、分拣的到站数、分拣量以及分拣后的处理(装托盘、笼车等)。

(五)考察入出货的条件

考察入出库的条件，主要包括供货商、供货车辆(吨数、每天车辆数次)、配送量，品种的最大值、平均值，配送要求(紧急发货量所占百分比)等。

(六)对商品的保管形态进行研究

特别是设计高层货架以及自动化立体仓库时，必须事先确定托盘上商品的堆垛尺寸(长、宽、高)等。而确定最佳货架尺寸时必须考虑影响货架尺寸的直接因素和间接因素。在此基础上研究货架的空间处理率、搬动的次数、运输的手段等。如选择托盘最佳尺寸时应从以下6个方面进行考查：

(1)装载效率。根据每种商品的形态、尺寸研究用怎样的托盘尺寸(平面尺寸、高度)效率最高。

(2)入出库的批数。入库(包括生产批数)、出库存批数及其大小。

(3)运输条件。从工厂来卡车及配送车辆的装载运输效率。

(4)防止商品倒塌的措施。

(5)操作条件。如根据配货等作业的要求设定高度和大小的限制。

(6)已有托盘的尺寸和数量。研究如何有效利用。

(七)规划配送中心总物流量流程图

这是在对物流过程中的上述1～6项进行充分调研后，得到的物流分析成果。在对配送中心进行了各项数据的调查和分析后，即可进入下一个阶段，即对建设配送中心的立项。

三、配送中心总体规模的确定

配送中心的总体设计是在物流系统设计的基础上进行的。由于配送中心具有收货验货、库存保管、拣选分拣、流通加工、信息处理以及采购组织货源等多种功能，配送中心的规划首先要确定总体的规模。规划时，要根据物流量、作业量、占地等要求确定总体规模。

(一)预测物流量

物流量预测包括历年业务经营的大量原始数据分析，及根据企业未来发展的规划和目标进行的预测。在确定配送中心的能力时，要考虑商品的库存周转率、最大库存水平。通常以备齐商品的品种作为前提，根据商品数量的ABC分析，做到A类商品备齐率为100%，B类商品为95%，C类商品为90%，由此来研究、确定配送中心的平均储存量和最大储存量。

(二)确定单位面积的作业量定额

根据规范和经验，可确定单位面积的作业量定额，从而确定各项物流活动所需的作业场所面积。例如，储存型仓库比流通型仓库的保管效率高，即使使用叉车托盘作业，储存型仓库的走支道面积也只占仓库面积的30%以下，而流通型仓库往往要占到50%。同时，应避免一味追求储存率高，而造成理货场堵塞、作业混杂等现象，以及无法达到配送中心要求周转快、出货迅速的目标。

(三)确定配送中心的占地面积

一般来说，辅助生产建筑的面积SF为配送中心建筑面积SDc的5%～8%；另外还得考虑办公、生活用建筑面积SB为配送中心的5%左右。于是，配送中心总的建筑面积便可大体确定。再根据城市规划部门对建筑覆盖率D和建筑容积率FAR的规定，可基本上估算出配送中心的占地面积。

四、配送中心内部布局

配送中心的规划，要求具有装卸、搬运、保管等与产品活动完全适应的作业性质和功能，同时还必须满足易于管理，提高经济效益，对作业量的变化和商品形状变化能灵活适应等要求。

(一)商品数量分析

首先要对不同品种商品数量进行分析。制订配送中心设计规划时，“以何种产品，多大的作业量为对象”是确定实施计划的前提条件。为此，通常按照如下顺序分析：

(1)对商品的类别，按照商品出、入库的顺序进行调整，同时还按照类似的货物流加以分组；

(2)确定不同种类商品的作业量；

(3)以作业量的大小顺序做坐标图，图中横轴为种类，纵轴为数量。根据曲线图分析：曲线斜度大的区间商品品种少，数量大，是流通快的商品群；曲线倾斜缓慢的区间为商品品种多，数量少，是流通慢的商品群。

(二)进行物流分析

按照全面分析的作业量和出、入库次数等资料分析,编制产品流程的基本计划。也就是按照作业设施的不同,表示流程路线图,同时计入货物数量比率。

(三)进行设施的关联性分析

在制订计划时,把作为设计对象的设施及评价项目总称为业务活动。所以,业务活动除了建筑物内的收货场所、保管对象、流通加工场所及配送场所等设施外,还包括事务所、土地利用情况及道路等。这些设施中,关联密切的设施应相互靠近进行配置。

关于业务活动分析的顺序如下:

(1)列举必要的设施。除了正门、事务所、绿化地、杂品仓库、退货处理场所、福利保健场所等外,还有配送中心的建筑物及其具体的各项内部设施,都要列举出来。

(2)业务活动相互关系表。对上述各项业务活动,应作靠近性分析。所谓靠近性分析是指不仅要研究产品的流程,还要研究作业人员的管理范围,以及卡车的出入和货物装卸系统等,从不同角度进行合理性的判断。

(3)业务活动线路图。关于各个业务活动相互位置的关系,根据前项评价的结果进行一般的设计。

(四)设施面积的确定

按照上述方法确定出设施关联方案后,再计算这些设施需要的面积。其面积是按照作业量计算的,根据经验确定的单位面积作业量为:

(1)保管设施(库存剩余货物量):1 吨/平方米;

(2)处理货物的其他设施:0.2 吨/平方米。

上述设计顺序,是确定配置方案的主要因素以及可能数据化的合理设计方法。还要根据装卸路线、保管场所、剩余面积、人员配置、经济效益等条件加以详细的研究、设计。另外,配送中心的作业,不可能像在工厂的作业过程那样划分,往往一些设施是兼用的,只用理论方法无法解决所有问题。所以,在采用科学方法确定设计方案的同时,还要听取现场工作人员的意见,根据实际情况研究、修正后,才能确定出最优的设计方案。

五、配送中心内车流的布置

配送中心的车流量很大。一个日处理量达 10 万箱商品的配送中心,每天的车流量达 250 辆次;而实际上送货、发货的车辆,大多集中在几个时间带(即高峰时间);如日本东京流通中心是一个超大型配送中心,其日车流量达 8000 辆次。因此,道路、停车场地及车辆运行线路的设计显得尤为重要。可以说,配送中心总体设计的成败,很大程度上取决于车流规划的合理与否。配送中心的设计必须包括“车辆行驶线路图”。

为了保证配送中心内车辆行驶秩序井然,一般采用“单向行使、分门出入”的原则。不少配送中心还规定了大型卡车、中型卡车、乘用小车的出入口以及车辆行驶线路。配送中心内部的车道必须是继承环状,不应出现尽端式回车场,并结合消防道路布置。

配送中心的主要道路宽度较大,通常为 4 车道,甚至 6 车道;考虑到大型卡车、集装箱车进出,最小转弯半径不小于 15 米;车道均为高级沥青路面,并标有白色界线、方向、速度等标记。

【本章小结】

本章从配送的概念入手,介绍了配送的分类和作用,同时也介绍了配送中心的含义、分类、职能及其规划的有关内容。通过本章学习,使学生了解配送水平对经济发展的重要性,掌握配送与配送中心概念、种类及职能,理解配送中心的规划。

【习题】

一、单项选择题

1. 商店配送是按照实施配送的(　　)不同对配送进行分类的。
   A. 配送时间　　B. 配送商品的种类
   C. 结点　　D. 配送数量的多少
2. 以较强的辐射能力和库存准备,向相当广大的一个区域进行配送的配送中心属于(　　)类型的配送中心。
   A. 专业配送中心　　B. 柔性配送中心
   C. 城市配送中心　　D. 大区域型配送中心
3. 分拣职能和(　　)是作为配送中心不同于其他物流组织的独特职能。
   A. 集货职能　　B. 储存职能　　C. 配货职能　　D. 装卸搬运职能
4. 代存代供配送是按照(　　)不同对配送进行分类的。
   A. 加工程度　　B. 经营形式
   C. 配送企业专业化程度　　D. 配送商品的种类
5. 基本上没有长期储存功能,仅以暂存或随时进随时出的方式进行配货、送货的配送中心是属于下列哪类配送中心?(　　)
   A. 专业配送中心　　B. 流通型配送中心
   C. 城市配送中心　　D. 大区域型配送中心
6. 配送中心配送是按照实施配送的(　　)不同对配送进行分类的。
   A. 结点　　B. 配送商品的种类
   C. 配送时间　　D. 配送数量的多少
7. 为大型联营超级市场组织供应的配送中心、代替零件加工厂送货的零件配送中心是属于(　　)配送中心。
   A. 专业　　B. 柔性　　C. 供应　　D. 销售
8. 下列配送中心中(　　)是按功能角度来分类的。
   A. 零售商型配送中心　　B. 批发商型配送中心
   C. 加工配送中心　　D. 化妆品配送中心
9. 配送具有(　　)的特征。
   A. 商流和物流的合一　　B. 物流与商流的分离
   C. 纯粹是送货　　D. 纯粹储存
10. 杭州娃哈哈集团给市内各饮用水供应点配送饮用水,此种配送形式称为(　　)。
   A. 共同配送　　B. 定量配送
   C. 定时配送　　D. 生产企业配送

11. 配送中心总体设计的成败因素取决于(　　)的合理与否。
A. 内部布局　　B. 总物流量流程图
C. 作业定额量　　D. 车流规划

12. 配送中心的核心职能是(　　)。
A. 集货职能　　B. 储存职能
C. 分拣、配货职能　　D. 情报职能

13. 销售—供应一体化配送是按照(　　)不同对配送进行分类的。
A. 经营形式　　B. 加工程度
C. 配送企业专业化程度　　D. 配送商品的种类

14. 流通企业作为本身经营的一种方式,建立配送中心以扩大销售。这种类型是属于(　　)。
A. 专业配送中心　　B. 柔性配送中心
C. 供应配送中心　　D. 销售配送中心

15. 被认为具有生产地方性较强的产品配送是(　　)。
A. 配送中心配送　B. 仓库配送　　C. 商店配送　　D. 生产企业配送

16. 哪一类配送中心一般没有长期储存功能,货物在此只做少许停滞?(　　)
A. 储存型配送中心　　B. 大区域配送中心
C. 流通型配送中心　　D. 城市配送中心

17. (　　)几乎包括了所有的物流功能要素,是物流在小范围内全部活动的体现。
A. 运输　　B. 配送　　C. 送货　　D. 储存

18. 杭州中萃可口可乐公司给市内各商店配送可口可乐,此种配送形式称为(　　)。
A. 共同配送　　B. 定量配送　　C. 定时配送　　D. 生产企业配送

19. 完全按用户提出的时间和数量随即进行配送的配送方式是(　　)。
A. 即时配送　　B. 定时配送　　C. 定量配送　　D. 定时定路线配送

二、多项选择题

1. 配送中心的规划要受多种因素制约,下列(　　　)是规划时要考虑的一些基本原则。
A. 动态的原则　　B. 统筹的原则　　C. 竞争的原则
D. 低运费原则　　E. 交通原则

2. 配送具有以下一些特征:(　　　)。
A. 配送对资源的优化配置有着重要作用
B. 配送就是送货
C. 配送是配与送的有机结合形式
D. 配送是以用户要求为出发点的活动
E. 配送处于供应链的上游

3. 配送中心的职能有(　　　)。
A. 集货职能　　B. 倒装分装职能　　C. 送货职能
D. 情报职能　　E. 储存职能

4. 配送中心不同于其他物流组织的独特职能是(　　　)。

A. 集货职能　　B. 储存职能　　C. 分拣职能

D. 配货职能　　E. 情报职能

5. 配送中心内部布局要进行(　　　　)。

A. 商品数量分析　　B. 物流分析　　C. 设施的关联性分析

D. 交通流量的分析　　E. 设施面积的确定

三、判断题

1. 配送中心的总体设计是在物流系统设计的基础上进行的。(　　)
2. 配送是物流的一个缩影或在特定范围内物流全部活动的体现。(　　)
3. 流通加工只便于流通,不增加物流商品价值。(　　)
4. "以何种产品,多大的作业量为对象"是确定配送中心内部布局计划的前提条件。(　　)
5. 由于配送业务可实现生产企业的"零库存",因此今后的发展可以做到消灭库存。(　　)
6. 需要量大、品种单一或少品种的生产企业适用于多品种少批量配送。(　　)

四、名词解释

1. 配送中心
2. 共同配送
3. 集疏配送

五、简答题

1. 配送有何作用?
2. 配送中心的类型有哪些?
3. 简述配送中心的职能。

六、案例分析题

1. 大田集团是拥有2006年度"中国物流民营企业100强"、"中国物流行业十大影响力品牌"、"中国最具竞争力物流企业50强"等诸多荣誉的企业,于2007年3月1日,随着大田集团向联邦快递出让快递业务,标志着大田集团将拉开自己第三次创业的序幕。

大田集团在全国各主要城市分布有12个综合物流配送中心,50个配送站点,22个国际货运代理公司,7个保税和监管仓库,构筑起完善的物流网络平台。大田集团在物流配送网络建设和VMI仓储业务上实现了重大突破,成功地为世界知名企业提供一站式的整体物流解决方案和专业化的优质服务。

大田配送业务,利用日趋完善的国内陆路运输网络和先进的信息化系统,服务于需要快速回应、准时分拨的高附加值产品或商品运输的客户。配合企业供应链整合的需求,为客户提供包括运输、仓储及其他增值服务在内的供应链管理方案并实施。

• 大田集团主要配送服务内容:

(1)以集散、核心站、营业点等不同等级的国内服务网络,实现覆盖全国350个主要地区与城镇的服务范围。

(2)国内公路、铁路、水路与航空运输为一体的多式联运。

(3)开设区域班车运输服务。

(4)利用支干线运输完成普通和快速货运(整车、零担、包裹)。

(5)先进的物流信息服务平台,提供网上订单、货物追踪与查询、结算等功能。

(6)项目组为大客户提供量身订制的贴身服务。

(7)为实现货物配送所提供的普通仓储服务,并可提供 WMS 系统支持及其他增值服务。

(8)配合集团国际货运与仓储系统为客户提供整体物流解决方案与规划。

- 大田集团配送业务流程:

大田提供的所有服务及操作环节将以标准操作流程(SOP)方式由客户确认后在内部执行,其中包括:订单处理、货运计划、货品发送/跟踪、货品装载、货品运输(配送)、送货上门、返程运输、产品包装与包装质量控制、不良品管理、运输应急事件处理、绩效指标、项目组管理、货物动态追踪管理、货物状态动态查询、货物缺失管理、结算。

问题:

(1)大田集团配送服务有何特点?

(2)大田集团第三次创业指的是什么? 成功的关键在于什么?

2. 日本世界物流中心株式会社成立于 1991 年 4 月,资本额 24 亿日元,占地 92870 平方米,地下一层,地上五层。该中心配有载货电梯 23 台,垂直输送机 46 台,油压升降台 169 台,垂直升降平台 23 台。进出货月台设在一楼的前后,货物的上下是利用电梯和垂直输送机的搬运方式,而不是采用卡车上下各楼层的方式。该物流中心的主要功能是处理商品的进出货、装卸、拣货、配送、流通加工、储存保管、库存管理、品质管理等,是一大型综合物流中心。

世界物流中心位于东京港,邻接大型货柜站群(大井货柜场及青海货柜场),是世界主要港口及货柜商船的主要航路。中心离著名的成田机场只有 70 千米,从中心到首都高速路只要数分钟,到东京市中心只要 10 分钟就可以到达。世界物流中心在几分钟内可以到达湾岸道路,同时与日本全国高速公路网连接,且接近铁路货运站。

世界物流中心连接的腹地——东京都圈,是世界最大规模的经济活动地区,在 100 千米半径内有日本人口的 1/4,约 3000 多万人在此生活,是世界最大的消费地区。

问题:

(1)在规划世界物流中心的总体规模时,要确定哪些最基本的量?

(2)从世界物流中心的内部结构和其腹地的特点来看,该中心主要从事哪类商品的流转?

(3)物流中心在内部的布局上主要有哪些要求?

第七章 配送中心管理

【学习目标】

通过本章学习，使学生了解配送中心进货作业、出货作业、配货作业，掌握检验商品条形码、点验作业，配货作业方法及车辆排程系统的灵活应用。

【引例】

上海宝井钢材加工配送中心

上海宝井钢材加工配送有限公司（以下简称上海宝井）是采用国际标准进行金属材料的加工、配送及管理服务的合资企业，由上海宝钢国际经济贸易有限公司与日本三井物产株式会社共同投资，公司兼具钢厂与国际商社强大的资源、技术、物流、信息服务等支持背景。上海宝井位于上海市的浦东新区，公司本部及其投资控股的加工中心网络将运用现代化的技术为国内外的金属材料用户提供全新的供应模式与高质量的服务标准。

上海宝井以“服务创造价值”的核心理念，强调通过钢材加工配送的增值服务为用户创造最大的价值。公司确定如下质量方针，并在整个体系内贯彻执行：一次做对、提供精确服务；高效及时、追求配送价值；持续改进、超越用户要求优化管理；达到行业一流、让用户享受

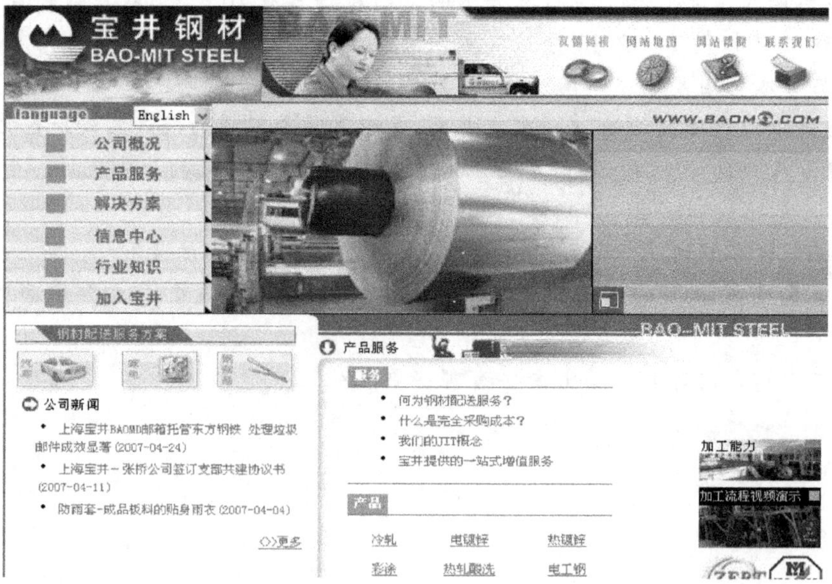

图 7-1 上海宝井钢材配送中心

资料来源：上海宝井钢材配送中心，http://www.baomd.com/baojing/default.jsp。

省时、省心、省力、省钱的钢材消费服务。

上海宝井服务流程：

(1)配送业务流程：用户供货内容及方式评审→宝井报价→用户确认→订合同或签订配送协议→订货/采购→加工→送货→结算。

(2)来料加工业务流程：加工评审→宝井报价→用户确认→订合同→加工→付款提货。

(3)仓储物流服务：询价→报价→仓储合同→实物检验入库→仓储保管→收款→发货。

【思考】

1.上海宝井钢材加工配送平台有何特点？

2.上海宝井钢材加工配送的优势在哪？

第一节　进货作业

配送中心是专门从事货物配送活动的经济组织。换个角度说，它又是集加工、理货、送货等多种职能于一体的物流据点。又可以说配送中心是集货中心、分货中心、加工中心功能之综合。具体说，配送中心有储存功能、分拣功能、集散功能、衔接功能、加工功能等几种功能。

进货作业是实现商品配送的前置工作，而商业配送中心的收货工作，更涉及商品所有权的转移，商品一旦收下，配送中心将承担商品完好的全部责任。因此，进货作业的质量至关重要。通常，进货作业的内容包括：从送货车上将货物卸下，并核对该货物的数量及状态(数量检查、质量检查、开箱等)，然后将必要信息给予书面化等。

配送中心的收货环节是商品从生产领域向消费领域转移过程中进入流通领域的第一步。基本的环节包括商品从货运卡上卸货、点数、分类、验收，并搬运到配送中心的储存地点。具体操作如下所述。

一、卸货作业

配送中心卸货一般在收货站台上进行。送货方到指定地点卸货，并将抽样商品、送货凭证、增值税发票交验；卸货方式通常有人工卸货、输货机卸货和码托盘叉车卸货三种。

二、检验商品条形码、点验作业

(一)收货验收的目的

收货检验是商业物流工作中的一个重要环节。验收的目的是保证商品能及时、准确、安全地发运到目的地。供应商送来的商品来自各工厂和仓库，在送货过程中相互有个交接关系，验收的目的之一在于与送货单位分清责任；其次在商品运输过程中，因种种原因，可能造成商品溢缺、损坏，包括从件溢缺，更应供需双方当面查点交接，分清责任。

(二)收货检验的内容

收货检验是一项细致复杂的工作，一定要仔细核对，才能做到准确无误。从目前实际情况来看，有两种核对方法，即“三核对”和全核对。

“三核对”即核对商品条形码(或物流条形码)，核对商品的件数，核对商品包装上的品名、规格、细数。只有做到这“三核对”，才能达到品类相符、件数准确。由于用托盘收货时，要做到“三核对”有一定难度，故收货时采取边收边验的方法，才能保证“三核对”的执行。有的商品即使进行了“三核对”后，仍会产生一些规格和等级上的差错，如品种繁多的小商品，对这类商品则要采取全核对的方法，要以单对货，核对所有项目即品名、规格、颜色、等级、标准等，才能保证单货相符，准确无误。

(三)收货前的准备工作

在配送中心的商品集中待运过程中，往往情况变化很多，有时大量集中到达，有时零星分散到达，收货人员必须根据情况做好各项准备工作，才能保证现场作业顺利进行。收货前的准备工作一般有：

供应商的送货预报在计算机终端(如手掌机)内输入这些商品的条形码以及本日到货的所有预报信息。送货人员要根据各种不同的来货方式，摸清送货规律和利用预报资源以及能够掌握到的资料，安排好足够空间的收货场地和叉车等搬运机械，使到达的商品能及时卸车堆放。

备好收货所需的空托盘，让商品直接卸在托盘上。

预备好有关用具，避免临时忙乱。一般应准备好收货回单图章、存放单据盒(或夹子)、物流条形码(或粉笔)以及包装加固的材料工具等。

(四)商品验收的要求和方法

商品验收是交接双方划分责任的界限，要实现把完好的商品收进来，通过配送再把完好的商品送给门店(或客户)，必须要经过商品条形码标识、数量、质量、包装四个方面的验收。

1.商品条形码验收

在作业时要抓住以下两个关键：一是检验该商品是否是在送货预报的商品；二是验收该商品的条形码与商品数据库内已登录的资料是否相符。

2.数量验收

由于配送中心的收货工作非常繁忙，通常会几辆卡车接连到达，逐车验收很费时间，而送货卡车又不愿久等，所以一般采取“先卸后验”的办法，即由卡车送货人员按不同的商品分别码托盘；收货员接过随货同行单据，并用移动式计算机终端(如手掌机)查阅核对实送数量与预报数量是否相符。几辆卡车同时卸车，先卸毕的先验收，交叉进行，既可节省人力，又可加快验收速度；既便于点验，又有利于防止出现差错。

对易碎流质商品，在卸车时，应采取“边卸边验”的方式，采取“听声响、看异状”等手段，以便发现问题、分清责任，这样既完成了数量验收又可附带完成质量验收。

从“数量”两个字的含义来说，除了验收大件外，还需验收“细数”以及散装、畸形、零星等各种商品。细数是指商品包装内部的数量，即商品价格计算的单位，如“双”、“条”、“支”、“瓶”、“根”的数量就统称为细数。

数量验收在单据与货物核对时还有一种叫“规格验收”，它是包含在数量验收范畴内的，例如商品包装上的品名、规格、数量。例如，洗衣粉核对牌名，同牌名不同规格的还要核对每小包的克数，以及包装的区别。

3. 质量验收

由于交接时间短促和现场码盘等条件的限制，在收货点验时，一般只能用“看”、“闻”、“听”、“摇”、“摸”等感官检验方法，检查范围也只是包装外表。

在验收流汁商品时，应检查包装箱外表收货有无污渍（包括干渍和湿渍），若有污渍，必须拆箱检查并调换包装。

在验收玻璃制品（包括部分是玻璃制作的制品）时，要件件摇动或倾倒细听声响，这种验收方法是使用“听”的方法，经摇动发现破碎声响，应当场拆箱检查破碎细数和程度，以明确交接责任。

在验收香水、花露水等商品时，除了“听声响”外，还可以在箱子封口处“闻”一下，如果闻到香气刺鼻，可以判定内部商品有异状。即使开箱检查内部没有破碎，也至少是瓶盖密封不严，若经过较长时间储存或运输中的震动，香水、花露水等流汁商品肯定会外溢损耗。

在验收针棉织品等怕湿商品时，要注意包装外表有无水渍。

在验收标有有效期的商品时，必须严格注意商品的出厂日期，并按照连锁超市公司的规定把关，防止商品失效和变质。

4. 包装验收

包装验收的目的是为了保证商品在运行途中的安全。物流包装一般在正常的保管、装卸和运送中，经得起颠簸、挤轧、摩擦、叠压、污染等影响。在包装验收时，应具体检查纸箱是否破裂、箱盖（底）摇板是否粘牢、纸箱内包装或商品是否外露、纸箱是否受过潮湿。

三、商品堆垛的要求

商品的堆垛一定要从保证商品安全和适应点验、复查出发，规范化操作。在商品码托盘时应注意，商品标志必须朝上，商品摆放不超过托盘的宽度，商品每板高度不得超过规定高度，商品重量不得超过托盘规定的载重量。托盘上的商品尽量堆放平稳，便于上高叠放。每盘商品件数必须标明，上端用“行李松紧带”捆扎牢固，防止跌落。

四、收货操作程序和要求

(1)当供应商送货卡车停靠收货站台时，收货员“接单”，对于没有预报的商品需办理有关手续后方可收货。

(2)货品核对验收。验收商品条形码、件数、质量、包装等。

(3)在核对单（包括预报）货相符的基础上签盖回单和在收货基础联上盖章并签注日期；对于一份送货单分批送货的商品，应将每批收货件数记入收货检查联，待整份单据的商品件数收齐后，方可签盖回单给送货车辆带回；对于使用分运单回单制度的单位，除分批验收签盖回单外，货收齐后可签盖总回单。

(4)在货堆齐后，每一托盘标明件数，并标明这批商品的总件数，以便与保管员核对交接。在送货操作过程中，为了做到单货相符、不出差错，在送货与复核之间最好要求两人进行。

(5)收货检查在商品配送工作中具有相当重要的地位，所以要求每一个收货员在工作中一定要做到忙而不乱、认真核对；一定要做到眼快手勤，机动灵活地选择验收方法；一定要熟悉商品知识；一定要一丝不苟地检验，发现商品件数不符，必须查明原因，按照实际情况纠正差错，决不含糊。

总之，收货员必须严格按照岗位责任制进行操作。

第二节　出货作业

将拣取分类好的货品做好出货检查，装入妥当的容器，做好标记，根据车辆调度安排的趟次等，将物品搬运到出货待运区，最后装车配送。这一连串的物流活动就是出货作业的内容。

一、分　拣

拣货作业完成后，再将物品按照不同的客户或不同的配送路线做分类工作，就称之为"分货"，又称为"分拣"。分拣作业一般在理货场地进行，它的任务是将发给同一客户（如商场）的各种物品汇集在一处，以待发运。

分拣的操作方式大致上可分人工分拣和自动化分拣两种。

（一）人工分拣

它是用人工以手推车为辅助工具，将被分拣商品分送到指定的场所堆放待运。批量较大的商品则用叉托盘作业。目前我国的仓库、配送中心基本上都采用人工分拣。其优点是机动灵活，不需复杂、昂贵的设备，不受商品包装等条件的制约；缺点是速度慢、工作效率低、易出差错，只适用于分拣量小、分拣单位少的场合。因此，人工分拣作业的复核工作是非常重要的，通常是由计算机系统打印仓间配货明细表，供理货员根据各门店配货数进行复核，并打印配送汇总表（配送中心内勤与运输车队之间的交接汇总单）。

（二）自动化分拣

随着消费者"多品种、少批量"消费需求的日趋强烈，配送中心商品分拣和拆零拣选作业量越来越大，分拣作业已成为物流配送中心的一个重要作业环节。例如，一个配送中心的日分拣量超过 5 万，一次分拣的客户数超过 100 个的情况已很常见时，对服务质量的要求也越来越高，人工分拣根本无法满足大规模配送的要求。如何大幅度提高分拣作业的效率和质量，已成为配送中心的一种核心竞争能力。

科学技术的进步日新月异，激光扫描、计算机控制和条形码等高新技术导入物流领域，使自动分拣技术向高速、高准确率和低分拣成本方向发展。目前，国外许多大中型配送中心都广泛地使用自动分拣机进行分拣。自动分拣系统具有以下优点：提高单位时间内的商品处理量（大于人工作业）；降低分货的差错率（通常自动分拣系统的分拣错误率在万分之零点几，这是人工所无法比拟的）；自动分拣机成倍地缩短了分拣作业的前置时间，降低了物流成本，同时解决了劳动力不足的问题，把配送中心人员从繁重的分货作业中解放出来。

自动分拣系统类型众多，但其主要组成部分基本相仿。自动分拣系统大体上由收货输送机、分拣指令设定装置、合流输送机、送喂料输送机、分拣传送装置及分拣机构、分拣卸货道、计算机控制器等 7 个部分组成。

1. 收货输送机

卡车送来的货物，放在收货输送机上，经检查验货后，送入分拣系统。

为了满足物流中心吞吐量大的要求，提高自动分拣机的分拣量，往往采用多条输送带组成的收货输送机系统，以供几辆、几十辆乃至百余辆卡车同时卸货。这些输送机多是由辊柱式或胶带式输送机组成。例如，连锁零售业的配送中心分配商品为主，收货系统大多由几条辊柱式输送机组成。而在货物集散中心，往往沿卸货站台设置胶带输送机，待验货后，放在输送机上进入分拣系统。

值得一提的是，有些配送中心使用了伸缩式输送机，它能利用该输送机伸入卡车车厢内的那部分长度，从而大大减轻卡车工人搬运作业的劳动强度。

2. 分拣指令设定装置

自动分拣机上移动的货物向哪个道口分拣，通常在待分拣的货物上贴上标有到达目的地标记的标签，或在包装箱上写上收货方的代号，并在进入分拣机前，先由信号设定装置把分拣信息(加配送目的地、客户户名等)输入计算机中央控制器。在自动分拣系统中，分拣信息转变成分拣指令的设定方式有以下几种：

(1)人工键盘输入。由操作者一边看着货物包装上粘贴的标签或书写的号码，一边在键盘上将此号码输入。一般键盘为十码键(Tenkey)，键盘上有 0 到 9 数字键和重复键、修正键等。键盘输入方式的操作简单、费用低、限制条件少，但操作员必须注意力集中，劳动强度大，易出差错(看错、键错，据国外研究资料统计，差错率为 1/300)，而且键入的速度一般只能达到 1000～1500 件/小时。

(2)声控方式。需将操作人员的声音预先输入控制器电脑中，当货物经过设定装置时，操作员将包装箱上的标签号码依次读出，计算机接受声音并转为分拣信息，发出指令，传送到分拣系统的各执行机构。

声音输入法与键盘输入法相比速度要快些，可达 3000～4000 件/小时，并可“手口并用”。但由于需事先储存操作人员的声音，当操作人员偶尔因咳嗽声嘶等，就会发生差错。据国外物流企业实际使用情况来看，声音输入法效果不理想。

(3)利用激光自动阅读物流条码。被拣商品包装上贴(印)代表物流信息的条码，在输送带上通过激光扫描器(Laser Scanner)识别条码上的分拣信息，输送给控制器。由于激光扫描器的扫描速度极快，达 100～120 次/秒，来回对条形码扫描，故能将输送机上高速移动货物上的条形码正确读出。

激光扫描条形码方式费用较高，商品需要物流条码配合，但输入速度快，可与输送带的速度同步，达 5000 件/小时以上，差错率极小，规模较大的配送中心都采用这种方式。

(4)计算机程序控制。根据各客户需要商品和数量，预先编好合计程序，把全部分拣信息一次性输入计算机，控制器即按程序执行。计算机程序控制是最先进的方式，它需要与条形码技术结合使用，而且还须置于整个企业计算机经营管理系统之中。一些大型的现代化配送中心把各个客户的订货单一次输入计算机，在计算机的集中控制下，商品货箱从货架被拣选取下，在输送带上由条码喷印条码，然后进入分拣系统，全部配货过程实现自动化。

3. 合流输送机

大规模的分拣系统因分拣数量较大，往往由 2～3 条传送带输入被拣商品，它们在分别经过各自的分拣信号设定装置后，必须经过由辊柱式输送机组成的合流装置，它能让至汇合处的货物依次通过。通常 A、B、C 三条输送机上的商品，经过合流汇交由计算机“合流程序控制器”按照谁先到达谁先走的原则进行控制，若同时到达按 A—B—C 的程序先后走的原则进行控制。

4. 送喂料输送机

货物在进入分拣机之前，先经过送喂料机构。它有两个作用：一是依靠光电管的作用，使前、后两货物之间保持一定的间距（最小为 250 毫米），均衡地进入分拣传送带；二是使货物逐渐加速到分拣机主输送机。其中，第一阶段输送机是间歇运转的，它的作用是保证货物上分拣机时满足货物间的最小间距。由于该段输送机传送速度一般为 35 米/分左右，而分拣机传送速度的驱动均采用直流电动机无级调速。由速度传感器将输送机的实际带速反馈到控制器，进行随机调整，保证货物在第三段输送机上的速度与分拣输送机完全一致。这是自动分拣机成败的关键之一。

5. 分拣传送装置及分拣机构

分拣传送装置及分拣机构是自动分拣机的主体，包括两个部分：货物传送装置和分拣机构。前者的作用是把被拣货物到设定的分拣道口位置；后者的作用是把被拣货物推入分拣道口。各种类型的分拣机，其主要区别就在于采用不同的传送工具（例如，钢带输送机、胶带输送机、托盘输送机、辐柱输送机等）和不同的分拣机构（例如，推出器、浮出式导轮转向器、倾盘输送机、辐柱输送机等）。

上述的传送装置均设带速反锁器，以保持带速恒定。

6. 分拣卸货道口

分拣卸货道口是用来接纳由分拣机构送来的被拣货物的装置，它的形式各种各样，主要取决于分拣方式和场地空间。一般采用斜滑道，其上部接口设置动力辊道，把被拣商品“拉”入斜滑道。

斜滑道可看作是暂存未被取走货物的场所。当滑道满载时，由光电管控制，阻止分拣货物再进入分拣道口。此时，该分拣道口上的“满载指示灯”会闪烁发光，通知操作人员赶快取滑道上的货物，消除积压现象。一般分拣系统还设专用道口，以汇集“无法分拣”和因“满载”无法进入设定分拣道口的货物，以作另行处理。有些自动分拣系统使用的分拣斜滑道在不使用时可以向上吊起，以便充分利用分拣场地。

7. 计算机控制系统

计算机控制系统是向分拣机整个执行机构传送分拣信息，并控制整个分拣系统的指挥中心。自动分拣的实施主要靠控制系统分拣信号传送到相应的分拣道口中，并指示启动分拣装置，把被拣商品推入道口。分拣机控制方式通常用脉冲信号跟踪法。

送入分拣运输机的货物，经过跟踪定时检测器，并根据控制箱存储器的记忆，计算出到达分拣道口的距离及相应的脉冲数。当被拣货物在输送机上移动时，安装在该输送机轴上的脉冲信号发生器产生脉冲信号并计数。当数到与控制箱算出的脉冲数相同时，立即输出启动信号，使分拣机构动作，货物被迫改变移动方向，滑入相应的分拣道口。

二、出货检查

出货检查作业包括把拣取的物品依照客户、车次对象等按出货单逐一核对货品的品项及数量。同时，还必须核查货品的包装与质量。出货检查最常用的做法是纯人工进行，也就是将货品一个个点数，并逐一核对出货单，再进而查验出货货品的质量及包装状况。以质量与包装的检验而言，纯人工方式逐项或抽样检查的确有其必要性，但对于货品的品项和数量的核对，需耗用大量的时间和人力，而且差错仍在所难免，因此作业的效率经常是大问题。

如今，在现代化的配送中心里，对出货的品项和数量的核对检查已有不少新的突破。此处介绍利用物品条形码的检查方法，以供参考。

此方法最大的原则是要导入条码，让条码跟着货品跑。当进行出货检查时，只需将拣出货品的条码用扫描器读出，电脑便自动将出货资料与出货单对照，以此来检查是否有数量或品项上的差异。

第三节　配货作业

一、配货作业基本流程

配货作业是指把拣取分类完成的货品经过配货检验过程后，装入容器和做好标识，再运到配货准备区，待装车后发送。其作业流程如图 7-2 所示。

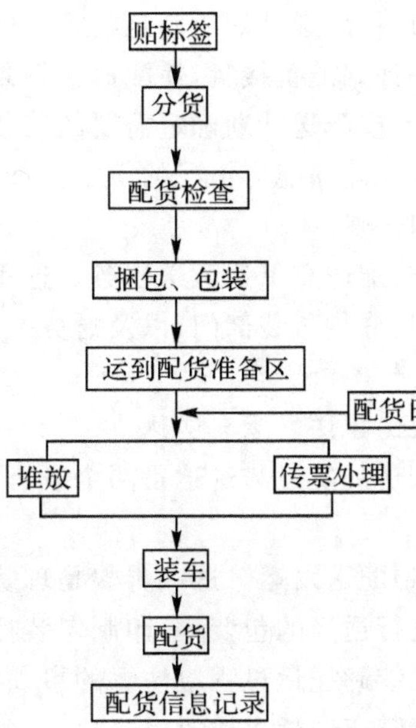

图 7-2　配货作业流程

二、配货作业方法

配送作业是将储存的货物按发货要求分拣出来，放到发货物所指定位置的作业活动的总称。配货作业可以采用机械化、半机械化或人工作业，常采取“摘果方式”或“播种方式”完成配货作业。

(1)摘果方式。摘果方式又称挑选方式，它是用托运车辆巡回一次完成一次配货作业。一般情况下，这种方式适宜于不易移动或用户需要货物品种多而数量较小的情况。

(2)播种方式。播种方式是将需要配送数量较多的同种货物集中托运到发货场所，然后将每一用户所需要的数量取出，分放到每项货位处，直至配货完毕的过程。这种方式适宜于较容易移动的货物，即储存货物的灵活性较强，以及需要量较大的货物。

三、组织配送的工作步骤

为了发挥配送的作用，实现配送效益，配送工作包括拟订配送计划，下达配送计划并组织实施配送发运与送达等工作。

(一)拟订配送计划

从物流的观点来看，配送几乎包括了物流的全部活动；从整个流通过程来讲，它又是物流与商流、信息流的统一体。因此,配送计划的制订是按市场信息为导向、商流为前提、物流为基础的基本思想,这就是说要以商流信息为主要依据来制订配送计划,并且还要具体考虑以下条件:

(1)商流所处的角度,订货合同所提供的信息是制订配送计划的重要依据。订货合同包括用户的送达地、接货人、接货方式的要求,以及用户订货的品种、规格、数量、送货时间和其他送接货的要求等。

(2)研究分析所需配送的各种货物的性能、运输条件,并在考虑需求数量的条件下,确定运输方式及相应的运载工具等。

(3)根据交通条件、道路等级,以及运载设备、工具等条件,研究分析并制订运力配置计划,这对充分发挥运载设备、工具效率起着重要作用。

(4)各配送点的运力与货物的资源情况,包括货物的品种、规格、数量等。

在考虑上述条件下,编制按用户所在地点和所需要的货物的品种、规格、数量,以及时间和其他要求的配送计划。

(二)下达配送计划并组织实施

配送计划确定后,按照计划的职能,组织实施。

(1)将配送计划所确定的到货时间以及到货品种、规格、数量通知用户和配送点,以便使用户按计划准备接货,使配送按计划准备发货。

(2)按配送计划确定需要的货物配送量。这一步主要是指对各配送点按配送计划库存货物保证配送能力情况的审定。如果不符合配送计划要求,或数量不足,或品种不齐等,需要组织进货。

(3)配送点下达配送任务。这里主要是指各配送点接到配送计划后,向其运输部门、仓储部门、分货包装部门,以及财务等部门下达具体的配送任务,并由各部门完成配送的各项准备工作等。

(三)配送发运与送达

配送的发运与送达是两个既有联系又有区别的步骤,前者由理货作业完成,后者由运输完成。

(1)配送发运。这一步骤是理货部门按要求将各用户所需的各种货物进行分货与配货,然后进行适当的包装,并印制包装标记和标志,包括用户名称、地址、配送时间、货物明细,以及输送装卸托运过程应注意的事项等。同时,还需按计划将用户货物组合、装车,并将发货单交给随车送货人或司机。

(2)送达。按指定的路线将货物送达用户,并由用户在回执上签字。配送工作完成后,通知财务部门结算。

四、送货作业

送货作业是利用配送车辆把用户订购的物品从制造厂、生产基地、批发中心或配送中心送到用户手中的过程,送货通常是一种短距离、小批量高频率的运输形式。

(一)送货的基本作业流程

送货的基本作业流程图如图 7-3 所示。

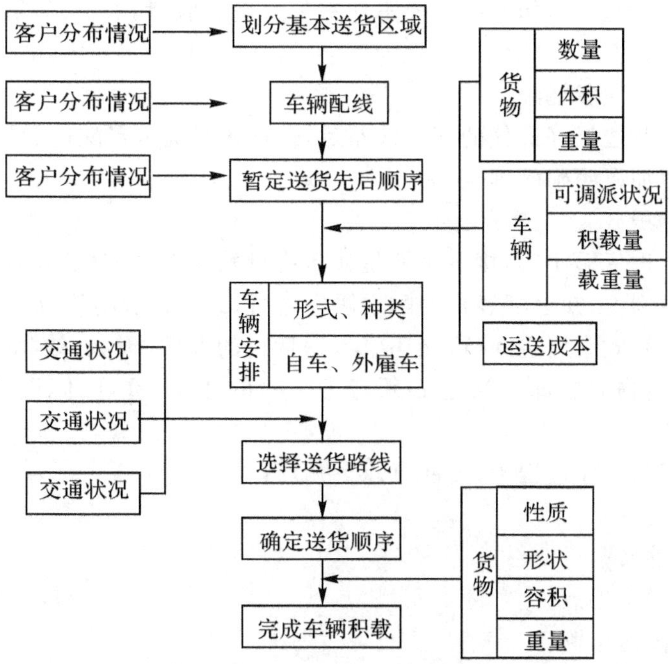

图 7-3　送货的基本作业流程

1. 划分基本送货区域

首先将客户所在的具体位置做较系统的统计，并作区域上的整体划分，再将每一客户包括在不同的基本送货区域中，以作为配送决策的基本参考。如：按行政区域或交通条件划分不同的送货区域，在区域规划的基础上再作弹性调整来安排送货顺序。

2. 车辆配载

由于配送货物品种、特性各异，为提高送货效率，确保货物质量，首先必须对特性差异大的货物进行分类。在接到订单后，将货物按特性进行分类，以分别采取不同的送货方式和运输工具，如按冷冻食品、速食品、散装货物、箱装货物等货物类别进行分类配载；其次，配送货物也有轻重缓急之分，必须初步确定哪些货物可配于同一辆车，哪些货物不能配于同一辆车，以做好车辆的初步配装工作。

(二)暂定送货先后顺序

在考虑其他影响因素，做出确定的送货方案前，应先根据客户订单的送货时间，将送货的先后次序做大致的预定，为后面车辆积载做好准备工作，计划工作的目的是为了保证达到限定的目标。所以，预先确定基本送货顺序可以保证送货时间，提高运作效率。

(三)车辆安排

车辆安排要解决的问题是安排什么类型、吨位的配送车辆进行最后的送货。一般企业拥有的车型有限，车辆数量也有限，但公司车辆有限时，可使用外雇车辆。

(四)选择送货路线

知道了每辆车负责配送的具体客户后，如何以最快的速度完成对这些货物的配送，即如何选择配送距离短、配送时间短、配送成本低的线路，还需根据客户的具体位置，沿途的交通情况等做出优先选择和判断。除此之外，还必须考虑有些客户或其所在地点环境对送货时间、车型等方面的特殊要求，如有些客户不在中午或晚上收货，有些道路上在某高峰期实行特别的交通管制等。

（五）确定最终的送货路线

做好车辆安排及选择好最佳的配送线路后，依据各车辆负责配送的先后顺序，即可将客户的最终送货顺序加以明确的确定。

（六）完成车辆积载

明确了客户的送货顺序后，接下来就是如何将货物装车，按什么次序装车的问题，即车辆的积载问题。原则上，知道了客户的配送顺序之后，只要将货物依“后送先装”的顺序装车即可。但有时为了有效利用空间，可能还要考虑货物的性质、形状、体积及重量等做出弹性调整。此外，对于货物的装卸方法也必须考虑货物的性质、重量、体积等因素后再做具体决定。

在以上各阶段的操作过程中，需注意以下几点：

(1)明确订单内容；

(2)了解货物性质；

(3)明确具体送货地点；

(4)适当选择配送车辆；

(5)选择最优的配送线路；

(6)充分考虑各作业的装卸货时间。

第四节　配送方案的编制

配送中心为了提高服务水平，降低配送成本，在同行业的市场竞争中占据优势，就要更加紧密地做好最佳配送路线的规划。应对顾客的订单进行整理，使发货量形成批量化、平稳化，尽量减少发货波动，同时规划设计出最佳配送路时线的标准。例如，将众多的客户按地区和定货量分为不同的层次，按照客户层次划分出交货时间，在此基础上设计出高效的配送路线。沿着这一路线巡回服务，按照规划的交货时间表，将货物准时送达客户，这种配送方式称为定时、定线配送。

一、编制配送计划

在配送之前，必须制作配送计划，这是导致配送省时化、省力化的主要因素。在配送计划中，对配送的人员的安排、货物摆放、车辆的安排以及路线都要规划好，才能保证在满足客户要求的前提下，节约成本，提高工作效率。制作配送计划的要点包括：企业的中长期计划，人员的采用及训练计划，增车及车检计划，对主要顾客的配送分析及服务的计划流程。

当配送计划确定后，配送路线也经由各项评估决定优先级。当装载货物上车时需依照“先达后进”的原则，使货品到达目的地时能顺利卸货，不至于因顺序混淆而使不需卸货的货物挡住配送车的出口，需要卸货的货物却堵在配送车内，这不但造成人力与时间浪费，甚至使以后各批货物延迟送抵客户手中，造成商誉的损失。因此，在移动储位的管理上应依照下列各点：

(1)依配送计划决定后的送货优先级应对时间与送货量方面做严密的考虑。

(2)当优先级决定后，在驾驶记录表上应写明路线优先级与到达时间，并告诉驾驶员。

(3)货物装载的单位(如栈板)，应尽量使用标准尺寸，以提高装载车的容积率。

(4)装载车内的储存空间应预留一块位置，以利于配送物品顺序的移转、调配以及人员取货活动等。

(5)货品装载单位(如栈板)上，应附上客户名称、卸货顺序的标示卡，并将货物正确存放在事先规划好的移动储位编号上，注意：卸货顺序依“先达后进”的原则。若无事先规划好的移动储位编号，则每家店的货物必须以隔板或其他装置加以明确区隔。

二、车辆排程系统的应用

一般物流中心从接受订单至出货所花费的时间相当长，配送路线的决定不明确，致使效率低下，许多状况无法满足客户需求。为了解决这类问题，车辆排程系统(简称 VSS)的应用日益显得重要，其主要的功能在于提高管理水准与作业效率，并借此确立配送系统的效率。车辆排程系统主要的输入与输出如表 7-1 所示。

表 7-1　车辆排程系统主要的输入与输出

输　入	输　出
道路网络资料、区域范围分割资料	最短途径
仓库位置、仓库管理范围 顾客位置、仓库所属顾客 十字路 道路分析 行车距离 单向行驶信号	时间上的最短途径 距离上的最短途径 最短途径的路径 区域范围分割记录
车辆资料、订购资料	配送时间表
车辆、顾客编号 能力、希望配送时间 台数、商品 数量 其他	哪辆车、车辆利用状况 何时、配送状况 至何地 携带什么 其他
在库资料	区域范围分割结果
仓库别、商品别、在库量 其他	哪个仓库配送哪些客户

三、配送路线的选择

配送路线是否合理，直接影响到配送效率和配送效益。合理确定配送路线所涉及的因素较多且是一些较为复杂的问题，包括用户的要求、配送资源状况、道路拥护情况等等。在配送路线选择的各种方法中，都要考虑配送要达到的目标，以及为实现配送目标的各种限制条件等，即在一定约束条件下，选择最佳的方案。

(1)配送路线确定原则。配送路线确定的原则与配送目标在原则上是一致的,这原则包括成本要低、效益要高、路线要短、吨千米要小、准时性要高、劳动消耗要少、运力运用要合理等。

(2)配送路线确定的限制条件。实现配送目标总是要受到许多条件的约束和限制。一般来讲,这些限制和约束包括所有用户对货物品种、规格、数量的要求,满足用户对货物发到时间范围的要求,在允许通告的时间(城市交通拥挤时所做的时间划分)内进行配送,车辆载重量和容积的限制,以及配送能力的约束等。

(3)配送路线的确定方法。配送路线的确定方法很多,诸如方案评价法、数学模型法、经验法、节约里程法等。

以上介绍的车辆排程系统在我国台湾地区应用比较广泛,其自动化程度比较高,在我国大陆目前应用还比较少。但是除此之外,仍有许多方法可以达到相同的目的。下面介绍在配送过程中能够实现缩短路程、有效选择配送路线的方法——节约里程法。

为达到高效率配送,做到时间最少、距离最短、成本最少,就必须选择最佳的配送路线和车辆的综合调度,节约里程法就是一种可以实现这些目标的方法。

(一)节约里程的基本原理

设 Q 为配送中心,分别向 A 和 B 两个客户配送货物,Q 至 A 和 B 的直线距离分别为 s_1 和 s_2。最简单的方法是分别用两辆汽车对两个客户各自往返送货。则总运输距离为:

$s_{总}=2(s_1+s_2)$

若改用一辆车巡回送货(这辆车能承担两个客户的需求),则运输总距离为:

$s_{总}=s_1+s_2+s_3$。

两个方案比较,后一种方案比前一种方案节约运输里程:

$\Delta s_{12}=s_1+s_2-s_3$。

(二)按节约里程法制订配送计划

当一个配送中心要向多个客户进行配送,其配送路线和车辆的安排可以按照以下步骤确定:

(1)做出最短距离矩阵,从配送网络图中列出配送中心至客户及客户之间的最短距离矩阵;

(2)从最短距离矩阵中,计算客户之间的节约里程;

(3)将节约里程按大小顺序排列分类;

(4)按节约里程大小顺序,组成配送路线图;

(5)按照上述方法逐次替代,优化配送路线,得出最佳路线。

(三)使用节约里程法的注意事项

(1)适用于需求稳定的客户;

(2)应充分考虑交通和道路情况;

(3)充分考虑收货站的停留时间;

(4)当需求量大时,可利用计算机系统实现。

在物流管理领域中运筹方法得到了广泛的应用,以上介绍的许多控制方法或者最优决策等方法都是建立在运筹法的基础上。运筹学方法是数量化的方法,它包括多种最优化方法。运用这些方法,对有限资源(人力、物力、财力、时间、信息)等进行计划、组织、协调和控制，以达到最佳效果。同一种优化方法可以用于不同领域，用来解决不同的实际问题。

【本章小结】

本章从配送中心进货作业入手，介绍了卸货作业、商品堆垛的要求、检验商品条形码、点验作业及收货操作程序和要求，然后介绍出货作业的分发及检查和配货作业基本流程、送货作业、配货作业方法，最后介绍了配送路线的选择等配送方案的编制有关的内容。

【习题】

一、单项选择题

1. 收货检验是商业物流工作中的一个重要环节，是一项细致复杂的工作，“三核对”方法是指核对商品条码，核对商品的件数，核对商品的(　　)。
   A. 品名、规格、等级　　B. 品名、规格、细数
   C. 单位、品名、规格　　D. 等级、颜色、品名
2. VSS 是指(　　)。
   A. 条形码　　B. 地理信息系统
   C. 车辆排程系统　　D. 经济订购批量
3. 下列不属于收货作业“三核对”的核对工作的是(　　)。
   A. 核对商品条形码　　B. 核对商品件数
   C. 核对商品包装　　D. 核对商品等级
4. 使用托运车辆，巡回作业，巡回一次完成一次的配货作业的配货作业方法被称为(　　)。
   A. 摘果法　　B. 播种法　　C. 混合法　　D. 人工作业
5. 送货作业的第一步应该是(　　)。
   A. 车辆配载　　B. 车辆安排　　C. 选择送货路线　　D. 划分基本送货区域
6. 制订配送计划要考虑的条件中，应以下列哪一项为主要依据？(　　)
   A. 交通条件　　B. 商流信息　　C. 各配送点的运力　　D. 货物性能
7. 规模较大的配送中心一般使用哪种自动分拣指令设定方式？(　　)
   A. 人工键盘输入　　B. 声控方式
   C. 利用激光自动阅读条形码　　D. 计算机程序控制

二、多项选择题

1. 商品验收是交接双方划分责任的界限，必须经过下列(　　　　)的验收。
   A. 商品条形码验收　　B. 数量验收
   C. 质量验收　　D. 包装验收
   E. 产地验收
2. 播种法的优点有(　　　　)。
   A. 订单处理前置时间短
   B. 适合订单数量庞大的系统

C. 可以缩短拣取时的行走搬运距离，增加单位时间的拣取量

D. 导入容易而且弹性大

E. 易于满足突发的需求

三、判断题

1. 在配送中心的收货要求中，对于一份送货单分批送货的商品，应将每批收货件数记入收货检查联，待整份单据的商品件数收齐后，才可将盖章后的回单交给送货车辆带回。（　　）
2. 当供应商送货卡车停靠收货站台时，配送中心的收货员对于没有预报的商品可以直接收货后再办理有关手续。（　　）
3. 收货时卸货商品一般不能直接卸在空托盘上。（　　）
4. 收货时，没有预报的商品应先收货然后办理有关手续。（　　）
5. 配送中心卸货一般在收货平台上进行。（　　）
6. 在验收有有效期的商品时，必须严格按照商品的出厂日期，并按照连锁超市公司的规定把关，防止商品失效和变质。（　　）
7. 规模较大的配送中心基本都采用激光自动阅读条形码的方法进行自动分拣。（　　）

四、名词解释

1. 配货作业
2. 送货作业
3. “播种式”配货作业
4. “摘果式”配货作业

五、简答题

1. 简要叙述配送中心的收货员收货操作的程序与要求。
2. 在配送中心送货作业的操作过程中，需要注意哪些内容？
3. 配送中心在收货时需要经过哪几个方面的验收？
4. 简述配送中心送货的基本作业流程。
5. 简要叙述配送中心管理中的出货检查作业的方法。
6. 商品堆垛有哪些基本要求？

六、案例分析题

1. 上海济洪蔬菜配送中心

伴随着经济快速发展，蔬菜加工配送更显现出市场巨大的发展潜力；上海江桥蔬菜批发市场济洪蔬菜配送中心的构建，正是建立企业产业链中“菜篮子”上下游的关键性节点，经过几年的运营，已逐步形成标准化、规模化蔬菜加工配送平台。

上海市江桥蔬菜批发市场济洪蔬菜配送中心占地5.2亩，建筑面积1800平方米，保鲜加工车间1100平方米，冷库300立方，年加工蔬菜能力5000吨。建立了卫生标准车间，强化卫生管理，蔬菜产品“农残”检测室及相关配套的检测设备，对每批进入济洪蔬菜配送中心的蔬菜产品，都由专业检测人员严格监控把关，在净菜加工生产过程中执行GMP规范操作。在修整切分、水质清洗、低温保鲜及包装用料等加工全程都按照规范化、标准化进行操作，对不合格的产品一律销毁或作技术处理，保证提供市场的蔬菜产品合格率达到96%以上。

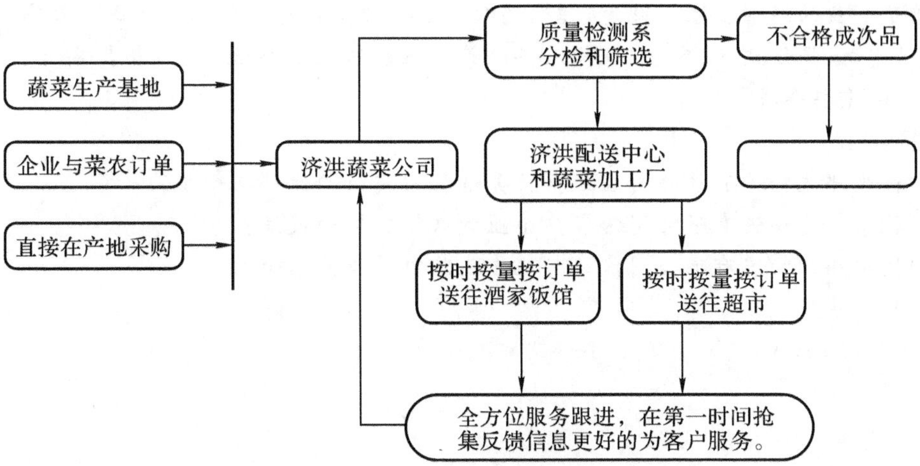

图1　济洪蔬菜公司配送工作流程

蔬菜产品源头主要来自安徽和县、宣州、浙江宁波济洪蔬菜公司生产基地以及已通过无公害农产品产地认证认定的基地，并按照有关质量标准进行检测和验收。产品的源头得到有效控制。

问题：

(1)济洪蔬菜配送中心有何特点？

(2)该配送中心如何对净菜加工质量把检测关？

2. 杭州邦达物流有限公司

杭州邦达物流有限公司是目前国内较为典型的医药专业物流服务商，从1999年初涉足小件快运业务开始，就一直致力于“门到门”式的物流配送服务，同时是国内较早将电子商务物流理念移植于物流实践中的佼佼者。时至今日，紧紧围绕“3S1L”(safety—speed—surely—low)的物流原则的邦达物流不仅拥有可辐射全国600余座大中城市的物流配送网络，同时还在浙江省内建立神经末梢可通达70余座县级市的24小时到达，直送乡镇卫生院、村卫生所和私人诊所48小时到达的限时自营配送网络。

杭州邦达物流有限公司是一家注重信息流建设的流通配送型物流企业。由于邦达物流的配送网络面广且高效，所以强有力地保证了邦达网络的有效运作。邦达网站始建于1999年，当时只有1台电脑，1位信息员。于2000年年初邦达建立了商务网站，开发了运单跟踪系统和短信发送系统，为每位客户进行药品物流的信息跟踪及管理，使整个物流过程透明，客户心中有数，传统货物流与现代信息流有机结合。

目前邦达已为浙江省医药企业价值50亿元的药品提供了2万个终端的配送服务。浙江省内英特药业、康恩贝等几大企业都是其服务对象。浙江英特药业的业务主要是直接面向终端销售。鉴于多批次、小批量的发货方式，使配送成本增加，风险增大，公司选择了邦达。英特药业主管认为：邦达在五个方面做得很到位，一是时效性强，效率高；二是能帮助退货；三是邦达的网站能够使信息得到及时反馈；四是能签收回单；五是“门到门”的方式能为公司带来其他增值服务。从2002年4月与邦达签订配送合同至今，邦达很好地保证了英特每年价值十几亿元的药品运输，大幅促进了货款回笼，提高了客户的签收率和信息反馈效率，支持了企业的经营扩张。此外，邦达的“零库存”配送也为英特增加了与分销商谈判的砝码。总而言之，提供快捷、安全、优质服务的第三方物流配送体系，已成为提高客户满意度、赢得客户的重要手段。

问题：

(1)杭州邦达物流有限公司在经营业务过程中突出的优势在哪里？

(2)杭州邦达物流有限公司给客户企业带来了怎样的效果？

(3)杭州邦达物流有限公司能给其他专业物流企业何启示？

第八章　配送中心库存控制

【学习目标】

通过本章学习，使学生掌握储存、库存的基本概念，理解储存管理的程序及储存合理化的标志，掌握基本经济订购批量模型，理解库存控制的意义。

【引例】

沃尔玛的配送中心

沃尔玛诞生在1945年的美国。在它创立之初，由于地处偏僻小镇，几乎没有哪个分销商愿意为它送货，于是不得不自己向制造商订货，然后再联系货车送货，效率非常低。在这种情况下，沃尔玛的创始人山姆·沃尔顿决定建立自己的配送组织。1970年，沃尔玛的第一家配送中心在美国阿肯色州的一个小城市本顿维尔建立，这个配送中心供货给4个州的32个商场，集中处理公司所销商品的40%。

沃尔玛配送中心的运作流程是：供应商将商品的价格标签和UPC条形码（统一产品码）贴好，运到沃尔玛的配送中心；配送中心根据每个商店的需要，对商品就地筛选，重新打包，从“配区”运到“送区”。

20世纪80年代初，沃尔玛配送中心的电子数据交换系统已经逐渐成熟。到了20世纪90年代初，它购买了一颗专用卫星，用来传送公司的数据及其信息。这种以卫星技术为基础的数据交换系统的配送中心，将自己与供应商及各个店面实现了有效连接，沃尔玛总部及配送中心任何时间都可以知道，每一个商店现在有多少存货，有多少货物正在运输过程当中，有多少货物存放在配送中心等；同时还可以了解某种货品上周卖了多少，去年卖了多少，并能够预测将来能卖多少。沃尔玛的供应商也可以利用这个系统直接了解自己昨天、今天、上周、上个月和去年的销售情况，并根据这些信息来安排组织生产，保证产品的市场供应，同时使库存降低到最低限度。

由于沃尔玛采用了这项先进技术，配送成本只占其销售额的3%，其竞争对手的配送成本则占到销售额的5%，仅此一项，沃尔玛每年就可以比竞争对手节省下近8亿美元的商品配送成本。20世纪80年代后期，沃尔玛从下订单到货物到达各个店面需要30天，现在由于采用了这项先进技术，这个时间只需要2～3天，大大提高了物流的速度和效益。

在沃尔玛的配送中心，大多数商品停留的时间不会超过48小时，但某些产品也有一定数量的库存，这些产品包括化妆品、软饮料、尿布等各种日用品，配送中心根据这些商品库存量的多少进行自动补货。到现在，沃尔玛在美国已有30多家配送中心，分别供货给美国18个州的3 000多家商场。

沃尔玛的供应商可以把产品直接送到众多的商店中，也可以把产品集中送到配送中心，两相比较，显然集中送到配送中心可以使供应商节省很多钱。所以在沃尔玛销售的商品中，有87％左右是经过配送中心的，而沃尔玛的竞争对于仅能达到50％的水平。由于配送中心能降低物流成本50％左右，使得沃尔玛能比其他零售商向顾客提供更廉价的商品，这正是沃尔玛迅速成长的关键所在。

图8-1　中国物流与采购联合会

资料来源：中国物流与采购联合会，http://www.chinawuliu.com.cn。

【思考】

1. 沃尔玛的配送中心有哪些特点？
2. 沃尔玛的配送中心如何进行库存控制？

第一节　储存管理概述

在物流系统中，储存和运输是同等重要的构成要素。正如我们在第一章中分析过储存的功能那样，它连接生产和消费的时间间隔，产生时间功效。例如，我们吃的稻米是在秋天收获的，但要在全年食用，为均衡地消费就把集中生产的东西储存在仓库里进行时间上的调整，这种在仓库里的储存管理就是为集中生产、平均消费进行着时间上的调整。另外，如冷却器、冷却剂等产品，多在暑期消费，如果只在夏季生产，那么消费量少的时候，许多生产设备势必闲置。我们采用适当规模的生产设备，暑期前即增加生产，将产品储存在仓库里以备夏日之需。这种在仓库中的储存也是对平均生产集中消费进行的时间调整。

一、储存的基本概念

(一)仓库的概念

仓库在生产和销售环节的流通过程中担负着存储物品(包括原材料、零部件、在制品和产成品等)的职能,并提供有关存储品的信息以供管理决策之用。

在传统观念中,仓库被看作是完成市场营销过程的一种存储设施,仅仅担负着存贮产品(即库存)的功能,它增加了整个物品的配送成本,并产生了额外的仓库作业成本,因而人们一般将仓库看作是"必不可少的邪恶"。但当时人们并没有注意到仓库活动能够在企业的物流系统中发挥巨大的作用,也没有对仓库的内部控制进行有效的管理和充分的评估,更没有根据顾客的需求对仓库的产品进行分类。早期的仓库作业都是通过人工操作来完成的,没有考虑如何有效地利用仓库空间、优化仓库作业和仓库内部设计等方面的内容。尽管存在这些方面的缺点,仓库仍然作为企业物流系统中一个必不可少的环节,在生产和消费之间架起了互相沟通的纽带。

第二次世界大战以后,人们越来越关注仓库的使用效率,一些企业对是否应该拥有如此之多的仓库提出了疑问。同时,随着零售业和批发业的发展,仓库作业的工艺流程和技术水平也有了很大的提高。对那些经营规模日益庞大的企业来讲,仓库使用的效率问题已经变得越来越重要,如何在多个地点进行原材料和产品的存储和配送,如何有效地发挥仓库的功能,降低仓库的存储成本和产品的运输成本等,已经成为企业经常思考的问题。

在 20 世纪 60 年代和 70 年代,仓库管理主要专注于新技术的应用,以便寻求更好的方法来代替传统的手工操作。在这期间,仓库管理技术水平的提高已经影响了仓库作业过程的每一个环节。在 20 世纪 80 年代,仓库管理的焦点是对仓库系统的设备配置和搬运技术进行合理的整合集成,人们越来越注重仓库的整体效益。在 20 世纪 90 年代,仓库管理集中在增强仓库的灵活性和信息技术的有效利用上,信息技术的广泛应用在一定程度上增强了仓库的灵活性,使得它能够对市场的需求迅速地做出反应;另一方面,顾客需求的个性化特征和市场需求的不确定性也要求仓库必须具有较高的灵活性。

(二)仓库的分类

仓库的形式多样,规模各异,根据不同的分类标准,可以把仓库分为不同的形式。

1.按仓库储存的目的分类

(1)配送中心(流通中心)型仓库——具有发货、配送和流通加工的功能。

(2)存储中心型仓库——以储存为主的仓库。

(3)物流中心型仓库——具有储存、发货、配送、流通加工功能的仓库。

2.按仓库储存的产品分类

(1)原材料仓库。

(2)半成品仓库。

(3)产成品仓库。

3.按建筑形态分类

(1)平房型仓库。

(2)二层楼房型仓库。

(3)多层楼房型仓库。

(4)地下仓库。

(5)立体仓库(金属货架上边搭上顶盖,外侧装上墙壁的仓库)。

4.按仓库的所有权分类

(1)自有仓库——企业自己拥有并管理着的仓库。

(2)公共仓库——专门向客户提供相对标准的仓库服务,如保管、搬运和运输等,也被称为“第三方仓库”。

(3)合同仓库——在一定时期内,按照一定的合同的约束,使用仓库内一定设备、空间和服务。

二、储存管理的程序

(一)入库管理

储存作业过程的第一个步骤就是验货收货。物品入库是物品在整个物流供应链上的短暂停留,而准确的验货和及时的收货能够提高此环节的效率。一般来讲,在储存的具体工作中,入库的主要步骤程序如图 8-2 所示。

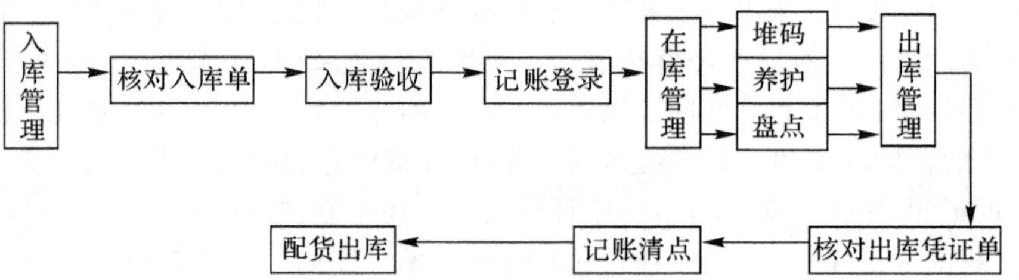

图 8-2 储存管理的程序

根据物品运输部门开出的入库单核对收货仓库的名称、印章是否有误,商品的名称、代号、规格和数量等是否一致,有无更改的痕迹等,只有经过仔细的核对后才能确定是否收货。

物品的验收包括对物品规格、数量、质量和包装方面的验收。对物品规格的验收主要是对物品品名、代号、花色等方面的验收;对物品数量的验收主要是对散装物品进行称量,对整件物品进行数目清点,对贵重物品进行仔细的查收等;对物品质量的验收主要有物品是否符合仓库质量管理的要求,产品的质量是否完好无损,包装标志是否达到规定的要求等。

如果物品的验收准确无误,则应该在入库单上签字,确定收货,安排物品存放的库位和编号,并登记仓库保管账目;如果发现物品有问题,则应另行做好记录,交付有关部门处理。

(二)在库保管管理

仓库作业过程的第二个步骤是存货保管,参见图 8-1。物品进入仓库进行保管,需要安全地、经济地保持好物品原有的质量水平和使用价值,防止由于不合理的保管措施所引起的物品磨损和变质或者流失等现象。

由于仓库一般实行按区分类的库位管理制度,因而仓库管理员应当按照物品的存贮特性和入库单上指定的货区和库位进行综合的考虑和堆码,做到既能够充分利用仓库的库位空间,又能够满足物品保管的要求。物品堆码的原则主要是:

(1)尽量利用库位空间,较多采取立体储存的方式;

(2)仓库通道与堆垛之间保持适当的宽度和距离,提高物品装卸效率;

(3)根据物品的不同收发批量、包装外形、性质和盘点方法的要求，利用不同的堆码工具，采取不同的堆码形式，其中，危险品和非危险品的堆码，性质相互抵触物品的堆码应该区分开，不得混淆；

(4)不要轻易地改变物品存贮的位置，大多应按照先进先出的原则；

(5)在库位不紧张的情况下，尽量避免物品堆码的覆盖和拥挤。

仓库管理员应当经常或定期对仓储物品进行检查和养护，对于易变质或存储环境比较特殊的物品，应当经常进行检查和养护。检查工作的主要目的是尽早发现潜在的问题，养护工作主要是以预防为主。在仓库管理过程中，应采取适当的温度、湿度和防护措施，预防破损、腐烂或失窃等，达到存储物品的安全存储。

对仓库中贵重的和易变质的物品，盘点的次数越多越好；其余的物品应当定期进行盘点(例如每年盘点一次或两次)。盘点时应当做好记录，与仓库账目核对，如果出现问题，应当尽快查出原因，及时处理。

(三)出库管理

储存作业管理的最后一个步骤是发货出库，仓库管理员根据提货清单，在保证物品原先的质量和价值的情况下，进行物品的搬运和简易包装，然后发货。出库过程中，仓库管理员的具体操作步骤如图 8-1 所示。

仓库管理员根据提货单核对无误后才能发货，除了保证出库物品的品名、规格和编号与提货单一致外，还必须在提货单上注明物品所处的货区和库位编号，以便能够比较轻松地找出所需的物品。

在提货单上，凡是涉及较多的物品，仓库管理员应该认真复核，交与提货人；凡是需要发运的物品，仓库管理员应当在物品的包装上做好标记，而且可以对出库物品进行简易的包装，在填写完有关的出库单据、办理好出库手续之后，可以放行。

每次发货完毕之后，仓库管理员应该做好仓库发货的详细记录，并与仓库的盘点工作结合在一起，以便于以后的仓库管理工作。

三、储存合理化的标志和措施

(一)储存合理化的标志

1. 质量标志

质量标志就是保证被储存物的质量，是完成储存功能的根本要求，只有这样，商品的使用价值才能通过物流之后得以最终实现。在储存中增加了多少时间价值或是得到了多少利润，都是以保证质量为前提的。所以，储存合理化的主要标志中，为首的应当是反映使用价值的质量。

2. 数量标志

数量标志是在保证物品功能实现的前提下有一个合理的数量范围。目前管理科学的方法已能在各种约束条件的情况下，对合理数量范围作出决策，但是较为实用的还是在消耗稳定、资源及运输可控的约束条件下，所形成的储存数量控制方法。

3. 时间标志

在保证功能实现前提下，寻求一个合理的储存时间，这是和数量有关的问题，储存量越大而消耗速率越慢，则储存的时间必然长，相反则必然短。在具体衡量时往往用周转速度指标来反映时间标志，如周转天数、周转次数等。

4. 结构标志

结构标志是从被存储物不同品种、不同规格、不同花色的储存数量的比例关系对储存合理性的判断，尤其是相对性很强的各种物资之间的比例关系更能反映储存合理与否。由于这些物资之间相关性很强，只要有一种物资出现耗尽，即使其他物资仍有一定数量，也会无法投入使用。所以，不合理结构的影响面并不仅仅局限在某一种物资身上，而是有扩展性。结构标志的重要性也可由此确定。

5. 分布标志

分布标志是指不同地区储存的数量比例关系，以此判断和当地需求比，对需求的保障程度，也可以以此判断对整个物流的影响。

6. 费用标志

费用标志是衡量储存经济性的一个重要指标，仓储费、维护费、保管费、损失费、资金占用利息支出等，都能从实际费用上判断储存的合理与否。

（二）储存合理化的措施

1. 进行储存物品的 ABC 分析

在 ABC 分析基础上实施重点管理，分别决定各种物资的合理库存储备数量及经济合理储备的方法，乃至实施零库存。

2. 适当集中库存

在形成了一定的社会总规模前提下，适当集中库存。适度集中储存是合理化的重要内容，所谓适度集中库存是指利用储存规模优势，以适当集中储存代替分散的小规模储存来实现合理化。

3. 加速总周转，提高单位产出

储存现代化的重要课题是将静态储存变为动态储存，周转速度一快，会带来一系列的合理化好处：资金周转快、资本效益高、货损小、仓库吞吐能力增加、成本下降等。具体做法诸如采用单元集装存储，建立快速分拣系统等都有利于实现快进快出，大进大出。

4. 采用有效的“先进先出”方式

有效的“先进先出”方式可以保证每个被储物的储存期不至于过长。“先进先出”是一种有效的方式，也成为储存管理的准则之一。

5. 提高储存密度，提高仓容利用率

该项措施的主要目的是减少储存设施的投资，提高单位存储面积的利用率，以降低成本、减少土地占用。

6. 采用有效的储存定位系统

储存定位的含义是被储物位置的确定。如果定位系统有效，能大大节约寻找、存放和取出的时间，节约不少物化劳动及活劳动，而且能防止差错，便于清点及实行订货点等管理方式。

7. 采用集装箱、集装袋、托盘等储运装备一体化的方式

集装箱等集装设施的出现，也给储存带来了新观念。集装箱本身便是一栋仓库，不需要再有传统意义上的库房，在物流过程中，也就省去了入库、验收、清点、堆垛、保管、出库等一系列储存作业，因而对改变传统储存作业有重要意义，是储存合理化的一种有效方式。

第二节　库存控制技术

一、库存的基本概念

库存是企业一项庞大的昂贵的投资，良好的库存管理能够加快资金的周转速度、提高资金的使用效率、增加投资的收益。对于制造业来讲，原材料短缺将影响生产，导致费用增加，产品短缺。而库存积压将增加仓库，积压资金，提高成本，减少盈利。这些都反映了库存管理对企业的重要性。

(一)库存的定义

所谓库存是指处于储存状态的物品或商品。库存具有整合需求和供给，维持各项活动顺畅进行的功能。一般来讲，企业在销售阶段，为了及时满足客户的要求，避免发生缺货或交货延迟现象的发生，需要有一定的商品库存。

从经营的角度来讲，可以将企业的库存分为7种类型：

(1)经常库存；

(2)流通加工过程中的库存；

(3)促销库存；

(4)安全库存；

(5)季节性库存；

(6)投机库存；

(7)沉淀库存或积压库存。

(二)库存成本的构成

库存成本一般有以下几部分构成。

1.购买成本

购买成本是指用于购买或生产该商品所花费的费用，也称为购入成本。它的大小与商品的数量呈正比例的关系，而且随着时间的推移，库存成本由于储存产品的市场价格发生变化而变化。

2.储存成本

储存成本也称为保存成本，是指保管库存产品所花费的费用，通常用单位时间内(每天、每周、每月、每年等)产品成本的百分比来表示。例如，每年10%的储存费用就是指价值100元的商品保存一年需要花费10元的储存费用。储存费用主要由库存资金的机会成本、仓库租金、仓库管理费、保险费用、税金以及消耗等组成。

3.订货成本

订货成本是指在订货过程中所发生的人员出差、与供应商谈判、处理定单、出具发票以及收货入库等费用。这笔费用一般与订货批量的大小无关，而只与订货次数有关。

4.缺货成本

缺货成本是指由于库存不足，无法满足客户的需求所造成的业务损失和企业信誉下降、利润减少等损失。如失去销售机会的损失，停工待料的损失，延期交货的额外支出等。

(三)库存管理的作用

所谓库存管理，是在满足顾客服务要求的前提下通过对企业的库存水平进行控制，力求尽可能降低库存水平，提高物流系统的效率，以强化企业的竞争力。库存管理在企业的生产经营过程中主要有以下五个方面的作用。

1. 使企业获得规模经济

一个组织要想实现在采购、运输和制造等物流过程中的规模经济，拥有一个适当的库存是必要的。大批量的订货能够使企业在多方面获得优势，如降低原材料的采购价格和运输费用；降低单位产品的制造成本；减少因缺货而形成的订单损失和信誉下降等。

2. 平衡供求方面的关系

季节性的供给和需求使企业不得不持有库存。例如在节假日，产品需求量剧增，这就要求企业能够有充足的货源来迅速满足市场的需要；另一方面，某些产品的需求在这个时期中可能相对比较平稳，但其相应的原材料的供给和需求变化较多，这同样会要求企业能够保留适当的原材料库存以保持生产的连续性。

3. 有助于物流系统的合理化

合理的仓库选址可以带来诸多的便利，减少在运输配送方面的时间和费用耗费。原材料能够从仓库中被合理地配送到各地的生产基地，满足生产的需要；产成品能够被迅速地运往仓库，然后配送到各地满足客户的需求。这些方面的专业化极大地节省了在运输环节的费用。

4. 预防需求和订货周期的不稳定性

由于市场需求情况的瞬时变化以及订货周期的不稳定性常常使库存不足，从而导致缺货损失，这时库存就显得十分重要。储存生产所需要的原材料不仅能够保证生产过程的连续性，而且常常会在未来原材料价格上涨或原材料的短缺时赚取额外的利润。

5. 在某些关键领域起到缓冲、调节的作用

库存在整个供应链的某些环节起着缓冲、调节的作用，它可以缓冲由于物资供应的延迟、短缺而造成的对生产过程的冲击；可以作为配送环节的中介，调节生产过程中因原材料、半成品的不足而可能发生的比例失调。

二、库存控制的意义

所谓库存控制是希望将货品的库存量保持在适当的标准之内，以免过多造成资金积压、增加保管困难或过少导致浪费仓容、供不应求的情况。

因此，库存控制具有两项重大意义：一为确保库存能配合销售情况，交货需求以提供客户满意的服务；二为设立库存控制基准，以最经济的订购方式来提供营运所需的供货。

(一)库存控制的目的

1. 减少超额库存投资

保持合理的库存量，减少库存投资，如此可灵活运用资金(固定资金减少)，从而使营运资金的结构保持平衡。

2. 降低库存成本

保持合理的库存可减少由库存所引起的持有成本、订购成本、缺货成本等，降低库存成本。

3. 保护财产

良好的库存控制可防止有形资产被窃，且使库存的价值在账簿上能有正确的记录，以达到保护财产的目的。

4. 防止迟延或缺货

合理的库存控制指标可以防止进货延迟和缺货现象的发生，使产品的进货与库存取得全面平衡。

5. 减少呆滞商品发生

库存控制可使库存商品因变形、变质、陈腐所产生的损失减至最少。

前三者属于财务合理化的需要，后两者的目的是作业合理化。

（二）库存控制的关键问题

1. 确定订购点

订购点的问题，即何时必须补充库存？

所谓订购点，是指库存量降至某一数量时，应即刻请购补充的点或界限。如果订购点抓得过早，必将使库存增加，相对增加了货品的库存成本及空间占用成本，如果订购点抓得太晚，则将造成缺货，甚至流失客户、影响信誉。因而订购点的掌握非常重要。

2. 确定订购量

订购量的问题，即必须补充多少库存？

所谓订购量是指库存量已达到请购点时，决定订购补充的数量，按此数量订购，方能配合最高库存量与最低库存量的基准。一旦订购量过多，则货品的库存成本增加，若订购量太少，货品会有供应断档的可能，且订购次数必然增加，亦提高了订购成本的花费。

3. 确定库存基准

库存基准的问题，即应维持多少库存？库存基准包括最低库存量、理想最低库存量、实际最低库存量、最高库存量和经济订货量。

(1)最低库存量。是指管理者在衡量企业本身特性、需求后，所订购货品库存数量所维持的最低界限。最低库存量又分为理想最低库存量及实际最低库存量两种。

(2)理想最低库存量。理想最低库存量又称购置时间(lead time：从开始请购货物到将货物送达配送中心的采购周期时间)使用量，也就是采购期间尚未进货时的货品需求量，这是企业需维持的临界库存，一旦货品库存量低于此界限，会有缺货、停产的危险。

(3)实际最低库存量。既然理想最低库存量是一种临界库存量，因而为了保险起见，许多企业多会在理想最低库存量外再设定一个准备的"安全库存量"，以防供应不及发生缺货，这就是实际最低库存量。实际最低库存量也称最低库存量，为安全库存量与理想库存量的总和。

(4)最高库存量。为了防止库存过多、浪费资金，各种货品均应限定其可能的最高库存水平，也就是货品库存数量的最高界限，以作为内部警戒的一个指标。因而，对一个不容易准确预测也不容易控制库存的配送中心，最好制定"各品种的库存上限和下限"(即最高库存量和最低库存量)，并在电脑中设定，一旦电脑发现库存量低于库存下限，则发出警讯，提醒有关管理人员及时采购；若一旦发现货品库存量大于库存上限，则也要发出警讯，提醒管理人员"库存量过多"，应加强销售或采取其他促销折价的活动。

(5)经济订货量。经济订货量是指随着订货量的变化，费用也将发生变化。根据其相互关系，从理论上计算出最小费用的订货量。

(三)库存决策考虑要素

1.市场对商品的需求状况

要解决上述库存控制的关键问题，作出最佳的库存决策，就必须先设法对商品的需求状况做出详细的分析，把市场上对商品的需求状况作为最重要的考虑因素。市场上商品的需求状况可分为三种：

(1)固定或确知的情况，即未来的需求为已知。

(2)具有风险的情况，即对未来的需求只知其大略的发生概况。

(3)不确定的情况，即对于未来的需求情况全然不知。

尤其是流通业的景气与否，与经济的大气候是否景气有很大关系，而且许多产品周期也容易受流行趋势的影响。

2.对未来需求的预测

在需求量不易确定的情况下，许多企业长期购进过多的存货而造成滞销或呆放，造成配送中心效益不佳，对此即应先由正确的需求预测来控制，而后再凭经验加以修正。通常，需求预测是考虑下面的思路来进行调整：

(1)根据目前的订单需量来预测，即根据各区业务员或营业所的估计，予以汇总而成预期总销售量。且以此法将各区各营业所的责任划分，可对各营业所或业务人员评估“预定销售总限度”，依此计算奖金，以促使每个销售人员都能积极寻找业务。

(2)直接由过去的实际用量预测未来的销售情况。

(3)将过去的用量加上时间趋势、季节变动和其他因素等调整而得。

(4)根据客户购买力分析。

(5)根据全国商业或政治趋势资料分析。

(6)进行市场调查。

由需求预测确定需求状况后，管理者能做到心中基本有数，可根据需求状况考虑订购性质(订购时机、购置时间)及其他如财务状况、供应商问题、仓库空间等限制因素，作出库存决策。然后再依据库存决策制定一套存货的管理标准，以此标准来对实际库存情况进行控制管理；最后再由控制结果回过头来修正原先的库存决策。上述过程为制定库存决策的重要环节，如图 8-3 所示。

(四)库存重点管理

1.库存商品的 ABC 分析

许多企业常唯恐无法满足客户需求而大量库存，导致许多不必要的成本浪费，以至于经营不善。因而参考调查重点管理观念是：“对销售总值高的少数商品，作完整的记录、分析，加以较严格的库存控制；而对销售总值低的多种商品，作定期例行的检查控制。”针对企业本身的需求，库存重点管理可采取“20—80”法则或 ABC 分析，实际上此两法异曲同工。

(1)“20—80”法则，是指 20%的商品占了销售额的 80%，因此，只要对此少量而重要的库存量加以重点管理，便能使存货管理达到非常完美。

(2)“ABC 分析法”，是将所有库存物品归结为 ABC 三类。

A 类：库存品种数少(只占 20%)，但销售金额相当大(70%)，即所谓重要的少数；

C 类：库存品种数相当多(占 50%)，但销售金额却很少(只占 10%)，即所谓不重要的大

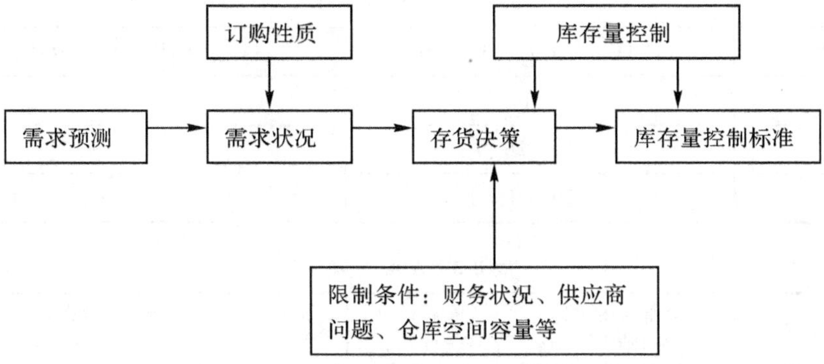

图 8-3　库存决策要素关联图

多数；

B 类：介于 A 类和 C 类之间，大致是库存品种数(占 30％)与销售金额(占 20％)。

ABC 分析法是美国一家公司根据帕累托原理发展起来的分类法，应用于库存的重点管理，以减少库存量及损耗率。其处理原则是：对于一切工作，应有"根据其价值的不同，而有不同的努力程度，以合乎经济原则"。

例 8-1　某企业全部库存商品共计 3421 种，按每一品种年度销售额从大到小顺序，排成如表所列的七档，统计每档的品种数和销售金额，然后分别计算两个指标的累计数及其与全部品种和销售总额的百分比，填入下列品种序列表内，见表 8-1。

用 ABC 分类法按表 8-2 的分类标准把品种序列表中的七档品种划分为 ABC 三类。其中第一档和第二档的品种占总品种的 9.6％，销售额占总销售额的 75.1％，符合 A 类标准，故划分为 A 类商品。第三档到第六档的品种占总品种的 19.6％，销售额占总销售额的 16.9％，符合 B 类标准，故划分为 B 类商品。第七档的商品品种占总品种的 70.8％，销售额占总销售额的 8％，符合 C 类标准，故划分为 C 类商品。具体分类结果见表 8-3。

表 8-1　品种序列表　　单位：万元

每种商品年销售额	品种数(种)	品种累计(种)	占全部品种的百分比(％)	销售额	销售额累计	占销售总额百分比(％)
6＜X	260	260	7.6	5800	5800	69.1
5＜X≤6	68	328	9.6	500	6300	75.1
4＜X≤5	55	383	11.2	50	6550	78.1
3＜X≤4	5	478	14.0	340	6890	82.1
2＜X≤3	170	648	18.9	420	7310	87.1
1＜X≤2	352	1000	29.2	410	7720	92.0
X≤1	2424	3421	100	670	8390	100.0

表 8-2 ABC 分类标准

分 类	占总品种的百分比(%)	占销售额的百分比(%)
A	5～10	70～75
B	10～20	10～20
C	70～75	5～10

表 8-3 ABC 分类法 单位:万元

分类	品种数	占全部品种的百分比(%)	品种累计百分比(%)	销售额	占销售总额的百分比(%)	销售额累计百分比(%)
A	328	9.6	9.6	6300	75.1	75.1
B	672	19.6	29.2	1420	16.9	92.1
C	2421	70.8	100.0	670	8.0	100.0

2.各类库存商品的管理策略

ABC 分析法是一套十分有效的管理工具。在使用 ABC 分析法管理库存时,大致可采用以下策略:

(1)A 类商品

①每件商品皆作编号;

②尽可能慎重、正确地预测需求量;

③少量采购,尽可能在不影响需求的情况下减少库存量;

④请供货单位配合,力求出货量平衡化,以降低需求变动,减少库存量;

⑤与供应商协调,尽可能缩短前置时间;

⑥采用定期订货的方式,对其存货必须作定期检查;

⑦必须严格执行盘点,每天或每周盘点一次,以提高库存精确度;

⑧对交货期限加强控制,在制品及发货也须从严控制;

⑨货品放至易于出入库的位置;

⑩实施货品包装外形标准化,增加出入库单位;

⑪A 类商品的采购需经高层主管审核。

(2)B 类商品

①采用定量订货方式,但对前置时间较长,或需求量有季节性变动趋势的货品宜采用定期订货方式;

②每两三周盘点一次;

③中量采购;

④采购需经中层主管核准。

(3)C 类商品

①采用复合制或定量订货方式以求节省手续;

②大量采购,以便在价格上获得优惠;

③简化库存管理手段;

④安全库存须较大,以免发生库存短缺;

⑤可交现场保管使用；

⑥每月盘点一次；

⑦采购仅需基层主管核准。

(4)各类商品的配送策略

以配送速度而言，对这三类商品也应采取不同的策略：

①A类商品：常被列为快速流动，需要有较多的库存，因此需置于所有的配送中心或零售店。

②B类商品：列为正常流动，应存放于区域性仓库或配销仓库。

③C类商品：列为缓慢流动，常存放于中央仓库或工厂仓库。

三、基本经济订购批量模型

确定性条件下的库存是指当一个时期内的产品需求量确定以后，相应的库存成本就基本上确定了。如果暂时不考虑缺货成本，库存成本由产品成本、储存成本和订货成本三部分构成。如果每次订货的数量越大，订货次数就会减少，相应的订货费用就会降低，而储存费用则会增加；相反的，如果每次订货的数量越少，订货次数就会增加，相应的订货费用就会上升，而储存费用就会降低。因此，需要用费用权衡方法来确定经济订货批量（Economic Ordering Quantity，简称 EOQ）。

（一）经济订货批量的假设条件

为了便于描述和分析，对经济订货批量模型作如下假设：

(1)需求量已知并且稳定不变，库存量随着时间均匀连续地下降；

(2)库存补充的过程可以在瞬间完成，即不存在一边进货一边消耗的问题；

(3)产品的单位价格为常数，不存在批量优惠；

(4)储存费用以平均库存为基础进行计算；

(5)每次的订货成本及订货提前期均为常数；

(6)对产品的任何需求都将及时得到满足，不存在缺货方面的问题。

（二）经济订货批量公式

根据经济订货批量的假设条件，基本的 EOQ 公式是从总成本公式推导出来的经济批量，总成本（TC）由订货成本和储存成本构成。即：

总成本＝订货成本＋存储成本

可表示为：

$$TC=DS/Q+QIV/2 \tag{8-1}$$

其中：总费用为 TC，每次的订货批量为 Q，年物资需求量为 D，单位产品价格为 P，单位产品的存储价值为 V，存储费用为 $I(\%)$，S 为一次订货的成本。如图 8-4 所示，我们可以清楚地知道，补充库存的时间间隔（即储存周期）为 T，补充时库存物资已经全部用完。

一年的订货次数为 D/Q，因此订货成本为 SQ/D。平均库存水平为 $Q/2$，因此一年的库存成本为 $QIV/2$。从而一年内的总成本为：

$$TC=(D/Q)S+(Q/2)VI \tag{8-2}$$

对公式(8-2)求导，可得经济订购批量 EOQ，即：

$$Q_{EOQ}^{*}=\sqrt{2DS/VI} \tag{8-3}$$

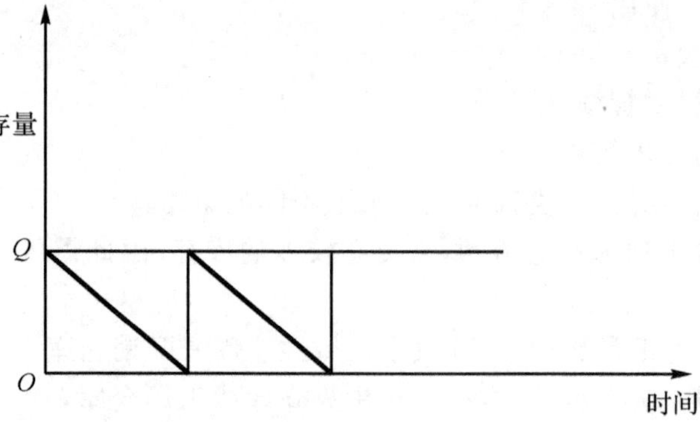

图 8-4　库存动态

上述公式中，TC 是 Q 的函数，TC 最小时的 Q^* 值就是最佳的经济订货批量 EOQ。

对公式(8-3)还可以更进一步地展开和进行各种换算。可计算出年最佳订货次数：

$N=D/Q$(次)

订货时间间隔：

$t=365/N$(天)

与订货相关的存货总成本：

$TC=\sqrt{2DSVI}$

总成本与订货成本、储存成本和产品成本以及经济订货批量的关系如图 8-5 所示，图 8-5 中总成本的最低点就是对应的 EOQ。

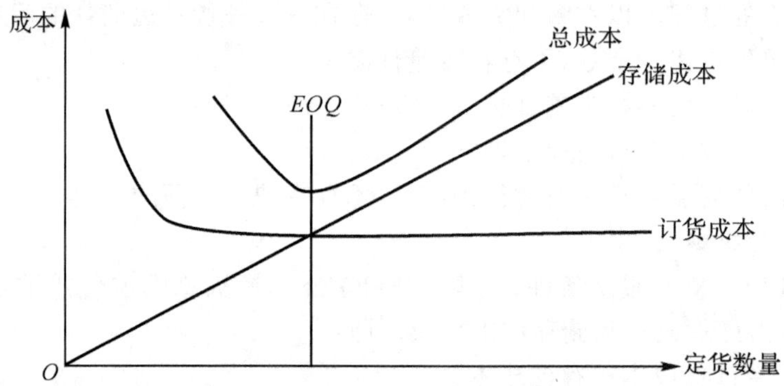

图 8-5　库存各成本之间的关系

例 8-2　某加工企业对某种原材料的年需求量为 $D=8000$ 吨，每次的订货费用 $S=2000$ 元，每吨原材料的单价为 100 元，存贮费用为 8%(即每吨原材料储存一年所需要的存储费用为原材料单价的 8%)。求所需要的经济订货批量、年订货次数、订货时间间隔及总库存成本。

解　根据公式(8-3)可得：

$Q^*_{EOQ}=\sqrt{2DS/VI}=\sqrt{2\times 8000\times 2000/1000\times 8\%}=200$(吨)

一年的总订货次数为：

$N=D/Q=8000/2000=4$(次)

订货时间间隔：

$$t=365/N=365/4\approx 91(\text{天})$$

与订货相关的存货总成本为：

$$TC=\sqrt{2DSVI}=\sqrt{2\times 8000\times 2000/1000\times 8\%}=16000(\text{元})$$

例 8-3 某商店年售某种商品 40000 箱，每箱商品年储存费用为 5 元。每次进货费用为 200 元，求平均储存量。

解 在本例中，$D=40000$ 箱；$S=200$ 元；$VI=5$ 元。

先将已知数据代入公式(8-3)，求最佳经济订货批量：

$$Q_{EOQ}^{*}=1789(\text{箱})$$

同时，可以相应地计算出最佳进货次数：

$$N=D/Q=40000/1789=23(\text{次})$$

最佳进货时间间隔天数：

$$t=365/23=16(\text{天})$$

所以，平均经常储存量：

$$789/2=895(\text{箱})$$

四、供应商管理库存(VMI)及其应用

近年来，在库存管理上出现了一种新的供应链库存管理方法——供应商库存管理(Vendor Managed Inventory, VMI)。这种库存管理策略打破了传统的各自为政的库存管理模式，体现了供应链集成化的管理思想，适应市场变化的要求，是一种新的有代表性的库存管理思想。

(一)VMI 的基本思想及动作方式

1. 什么是 VMI

关于 VMI，有人认为：VMI 是一种在用户和供应商之间的合作性策略，以对双方都是最低的成本来优化产品的可得性，在一个达成共识的目标框架下由供应商来管理库存，这样的目标框架被经常性监督和修正以产生一种持续改进的环境。VMI 就是供货方代替用户(需求方)管理库存，库存的管理职能转由供应商负责。

也有人认为，VMI 是一种库存管理方案，是以掌握零售商销售资料和库存量作为市场需求预测和库存补充的解决方法，经由销售资料得到消费需求信息，供应商可以更有效地计划、更快速地反应市场变化和消费者的需求。因此，VMI 可以用来降低库存量、改善库存周转，进而保持库存水平的最优化，而且供应商和用户分享重要信息，所以双方都可以改善需求预测、补充计划、促销管理和装运计划，等等。VMI 是由传统通路产生订单作补货改变成以实际的或预测的消费者需求作补货。

2. VMI 策略的原则

VMI 策略的关键措施主要体现在如下几个原则中：

(1)合作精神。在实施该策略中，相互信任与信息通明是很重要的，供应商和用户(零售商)都要有较好的合作精神，才能够相互保持较好的合作。

(2)使双方成本最小。VMI 不是关于成本如何分配或谁来支付的问题，而是通过该策略的实施减少整个供应链上的库存成本，使双方都能获益。

(3)目标一致性原则。双方都明白各自的责任,观念上达成一致的目标。如库存放在哪里,什么时候支付,是否要管理费,要花费多少等问题都通过双方达成一致。

(4)持续改进原则。使供需双方共同努力,逐渐消除浪费。

VMI 的主要思想是供应商在用户的允许下设立库存,确定库存水平和补给策略,行使对库存的控制权。精心设计与开发的 VMI 系统,不仅可以降低供应链的库存水平,而且用户还可以获得高水平的服务,改进资金流,与供应商共享需求变化的透明性以及获得更好的用户信任。

3. VMI 系统的构成

VMI 系统最主要可分成两个模组,一是需求计划模组,可以产生准确的需求预测;二是配销计划模组,可根据实际客户订单、运送方式,产生出客户满意度高及成本低的配送。

(1)需求预测计划模组

需求预测最主要的目的就是要协助供应商作库存管理决策,准确预测可明确让供应商销售何种商品,销售商品给谁,以何种价格销售,何时销售等。

预测所需的参考要素包括:

①客户订货历史资料——客户平常的订货资料,可以作为未来预测的需求。

②非客户历史资料——市场情报,如促销活动资料。

需求预测程序如下:

①供应商收到用户最近的产品活动资料,紧接着 VMI 作需求历史分析。

②使用统计分析方法,以客户的平均历史需求、客户的需求动向、客户需求的周期为根据来考虑,产生最初的预测模式。

③由统计工具可模拟不同的条件如促销活动、市场动向、广告、价格异动等,产生出调整过后的预测需求。

(2)配销计划模组

最主要是有效的管理库存量,利用 VMI 可以比较库存计划和实际库存量并得知目前库存量尚能维持多久,所产生的补货计划是依据需求预测模组得到的需求预测、与用户约定的补货规则(如最小订货量、配送提前期、安全库存)、配送规则等,至于补货订单方面,VMI 可以自动产生最符合经济效益的建议配送策略(如运送量、运输工具的承载量)及配送进度。

(二)VMI 的实施方法与步骤

实施 VMI 策略,首先要改变订单的处理方式,建立基于标准的托付订单处理模式,供应商和用户一起确定供应商的订单业务处理过程所需要的信息和库存控制参数,然后建立一种订单的处理标准模式,如 EDI 标准报文,最后把订货、交货和票据处理的各个业务功能集成在供应商一边。

库存状态透明性(对供应商)是实施供应商管理用户库存的关键。供应商能够随时跟踪和检查到销售商的库存状态,快速、准确地做出补充库存的决策,对企业的生产(供应)状态做出相应的调整,从而敏捷地响应市场的需求变化。为此需要建立一种能使供应商和用户的库存信息系统透明连接的方法。

1. VMI 应用过程中需交换的资料

VMI 使用 EDI 让供应商与用户彼此交换资料，交换的资料包括产品活动资料、计划进度及预测、订单确认、订单等。每个交换资料包含的主要项目如下：

(1)产品活动资料包含可用的、被订购的、计划促销量、零售资料。

(2)计划进度及预测资料包含预测订单量、预定或指定的出货日期。

(3)订单确认资料包含订单量、出货日期、配送地点等。

(4)订单资料包含订单量、出货日期配送地点等。

2. VMI 补货作业的过程

根据上述交换的资料，VMI 可以产生补货作业，补货作业可分成 8 个过程，说明如下：

(1)批发商每日或每星期送出确定的商品活动资料给供应商。

(2)供应商接收用户传来的商品活动资料并对此资料与商品的历史资料做预测处理。

(3)供应商使用统计方法，针对每种商品做出预测。

(4)供应商根据市场情报、销售情形适当对上述产生的预测做调整。供应商按照调整后的预测量再加上补货系统预先设定的条件、配送条件、客户要求的服务等级、安全库存量等，产生最具效益的订单量。

(5)紧接着供应商根据现有的库存量、已订购量产生最佳的补货计划。

(6)供应商根据自动货物装载系统计算得到最佳运输配送。

(7)供应商根据以上得到的最佳订购量，在供应商端内部产生用户需求的订单。

(8)供应商接下来产生订单确认资料并传送给用户，通知用户补货。

3. VMI 策略的实施步骤

(1)建立顾客情报信息系统。供应商要有效地管理销售库存，供应商必须能够获得顾客的有关信息。通过建立顾客的信息库，供应商能够掌握需求变化的有关情况，把由分销商进行的需求预测与分析功能集成到供应商的系统中来。

(2)建立物流网络管理系统。供应商要很好地管理库存，必须建立起完善的物流网络管理系统，保证自己的产品需求信息和物流畅通。目前，已有许多企业开始采用 MRPⅡ或 ERP，这些软件系统都集成了物流管理功能，通过对这些功能的扩展，就可以建立完善的物流网络管理系统。

(3)建立供应商与用户的合作框架协议。供应商和用户一起通过协商，确定订单处理的业务流程以及库存控制的有关参数，如补充订货点、最低库存水平、库存信息的传递方式 EDI 或 Internet 等。

(4)组织机构的变革。这一点很重要，因为 VMI 策略改变了供应商的组织模式。引入 VMI 后，在订货部门产生了一个新的职能，负责控制用户的库存，实现库存补给和高服务水平。

图 8-6 简要说明了 VMI 的作业流程。

综上所述，VMI 的好处是：可以提供更好的客户服务、增加公司的竞争力、提供更精确的预测、降低营运成本、计划生产进度、降低库存量与库存维持成本、有效的配送等。

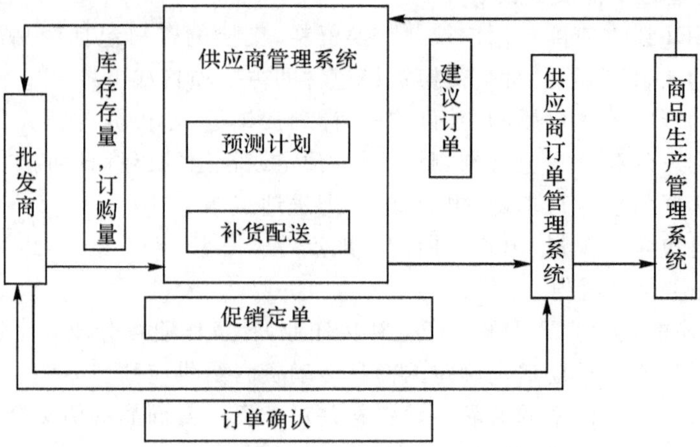

图 8-6　VMI 的作业流程

【本章小结】

本章从阐述储存管理的基本概念入手,介绍储存合理化的标志、储存管理的程序、储存合理化的措施,然后介绍库存控制的意义、基本经济定购批量模型及供应商管理库存(VMI)及其应用。通过本章学习,使学生掌握储存、库存的基本概念,理解储存管理的程序及储存合理化的标志,掌握基本经济订购批量模型,理解库存控制的意义。

【习题】

一、单项选择题

1. 下列(　　)不是构成缺货成本的内容。
   A. 失去销售机会的损失　　B. 保险费用
   C. 停工待料的损失　　D. 延期交货的额外支出
2. 库存决策最重要的考虑因素是(　　)。
   A. 市场对商品的需求状况　　B. 订购性质
   C. 供应商问题　　D. 仓库空间容量
3. 下列仓库中(　　)是按照仓库储存的产品来进行分类的。
   A. 物流中心型仓库　　B. 半成品仓库
   C. 地下仓库　　D. 合同仓库
4. 储存生产所需要的原材料不仅能够保证生产过程的连续性,而且常常会在未来原材料价格上涨或原材料短缺时赚取额外的利润,这是库存管理的(　　)作用。
   A. 平衡供求方面的关系　　B. 使企业获得规模效益
   C. 预防需求和订货周期的不稳定性　　D. 有助于物流系统的合理化
5. 下列(　　)是按照仓库的建筑形态来进行分类的。
   A. 物流中心型仓库　　B. 半成品仓库
   C. 地下仓库　　D. 合同仓库

6. VMI 系统可分为两个模组，一个是需求计划模组，一个是(　　)。
A. 补货计划模组　　B. 库存计划模组
C. 配销计划模组　　D. 生产计划模组

7. 购置时间使用量是指(　　)。
A. 最低库存量　　B. 理想最低库存量
C. 实际最低库存量　　D. 最高库存量

8. 下列哪种仓库类型是按照储存的目的来进行分类的？(　　)
A. 合同仓库　　B. 原材料仓库　　C. 地下仓库　　D. 流通中心型仓库

9. 下列(　　)属于作业合理化需要的库存控制的目的。
A. 防止延迟或缺货　　B. 减少超额库存投资
C. 降低库存成本　　D. 保护财产

10. EOQ 是指(　　)。
A. 经济订货批量　　B. 供应商管理库存
C. 电子商务　　D. 条形码技术

11. 某企业在得知今年世界主要产棉国遭遇自然灾害，预计棉花价格将提升，在棉花收购季节前大量收购堆放仓库中的库存被称为(　　)。
A. 促销库存　　B. 安全库存　　C. 季节性库存　　D. 投机库存

12. 下列(　　)不是构成储存成本的内容。
A. 仓库租金　　B. 保险费用　　C. 停工待料的损失　　D. 仓库管理费

13. 在库存控制的关键问题管理中，确定库存基准包括确定最低库存量和(　　)。
A. 最高库存量　　B. 实际最低库存量
C. 理想最低库存量　　D. 经济订货量

14. 下列(　　)是按照仓库的所有权来进行分类的。
A. 物流中心型仓库　　B. 产成品仓库
C. 立体仓库　　D. 合同仓库

15. 被称为“第三方仓库”的是(　　)。
A. 合同仓库　　B. 公共仓库
C. 配送中心型仓库　　D. 物流中心型仓库

16. 库存成本中，下列哪一项与订货批量大小无关而与订货次数有关？(　　)
A. 购买成本　　B. 订货成本　　C. 储存成本　　D. 缺货成本

17. 下列不属于库存控制关键问题的是(　　)。
A. 确定订货点　　B. 确定订货量
C. 确定库存基准　　D. 确定库存货物价值

18. 某仓库 A 商品年需求量为 2400 箱，单位商品年保管费为 6 元，每次订货成本为 8 元，则经济订购批量为(　　)箱。
A. 80　　B. 57　　C. 60　　D. 42

19. 从被储存物不同品种、不同规格、不同花色的储存数量的比例关系来判断储存合理化属于储存合理化的(　　)。
A. 数量标志　　B. 时间标志　　C. 结构标志　　D. 分布标志

二、多项选择题

1. 库存成本一般由以下(　　)构成。

A. 购买成本　B. 储存成本　C. 订货成本
D. 缺货成本　E. 仓库管理成本

2. 库存控制的关键问题是(　　)。

A. 确定订购点　B. 确定订购时间　C. 确定库存基准
D. 确定订购次数　E. 确定订购量

3. 储存合理化的标志是(　　)。

A. 质量标志　B. 数量标志　C. 时间标志
D. 结构标志　E. 费用标志

4. VMI 策略的关键措施主要体现在(　　)原则中。

A. 合作精神　B. 使双方成本最小　C. 竞争性原则
D. 持续改进原则　E. 目标一致性原则

5. 按仓库的储存目的,可以将仓库分为(　　)。

A. 配送中心型仓库　B. 原材料仓库　C. 自有仓库
D. 存储中心型仓库　E. 物流中心型仓库

6. 下列(　　)措施是储存合理化的常用措施。

A. 进行储存物品的 ABC 分析　B. 适当集中库存
C. 采用有效的"先进先出"方式　D. 提高储存密度,提高仓容利用率
E. 采用"后进先出"法

7. 在库存控制的目的中属于财务合理化的需要的是(　　)。

A. 减少超额库存投资　B. 降低库存成本　C. 保护财产
D. 防止迟延或缺货　E. 减少呆滞商品发生

三、判断题

1. VMI 系统中,需求预测最主要的目的是协助用户作库存管理决策,准确预测,让用户可明确需要多少商品。(　　)
2. 集装箱、集装袋、托盘等储运装备一体化的方式是储存合理化的一种有效方式。(　　)
3. ABC 分析法的核心思想是"找出关键的大多数"。(　　)
4. VMI 系统中,配销计划最主要的目的是协助供应商作库存管理决策,利用 VMI 可以比较库存计划和实际库存量,并得知目前库存量尚能维持多久。(　　)
5. 库存状态透明性(对供应商)是实施供应商管理用户库存的关键。(　　)
6. 储存作业过程的第二个步骤就是验货、收货。(　　)
7. VMI 的主要思想是用户在供应商的允许下设立库存,确定库存水平和补给策略,行使对库存的控制权。(　　)
8. 费用标志是衡量储存合理性的最重要标志。(　　)
9. VMI 系统分为需求计划模组、配销计划模组和物流计划模组三个模组。(　　)
10. 订货成本一般与订货次数无关,而只与订货批量的大小有关。(　　)

11. 在库存控制中,减少呆滞商品的发生是出于财务合理化的需要。 (　　)

12. 储存合理化的主要标志中,为首的是费用标志。 (　　)

四、名词解释

1. 库存
2. 订购点
3. 订购量
4. 缺货成本
5. ABC 分析

五、简答题

1. VMI 是什么意思?它的关键措施体现在哪些原则中?

2. 某大型国有企业库存管理混乱,完全没有依照现代物流的管理方式进行管理,企业上层决定对其进行改革,为了实现储存合理化,可以采取哪些措施?

3. 企业实施 VMI 有何好处?

4. 简述 VMI 策略的实施步骤。

5. 简述 ABC 分析的原理及各类库存商品的管理策略。

6. 简述库存控制的目的。

六、计算题

1. 某生产企业对某种原材料的年需求量为 20000 吨,每次的订货费用为 4000 元,每吨原材料的单价是 200 元,存储费用为 5%(即每吨原材料储存一年所需要的储存费用为原材料单价的 5%)。求所需要的经济订货批量、年订货次数、订货时间间隔及总的库存成本。

2. 某企业全部库存商品共计 3421 种,按每一品种年度从大到小排序,排成如表 1 所列的七档,统计每档的品种数和销售金额,然后分别计算两个指标的累计数及其与全部品种和销售总额的百分比,填入品种序列表内。

要求:用 ABC 分类法按照表 2 的分类标准把品种序列表中(表 1)的七档品种划分为 ABC 三类。具体的分类结果直接填入表 3(计算过程可以不表示出来。计算结果保留一位小数)。

表 1　品种序列表　　单位:万元

每种商品年销售额	品种数(种类)	品种累计(种)	占全部品种的百分比(%)	销售额	销售额累计	占销售总额百分比(%)
6<X	260	260	7.6	5800	5800	69.1
5<X≤6	68	328	9.6	500	6300	75.1
4<X≤5	55	383	11.2	50	6550	78.1
3<X≤4	5	478	14.0	340	6890	82.1
2<X≤3	170	648	18.9	420	7310	87.1
1<X≤2	352	1000	29.2	410	7720	92.0
X≤1	2421	3421	100	670	8390	100.0

表 2 ABC 分类标准

分 类	占总品种的百分比(%)	占销售额的百分比(%)
A	5～10	70～75
B	10～20	10～20
C	70～75	5～10

表 3 按照 ABC 分类法的分类结果填入

分 类	品种数	占全部品种百分比(%)	品种累计百分比(%)	销售额(万元)	占销售总额百分比(%)	销售额累计百分比(%)
A						
B						
C			100.0			100.0

3. 某公司年销售某种产品 80000 箱，每箱产品年存储费用为 4 元，每次进货费用为 400 元，求该公司的最佳进货次数、最佳进货时间间隔天数和平均储存量。

4. 某加工企业对某零件年需求量为 10000 件，每次订货费用为 1000 元，每件产品单价为 200 元，存储费用为 10%，求所需要的经济订货批量、年订货次数、订货时间间隔以及与订货相关的库存成本。

七、案例分析题

1. 詹姆(JAM)电子：寻找有效的库存管理策略

詹姆(JAM)电子是一家生产诸如工业继电器等产品的韩国制造商企业。公司在远东地区的 5 个国家拥有 5 家制造工厂，公司总部在首尔。

美国詹姆公司是詹姆电子的一个子公司，专门为美国国内提供配送和服务功能。公司在芝加哥设有一个中心仓库，为两类顾客提供服务，即分销商和原始设备制造商。分销商一般持有詹姆公司产品的库存，根据顾客需要供应产品。原始设备制造商使用詹姆公司的产品来生产各种类型的产品，如自动化车库的开门装置。

詹姆电子大约生产 2500 种不同的产品，所有这些产品都是在远东制造的，产成品储存在韩国的一个中心仓库，然后从这里运往不同的国家。在美国销售的产品是通过海运运到芝加哥仓库的。

近年来，美国詹姆公司已经感到竞争大大加剧了，并感受到来自于顾客要求提高服务水平和降低成本的巨大压力。不幸的是，正如库存经理艾尔所说："目前的服务水平处于历史最低水平，只有大约 70% 的订单能够准时交货。另外，很多没有需求的产品占用了大量库存。"

在最近一次与美国詹姆公司总裁和总经理及韩国总部代表的会议中，艾尔指出了服务水平低下的几个原因：

(1)预测顾客需求存在很大的困难。

(2)供应链存在很长的提前期。美国仓库发出的订单一般要 6～7 周后才能交货。存在这么长的提前期主要因为：一是韩国的中央配送中心需要 1 周来处理订单；二是海上运输时间比较长。

(3)公司有大量的库存。如前所述,美国公司要向顾客配送2500种不同的产品。

(4)总部给予美国子公司较低的优先权。美国的订单的提前期一般要比其他地方的订单早1周左右。

但是,总经理很不同意艾尔的观点。他指出,可以通过用空运的方式来缩短提前期。这样,运输成本肯定会提高,但是,怎么样进行成本节约呢?

问题:

(1)詹姆公司如何针对这种变动较大的顾客需求进行预测?

(2)其如何平衡服务水平和库存水平之间的关系?

(3)提前期和提前期的变动对库存有什么影响?詹姆公司该怎么处理?

(4)对詹姆公司来讲,什么是有效的库存管理策略?

2. 台湾雀巢与家乐福的VMI计划

雀巢与家乐福公司在全球均为流通产业的领导厂商,台湾雀巢在1999年10月开始与家乐福公司合作,建立整个VMI计划的运作机制,总目标要增加商品的供应率、降低顾客(家乐福)库存持有天数、缩短订货前置时间以及降低双方物流作业的成本。

计划实施前,在系统方面,双方各自有独立的内部ERP系统,彼此间不兼容,在推动计划的同时,家乐福也在进行与供货商以EDI联机方式的推广计划,与雀巢的VMI计划也打算以EDI的方式进行联机。

在人力投入方面,雀巢与家乐福双方分别设置专门的对应窗口,其他包括如物流、业务或采购、信息等部门则是以协助的方式参与计划,并逐步转变为物流对物流、业务对采购以及信息对信息的团队运作方式。在经费的投入上,家乐福方面主要是EDI系统建设的花费,也没有其他额外的投入,雀巢方面除了EDI建设外,还引进了一套VMI的系统,花费约250万台币。

在具体的成果上,除了建设一套VMI运作系统与方式外,经过近半年实际上线执行VMI运作,对于具体目标达成上也已有显著的成果,雀巢对家乐福物流中心产品到货率由原来的80%左右提升至95%(超越目标值),家乐福物流中心对零售店面产品到货率也由70%左右提升至90%左右,而且仍在继续改善中,库存天数由原来的25天左右下降至目标值以下,订单修改率也由60%～70%的修改率下降至现在的10%以下。

在双方的合作关系上,对雀巢来说最大的收获是在与家乐福合作的关系上,过去与家乐福是单向的买卖关系,顾客要什么就给他什么,甚至是尽可能地推销产品,彼此都忽略了真正的市场需求,导致卖得好的商品经常缺货,而不畅销的产品却有很高的库存,经过这次合作让双方更为相互了解,也愿意共同解决问题,并使原本各项问题的症结点陆续浮现,有利于根本性改进供应链的整体效率,同时掌握销售资料和库存量来作为市场需求预测和库存补货的解决方法。另一方面雀巢在原来与家乐福的VMI计划基础上,也进一步考虑针对各店降低缺货率,以及促销合作等计划的可行性。

问题:

(1)VMI的运行给台湾雀巢与家乐福带来了什么好处?

(2)结合案例说明实施VMI策略的基本原则有哪些?

(3)结合案例简要说明实施VMI策略的实施步骤。

3. 戴尔计算机的物流配送

在不到20年的时间内，戴尔计算机公司的创始人迈克尔·戴尔，白手起家把公司发展到250亿美元的规模。即使面对美国经济目前的低迷状态，在惠普等超大型竞争对手纷纷裁员减产的情况下，戴尔仍以两位数的发展速度飞快前进。根据美国一家权威机构的统计，戴尔2001年一季度的个人电脑销售额占全球总量的13.1%，仍高居世界第一。

该公司分管物流配送的副总裁迪克·亨特一语道破天机："我们只保存可供5天生产的存货，而我们的竞争对手则保存30天、45天，甚至90天的存货。这就是区别。"

几乎所有的工厂都会出现过期、过剩零部件。而高效率的物流配送使戴尔的过期零部件比例保持在材料开支总额的0.05%～0.1%，2000年戴尔全年在这方面的损失为2100万美元。而这一比例在戴尔的对手企业高达2%～3%，在其他工业部门更是高达4%～5%。

即使是面对如此高效的物流配送，戴尔的亨特副总裁仍不满意："有人问5天的库存量是否为戴尔的最佳物流配送极限，我的回答：当然不是，我们能把它缩短到2天。"

问题：

(1)结合所学知识，分析戴尔公司储存是否合理，可以通过哪些标志判断？

(2)戴尔公司希望进一步降低库存，以你所学知识，分析可以采取什么办法令其库存更加合理化？

4. 南京冠生园食品陈陷月饼事件

2001年，中央电视台《新闻30分》节目报道了南京冠生园食品有限公司以隔年陈馅做月饼的惊人消息，导致当年和第二年月饼销售量骤降四成。该公司总经理吴震中声称：这在全国范围内是普遍现象，月饼是季节性很强的产品，这个市场很难估量，没有一个厂家，除非你是个体户，做几个卖几个的。而其他一些月饼生产厂家则否定了这一说法，北京大三元总经理声称：卖不完的月饼全部销毁，但我们库存控制做得比较好，剩下来的不会很多，连盒和包装都全部销毁，盒卖废铁，月饼喂猪。

问题：

(1)库存控制有何意义？

(2)库存控制的目的是什么？

(3)库存控制的关键问题何在？

第九章　电子商务与物流配送

【学习目标】

通过本章学习,使学生掌握电子商务的基本概念,了解电子商务的功能和效益,理解电子商务与物流配送的关系。

【引例】

祐康电子商务

祐康电子商务创立于2000年12月,是目前浙江省最大的BtoC电子商务销售服务商。祐康电子商务致力于打造国内电子商务行业的杰出品牌,其运营系统为核心,涵盖网上购物、呼叫中心(特服电话96188)、祐康便利连锁、祐康物流配送等四个部分,年销售配送额超过1亿元。祐康电子商务已被科技部确立为"十五"电子商务与现代物流示范单位,是浙江省、杭州市电子商务试点企业,浙江省现代物流发展重点联系企业、浙江省"十五"服务业电子化工程试点示范企业,浙江首批电子商务应用推荐企业。

祐康网上购物系统坚持以"电子"为手段,以"商务"为核心,以"物流"为基础,建立了先进的信息网、立体的营销网和完善的物流网,三网合一,创造了电子商务赢利的新模式。

祐康物流以城域配送为主业,以低温冷冻冷藏配送链为特色。其信息平台优势:物流之道,网络为本。祐康拥有先进、功能强大的物流信息平台,实现了客户市场网络化、营运资源网络化、信息交换网络化、运输服务网络化、财务结算网络化,真正达到全程全网及一站式服务。其仓库优势:占地20000平方米的常温库,10000吨高低温冷库,二期占地400亩的物流基地中心正在规划建设中。其配送优势:自有型号齐全的配送车辆200余辆,社会车辆资源调度游刃有余,网络化、全程化的现代调度手段。

祐康连锁便利店的优势:集中采购的商品价格优势;大型专业的物流配送支持;统一的规范经营与管理;大规模的商品促销支持;先进的信息化网络技术;高知名度高美誉度的服务品牌效应;丰富的会员共享资源;

祐康连锁便利店的定位:社区便民服务中心;信息集散中心;祐康电子商务的终端落地平台;祐康的物流节点。

祐康技术先进、运行稳定的呼叫中心为客户提供7×24小时的服务。

祐康呼叫中心。

【思考】

1. 祐康的电子商务有何特色?
2. 祐康的物流如何与电子商务结合?

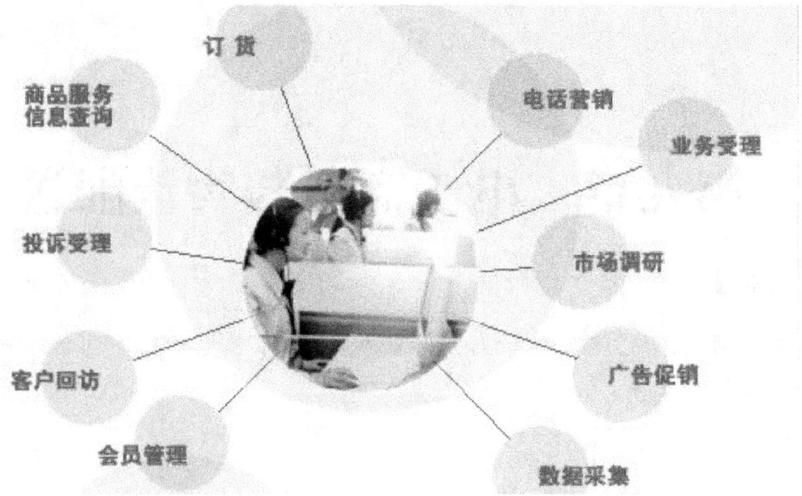

图 9-1 祐康电子商务

资料来源：祐康电子商务网站，http://www.chinayoucan.com。

第一节 电子商务概述

一、电子商务的概念

电子商务(electronic commerce，EC)是一种崭新的企业经营方式，它是利用网络技术，通过网络与合作伙伴进行经济信息的交换和处理，从而快速而有效地处理日常商务的最新方法。它能够直接与广大的网络接口相连，能进行各种商业活动，从而为企业和用户带来巨大的利益和价值。

数字化、网络化与信息化是21世纪的时代特征。经济全球化与网络化已经成为一种潮流，信息技术革命与信息化建设正在使资本经济转变为信息经济、知识经济，并将迅速改变传统的经贸交易方式和整个经济面貌。它加快了世界经济结构的调整与重组，推动着我国从工业化社会向信息化社会的过渡。

对于电子商务的概念，到目前为止还没有一个较为全面、具有权威性的能够为大多数人接受的电子商务的定义。各种组织、政府、公司、学术团体、专家学者都依据自己的理解和需要为电子商务做出定义，其中有一些较为系统和全面的观点如下：

(1)加拿大电子商务协会给出了电子商务的较为严格的定义：电子商务是通过数字通信进行商品和服务的买卖以及资金的转账，它还包括公司间和公司内利用E-mail、EDI、文件传输、传真、电视会议、远程计算机联网所能实现的全部功能(如：市场营销、金融结算、销售以及商务谈判)。

(2)联合国经济合作和发展组织(OECD)有关电子商务的报告中对EC定义：电子商务是发生在开放网络上的包含企业间(Business to Business，B2B)、企业和消费者之间

(Business to Consumer,B2C)的商业交易。

(3)美国政府在其“全球电子商务纲要”中,比较笼统地指出电子商务是通过进行的各项商务活动,包括广告、交易、支付、服务等活动,全球电子商务将会涉及各个国家。

(4)通用电气公司(GE)对电子商务的定义:电子商务是通过电子方式进行商业交易,分为企业与企业间的电子商务和企业与消费者之间的电子商务。企业与企业间的电子商务:以电子数据交换 EDI 为核心技术,增值网(VAN)和互联网(Internet)为主要手段,实现企业间业务流程的电子化,配合企业内部的电子化生产管理系统,提高企业从生产、库存、流通(包括物资和资金)各个环节的效率。企业与消费者之间的电子商务:以 IT 为主要服务提供手段,实现公众消费和服务提供方式以及相关的付款方式的电子化。

(5)美国 IT 厂商提出的电子商务的定义:电子商务是一种商务活动的新形式,它通过采用现代信息技术手段,以数字化通信网络和计算机装置替代传统交易过程中纸介质信息载体的存储、传递、统计、发布等环节,从而实现商品和服务交易以及管理等活动的全过程无纸化,并达到高效率、低成本、数字化、网络化、全球化等目的。

(6)我国专家王可研究员从过程角度定义电子商务为“在计算机与通信网络基础上,利用电子工具实现商业交换和行政作业的过程”。

从以上的一些定义中,可以看出,它们没有谁对谁错之分,人们只是从不同角度,从广义和狭义上各抒己见而已。总之,可以这样说:从宏观上讲,电子商务是计算机网络所带来的又一次革命,旨在通过电子手段建立一种新的经济秩序。它不仅涉及电子技术和商业交易本身,而且涉及诸如金融、税务、教育等其他社会层面;从微观角度说,电子商务是指各种具有商业活动能力的实体(生产企业、商贸企业、金融机构、政府机构、个人消费者等)利用网络和先进的数字化媒体技术进行的各项商业贸易活动。这里要强调两点:一是活动要有商业背景;二是网络化和数字化。

二、电子商务的功能与效益

(一)电子商务给企业带来的效益

1. 降低采购成本

对于企业来说,物资或劳务的采购是一个复杂的多阶段过程。首先,购买者要寻找相应的产品供应商,调查他们的产品在数量、质量、价格方面是否满足要求。在选定了一个供应商后,企业需要把详细计划和需求信息传送给供应商,以便供应商能够准确地按照客户要求的性能指标进行生产。如果产品样品被认可而且供应商有能力立即生产,购买者就会发出一份具体产品数量的采购订单。然后,买方会接到供应商的通知,告诉他采购订单已经收到并确认该订单可以满足。当产品由供应商发出时,购买者再次接到通知同时还有产品的发货清单。买方的会计部门核对发货单和采购订单后付款。当原有订单变动时,购买过程将更加复杂。

电子数据交换(EDI)、互联网(Internet),可以减少采购过程中的人力、印刷和邮寄费用,降低了处理费用,并通过在网上公开招标,为企业提供了新的采购机会和更低的采购成本。

2. 减少库存和产品的积压

生产计划送达供应商所需的时间越长,公司的库存就越大,并带来延迟和错误,同时使供应商对需求变化来不及做出所要求的快速反应。公司库存越多，其运转费用就越高，效益就越低。对公司来说，恰当地管理库存将实现对客户更好的服务和较低的运转费用。增加库存周转频率，将降低与库存有关的利息、搬运和储存费用。减少库存量也意味着现有的制造能力得到了更有效的利用。而更有效的生产可以减少或消除对工厂和设备增加投资的要求。

电子商务和有效的物流配送系统能够缩短订单处理时间和做到JIT配送，最大限度地降低公司的库存，以降低生产成本。

3. 缩短生产周期

生产周期是制造产品所需的总时间。制造任何一种产品都与某些固定的开支相联系，这些固定开支不随产量的变化而变化。固定开支包括设备折旧费、大部分公用设施和建筑物费用以及大部分管理和监督费用。如果制造产品的时间可以从10天缩短到7天，那么，由于时间的减少，每个产品的固定开支就可降低。电子商务活动可以使循环时间缩短，可以以同等的或降低的费用生产更多的产品。

4. 有效的客户服务

电子商务能在网上介绍产品、提供技术支持、查询订单、处理信息，不仅可以解放公司自己的客户服务人员，让他们去处理更复杂的问题，调整与客户的关系，而且也会使客户更满意。

5. 降低价格

电子商务使公司提高处理订单的容量，提高订单处理的速度，而不增加工作人员，从而降低了操作成本和管理成本，进而降低产品的销售价格。

6. 获得新的销售机会

电子商务通过网络进行促销和广告宣传，并创造定制服务，增加新的销售机会。

（二）电子商务的社会效益

1. 全社会的增值

电子商务带来的最直接的好处就是由于贸易范围的空前扩大而产生的全球贸易活动的大幅度增加，因而提高了贸易环节中大多数角色的交易量。因此，全球范围的经济形势将向一个良好的增长趋势发展。

2. 促进知识经济的发展

信息产业是知识经济的核心和主要的推动力，而电子商务又是目前信息产业中最具前途的发展趋势。因此，电子商务的发展必将直接或间接地推动知识经济的浪潮。

3. 导致新行业的出现

在电子商务条件下，原来的业务模型发生了变化，许多不同类型的业务过程由原来的集中管理变为分散管理，社会分工逐步变细，因而产生了大量的新兴行业，以配合电子商务的顺利运转。

第二节　电子商务与物流配送的关系

一、物流配送是电子商务的重要组成部分

在电子商务中，商品所有权在点击购销合同的那一刻起，便以商流的形式由供应方转移到需求方，但商品实体并没有因此而自动转移。在传统的交易过程中，除了非实物交割的期货交易，一般的商品都必须随着相应的物流活动，即按买方的需求将商品实体以适当的方式、途径向买方转移。电子商务也一样，在买方通过上网点击完成商流过程后，电子商务的过程并未结束，只有商品和服务真正转移到消费者手中，商务过程才告以结束。没有现代化的物流支持；电子商务给消费者带来的购物便捷就等于零，任何轻松点击的商务活动都是纸上谈兵。

所以说，物流是电子商务的重要组成部分。而配送是物流三大主要功能之一，因此，物流配送是电子商务的重要组成部分。

二、物流配送是实现电子商务的保证

电子商务的成功与否，主要取决于一是商品的价格，二是客户服务。商品的价格中包含的物流配送成本的大小，直接影响到价格的高低。成功的电子商务必定有一个具有规模效应的完善的配送系统的支持。在电子购物中，能很明显地看到这一点。已有不少电子商务没能成功的案例，主要是因为不具备良好的配送网络，致使商务成本过高，最终导致商品的价格失去优势。

随着人们生活水平的不断提高，对服务的要求也越来越高。电子商务的客户服务最直接的就是要靠物流配送来完成。良好的物流配送系统，不但能使整个电子商务过程得以顺利完成，同时可以有良好的服务印象，提高服务水平。所以，我们说物流配送是实现电子商务的保证。

【本章小结】

本章从电子商务基本概念入手，介绍了电子商务的功能和效益，同时阐述了电子商务与物流配送的关系：物流配送是电子商务的重要组成部分，物流配送是实现电子商务的保证。通过本章学习，使学生掌握电子商务的基本概念，了解电子商务的功能和效益，理解电子商务与物流配送的关系。

【习题】

一、单项选择题

1. 电子商务能够给企业带来许多效益，不包括(　　)。

　A. 降低采购成本　　B. 减少库存和产品积压

　C. 缩短生产周期　　D. 导致新行业的出现

2. 关于电子商务的下列说法不正确的是（　　）。

A. 物流配送是电子商务的重要组成部分

B. 电子商务的成功与否主要取决于物流配送

C. 物流配送是实现电子商务的保证

D. 成功的电子商务必定有一个具有规模效应的完善的配送系统的支持

3. 电子商务不能为企业带来的效益是（　　）。

A. 降低采购成本　　B. 减少库存和产品积压

C. 获得少源采购途径　　D. 有效客户服务

4. 电子商务带来的最直接的好处是（　　）。

A. 贸易范围的空前扩大　　B. 促进知识经济的发展

C. 贸易额度增加　　D. 导致新行业的出现

5. 不属于电子商务的社会效益的是（　　）。

A. 全社会的增值　　B. 导致新行业的出现

C. 促进知识经济的发展　　D. 有效的客户服务

6. 电子商务最直接的社会效益是（　　）。

A. 有效客户服务

B. 促进知识经济发展

C. 导致新行业出现

D. 贸易范围扩大导致全球贸易活动大幅增加

二、多项选择题

电子商务的社会效益体现在（　　　）。

A. 全社会的增值　　B. 获得新的销售机会

C. 促进知识经济的发展　　D. 有效客户服务

E. 导致新行业出现

三、判断题

1. 电子商务不能缩短生产周期。（　　）

2. 物流配送是电子商务的重要组成部分。（　　）

3. 成功的电子商务必定有一个具有规模效应的完善的配送系统的支持。（　　）

4. 电子商务成功与否，主要取决于商品的质量和客户服务。（　　）

5. 电子商务成功与否，主要取决于一是商品价格，二是客户服务。（　　）

四、名词解释

电子商务

五、简答题

1. 简述电子商务的功能和效益。

2. 简述电子商务与物流配送的关系。

六、案例分析题

1. 全球最大的网上书店亚马逊网上书店 2002 年年底开始盈利，这是全球电子商务发展的福音。美国亚马逊网上书店自1995年7月在美国开业以来，经历了7年的发展历程。到2002年年底全球已有220个国家的4000万网民在亚马逊书店购买了商品，亚马逊为消费者提供的商品总数已达到40多万种。随着近几年来电子商务发展受挫，许多追随者纷纷倒地落马之时，亚马逊却顽强地活了下来并脱颖而出，创造了令人振奋的业绩：2002年第三季度的净销售额达8.51亿美元，比上年同期增长了33.2%；2002年前三个季度的净销售额达25.04亿美元，比上年同期增长了24.8%。虽然2002年前三个季度还没有盈利，但净亏损额为1.52亿美元，比上年同期减少了73.4%，2002年第四季度的销售额为14.3亿美元，实现净利润300万美元，是第二个盈利的季度。亚马逊的扭亏为盈无疑是对B2C电子商务公司的巨大鼓舞。

为什么在电子商务发展普遍受挫时亚马逊的旗帜不倒？是什么成就了亚马逊今天的业绩？亚马逊的快速发展说明了什么？带着这一连串的疑问和思索探究亚马逊的发展历程后，我们经过研究后惊奇地发现，正是被许多人称为是电子商务发展"瓶颈"和最大障碍的物流拯救了亚马逊，是物流创造了亚马逊今天的业绩。那么通过亚马逊的生存和发展经历的研究带给我们现在的企业哪些有益的启示呢？——完善的物流系统是电子商务生存与发展的命脉。

电子商务是以现代信息技术和计算机网络为基础进行的商品和服务交易，具有交易虚拟化、透明化、成本低、效率高的特点。在电子商务中，信息流、商流、资金流的活动都可以通过计算机在网上完成，唯独物流要经过实实在在的运作过程，无法像信息流、资金流那样被虚拟化。因此，作为电子商务组成部分的物流便成为决定电子商务效益的关键因素。在电子商务中，如果物流滞后、效率低、质量差，则电子商务经济、方便、快捷的优势就不复存在。所以完善的物流系统是决定电子商务生存与发展的命脉。分析众多电子商务企业经营失败的原因，它们在很大程度上是缘于物流上的失败。而亚马逊的成功也正是得益于其在物流上的成功。亚马逊虽然是一个电子商务公司，但它的物流系统十分完善，一点也不逊色于实体公司。由于有完善、优化的物流系统作为保障，它才能将物流作为促销的手段，并有能力严格地控制物流成本和有效地进行物流过程的组织运作。在这些方面亚马逊同样有许多独到之处。

(1)在配送模式的选择上采取外包的方式

在电子商务中亚马逊将其国内的配送业务委托给美国邮政和UPS，将国际物流委托给国际海运公司等专业物流公司，自己则集中精力去发展主营和核心业务。这样可以减少投资，降低经营风险，又能充分利用专业物流公司的优势，节约物流成本。

(2)将库存控制在最低水平，实行零库存运转

亚马逊通过与供应商建立良好的合作关系，实现了对库存的有效控制。亚马逊公司的库存图书很少，维持库存的只有200种最受欢迎的畅销书。一般情况下，亚马逊是在顾客买书下了订单后，才从出版商那里进货。购书者以信用卡向亚马逊公司支付书款，而亚马逊却在图书售出46天后才向出版商付款，这就使得它的资金周转比传统书店要顺畅得多。由于保持了低库存，亚马逊的库存周转速度很快，并且从2001年以来越来越快。2002年第三季度库存平均周转次数达到19.4次，而世界第一大零售企业沃尔玛的库存周转次数也不过在7次左右。

(3)降低退货比率

虽然亚马逊经营的商品种类很多,但由于对商品品种选择适当,价格合理,商品质量和配送服务等能满足顾客需要,所以保持了很低的退货比率。传统书店的退书率一般为25%,高的可达40%,而亚马逊的退书率只有0.25%,远远低于传统的零售书店。极低的退货比率不仅减少了企业的退货成本,也保持了较高的顾客服务水平并取得了良好的商业信誉。

(4)为邮局发送商品提供便利,减少送货成本

在送货中亚马逊采取一种被称之为"邮政注入"的方式,减少送货成本。所谓"邮政注入"就是使用自己的货车或由独立的承运人将整卡车的订购商品从亚马逊的仓库送到当地邮局的库房,再由邮局向顾客送货。这样就可以免除邮局对商品的处理程序和步骤,为邮局发送商品提供便利条件,也为自己节省了资金。据一家与亚马逊合作的送货公司估计,靠此种"邮政注入"方式节省的资金相当于头等邮件普通价格的5%~17%,十分可观。

(5)根据不同商品类别建立不同的配送中心,提高配送中心作业效率

亚马逊的配送中心按商品类别设立,不同的商品由不同的配送中心进行配送。这样做有利于提高配送中心的专业化作业程度,使作业组织简单化、规范化,既能提高配送中心作业的效率,又可降低配送中心的管理和运转费用。

(6)采取"组合包装"技术,扩大运输批量

当顾客在亚马逊的网站上确认订单后,就可以立即看到亚马逊销售系统根据顾客所订商品发出是否有现货,以及选择的发运方式、估计的发货日期和送货日期等信息。如前所述,亚马逊根据商品类别建立了不同的配送中心,所以顾客订购的不同商品是从位于美国不同地点的不同的配送中心发出的。由于亚马逊的配送中心只保持少量的库存,所以在接到顾客订货后,亚马逊需要查询配送中心的库存,如果配送中心没有现货,就要向供应商订货。因此会造成同一张订单上商品有的可以立即发货,有的则需要等待。为了节省顾客等待的时间,亚马逊建议顾客在订货时不要将需要等待的商品和有现货的商品放在同一张订单中。这样在发运时,承运人就可以将来自不同顾客、相同类别、而且配送中心也有现货的商品配装在同一货车内发运,从而缩短顾客订货后的等待时间,也扩大了运输批量,提高运输效率,降低运输成本。

问题:

(1)亚马逊的物流系统是如何成为其电子商务生存与发展的命脉的?

(2)从本案例中你受到哪些启发?

2. UPS自进入中国市场之日起,就把满足客户需求、最大限度地为客户提供方便作为其首要服务目标。2001年8月21日,UPS宣布在北京、上海、广州同时启用其独创的高科技速递工具DIAD(速递资料收集器)。该系统可将收件方签收字据以数字化方式传输至UPS主机,而客户则可以通过上网或传真获得包裹收到的数字化证据。这一系统可以大大缩短票据循环周期,简化客户供应链的管理。

本着为客户提供便利的精神,UPS持续不断地推出更新更好的服务。2001年10月8日,UPS又宣布在全亚洲率先推出UPS签名跟踪系统。应用这一系统之后,UPS将网络包裹查询服务又提高了一个档次。2002年2月11日,UPS又推出了采用汉语的无线包裹跟

踪服务，使用具有互联网功能的手机用户就可以利用本国的语言来追踪自己的包裹行踪，客户能够更方便、更快捷地获得UPS提供的包裹信息。

接收过UPS公司邮包的客户，一定会对其现代化邮包签收方式留下深刻印象，因为客户在签收包裹或文件时，不是用纸和笔，而是通过UPS递送人员手中的手提电脑及电子笔进行签收。邮件签收完毕，客户的签名将在DIAD系统中数字化后，传送回公司相应的业务处理系统，这样客户就可以通过UPS的网站查询到货件递送情况及收件人的数字化签名。

在商务应用中，如需证明货物送达货款收讫，UPS提供的这项服务就显得极为有用。它可以极大地缩短传递票据的时间，提高物流效率，简化客户的供应链管理，从而也就为客户有效地降低了运营成本。

问题：分析UPS的优势何在？

第十章 物流服务

【学习目标】

通过本章学习，使学生掌握物流服务的含义和内容，并理解物流服务两个重要的组成部分——运输服务和配送服务。

【引例】

杭州八方物流——第三方物流服务案例

杭州八方物流有限公司是浙江省第一家注册的物流公司，也是浙江省生产性物流研究课题的牵头单位之一。永无止境的服务是八方物流始终追求的目标。下面将八方物流给某橡胶企业(以下称A企业)所设计的物流解决方案提供如下。

A企业为一家大中型国有企业，随着服务竞争时代的到来，A企业原本适用的经营方式和管理模式正在逐步显现出它的不足之外。主要表现在以下几个方面：

(1)产品经销商对A企业的忠诚度不够，始终成为A企业销售上的一大隐患。

(2)产品物流系统较为混乱，采购、生产和销售难以实现一体化运作，无法为客户提供更优越的物流服务，没有充分利用已经建立的物流渠道。

(3)销售网络从广度来看覆盖面不够，较为狭窄；从深度来看渗透力不够，只涉及一级代理商为止，对终端客户没有形成控制力。

(4)品牌知名度不够，市场影响力不强。

上述问题的出现正是A企业的管理体制、销售模式和经营理念与服务性经济不适应的具体表现。

解决方案

一、八方物流建议A企业进行以下几方面的改革，逐步解决以上一系列问题

改造现有的物流系统结构，建立“以杭州物流中心为核心，各异地仓库配送中心为骨架”的物流网络。

(一)仓储设置

A企业总体上形成以杭州为中心仓库，各异地仓库为配送仓库的总体格局。

中心仓库包括原材料仓库、轮胎仓库和车胎仓库。因为原材料和产品生产紧密相连，因此，考虑将原材料仓储设在厂区内，由A企业公司派人管理库存，由原材料供应商直接将原材料送到A企业。轮胎仓库和车胎仓库总面积估计需要8万～12万平方米，采取外包给八方物流，由八方物流进行杭州中心仓库的建设和投资。

(二)运输供应商管理

目前，A企业内有多家运输公司在共同承运A企业的货物，导致一方面A企业对运输

公司管理困难，服务水平参差不齐；另一方面，由于订单分散化，难以实现规模经济，人为地增加了物流成本。改革后，A企业将所有干线运输和异地区域配送的业务统一外包给八方物流，由八方物流进行物流资源的整合。

二、加强物流信息化，建立以条形码为核心的信息系统

为了配合A企业的发展，八方物流根据A企业对条码的要求，投资开发物流管理系统。该系统包括调度管理系统和仓储管理系统两大部分，适用于总部物流中心和各异地配送中心。

三、改革现有销售模式，逐步取消一级代理商

A企业现有的销售渠道主要有两条：一条是由A企业直接送货到汽车配套厂或自行配套厂，另一条是A企业送货到各个一级代理商仓库，再由一级代理商仓库配送到下一级代理商或终端用户，这样的销售模式削弱了A企业的竞争力。

鉴于以上原因，八方物流建议A企业建立集商流、物流为一体的销售模式。将销售点设在各异地配送仓库内，销售系统和物流系统相互独立，各异地销售处人员接受总部销售处的指令，各异地配送中心接受八方物流总部的指令，八方物流总部接受总部销售处的指令。异地销售人员接受各代理商和终端客户的订单，由异地配送中心直接交货物到代理商的下一级客户或终端客户，在此过程中逐渐打响A企业品牌，做好A企业服务，最终实现终端客户直接向A企业下单，淘汰中间代理商。

经过以上各项改革，A企业有关部门的功能实现了转换，出现了异地配送仓库为总部销售处的配送订单而存货，总部物流中心为各异地仓库的安全库存而存货，生产线为总部物流中心的安全库存而生产的状况。各相关部门的货物流、信息流和资金流则按照以上方式进行流动。

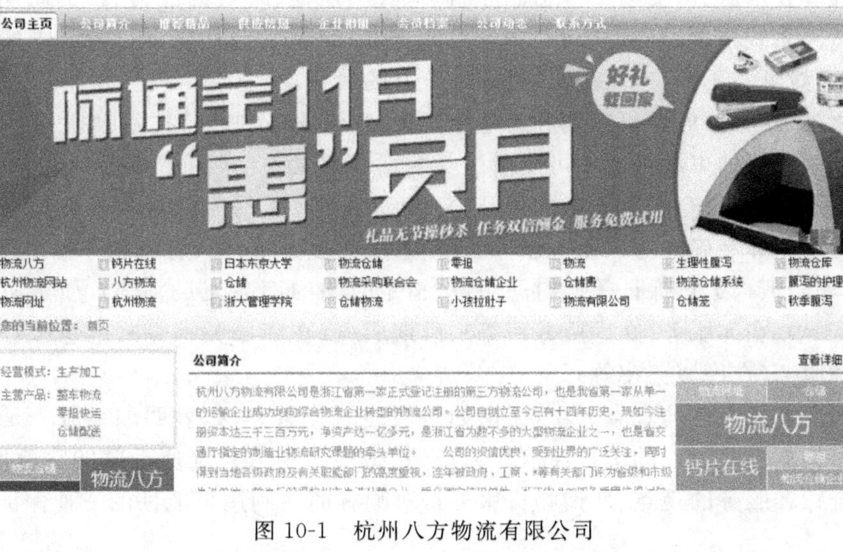

图10-1　杭州八方物流有限公司

资料来源：杭州八方物流有限公司网站，http://hz8856.cn.gtobal.com。

【思考】

1. 杭州八方物流为A企业提供物流解决方案有何特点?

2. 你从本案例中受到哪些启发?

第一节 物流服务概述

物流服务与物流服务管理如今越来越被企业界所重视。它所带来的效益是继物资的节约——“第一利润源泉”、劳动消耗的降低——“第二利润源泉”之后的又一利润源泉,即被喻为“第三利润源泉”。

物流业是属于第三产业的范畴,即广义的服务。其管理活动从本质上说是一种服务,是对顾客的服务,在使顾客满意的前提下,在权衡服务成本的基础上,向物流需求方——顾客,有效率、有效果、迅速地提供产品。由此物流服务是对顾客商品利润可能性的一种保证,包含着备货保证、输送保证与品质保证,其最终目的是使顾客满意,使顾客欣喜。

一、物流服务的含义与内容

现代物流管理的实质就是以顾客满意为基础,向物流需求方有效地、迅速地提供产品。由此在企业经营战略中首先要确定顾客的目标,然后对其服务实现差别化的战略。

(一)物流服务的含义

物流服务,即顾客服务的内涵和外延一般可以划分为交易前、交易中和交易后三个阶段,每个阶段都包括了不同的服务要素。交易前包括政策声明、顾客保证声明、组织构造、系统的灵活性和技术服务;交易中包括商品断货标准、反馈、订货的能力、订货周期的要素、时间、货物周转、系统精度、订货便利性和产品的更新;交易后包括保证、变更、维修零部件、产品追踪、顾客意见与不满、产品包装、维修中产品的替代。

除此之外,顾客服务也可以划分为营销服务、物流服务和经营技术服务三个领域。不同领域都有一些相应的可度量或不可度量的要素。营销服务包括价格服务(适当的价格、折扣等)、商品服务(提供符合顾客需求的商品等)、售后服务(交易后的服务等)、抱怨服务(抱怨妥善处理与改制体制确立等)、系统服务(营销系统的服务等)等;物流服务包括进货服务(退货率、误送率降低与数量保证等)、时间服务(指定时间的商品充足率等)、质量服务(品质不良率的降低等)、在库服务(在库服务率等)、后期服务(在库服务率等)、抱怨服务(在库服务率等)、系统服务(在库服务率等)。

从上面两种代表性的观点来看,无论如何表述顾客服务,都表明顾客服务是一种调查、生产、经营、物流合而为一的综合经营行为,它要比狭义物流系统所理解的物流服务要宽广得多。结合顾客服务的观点,所谓物流服务是对顾客商品利用可能性的一种保证,它包含了三个要素:

(1)拥有顾客所期望的商品(备货保证);

(2)在顾客所期待的时间内传递商品(输送保证);

(3)符合顾客所期望的质量(品质保证)。

(二)物流服务的内容

物流服务是物流业为他人的物流需要提供的一切物流活动。它是以货主的委托为基础,进行独立的物流业务活动。也可以说,物流服务是按照货主的要求,为克服货物在空间和时间上的间隔而进行的活动。

物流服务的内容是满足货主需求,保障供给,而且无论是在服务量上还是质上都要使货主满意。在量上满足货主的需求主要表现在适量性、多批次、广泛性(场所分散);在质上满足货主的需求主要表现在安全、准确、迅速、经济等。具体来说,为满足货主的需求,物流服务的基本内容应包括运输与配送、保管、装卸搬运、包装、流通加工等以及与其相联系的物流信息。

1.运输与配送

在社会分工和商品生产条件下,企业生产的商品销售给其他企业使用,但商品生产者与其他消费者在空间距离上常是相互分离的。运输就是在于完成商品在空间的实体转移,克服商品生产者(或供给者)与消费者(或需求者)之间的空间距离,创造商品的空间效用。运输是物流服务的核心环节,不论是企业的输入物流或输出物流,都依靠运输来实现商品的空间转移。可以这样说:没有运输,就没有物流,也就没有物流服务。为了适应物流服务的需要,要求具有一个四通八达、畅通无阻的运输线路网系统作为支持。

在商品由其生产地通过地区流通仓库或配送中心发送给用户的过程中,由生产地至配送中心之间的商品空间转移,称为“运输”;而从分配中心到用户之间的商品空间转移,则称为“配送”。

2.保管

产品的生产完成时间与其消费时间之间总有一段时间间隔,特别是季节性生产与季节性消费的产品尤为显著。此外,为了保证再生产过程的顺利进行,也需要在供、产、销各个环节中保持一定的储备。保管就是将商品的使用价值和价值保存起来,克服商品生产与消费在时间上的差异,创造商品的时间效用。保管是物流服务的一项重要内容。为保管商品,需要建立相应的仓库设施。在产品销售集中地区所设置的,作为商品集聚、分散基地和进行短期保管的流通仓库就是配送中心。

3.装卸搬运

装卸搬运是伴随运输和保管而附带产生的物流服务活动,如装车(船)、卸车(船)、入库堆码、拣选出库以及连接以上各项活动的短距离搬运。在企业生产过程中,材料、零部件、产成品等在各仓库、车间、工序之间的传递转移也包括在物料搬运的范畴。为了提高装卸搬运作业的效率,减轻体力劳动强度,应配备一定的装卸搬运设备。

4.包装

商品包装是为了便利销售和运输保管,并保护商品在流通中不受毁损,保持完好。为便利运输和保管,将商品分装为一定的包装单位以及保护商品免受损毁而进行包装,这都是物流服务的内容。

5.流通加工

这是在流通过程中为适应用户需要进行必要的加工,如切割、平整、套裁、配套,等等。

6. 物流信息

在物流服务过程中，伴随着物流服务的进行，产生大量的、反映物流服务过程的关于输入、输出物流的结构、流向与流量，库存储存量，物流费用，市场动态等等数据，并不断传输和反馈，形成信息流。利用电子计算机进行物流服务数据的收集、传送、储存、处理和分析，提供迅速、正确和完备的物流服务信息，有利于及时了解和掌握物流服务进程，正确决策，协调各业务环节，有效地计划和组织物资的实物流通。

以上六项内容，运输、配送与保管是物流服务的中心内容，其中运输与配送是物流服务体系中所有动态内容的核心，而保管则是唯一的静态内容。物流服务的装卸搬运、包装、流通加工与物流信息则是物流的一般内容。它们的有机结合构成了一个完整的物流服务系统。

(三)物流服务的特性

从物流服务的本质和内容来看，物流服务与其他产业比较有许多不同之处，这给物流企业的经营带来了重大的影响。具体讲，物流服务的主要特性如下。

1. 从属性

货主企业的物流需求不是凭空由自己创造出来的，而是以商流的发生为基础，伴随着商流的发生而产生的。对于这样的需求提供供给的物流服务，必然具有明显的从属于货主企业物流系统的性质。主要表现在，处于需方的货主企业，对于流通的货物种类、流通的时间、采取的流通方式等都由自己选择和决定，甚至是自行提货还是靠物流业配送也由自己决定。而处于供方的物流业，则是按照货主企业的这种需求，站在被动的地位来提供物流服务。这在客观上决定了物流服务具有被动性，受货主企业的制约，另外，由于是自己提货还是物流企业配送，都由货主决定，因此，易于使物流供需失去均衡。

2. 即时性

物流服务属于非物质形态的劳动，它生产的不是有形的产品，而是一种伴随销售和消费同时发生的即时服务，这就决定了它的特性——即时性和非贮存性。通常，有形的商品需要经过生产、储存、销售才能完成交换过程，而物流业务本身决定了它的生产就是销售，其间不需要储存环节进行调整。

物流服务即时性的特性，使其与直接生产过程有很大区别。直接生产过程为了取得最大的经济效益，通常要投入大量资本，采取集中、大规模的生产方式，引进新技术，实现机械化操作，提高劳动生产率。又由于产品的生产和消费之间具有时间差和空间差，因此产品需要贮存和运输环节，才能使生产顺利进行。物流业者要完成非物流形态劳动的物流服务，也需要具备必要的设施和劳动力等生产要素，或者提供必要的生产能力。这些生产能力当中，有一部分生产能力是适合需要的，为有效地完成生产、销售、消费过程服务，为此所支付的运费是必要的；而有一部分生产能力是不适合需方的需求的，表现为无效劳动，则不能支付费用。

3. 移动性和分散性

物流服务分布广泛，大多数是以不固定的客户为对象，所以，具有移动性以及面广、分散的特性。由此往往产生局部的供需不平衡，或者给经营管理带来一定的难度。

4. 较强的需求波动性

由于物流服务是以数量多又不固定的顾客为顾客对象，它们的需求在方式上和数量上都是多变的，有较强的波动性，为此易造成供需失衡，成为在经营上劳动效率低、费用高的重要原因。

从满足需求的程度来看，如果降低供给水平，则表现出服务不够；如果提高供给水平，则会带来费用上升的不良后果。使物流服务不断适应需求者的多样性，克服需求的波动性，已经成为物流业者经营上的重要课题。

5. 可替代性

一般企业都可能具有自营运输、自家保管等自营物流的能力，都可以搞物流服务，这种自营物流的普遍性，使物流业者从量和质上调整物流服务的供给力变得相当困难。也就是说，物流服务，从供给力方面来看，富有替代性，这也是物流业在经营上具有一定难度的原因之一。

二、物流服务的作用和地位

目前，很明显而且将继续发展变化的是，服务经济即第三产业的快速成长。这就是说，在我们所进行的经济活动中，提供服务比从事物质生产有着较大幅度的增长。物流工作是企业为了组织和管理原材料和产成品有秩序地流动而产生和发展的，并日益起着重要的作用。企业物流与运输等服务业有着密切联系，独立经营的物流企业按其性质也属于服务业。

(一)服务业的特点及其地位

许多发达国家都致力于扩大服务行业，使其在国民生产总值中占有较大比重。据联合国统计，第三产业(服务业)在国民生产总值中占有相当大比重的国家有：美国、以色列、西欧各国、加拿大、新加坡、希腊等。服务业在国民生产总值中所占比重较低的国家有：中国、加纳、乌干达、索马里、印度等。

而一般服务业的工作特点之一是提供的服务不能储存，如修理、擦皮鞋、咨询等服务；服务业的第二个工作特点是，通过服务，使属于消费者的货物的价值或使用价值增加，如产品售后服务、计算机在售后提供软件支持等。服务业在提供服务过程中，提供服务者和接受服务者各方面由谁进行运输活动，有三种不同情况：一是提供服务者必须移动，如管道修理工就必须到用户所在地进行维修服务；有时，被服务者必须移动，如病人到医院看病。二是提供服务者和被服务者都可以移动，如在公路上损坏的卡车，可由汽车修理工携带工具和配件等乘坐汽车前往修理，也可将卡车拖回，到修理厂进行修理。当然前一种处理办法较后者所需的费用可能较为节省。在两者都可移动时，有时顾客愿意支付一笔额外费用，由提供服务者移动，如请理发师到家里来理发。

服务者与其用户之间的接近情况是服务行业物流的一个关键问题。某些服务可利用电话或其他电子通信工具来提供，如病人心跳的声音就可通过电话传输到几千米外的医生那里，由医生诊治。在具有有线电视系统的城市，就有了展览商品和买东西的渠道，买者可以使用免费电话号码“800”订购商品。使用电话调制解调器的个人计算机用户还可以利用其买东西的服务。在此，应注意的是，使用电话销售代表了商流和物流方式的重大变化，在这种销售方式下，就不再需要零售商店储存产品了。

雇用劳动力的惯例也导致服务业的兴起。通常，企业要支付给固定员工高额工资补助，如养老金、假日工资等，而依赖其他企业提供类似服务，就可减少雇用固定职工的数量，从而减少工资费用负担。这样相比之下，所花费用就比较少。例如，美国铁路就同服务公司签订合同，把许多设备维修工作交由他们负责，这些服务公司的劳动工资费用都很低。在服务领域，并非所有雇员都能取得高额工资报酬。

服务业存在于国内和国际市场，挪威有海运服务出口，英国有金融服务出口，美国有计算机软件出口，韩国有建筑工人劳动出口。近来，韩国成为世界上提供建筑劳务的主要出口国，向美国和西欧提供建筑劳动。通常建筑劳动必须将大批外籍劳工迁移到建筑工地，这与一个世纪前在全世界修建铁路和运河的情形一样。沿着美国和墨西哥边界，许多墨西哥人向美国企业提供劳力服务。理查德逊先生罗列了许多可在国际范围进行的服务。

服务业在国民经济中的地位相当重要，一是国家在一般情况下，要求发展第三产业，即广义的服务业，更好地为社会提供服务，从而物流需要除运输产品外，正在向运输人员和传输思想方向发展。二是提供服务是否会受到比国际贸易中进出口更大的限制，使得处理这些产品的物流活动增加了许多工作困难。此外，对提供货币、银行、保险和劳动等服务，一些国家也加以种种限制，以保护本国的服务业和劳动就业。如果是这样，则提供这些服务的服务行业将面临第二次世界大战以来制造业和银行业所遇到的国际竞争，为此，它们必须适应环境，谋求生存和发展。

（二）物流服务的作用

物流服务主要是围绕着顾客所期望的商品、所期望的传递时间，以及所期望的质量而展开的，在企业经营中有相当重要的地位，特别是随着网络的发展，企业间的竞争已淡化了地域的限制，其竞争的中心将是物流服务的竞争，如配送服务。

物流服务就是围绕上述三点展开，如图 10-2 所示。从理论上讲，物流服务之所以在企业经营中如此重要，是因为：

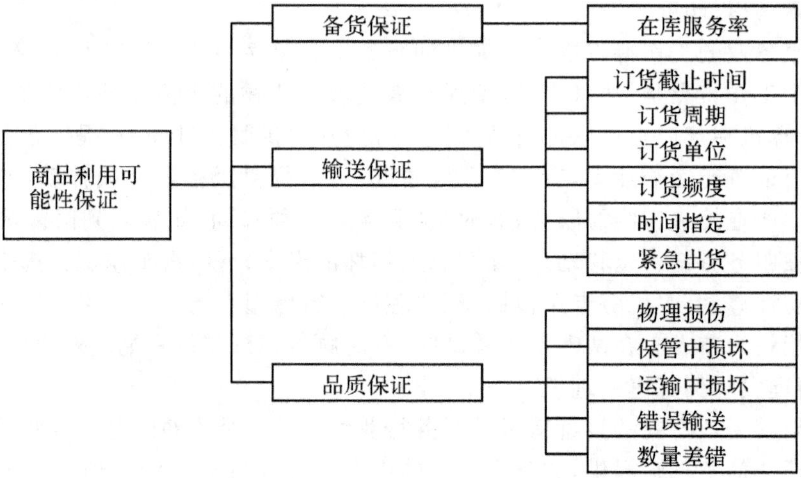

图 10-2 物流服务的构成要素

(1)在细分化市场营销时期，物流服务已成为企业销售差别化战略的重要一环。长期以来，物流并没有得到人们的高度重视，在大众营销阶段，由于消费呈现出单一、大众化的特征，经营是建立在规模经济基础上的大量生产、大量销售，因而，物流机能只是停留在商品传递和保管等一般性业务活动上，物流从属于生产和消费，从而成为企业经营活动中的附属职能。但是，进入细分化市场营销阶段，市场需求出现多样化和分散化，而且，发展变化十分迅速。在这种状况下，企业经营较以往任何时期都要艰巨，即只有不断符合各种不同类型、不同层次的市场需求，并且迅速、有效地满足其欲望，才能使企业在激烈的竞争和市场变化中求得生存和发展。而差别化经营战略中的一个主要内容是顾客服务上的差异。所以，作为顾客服务重要组成部分的物流服务也相应具有了战略上的意义，也就是说，物流服务是差别化营销的重要方式和途径。

(2)物流服务水准的确立对经营绩效具有重大影响。决定物流服务水准是构筑物流系统的前提条件，在物流开始成为经营战略重要一环的过程中，物流服务越来越具有经济性的特征，即物流服务有随市场机制和价格机制变化而变化的倾向，或者说，市场机制和价格机制变动通过供求关系既决定了物流服务的价值，又决定了一定服务水准下的成本，所以，物流服务的供给不是无限制的。否则，过高的物流服务势必损害经济绩效，不利于企业收益的稳定。因而，制定合理或企业预期的物流服务水准是企业战略活动的重要内容之一，特别是对于一些例外运输、紧急输送等物流服务需要考虑成本的适当化或者各流通主体相互分担的问题。

(3)物流服务方式的选择对降低流通成本具有重要意义。低成本战略历来是企业营销竞争中的重要内容，而低成本的实现往往涉及商品生产、流通的全过程，除了生产原材料、零部件、人力成本等各种有形的影响因素外，物流服务方式等软性要素的选择对成本也具有相当大的影响力。合理的物流方式不仅能提高商品流通效率，而且能从利益上推动企业发展，成为企业利润的第三大来源。特别值得注意的是，最近由于消费者低价格志向的发展，一些大型零售业为降低商品购入和调低物流成本，改变原来的物流系统，转而实行由零售主导的共同配送、直送、JIT 配送等新型物流服务，以支持零售经营战略的展开。这从一个侧面显示了物流服务的决策已经成为企业经营战略不可分割的重要内容。

(4)物流服务是有效连接供应商、厂商、批发商和零售商的重要手段。随着现代社会经济全球化、网络化的发展，现代企业的竞争不是单个企业的竞争，而是一种网络间的竞争。现代企业的竞争优势不是单一企业的优势，而是一种网络优势。因此，企业经营网络的构造是当今竞争战略的主要内容，物流服务作为一种特有的服务方式，一方面以商品为媒介，打破了供应商、厂商、批发商和零售商之间的隔阂，有效地推动了商品从生产到消费全过程的顺利流动；另一方面，物流服务通过自身特有的系统设施(POS、EOS、VAN 等)不断将商品销售、在库等重要信息反馈给流通中的所有企业，并通过知识、诀窍等经营资源的蓄积，使整个流通过程能不断协调地应对市场变化，进而创造出一种超越单个企业的供应链价值。

三、确定物流服务的标准

物流服务的标准是基于服务优势与服务成本的一种平衡，是衡量顾客服务工作的准绳。确定物流服务的标准历来是物流服务管理的难题，因为这涉及一套专用的、全面的服务目标体系，并且并不存在明显的物流服务标准来衡量、评价顾客服务工作成绩，只能用一些基本的、完美的服务标准及服务指标来衡量物流服务。

基本的物流服务标准包括三个方面的内容即：可得性、作业绩效和可靠性。不同的企业对这三个服务标准的服务属性都重要。然而，对于给定的服务，其标准性的程度或多或少取决于具体的营销情况。

(一)物流服务的可得性

可得性是指当顾客需要存货时所拥有的库存能力。可得性可以通过各种方式实现,最普通的做法就是按预期的顾客订货进行存货储备。于是,仓库的数目、地点和储存政策等标准变成了物流服务标准的基本问题之一。存货储备计划通常是建立在需求预测基础上的,而对特定产品的储备战略还要结合其是否畅销、该产品对整个产品线的重要性、收益率以及商品本身的价值等因素考虑。存货可以分为两类:一类是取决于需求预测并用于支持基本可得性的基本储备;另一类是满足超过预测数的需求量并适应异常作业变化的安全储备。

向同一类顾客进行销售的具体厂商所配置的仓储网络可以在很大的范围内变化。一般说来,一个系统中的仓储设施数目越大,那么支持给定层次的存货可得性所需的平均库存也就越大。

可得性的一个重要方面就是厂商的安全储备标准。安全储备的存在是为了调整预测误差,并在安全储备的补给期间对递送延迟进行缓冲。一般说来,防止缺货的期望越大,安全储备的需要也越大;安全储备的负荷越大,平均存货的数量也越大。在市场需求高度变化的情况下,安全储备的构成有可能占到厂商平均存货的一半以上。

许多厂商开发了各种物流服务安排方案,以增补其满足顾客存货需求的能力。一家厂商可以经营两个仓库,其中一个指定为主要服务地点,而另一个作为次要的或后援的供给来源。例如,假定该主要仓库是位于广州的一个大型的自动化配送中心,而次要的物流设施则是位于中山的一个效率极低的小型作业仓库。主要仓库是厂商用于输出其绝大多数产品的地点,以便利用自动化设施、效率及其所处地点的优势。一旦主要仓库发生缺货并且情况继续恶化时,就可以利用次要仓库或后援仓库。但是,使用次要或后援仓库的厂商,应尽可能在最大限度上向其提供服务的顾客公开,这是因为主要地点有时候只有顾客订货的一部分产品,而次要地点却能满足其剩余的需求,在这种情况下,除非这两部分的订货在递送前能够组合在一起,否则,因分开递送会使顾客感到不便。需要指出的是,由于厂商已尽了额外的努力保持存货可得性,而不是延交部分订货,这一事实本身会转变成一种积极的形象,说明厂商为满足顾客需求尽心尽力。这类在作业问题发生时设法满足顾客需求的例子被称作“无瑕的恢复”。

应该清楚的是,要高水准地实现存货可得的一致性需要进行大量的精心策划,而不是在销售量预测的基础上给各个仓库分配存货。事实上,其关键是要对首选顾客或核心顾客实现高水准的存货可得性,同时使整个存货储备和仓库设施维持在最低限度。显然,如此严格的物流服务需要所有的物流资源都实现一体化,并明确对特定顾客所承诺的可得性目标。严格的存货可得性方案并非是闭门造车,或设法搞“平均主义”。可得性应以下述的三个物流服务标准进行衡量:缺货频率、供应比率和订货完成率。这三个衡量指标可以确定一个厂商满足特定顾客对存货需求的能力。

1. 缺货频率

缺货频率是指缺货将会发生的概率。换句话说,该衡量标准用于表示一种产品可否按需要装运交付给顾客。当需求超过产品可得性时就会发生缺货。缺货频率就是用于衡量一种特定的产品需求超过其可得性的次数。将全部产品所有发生缺货的次数汇总起来,就可以反映一个厂商实现其基本服务承诺的状况。尽管缺货频率指标并未涉及有些产品在可得性方面也许比其他产品更重要这一实际情况,缺货频率仍是衡量存货可得性的起点。

2. 供应比率

供应比率衡量缺货的程度或影响大小。这是因为一种产品缺货并不必然意味着其顾客的需求将得不到满足。在判断缺货是否影响到服务绩效以前，首先要弄清楚顾客的真实需求，因此，对厂商来说，相当重要的是要确定该产品是否确实未能获得及其顾客究竟想要多少单位。供应比率绩效通常是按顾客服务目标予以区分的，于是，对缺货程度的衡量就可以构成厂商在满足顾客需求方面的跟踪记录。例如，一位顾客订货50个单位，只有47个单位可得，那么订货供应比率为94%(47/50)，要能够有效地衡量供应比率，一般在评估程序中还要包括在一段特定的时间内对多个顾客订货的完成进行衡量。因此，供应比率绩效可以用于计算某个特定的顾客或任何顾客组合，或所需业务部门的组合。

供应比率可用来区别按特定产品提供的服务标准。在上述例子中，如果所有50个单位都是至关重要的，那么94%的供应比率就有可能导致递送作业中的缺货，并使顾客产生严重不满。然而，如果这50个产品是转移速度相对比较缓慢的货物，那么，94%的供应比率有可能使顾客感到满意。顾客也许会接受延交订货，甚至愿意对短缺的产品重新订货。显然，厂商应该对至关重要的产品加以识别，并应在顾客需求的基础上提高供应比率。因此，厂商可以开发供应比率战略来满足顾客期望。

缺货频率和供应比率都取决于顾客订货实践。比如，厂商如果为小批量的存货频繁地安排补充订货的话，那么，由于装运的变化性，缺货频率有可能会提高。换句话说，每一次补充订货都有相等的递送延迟机会。因此，随着影响安全储备的订货次数的增多，将会发生缺货的频率就更高。从另一方面来说，如果厂商较少地安排补充订货，那么潜在的缺货频率将会降低，期望的供应比率将会提高。显然，缺货频率和供应比率与订货数量之间呈反相关系。

3. 订货完成率

订货完成率是衡量厂商拥有一个顾客所预订的全部存货时间的指标，这是一种最严格的衡量，因为它把存货的充分可得性看作是一种可接受的完成标准，假定其他各方面的完成为零缺陷，则订货完成率就为顾客享受完美订货的服务提供了潜在时间。

将上述三种衡量可得性的方法结合在一起，就可以识别一个厂商的存货战略满足顾客期待的程度。此外，它们还可以成为评估适当的可得性水平的基础，并被结合进厂商营造的服务平台中去。

(二)物流服务的作业完成

物流服务的作业完成衡量可以通过速度、一致性、灵活性、故障与恢复等方面来具体说明所期望的作业完成周期。显然，作业完成涉及物流服务对所期望的完成时间和可接受的变化所承担的义务。

1. 速度

完成周期的速度是指从一开始订货时起至货物装运实际抵达时止的这段时间。但必须以顾客的身份来考虑厂商在这方面所承担的义务，因为根据物流服务的设计，完成周期所需的时间会有很大的不同，即使在今天高水平的通信和运输技术条件下，订货周期也可以短至几个小时，或长达几个星期。

当然，供应商对存货可得性和作业速度这两方面的最高承诺是顾客存货委托。在委托安排中，产品是按照顾客预期的业务需要进行存货的。虽然从顾客的角度来看委托存货是一种理想的方式,但对供应商来说却是一种花费昂贵的经营方式。因此,供应商的存货委托安排一般仅限于一些至关重要的产品,即如果在它们确实需要时得不到将会导致失效或低效,诸如,机器零件和急救医疗供应品等。顾客存货委托情况一般都出现在企业与企业之间的营销和健康卫生行业中。与为顾客维持安全储备相比,它的不同之处是,一个供应商之所以愿意接受顾客的存货委托往往是出于他在该业务关系中的力量对比。对供应商的递送委托更具代表性的业务安排,是建立在顾客各种期望基础上完成周期的速度。在紧急情况下,供应商会通过当地仓库进行特别递送,或者通过通宵运行的高度可靠的运输企业,在几小时内完成所要求的递送服务。这种业务关系通常是按照顾客的具体要求,围绕着能促进物流服务效率所期望的完成周期形成的。换句话说,并不是所有的顾客都需要或希望最大限度地加速,如果这种加速会导致提高价格或实际的物流成本的话。如何确定完成周期的时间往往与存货需求有着直接关系。一般说来,计划的完成速度越快,顾客所需的存货投资水平就越低。完成周期时间与顾客存货投资之间的这种关系,居于以时间为基础的物流服务安排之首。

2. 一致性

虽然服务速度至关重要,但大多数企业更强调一致性。一致性系指厂商在众多的完成周期中按时递送的能力。不要把一致性直接解释为顾客额外需要的安全储备,以防有可能发生的递送延迟。一般说来,可得性与一旦需要就可以进行产品装运的存货能力有关;而完成周期的速度则与持续地按时递送特定订货所必需的作业能力有关;而所谓一致性,是指必须随时按照递送承诺加以履行的处理能力。由此看来,一致性的问题是物流服务最基本的问题。

3. 灵活性

服务灵活性系指处理异常的顾客服务需求的能力。厂商的物流能力直接关系到在始料不及的环境下如何妥善处理的问题。需要厂商灵活服务的典型事件有:修改基本服务安排,例如一次性改变装运交付的地点;支付独特的销售和营销方案;新产品引入;产品逐步停产;供给中断;产品回收;特殊市场的定制或顾客的服务层次;在物流系统中履行产品的修订或定制,诸如定价、组合或包装等。

在许多情况下,物流优势的精华就存在于灵活能力之中。一般说来,厂商的整体物流能力取决于在适当满足关键顾客的需求时所拥有的“随机应变”的能力。

4. 故障与恢复

不管厂商的物流服务有多么完美,故障总是会发生的,而在已发生故障的服务条件下继续实现服务需求往往是十分困难的,因此,厂商应制订一些有关预防或调整特殊情况的方案,以防止故障发生。厂商应通过合理的论证来承担这种应付异常情况的义务;而其制订的基本服务方案应保证高水平的服务,实现无故障和无障碍计划。为此,厂商要有能力预测服务过程中可能会发生的故障或服务中断,并有适当的应急计划来完成恢复任务。当实际的服务故障发生时,顾客服务方案中的应急计划还应包括对顾客期望恢复的确认以及衡量服务一致性的方法。

(三)物流服务的可靠性

物流质量与物流服务的可靠性密切相关。物流服务中最基本的质量问题就是如何实现已计划的存货可得性及作业完成能力,除了服务标准外,质量上的一致性涉及能否并且乐意迅速提供有关物流作业和顾客订货状况的精确信息。厂商有无提供精确信息的能力是衡量其顾客服务能力最重要的一个方面。顾客们通常讨厌意外事件，如果他们能够事前收到信息的话，就能够对缺货或延迟递送等意外情况作出调整。因此，有越来越多的顾客表示，有关订货内容和时间的事前信息与完成订货的履行相比显得更加重要。

除了服务可靠性外，服务质量的一个重要组成部分是持续改善。类似于厂商内部的其他经理人员一样，物流经理人员也关心如何尽可能少地发生故障以完成作业目标，而完成作业目标的一个重要方法就是从故障中吸取教训，改善作业系统，以防再次发生故障。

实现物流质量的关键是如何对物流活动进行衡量。在顾客眼里，存货的可得性和作业绩效等是至关重要的，然而，高水准的作业绩效只能通过严格地对物流活动的成败进行精确地衡量才能维持。对服务质量的衡量主要体现在下述三个方面，即：衡量变量、衡量单位和衡量基础。

1. 衡量变量

在物流的基本服务方案中特定的履行活动就是据此评估的衡量项目。表 10-1 列举了一系列典型的用于衡量物流服务的变量，该表还注明了这些变量是用特定的时点进行衡量的还是用特定的时段进行衡量的。按时点进行衡量的变量通常是静态变量，静态变量对于评估物流服务当前的准备状况是很有用的。例如，观察所发生的延迟订货的状况、缺货的次数，或运输中的存货水平就能较早地为未来潜在的顾客服务问题提出状态预警。按时段进行衡量的变量，称作流动变量，是跨越某个时间，如一周、一月或一季等，来跟踪物流系统的表现。不管用哪一种特定变量来测定为顾客服务的表现，有关的指标都必须予以适当的稽查。例如，在一个特定的时点去衡量已取消的订货并没有多大的意义。

表 10-1　服务衡量变量

变　　量	衡量期
销售量	时段
订货数	时段
回收数	时段
延迟订货数	时段/地点
缺货量	时段/地点
已取消的订货数	时段
已取消的产品种类	时段
恢复延迟订货数	时段
延迟订货年限	时段/地点
装运短缺数	时段
货损索赔数	时段
畅通无阻的次数	时段

2. 衡量单位

可靠性衡量的第二个方面是衡量单位的选择。表 10-2 列举了一些通常用于进行物流跟踪的衡量单位。例如，既可以使用单位数，也可以使用销售金额或存货金额数来跟踪和报告缺货情况。尽管这两种衡量都产生于同一种活动，但它们并不提供相同的管理信息。当缺货按单位数进行衡量时，是在同等的基础上按产品的价值从高到低对物流服务进行衡量的。另一方面，按销售金额所做的缺货报告则把重点放在更高价值的库存缺货上。一般说来，高级管理部门通常都是当库存与高额毛利、快速移动或至关重要的产品有关联时才更加重视。由此可见，衡量单位的选择会对可靠性的衡量产生重大影响。

表 10-2　衡量单位表

箱	货币单位美元
单位	打
品种	破损箱
重量	加仑

3. 衡量基础

在可靠性衡量方面要考虑的最后一个因素是所选择的衡量基础。衡量基础用于规定如何汇总物流完成报告。表 10-3 汇总了一些可供选择的各层次的衡量基础，该表所列举的衡量基础包括从系统总体到特定的产品完成，它把整个物流系统归类成某种衡量基础，以期在大系统的规模上来概括对顾客服务的表现。这种综合表现相对较易衡量，因为它只需要建立一个有限的物流绩效数据库。然而，由于这种综合衡量方法采用的是平均绩效数据，因而有可能会隐瞒潜在的一些问题。另一方面，当按特定的产品或顾客层次来衡量物流绩效时，难以概括总体状态，并且难以发现潜在的系统方面的问题。尽管在收集和维持有关顾客层次或产品明细层次所需的数据方面存在着种种困难，但是根据这些数据所做的完成报告确实能精确地找到物流存在的具体问题。

表 10-3　服务衡量基础

总系统层次	订货层次
销售领域层次	顾客层次
产品组层次	破损箱
厂商层次	加仑

管理部门在选择最恰当的衡量单位和衡量基础的组合来评估物流活动的可靠性时，必须对各种交易的代价进行评价。显然，对物流服务进行详细的衡量有助于及时地识别具体的问题，但是收集、维护和分析物流信息所需的各种数据来源却是十分可观的，而这种特定的衡量对于支持物流部门的服务战略来说又是必不可少的。因为，没有什么顾客是可以用平均数来描述的。幸运的是，由于用于数据收集、维护和分析的信息技术的重大进步，连同其成本大幅度的降低，使企业对顾客服务完成进行专门的评估已愈来愈成为日常的现实。

第二节　运输服务

物流运输服务在物流服务中占有重要的地位。它是指将货物大批量长距离地从生产工厂直接送达用户或配送中心的一种行为。物流运输服务管理的目的是以最小的费用，较短的时间及时、准确、安全地将货物从其产地运至销地。由此物流运输服务管理必须围绕着合理化来进行，即选择合理的运输方式、合理地进行路线规划等，以此来降低物流服务的成本。

一、运输服务的基本特征

在现代社会中，一般情况下物质的生产地点与人们的消费地点是不相同的，满足人们对物质需求的地点也是不相同的，而生产企业与原材料的产地也是不同的。因此，基于生产与消费的需要，必须克服空间上的障碍，实现人和物的移动。

前已述及，所谓运输，就是利用运输工具为实现这种移动提供服务。所以，运输又称为运输服务，这种服务是通过市场形式进行的有偿服务。

所谓运输生产，是指向运输需求者(用户)提供运输服务的过程，而运输生产的成果则称为运输产品。

运输服务的基本特征如下。

(一)运输服务的公共性

运输服务的公共性，是指运输服务在广泛的社会范围内与广大群众均有利害关系的特性。

运输服务的公共性主要表现在两个方面：

(1)它为保证人们在生产和生活过程中的“出行”需要提供服务，因而利用者非常广泛。

在现代社会生活中，人们不可能在同一地点得到工作、生活及教育等各方面的需要，因而产生“出行”。也就是说，人们要经常产生出门活动的需要，当“出行”距离超过一定步行的范围时，就要乘用交通工具。根据国外部分城市统计资料，平均每位城市居民日乘用交通工具的出行次数为 2～3.4 次，日本城市居民平均日出行率约为 87%左右。

我国长春市曾对部分居民“出行”情况进行过抽样调查，被调查的居民总数为 61834 人，调查结果表明，长春市居民的人均日出行次数(包括各种出行方式)为 2.08 次。

上述资料表明，因人的移动而产生的运输需要是非常广泛的。

(2)它为保证社会物质的生产过程和流通过程中“物”的运输需要提供运输服务，因而利用者也十分广泛。

“物”的生产过程中所发生的原材料、半成品、成品、加工设备及辅助用品的运输，需要者(单位)非常广泛。与此同时，上述产品进入流通领域，特别是人们生活的必需品、消费品在流通过程中的运输，几乎与每个家庭甚至每个居民的生活都密切相关，可见运输服务的需求者十分广泛。

据长春市统计，全市各类工商业单位近 2 万多个，平均每单位每日货运量 5 吨左右，平均每 24 户居民就有一个工商业单位，分布面很广。又如美国纽约市每天需要供应的食品重量为 6040 吨。综上所述，因物质移动而产生的运输需要非常广泛。

总之，无论是人的出行，还是物质的移动都是在整个社会范围内普遍发生的运输需要，因而运输服务对整个社会的经济发展和人们生活水平的提高，均有着广泛的影响，即有利害关系，从而表现出运输服务的公共性特征。

(二)运输产品的特殊性

运输产品与工农业产品相比，其特殊性体现在以下三方面。

1. 运输产品是无形产品

在广义的生产概念中，就生产结果而言，主要有以下三种生产形式：

(1)劳动对象发生质的或形态的变化，如工业产品及建筑业产品等。

(2)劳动对象发生空间位置的变化,如运输生产,即利用运输工具实现人和物的移动。

(3)劳动对象发生时间位置的变化,如物品的贮存。

第一种生产形式的产品为有形产品,因此也称为有形产品生产。

第二种和第三种生产形式的产品为无形产品,因此也称为服务性生产。例如运输生产并没有给人或物以质和形态的变化,只是使它们在保持原样的情况下,进行空间场所的移动,使之具有移动价值。运输生产为社会提供的效用不是实物形态的产品,而是一种服务,其产品称为无形产品。

2.运输产品是即时产品

即时产品,是指它只能在其生产与消费过程中即时存在的产品。

运输生产活动,就是将运输服务提供给有运输需要的用户,在这一点上,如同理发店的生产,必须有顾客接受它的服务才能进行生产一样。运输生产必须在用户需要时即时进行生产,又必须在生产的同时有用户即时消费。因此,运输产品的生产过程与消费过程是不可分割的,它们在时间上和空间上相重合。

运输产品只能在生产与消费过程中即时存在,不能脱离生产过程而独立存在,这就是运输服务的即时性。因为运输过程对于运输供给者(运输公司)来说是生产过程,对于运输需求者(用户)来说,则是消费过程。在运输生产过程中,运输服务本身既是被加工对象,又是消费对象,一旦被加工对象离开生产过程,运输生产即告结束,而其生产成果也被即时消费完毕。因此,运输产品不同于一般有形产品的生产,它不能贮存,不能调拨,更不能像有形产品那样,由于质量不合格而进行退换或修复性再加工。这就要求运输生产过程必须保证质量,保证运输对象移动迅速和完整无损,一旦运输产品不合格,将无法挽回损失,因此运输生产必须保证一次成功。

3.运输产品以复合指标为主要计算单位

运输企业的生产,是通过提供运输工具,来实现人或物的移动。因而运输产品的产生,同时体现了两种数量:运输对象的数量和其被移动距离的数量。所以,一般运输产品是以两者的乘积来计量,即以复合指标"人·千米"或"吨·千米"来表示,这也是运输产品在计价形式上的特点,不同于工农业产品。

以复合指标为计算单位的优点,主要是便于对各种运输工具所完成的运输产品的产量进行统计、分析、比较,用以计算企业的或单个车辆的产量,并可作为计算运费的依据,因而被国内外广泛采用。

其缺点是不能准确地表示运输对象的全部移动内容,例如,运输生产结果为10吨·千米,则所运货物的不同吨位数与被移动距离的相应千米数相组合,可以有几种:可能是1吨货物被移动10千米,也可能是10吨货物被移动1千米,也可能是2吨货物移动5千米等等。因此,运输企业又常以运输对象的数量,即乘客人数或货物吨位数来辅助计量运输产品。

(三)运输服务的准公费服务性

准公费服务是介于纯私费服务和纯公费服务之间的服务。

纯私费服务,系指由社会成员通过市场用私人费用按等价交换原则购买所需服务,而由服务供给者提供的服务。

纯公费服务,系指由社会公共事业部门支付费用,免费向各社会成员提供的服务,如社会治安保障、广播电视、免费教育等。纯公费服务不适于通过市场机构进行，而是由社会公共事业部门免费提供。

运输服务介于纯私费和纯公费两者之间，这是因为一方面运输业与其他有形产品的生产一样，运输产品中也凝结着供给者的劳动价值，其产品也具有商品属性。为了保证运输业劳动者的劳动所得及运输企业的扩大再生产，运输企业也应根据运输产品的价值，按等价交换的原则，通过市场形式向用户提供有偿的运输服务。另一方面，由于运输服务又具有公共性特征，为了减轻人们的负担，运输产品的价格不能过高，特别是旅客运输。因此，运输产品不能完全按照市场机制去确定价格。当人们在保持基本生活水准条件下所能负担的运输价格明显低于运输企业根据正常经营所确定的价格时，即应由社会公共部门通过费用补贴方式对运输服务价格进行适当下调。这样，即保证了人们生活的基本水准，也保证了运输企业及其劳动者的基本利益，有利于国民经济的健康发展，这就是运输服务的准公费服务特性。这一特性虽有着广泛的现实性，但是在目前市场经济的条件下，不同国家和地区，对运输服务提供公费补贴的必要性仍有不同意见。

国外有的发达国家，对城市公共客运甚至对偏僻地区的公共货运提供财政补贴。例如美国波特兰市公共汽车公司70%的经费由政府补贴。政府为了限制私人小汽车的过度发展，除了决定城市内不再增加停车场地外，还规定了一些限制私人小汽车进入市区的措施，其中一条就是规定在闹市区可免费乘坐公共汽车，以鼓励大家乘坐公共汽车。

我国许多城市也对公共交通企业提供财政补贴，对通勤或通学月票实行补贴，有的由购票职工所在单位补贴，有的由地方政府按月票出售量或按千米数补贴。如深圳市1995年向公交公司提供财政补贴6000万元。

根据我国实际情况，由国家或地方政府给予财政补贴，应结合企业经营效果，实行经济承包责任制，以利于整个城市建设和公共交通事业的健康发展。即地方政府确定每年对城市公共交通补贴费用后，市公共交通公司按合同规定，实行经营效果承包。有的城市在这方面取得了良好经验，获得了良好效果，不仅改善了公交企业的经营管理，而且也进一步促进了城市现代化建设。

二、物流运输服务的种类及选择

(一)物流运输服务的种类

运输服务包括铁路、公路、水运、航空、管道等不同运输方式。各种运输方式提供的运输服务，各有其特点和优势，也各有所短，它们彼此之间既存在着竞争的关系，也有着取长补短的互补协作关系。

联合运输是多种运输方式联合为一体，各取所长，协调一致，综合运用它们的运输工具和设施，使货主只需办理托运一次，货物即从其始发地通过多次不间断地连续接运和换装，直至达到指定目的地，实现“门到门”的运输服务。

联合运输有各种形式，如铁路与汽车运输联合经营的集装箱运输和驼背运输；铁路与船舶运输联合组织的由东北、华北地区中经秦皇岛、大连港至华东、华南地区的一条龙水陆联运，以及东起太平洋西岸我国的连云港、西到大西洋东岸荷兰鹿特丹，横贯欧亚大陆的“陆桥”运输。

多种运输方式的联合运输不仅可以缩短运输时间、提高运输效率和效益，更重要的是方便了用户，加速了物流的流通。

除上述各种运输方式外，各种组织形式的运输中间商如捷运公司、运输公司等，在组织和促进物流运输中也起着很大作用。它们一方面上门取货，受理货物运输；另一方面将小件拼装为大件，向铁路等运输业长运，货物到达目的地后，提供送货服务。运输中间商通过收取一定的费用或从整零运输差价中取得一定的收益。

（二）运输服务的选择

在火车、汽车、船舶、飞机等各种运输工具中，使用哪种运输工具为宜的问题，即运输工具的选择，对于物流运输服务，具有重要意义。

总的来说，运输工具的选择，应该在考虑物流服务对物流系统的要求和允许的物流费用的基础上做出决定。

运输工具的选择，既可以单独地选用一种运输工具，也可以选用相互衔接的不同种类的运输工具。

选定运输工具的方法，必须根据具体条件加以研究。作为这些具体条件的基础，大体可以从五个方面考虑：其一是运输物品的种类；其二是运量；其三是运输距离；其四是运输天数；其五是运输费用。

在考虑运输物品的种类时，应从物品的形状，单件重量和容积，物品的危险性和易腐性，尤其是要从物品对运费的负担能力等方面研究。

关于运量，要考虑运输批量的大小。运输批量大小不同，所选择的运输工具也应不同。

关于运量距离，应根据运输距离的长短，选定不同的运输工具。

至于运输天数，则与物品的到货期有关，按期运到是很必要的，因此，这个天数为商流中的交货时间所左右。

当然，运输费用是应该着重考虑的重要问题。尤其重要的是，在运输费用和物流费用之间存在着优选的关系。由于这种关系的存在，在选定运输工具时，就不能只根据运输费用做出判断，而应该按照总的物流费用，做出决定。

具体地选定运输工具时，必须很好地了解各种运输工具的优缺点。选择运输工具时，运输距离是应予考虑的一个主要方面。通常，在运输距离为 300 千米以下时，使用汽车运输；300～600 千米时，使用铁路运输；500 千米以上时，以使用船舶最为经济。但是，由于铁路运输的运价上涨，这种所谓以 300 千米为汽车运输的经济距离的说法，已有所改变，其距离有延长的趋势。

（三）集装箱化与托盘化运输服务

1. 集装箱化

集装箱化是指使用集装箱将货物单元化，进行从门到门联合运输的输送系统。它具有集装箱及装卸集装箱的装卸机械、设施及各输送手段等的硬系统运营主体，以及从运营方法等的软系统到利用不同输送手段进行各式联合运输的各种特色。

在此，集装箱是指适于耐久性及反复使用的具有一定强度的货物输送容器，并通过利用汽车、铁路、船舶、飞机等两种以上输送手段，使之易于中途换载输送而特别设计的装置。因此，集装箱化通过在各个输送领域使用集装箱，作为门到门联合运输系统正在得到迅速的发展。

集装箱化具有如下几点优势：

(1)装卸合理,节约费用。集装箱由于是利用叉车等机械装卸,所以能够省力,缩短装卸时间,节约装卸费。

(2)货物损伤少,节约包装费用。货物一旦被装入集装箱由于不必再过手,所以不会出现货物丢失及损伤现象。因此,包装可以大幅度简化,节约包装费。

(3)缩短货物到达时间。集装箱由于是从输送机关直接集配车进行输送,所以能够缩短到达时间。

(4)能够进行门到门的输送。可以在发货人的门口将货物装入集装箱,进行联合运输,然后直接将货物卸到收货人的门口,这对于货主来说是非常方便的。

向集装箱装入货物之前首先要根据货物的性质、种类、容积、重量、形状选定适当的集装箱,并检查集装箱的内外部及门有无异常,附属器具的状态是否保持正常等的点检是安全运输的保证。

通常,在装集装箱时,要尽可能的不留缝隙以防止货物的相互摩擦。各种杂货混载的场合,要将重物及木箱包装的货物沉底,轻物及瓦楞纸箱堆放在上面。而且,大型集装箱的装载作业如使用自由伸缩的传送带则是很方便的。另外,铁制品、管子、车辆、机械在装入集装箱时,内部的支柱及固定等安全措施一般是必要的。

将托盘直接装入大型集装箱时,由于需要使用手动叉车和托盘卡车进行作业,所以,托盘货物必须采取避免摩擦、塑料膜密封的包装方法并进行加固作业。

粉粒状化学制品及粮食的运输中,使用集装袋很方便。这种集装袋是在树脂布及橡胶布上进行防水处理,形状多为圆筒形,容重为500～1000千克。它具有自重轻、可折叠、可回收等优点。因此,粉状体的货物可以不进行小单位的包装而直接以散装单元化的形式进行交易。不过,在用起重机及叉车向船舶、卡车装货并利用单元运输系统进行粉状物运输时,要注意防止发生刮破或扎透集装袋的事故。

2.托盘化

(1)托盘化的概念。托盘化是指物品以某种单位码放在托盘上,通过利用叉车及其他装卸机械向运输工具上装卸并进行运输的作业行为。即物品的装卸运输利用托盘,并以托盘为单位通过单元运输系统达到合理化的目的。

本来,托盘是从货物架演变并伴随叉车的普及自然发展而来的。它现在被普遍用于产业界的各个部门。其使用状态大部分用于工厂、仓库、集散中心、货站、港湾货物的保存及移动,同时还使用于从工厂到仓库的输送及工厂到车站、港口间的输送。

托盘化在物流服务中的作用有:

①利用装卸搬运的合理化可以降低物流成本;

②通过制造包装的简易化节约包装费;

③可以减少物流事故等。

在托盘中有在工厂、仓库车站、港湾利用托盘进行装卸搬运的一般托盘化和从起点到终点始终以货物装在托盘上进行装卸运输形式的一贯托盘化两种类型。为了推进物流运输服务合理化,推广一贯托盘化是其重点。

(2)托盘的种类。托盘是为了进行物资装卸、运输、保管具有载货面和叉孔的装卸台。其种类按材质分有木制托盘、钢制托盘和树脂制托盘。其中木制托盘约占95%。按形态分有平托盘、箱式托盘、柱式托盘、变形托盘等。一般,常用的是平托盘,而且规格非常多。

一贯托盘化是指货物从发货到收货，一直装载在托盘上进行的运输。不过，目前与工厂内、仓库、车站、港湾的托盘利用相比，一贯托盘化的利用还不普及。

为了推进一贯托盘化，物流各个阶段实行标准化、规格化是其必要条件。以输送包装的标准化为首，托盘的规格、单元的大小、仓库内货架的设计、货车及船舶的构造及卡车车身的规格等，沿着同一目的进行标准化、规格化，是有效推进一贯托盘化的条件。

一贯托盘化的优点是在从生产到消费之间的保管和输送等的物流过程中，机械化、自动化变为可能，并成为降低总成本最为有效的手段。在此，可以节约包装费；能提高作业效率；能减少装卸事故；可以提高输送效率，等等。

不过，目前一贯托盘化发展较快的只是啤酒和纸张等极少一部分行业。作为一贯托盘化还未得到普及的原因可以举出以下几点：

①托盘不易回收，周转率低，特别是对外营业的场合；

②运送中货物有碰撞的可能，所以必须要有预防措施；

③用货车或卡车运送的场合，由于装载率低，所以运费所占比例大；

④以托盘为单位的货物单元，对交易单位来说过大，双方难以吻合；

⑤一贯托盘化的利润要由发货主、运输业者、收货主分摊，但有发货主本身负担过重的一面；

⑥由于所使用的托盘规格不统一，所以难于推进标准化、规格化。

三、物流运输服务合理化

组织物资的合理运输，消灭在物流运输过程中发生对流、迂回、重复、过远等浪费运力、增加费用支出的不合理现象，是物流运输管理的一项重要内容。物流运输部门在已知企业的产品在不同产地的生产供应数量及其在不同销地的销售需要数量，为了实现物资运输合理化，除了正确选择物资运输方式以外，必须通盘考虑各产地至各销地的物资调运数量，使所花运输总费用或运输总里程为最小。这项问题可应用线性规划中运输问题的表上作业法，求解取得最优解。

四、物流运输服务作业管理

20 世纪 60 年代以来，国外各个工业化国家的运输格局发生了很大的变化，过去一直居于垄断地位的铁路运输业，受到公路、航空等新兴运输业的激烈竞争，营业状况不断恶化。为了促使运输业向着合理的综合运输方向发展，美国、英国等国家对过去为防止铁路垄断所规定的各种运输法规，都作了必要的改革，使运输业在观念上和宏观管理上发生了如下显著变化：

(1)将运输业从过去单纯看作为公用事业或半公用事业，转变为应由市场经济推动的运输服务产业。

(2)由低技术和传统管理转变向高技术和现代化管理发展。

(3)由单一的运输方式转变为由多种运输方式组成的联合运输方式；而且强调时间的及时性和可靠性。

(4)托运人(或发货人)与运输业之间由过去彼此看作为利害冲突的对手转变为互相协作的伙伴关系。

在以上变化了的情况下，企业物流运输服务作业管理显得更为重要和复杂化。现将国外企业物流运输服务作业管理的主要工作内容概述如下。

(一)运输服务和运价谈判

各生产企业为了扩大销售，占有市场竞争优势，需要各种运输服务，以便及时将产品运往销地。美国在 1980 年通过斯塔格司铁路法，解除了过去对铁路实施的各种限制和束缚，按照市场经济原则给予铁路一定的自由经营权，根据货主的不同要求，签订运输合同和调节运价。

实行谈判和签订运输合同办法，既方便了用户，也增强了运输业的活力，用户与运输业双方都能获益。因此，企业物流运输部门的职责之一就是根据本企业输入、输出物流的需要，与运输业谈判和签订运输合同，合同签订以后，切实履行合同条款，并对运输业的运输服务状况进行监督。

(二)对运输企业的选择

在选择运输方式以后如何评选具体的运输托运货物，这是物流运输部门的另一项重要业务活动。选择运输企业的主要标准是：运输服务质量和运输费用。其具体内容包括以下各主要因素：

(1)取货、运输和送货服务质量良好，包括及时、准确、迅速、安全和可靠。

(2)门到门运输服务所需费用比较合理和低廉。

(3)能及时提供运输车辆以及关于货物在途运输情况等查询和其他业务咨询服务。

(4)货物在运输中丢失或损坏，能及时处理有关索赔事项。

(5)正确填制提单、货票等运输凭证。

(6)企业与运输企业的长期真诚合作关系。

在评选过程中，可根据运输企业履行运输合同的实际情况，并对上述各评价因素分别按其不同重要程度进行打分(如每项因素可在 0 至 10 范围内打分)，按总得分多少，判别优劣。

(三)确定运输路线

在铁路、公路、水运等运输业使用的托运单、货票等运输凭证中，需要填明托运货物的发站和到站。在法律上，运输业在受理托运货物以后负有责任取道最短或运费最少的路线将货物从发站运输到指定到站。因此，除非有特殊情况(如在美国，发货人与某铁路公司签订有运输合同，要求在直达运输中通过该铁路公司的线路运输货物，又如在某些区段因运输限制等原因必须绕道运输等等)，发货人一般无须确定和填注运输路线。

(四)小件货物运输拼装业务

小件货物运输是物流运输部门面临的最为困扰的难题之一。在美国，所谓小件货物一般是指每件重量大于 25 千克而不到 250 千克的托运货物。每件小于 25 千克的货物可较快和便宜地交给邮政系统作为包裹发运。小件货物运输几乎全部由卡车运输业承担，此外在许多城市之间开辟有航线的航空运输业和铁路运输业也经营小件包裹运输。

运输成本的特性是每件货物的某些运输成本项目是固定的。因此，每件货物的重量大，其每千克摊的单位运输成本就小。为此，物流运输部门力图将大量的小件货物拼装成为小量的大件货物发运，以节省运输费用。拼装的形式可采取将顾客的订货单横跨时间与地点，进行集合。横跨时间集合就是为了拼装成为大件，物流运输部门不是按每张订货单立即发货，而是将订货单暂时扣留下来，安排为每两天或三天或四天等不同时间集合成为大件再发运;或者将后期若干天的订货单集合成为大件,先期发运。横跨地点集合就是将发运往同一地区内不同目的地货物拼装成为大件。

物流运输部门对小件货物运输必须在高成本和降低服务质量之间创造性地进行比较抉择。现在使用了多种解决方法,常用的方法有:一是企业之间拼装。例如在美国,同城的若干家企业组成为"发货人合作社团"。它们将社团内各企业的小件货物,拼装成为大件,然后转交运输商运送。起着一种化零为整的中间人作用。地面和空运运输商对一次托运大件货物的发货人在运价上都给以折扣优惠。如卡车运输商对一次托运货物自 A 城至 B 城重量不足 2 万磅时,每 100 磅收取零担运价 5 美元。而一次托运货物重量在 2 万磅及其以上者,同样由 A 城至 B 城,每 100 磅则收取整车运价 2 美元。合作社团受理各成员企业托运的货物因批量不够整车,也是零担运输收费。但不是按零担运价每 100 磅 5 美元计算,而是在零担运价与整车运价之间取一个中间价,假设为每 100 磅按 4 美元收费。这样各成员企业托运小件货物每 100 磅可节省 1 美元,而合作社团将受理的小件货物拼装成为大件,每 100 磅按整车运价 2 美元付费,则每 100 磅就可得取得好处 2 美元。但"发货人合作社团"是一个非盈利性组织,他们通过拼装货物所取得的收益,都返回给各成员企业。二是在企业内部之间拼装,即将企业自己内部发运的货物想方设法进行拼装。这需要对企业的发货情况进行系统的研究,寻找拼装的可能性。通过研究分析,采用"化零为整的集中"或"化整为零的分散"的配送中心,使产品通过这些配送中心迅速流转。

物流运输服务作业管理,除上述主要内容以外,其他如:货物在运输途中发生损失和毁坏,向承运运输商办理索赔手续,取得赔偿;车船装卸延期,滞期费的核付和管理;运费复核,以防多付;在途运输货物的追踪查询,等等,都必须加强日常管理,以提高物流运输服务质量和节省运输费用。

第三节　配送服务

物流配送是物流服务运输的一种特殊形式,即短距离、小批量的运输,一般是作为一种营销手段而展开的。

物流配送服务是指一种在交通复杂的状态中,将少量的物品,送交给众多的客户、事务繁杂的服务作业。

物流配送服务实质上是一种送货到户的服务性供应,既是一种"门到门"的服务,又是一种现代化送货方式,是大生产、专业化分工在流通领域的反映。配送完善了运输及整个物流系统,它将支线运输和小搬运统一起来,使运输过程得以优化,提高了终端物流的经济效益;配送使分散库存得以集中,而通过集中库存的规模经济优势,使企业单位存货成本下降,释放出大量储备资金,在加强调控能力的同时,实现企业的低库存或零库存;配送提高了企业生产的供应保证程度,这种保证不只是数量的保证,也是规格、品种等质的方面的保证,最大限度地满足了企业的生产需要。因此,配送不仅只是一种服务性供应的工作方式,更是一种重要的流通渠道手段。

一、规划物流配送服务作业

物流配送服务作业的规划包括制订配送需求计划、规划配送服务职能和配送服务作业流程。

(一)制订配送需求计划

配送需求计划(简称 DRP)是指应用 DRP 的原则,在配送的环境下统一物料配送需求的一种动态方法。在供应链上,DRP 的应用范围相当广泛,对企业而言,DRP 既可用于规划原材料的进货补货安排,也可用于企业产成品的配送计划。

在逻辑上的 DRP 是物料需求计划 MRP 的扩展。但两者之间存在一个根本的差异:MRP 通常在一种相关需求的情况下运作的,由企业制订和控制的生产计划所确定;而 DRP 是在一种独立的环境下运作,由不确定的顾客需求直接确定存货需求。

企业可以运用 DRP 所产生的信息来计划未来的物料(尤其是存货)需求,如:

(1)协调同一供应商提供的多项物料的补货需求和安排;

(2)选择更有效的运输方式,以及相应的货车或船运的容量规模等;

(3)预先做好运输和接货、卸货的人员、设备安排工作;

(4)从最终的客户需求出发,利用配送需求条件驱动产生企业的主生产计划,控制 BOM 表,并最终影响物料需求计划的编制。

1. 综合的 DRP 与 MRP 系统

实际运用中,通常将 DRP 与 MRP 结合起来,形成 DRP 与 MRP 联合系统,从而综合了原材料、在制成品和产成品的计划安排总体协调存货水平,计划存货运输。综合的 DRP 与 MRP 系统功能模型图如图 10-3 所示。

2. DRP 的优点与局限性

(1)DRP 的特点。类似于 DRP 这样的综合存货计划系统为管理部门提供了一系列的好处,主要表现在营销物流方面。

- 在营销方面,DRP 的优点表现在:

①DRP 的实施改善了服务水准,保证了准时递送和减少了顾客的抱怨;

②更有效地改善促销计划和新产品引入计划;

③提高了预计短缺的能力,使营销努力不花费在低储备的产品上;

④改善了与其他企业的协调功能,因为 DRP 有助于公用一套计划数字;

⑤提高了向顾客提供存货管理服务的能力。

- 在物流方面,DRP 的优点表现在:

①由于实行了协调装运,降低了配送中心的运输费用;

②DRP 能准确确定何时需何种产品,降低了存货水平和仓库空间需求;

③DRP 减少了延迟供货现象,降低了顾客的运输成本;

④改善了物流与制造之间的存货可视性和协调性;

⑤DRP 能有效地模拟存货和运输需求,提高了企业的预算能力。

(2)DRP 的局限性。尽管 DRP 有很多可观的优点,但是它本身还有诸多限制,在实际应用时要加以注意。

①DRP 计划系统需要每一个配送中心精确的、经过协调的预测数。而在实际情况中,

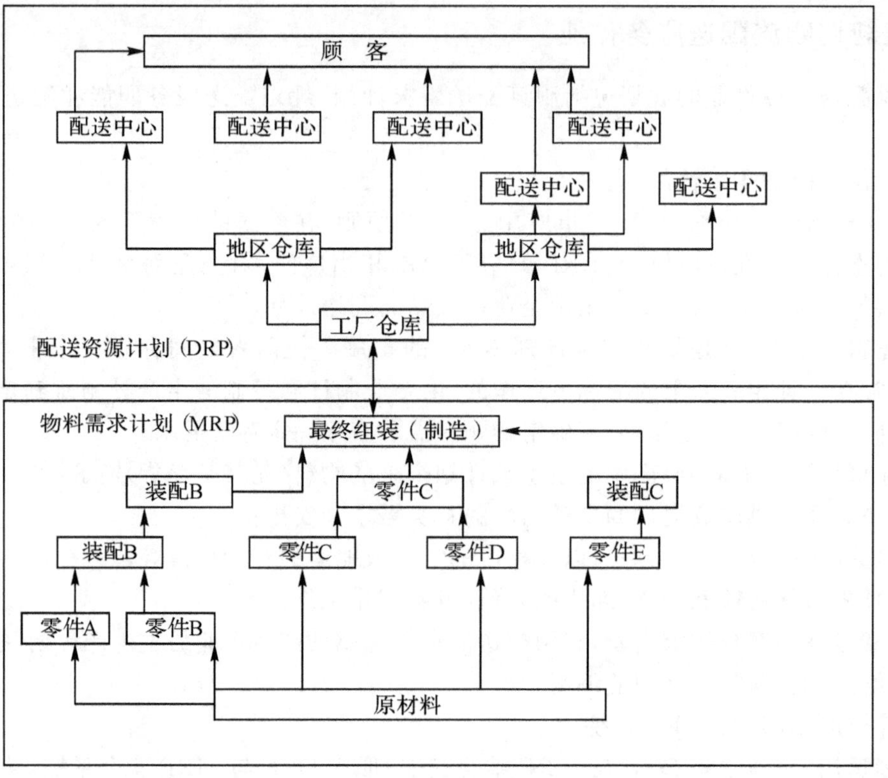

图 10-3　综合的 DRP 与 MRP 系统功能模型图

预测的误差是不可避免的，这可能成为一个大问题。

②DRP 系统要求配送设施之间的运输具有固定而又可靠的完成周期。虽然完成周期可以通过各种安全的前置时间加以调整，但是完成周期的不确定因素则会降低 DRP 系统的效力。

③由于生产故障或递送延迟，综合计划常易受系统紧张的影响或频繁改动时间表的影响，尤其是补货运输周期和卖主递送可靠性等方面的不确定因素可能使 DRP 系统极度紧张。

(二)规划配送服务职能

配送中心主要有采购、订单处理、配送和其他辅助功能。

由于配送中心是由一般中转仓库演化和发展而来，内部结构和布局都各不相同，其职能大体有以下几种。

1. 储存

配送中心作为货物的集散中心，服务对象众多，服务范围也很大，储存是必不可少的基本职能。

2. 分拣理货

为了满足客户对商品不同种类、不同规格、不同数量的需求，配送中心必须有效分拣货物，并按计划理货。这是配送中心的核心职能，分拣理货技术也是配送中心的核心技术。

3. 配货

用户对商品的需求有各种不同的组合，配送中心必须对货物进行有效组合才能合理利用运输工具，方便配送工作，满足用户需求。

4. 倒装、分装

这一职能使不同规模的货物在配送中心能高效分解和组合，按用户要求形成新的组合或新的装运形态。

5. 装卸搬运

装卸搬运是配送中心必不可少的辅助作业。

6. 加工

多数配送中心都具备这种职能。对商品进行不同程度的加工，能够提高配送中心水平，提供增值服务。

7. 送货

送货是配送中心实现的最后职能。送货工作在配送中心之外完成，但是送货工作的计划、指挥和管理均由配送中心完成，所以它是最后一个环节。

8. 信息处理

配送中心要具备与客户沟通的信息职能，同时也要具备配送中心各环节之间沟通的信息职能。

配送中心的类型不同，担负的流通职责不同，其流程可规划为一般流程、不带储存仓库的配送中心流程、加工配送型配送中心流程、批量转换配送中心流程等。

在规划配送中心的作业流程时，除应考虑其完成的基本职能外，另需考虑配送中心的位置规模、接受对象及作业内容、商品的特性等条件。

配送中心的作业流程规划决定了配送中心作业的详细、具体要求，如确定装卸搬运容器尺寸形状、装卸搬运的汲取和设备规格、特殊车辆的规格、配送中心内部作业场所的详细配置等，所以它是规划配送作业的重要步骤。

（三）规划配送服务作业流程

配送服务的作用在于“化零为整”和“化整为零”，使产品通过它迅速流转。

1. 配送服务的一般流程

这种配送服务以中、小件杂货配送为主，由于货物较多，为保证配送，需要有一定储存量，属于有储存功能的配送服务。理货、分类、配货功能要求较强，很少有流通加工的功能。配送服务的一般流程如图 10-4 所示。

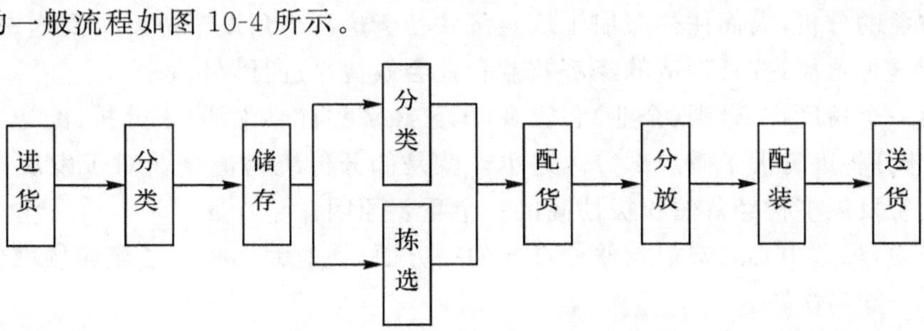

图 10-4　配送服务的一般流程

这种流程也可以说是配送服务的典型流程，其主要特点是有较大的储存、分货拣选、配送场所，作业装备也较大。

2. 不带存储库的配送服务流程

专以配送为职能，只有为一时配送备货的暂存，而无大量储存。暂存区设在配货场地中，配送作业场所中不单设储存区。流通型配送中心流程如图 10-5 所示。

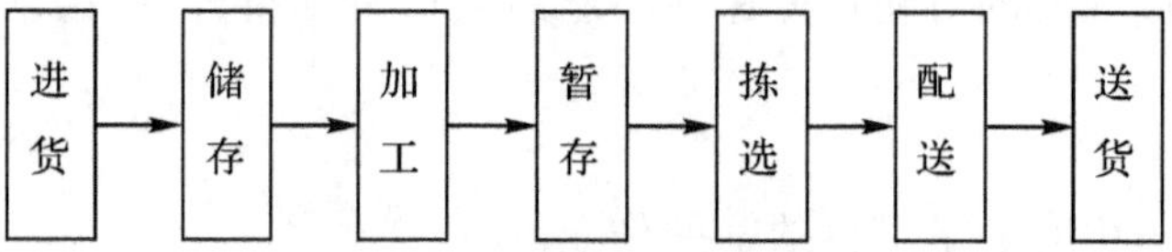

图 10-5　流通型配送中心流程

这种配送服务的主要场所都用于理货、配货。

3. 加工配送型配送服务流程

加工配送型配送服务有多个模式，随加工方式不同，程序有区别。典型的加工配送型配送服务流程如图 10-6 所示。

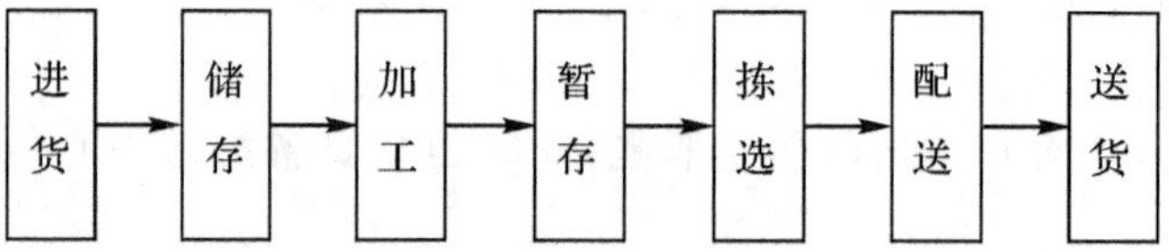

图 10-6　加工配送型配送服务流程

4. 批量转换型配送服务流程

在这种配送服务中，产品以单一品种、大批量方式进货为主，在配送服务下转换成小批量。批量转换型配送流程如图 10-7 所示。

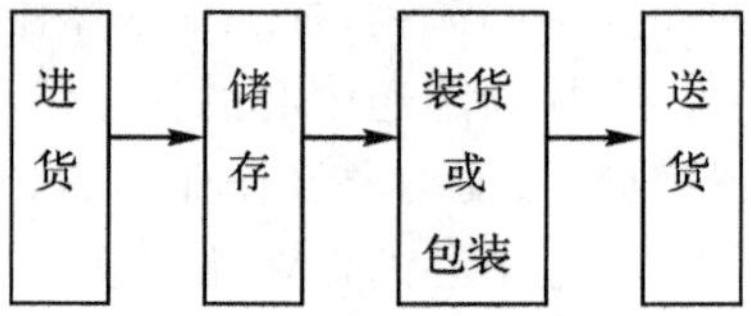

图 10-7　批量转换型配送服务流程

这种配送服务流程十分简单，基本上不存在分类、拣选、分货、配货、配装等工序。但是，由于是大量进货，储存能力较强，所以储存及装货作业最重要。

二、物流配送服务的效益来源

配送服务的效益来源有其节约的一面，也有其增加效益的一面。

（一）节约减少费用来源

对于效益的分析，人们往往习惯于从经济和社会这两个角度来进行。配送中心的效益，也可以采用这种习惯，按其创造的经济效益和社会效益来进行评价。

如果换一个角度，从微观（企业）和宏观（国家经济和社会生活）来分析，配送中心的效益中，宏观的部分将远远大于微观部分。这也许就是部分传统物流企业对于发展配送中心积极性总是没有发展多种经营的积极性高的一个重要原因。

总的来说，配送中心的宏观效益最重要的一方面，就是大大减少了流通领域供需双方的接触次数——交易次数。

（二）增加效益来源

综合评价，配送中心在减少流通中的交易次数的同时，也创造着诸多的宏观效益和微观效益。

1.可产生规模效益

配送中心对多家厂商和客户起到中介作用，减少了供求之间的交易次数，相应地增加了交易批量。这样，在批量进货时，配送中心可获得优惠进价，并与客户分享这部分价格，使双方获利。

2.发挥专业化分工优势

建立配送中心后可以充分发挥物流业、销售业的专业化优势，可有效防止客户缺货和库存过多。同时配送中心对商品的维护和保养效果好于分散管理商品的企业。

3.有效控制商品质量

配送中心与多家厂商建立了业务联系，对于商品的质量控制和质量信息反馈都相对有效和迅速。

4.减少客户的库存

由于配送中心的服务，各客户（工厂或零售商等）都可以减少库存，甚至实现零库存，可为客户节约大量的库存资金占用，配送中心可与客户共享利润。

5.有效降低物流成本

配送中心的出现以及进一步发展的共同配送，对于物流成本的降低可以起到显著作用。

配送中心通过对批量货物的专业管理，有效地降低了物流成本，从运输的角度来看，可以取得如下效果：

(1)配送中心使商流和物流分离，物流线路缩短。

(2)降低运输次数。

(3)提高车辆装卸、利用效率。

(4)保证客户最佳订货量。

(5)共同配送有利于降低运输费用。

(6)配送中心可选择最佳运输手段和工具。

从保管的角度来看，可以取得如下效果：

(1)减少货物储存的在库点个数，降低人力、物力、财力的投放。

(2)统一在库管理，提高在库管理质量。

6.充分利用库存空间，提高保管的效益

从包装的角度来看，可以取得如下效果：

(1)降低包装材料费用，提高材料利用率。

(2)包装工艺简洁化、流水化，提高作业效率。

(3)包装作业机械化，降低人力成本。

从装卸的角度来看，可以取得如下效果：

(1)配送中心使交易次数减少，装卸次数减少，降低人力成本，减少货物损失。

(2)可采用集装单元化，提高作业效率、货物周转效率及保护效果。

除此以外，很多大型配送中心在开展业务时，将其与国际物流接轨也看作是降低物流成本的措施。所以，与国际物流接轨也是某些配送中心的效益源泉。

【本章小结】

本章从物流服务的含义入手，首先介绍了物流服务的作用和地位，然后介绍了运输服务的基本特征、种类、选择、合理化等内容，最后介绍了规划物流配送服务作业和物流配送服务的效益来源。通过本章学习，使学生掌握物流服务的含义和内容，并理解物流服务两个重要的组成部分——运输服务和配送服务。

【习题】

一、单项选择题

1. 常见到的联合运输不包括（　　）。
A. 航空—汽车运输　　B. 铁路—汽车运输
C. 铁路—水上运输　　D. 航空—管道运输

2. 类似于DRP这样的综合存货计划为管理部门提供的好处主要体现在（　　）。
A. 生产方面　　B. 物流方面　　C. 供应方面　　D. 营销方面

3. 在物流服务中，属于交易前要素的是（　　）。
A. 商品断货标准　B. 订货周期　　C. 产品包装　　D. 组织构造

4. 货主企业的物流需求不是凭空由自己创造出来的，而是以商流的发生为基准，伴随着商流的发生而发生的，这反映了物流服务的（　　）。
A. 及时性　　B. 移动性和分散性
C. 较强的需求波动性　　D. 从属性

5. 物流服务最基本的问题是（　　）。
A. 速度问题　　B. 一致性问题
C. 灵活性问题　　D. 故障与恢复问题

6. 在物流活动中，使用最多的托盘种类是（　　）。
A. 木制托盘　　B. 钢制托盘　　C. 树脂托盘　　D. 塑料托盘

7. 物流服务是对顾客商品利用可能性的一种保证，它不包含的要素是（　　）。
A. 备货保证　　B. 技术保证　　C. 输送保证　　D. 品质保证

8. 驮背运输是指哪两种运输方式的联合？（　　）
A. 公路和海运　　B. 铁路和海运　　C. 公路和航运　　D. 铁路和公路

9. 下列物流服务的内容中，（　　）是物流服务体系中所有动态内容的核心。
A. 保管　　B. 包装　　C. 运输与配送　　D. 装卸搬运

10. 物流服务的可得性实现的最普通方式是（　　）。
A. 安全库存标准　　B. 预期顾客订货进行存货准备
C. 电子订单　　D. 第三方物流

11. 物流服务体系中所有动态内容的核心是（　　）。
A. 运输与配送　B. 保管　　C. 信息传输　　D. 包装

12. 配送中心宏观效益的最重要一方面是（　　）。
A. 减少交易次数　　B. 产生规模效益
C. 控制商品质量　　D. 减低物流成本

13. 物流顾客服务中，属于交易中要素的是(　　)。

A. 顾客保证声明 B. 组织构造　　C. 货物周转　　D. 维修零部件

14. 物流服务属于非物质形态的劳动，它生产的不是有形的产品，而是一种伴随销售和消费同时发生的服务，这就决定了它的(　　)。

A. 从属性　　B. 即时性

C. 较强的需求波动性　　D. 移动性和分散性

二、多项选择题

1. 物流服务的特性包括(　　　)。

A. 从属性　　B. 即时性　　C. 移动性和分散性

D. 较强的需求波动性　　E. 可替代性

2. 物流服务主要围绕哪些要素展开(　　　)。

A. 顾客所期望的商品　　B. 顾客所期望的价格

C. 顾客所期望的传递时间　　D. 顾客所期望的渠道

E. 顾客所期望的质量

3. 在供应链上，DRP 可用于(　　　)。

A. 规划原材料的进货补货安排　　B. 企业产成品的配送计划

C. 物料需求计划　　D. 制造资源计划

E. 经济订货批量

4. 类似于 DRP 的综合存货计划，为管理部门提供的好处主要表现在(　　　)。

A. 生产方面　　B. 物流方面　　C. 供应方面

D. 营销方面　　E. 财务方面

5. 在物流服务中，属于交易中要素的是(　　　)。

A. 商品断货标准　　B. 订货周期　　C. 产品包装

D. 组织构造　　E. 产品追踪

三、判断题

1. 运输是物流服务的核心环节，不论是企业的输入物流还是输出物流，都依靠运输来实现商品的空间转移。(　　)

2. 在供应链上，DRP 既可用于规划原材料的进货补货安排，也可用于企业产成品的配送计划。(　　)

3. 共同配送有利于降低运输费用。(　　)

4. 运输产品是运输对象的空间位移，客运是以人数来计量，货运是以吨来计量。(　　)

5. 物流服务的内容是满足货主需求，保障供给，且无论是在服务的量上还是质上都要使顾客满意。(　　)

6. 物流服务的基本特性包括它的不可替代性。(　　)

7. 物流服务的可得性实现的最普遍做法是尽可能大量地进行存货储备。(　　)

8. 运输产品是运输对象的空间位移，用旅客人千米和货物吨千米计量。(　　)

9. DRP 的中文意思是配送需求计划。(　　)

四、名词解释

1. 托盘化
2. 一贯托盘化
3. 物流服务
4. 运输产品
5. 联合运输
6. 集装箱化

五、简答题

1. 简述物流配送服务创造的宏观与微观效益。
2. 什么是物流服务的可得性？它由哪些衡量指标组成？
3. 简述配送中心的信息处理主要表现在哪些方面。
4. 简述企业物流运输服务作业管理的主要工作内容。
5. 为什么说物流服务在企业经营中占有重要地位？
6. 配送服务主要围绕哪些方面展开？
7. 简述集装箱化的优势。
8. 简述托盘化在物流服务中的作用。
9. 选择运输工具的基础从哪几个方面进行考虑？

六、案例分析题

1. 神州物流公司是建立在神州工业园区的规模较大的物流公司，一期投资6000万元人民币，建造了轻钢结构的库房10000平方米，库房高11米，装有货架，地坪也经过了防尘处理。同时还有15000平方米的集装箱堆场，堆场有良好的混凝土地坪，可以承载3～4个重箱或5个轻箱。还建有3400平方米的办公大楼，海关、商检、卫检等都进驻该大楼。神州物流公司具有比较好的物流信息系统，已经为2～3个跨国公司的当地分公司提供了较好的仓储与运输服务，并且信息系统也能基本上与对方良好衔接。

公司建成后，普遍被认为是该地区硬件设施和信息系统最好的仓储、物流公司。但是，也有些客户认为该公司提供的仓储等服务价格过高。因为神州地区有大批的乡镇企业经营很不景气，原来有的仓储公司、运输公司，由于乡镇企业不景气而大幅度削价竞争，其仓储价格低到0.2元/平方米/天，而一些濒临倒闭的乡镇企业更是把其运输车辆、仓库以至厂房都投入了低价竞争的仓储、运输服务，其仓储价格最低的只有0.09元/平方米/天，只要能养活员工就行。但是，神州物流公司由于投资大、设备先进、人员的素质与工资相对较高，再加上其他因素，其仓储的最低成本达到0.60元/平方米/天。这样在低价竞争中是无法与传统的仓储公司和乡镇企业竞争的。

神州工业园区是国内比较著名的工业园区，吸引了大批外资，特别是欧美日的跨国公司进驻较多，这些公司在理念上接受第三方物流，而且园区里的土地与厂房价格都很贵，员工的工资也较高，但是这些企业对物流服务的要求比较高，一般要求全套的信息服务，而且要求提供全过程的物流服务，也就是进口原料从上海机场或上海港下来以后的所有业务过程（包括报关、运输、仓储），企业产成品的储存和长江三角洲产品的配送都要求一家供应商全部完成。

神州物流公司面临着两种选择，一种意见认为应该向高水平的第三方物流发展，因为神州工业园区有这样的市场需求，假如我们的人员素质、管理和技术水平，包括信息系统还得做些改进，那也是必须做的事情，6000 万元都投了，为了长远发展再花 500 万～1000 万元也是必要的。这样二期发展才有可能进行。另一种意见认为，公司负担已经很重，再要投入资金，就要去说服股东或者银行，而且风险不小，还不如努力降低成本，先养活再说。

问题：

(1)你的意见是什么？

(2)不管你采纳哪一个意见，下一步到底应该怎么办，为什么？

2.2003 年 11 月，国内首家集整车储运、零部件供应和销售服务培训中心于一体的汽车商务中心——广州本田上海商务中心正式启用。从此，广州本田供应上海、浙江、江苏、安徽等省市的整车、零部件将由上海商务中心统一配送，正式开始了 24 万辆物流体系的动作。

在位于上海嘉定区黄渡镇的广州本田上海商务中心，一条铁路线将 46 个整车集装箱直接运抵现场。据了解，这个商务中心总占地面积约 6 公顷，项目总投资约 6500 万元。设有销售服务培训中心、整车储运场地、零部件仓库等，具备整车仓储和中转、零部件供应、各类储运、特约店管理、信息反馈等功能。

随着广州本田汽车产销量的逐步扩大，到 2003 年年底，广州本田在全国的特约销售服务店达到 200 家，上海、浙江、江苏、安徽 4 省市的特约店总数超过 50 家。广州本田 2003 年 1—10 月在上海、浙江、江苏、安徽 4 省市的销售量占其总销售量的 20%，达到 1.8 万多辆。上海商务中心成立后，广州本田通过国内汽车企业的第一个厂内专用铁路发运中心，将整车集装箱从铁路线运到上海商务中心，再及时发送到各特约店，此外，零部件也由上海商务中心统一配送。这样，就大大缩短了对华东地区特约店的整车配送时间，据悉，几个小时，便可把零部件送到杭州的特约店。实现华东地区特约店零部件的每周配送，降低了特约店流动资金的占用。

为开启广州本田到华东以及全国各地整车铁路运输，广州本田铁路发运中心已于 2003 年 11 月 1 日正式投入使用，广州本田铁路发运中心的最高发运能力为每天 600 辆。铁路运输安全快捷、可以有效地减少产品在路途中的意外损坏，并降低动力成本，从而提高广州本田的整车运输能力及市场竞争能力。

从 2003 年 11 月中旬开始，广州本田上海商务中心分批组织华东地区特约店人员的培训，项目有销售业务、零部件业务、售后服务业务、维修技术等，同时，还加强了对华东地区特约店的巡回管理指导和信息收集反馈。

问题：

(1)该中心选址时考虑的因素有哪些？

(2)该中心的设立从配送角度分析有哪些优点？

(3)该配送中心在客户服务上有哪些特点？

(4)该中心还有哪些可改进之处？

第十一章　运输配送企业的经营战略

【学习目标】

通过本章学习，使学生掌握企业经营战略的概念和主要组成部分，理解运输配送企业的环境分析、战略选择及实施。

【引例】

首钢进口矿原料供应及海运物流战略

首钢发展现状：首钢始建于1919年，至今已有88年历史，现已发展成为以钢铁业为主，兼营矿业、机械、电子、建筑、房地产、服务业、航运、金融、海外贸易等跨行业、跨地区、跨国经营的大型企业集团。

首钢海运物流战略

“以成本为中心”是首钢确定的管理理念，近年来随着中国经济的迅猛发展以及世界经济的转暖世界航运市场注入了强劲的动力，当今的航运经济一日千里，海运费所占到岸成本的份额不断攀升，已经引起广泛关注，海运已经成为一项巨大的成本控制工程，同时也是一笔巨大的市场资源。

首钢在做好国外铁矿石资源锁定及进口工作的同时，在跟踪国际海运市场，降低铁矿石进口物流成本等方面也进行了积极的探索并取得了很大的成效。

到“十一五”后期，首钢将逐渐形成中长期运力控制达到80%的战略目标。可控运力采用即期、短、中、长期COA以及期租船相结合的有效方式，各种操作方式对应不同的市场主体，只有组合操作模式才能够享受到不同类型船东的优质服务。

未来首钢海运市场主要操作模式将采取以下5种方式：

1. 中、长期COA、期租船和新造船项目相结合

中、长期COA、期租船和新造船项目可为工厂提供稳定、经济的运力，对控制成本起重要作用。其中，长期COA(10年以上)采取指定船或新造船的连续航次合约形式，新造船的长期COA以成本加合理利润方式定价，构成首钢海运市场的运费价值中枢，可以提供长期稳定的运价，是未来各种操作方式的价格基础和参照，长期COA的比例取决于对货源和港口的控制，曹妃甸钢厂投产后其比例可达到40%以上，以突显首钢优越的港口优势，弥补首钢地处北方导致的海运距离高于其他南方市场的运输成本劣势。

2. 中、短期操作相结合

中、短期操作可调节中长期运力的缺口，操作灵活，便于跟踪市场，更适用于固定航线。

以低于五年期为例，其洽约时机很重要，市道低迷时以中期为宜，航运市场强势时以短期相宜，如巴西、秘鲁航线主要以COA锁定运力，可有效监控成本，同时中、短期COA以长

期 COA 为蓝本，便于对比成本导向，对成本控制起到良好的辅助作用。

同时，首钢为弥补期租船运力短缺，为获得较低成本的运价，也会择机适当与船务公司签订中、短期 COA 合约，用以保证期租船因航行距离过长、难以调配以及某些时段无法调剂使用的不足。

【思考】

1. 首钢海运物流战略有何特点？
2. 本案例对其他企业有何启示？

第一节　企业战略概述

一、企业战略与战略管理

(一)企业战略学的形成与发展

企业经营战略是在企业赖以生存的环境发生根本变化的情况下产生的。众所周知，从第二次世界大战结束到 20 世纪 60 年代末，是世界经济飞速发展的黄金时期。此时，企业的经营环境比较稳定，经营条件也比较理想，然而，进入 20 世纪 70 年代，整个国际经济环境发生了人们意想不到的变化，这种变化突出地表现在企业的外部环境越来越复杂和恶化，石油危机爆发、资源供应紧张、通货膨胀加剧、生态环境恶化等，这一切使得企业的经营环境变得十分险恶。

与此同时，新的技术革命席卷全球，新科学、新技术为企业提供了新的生存空间，同时也向企业提出了前所未有的挑战。伴随新技术革命的是新的消费需求和消费观念，这一切都使产品和技术的更新速度越来越快，市场竞争越来越激烈。在这种情况下，企业的经营环境变得更加复杂多变，更加难以把握。许多企业由于不适应环境的变化，经营陷于困境，甚至濒临破产。因此越来越多的企业和有关人士认识到要想在复杂多变、既有机遇又有挑战的环境中生存，单靠过去固有的知识、经验和理论不能满足需要，应该有新的理论来指导和管理企业，经营战略的理论正是适应了企业管理的这种新需要而产生和发展的。

企业战略学是企业竞争的产物。第二次世界大战以后，由于经济恢复所带来的强劲需求，各类产品都处于供不应求的卖方市场。但随着企业投资的大量增加，生产能力的高速扩张，欧美企业在经过 20 世纪五六十年代的顺利发展后，转入了一个竞争激烈的买方市场。竞争迫使企业由以往单纯地侧重于怎么生产，而转向“生产什么”、“怎么生存”、“怎么发展”的企业战略研究。经营战略的研究，起源于 20 世纪 50 年代末 60 年代初的美国。由于日新月异的技术革新、日益加剧的全球竞争，原有的竞争规则以及传统的长期计划方法很难适应环境的变化，这促使管理者们开发系统性的新方法，从而在分析环境、评价组织的优势和劣势的基础上，识别建立竞争优势的机会。在此情况下，企业经营战略的重要性开始被人们广泛认识，由此导致了企业战略研究的兴起与发展，企业战略学的发展大致过程如下：

1962 年，美国管理学者钱德勒所著的《战略与结构》一书问世，揭开了企业战略问题研究的序幕。他认为，企业经营战略研究的问题是决定企业的长期目标，并通过经营活动和分配资源来实现它。

继钱德勒之后，越来越多的管理学者对企业经营战略进行了不断深入的探讨。1965年，美国著名管理学教授安索夫的《企业战略》问世，可以说是最具影响的企业战略著作。安索夫认为，企业战略是“现有资源和计划资源的配置以及与外部环境相互作用的基本模式”，企业经营战略的核心是资源配置问题。

1971年，美国GE公司首先编制出“战略规划”。

20世纪70年代，随着市场进一步由卖方市场向买方市场转移所导致竞争的加剧，企业战略研究形成热潮。

1980年，作为一系列研究的总结，哈佛大学商学院教授迈克尔·波特所著的《竞争优势》和《竞争战略》被经理、咨询顾问及证券分析家们奉为“圣经”，并成为企业战略学的一本经典性著作。波特的基本观点是：企业战略的关键是确立竞争优势。

20世纪80年代，全球出现了一次“战略理论研究”的热潮。

进入20世纪90年代，由于国际竞争日趋激烈，自然资源日益匮乏，经营环境更加动荡不安，战略管理变得更加重要和困难。这就要求企业进行长期预测并制订战略规划，同时也促进了经营战略理论的发展，战略管理成为企业管理理论的重要分支，一个典型著作就是汤姆森与斯迪克德合著的《战略管理》一书，它从1978年初版到1998年第十版，从而使战略管理成为企业管理的一个重要领域，可以说没有企业战略就很难讨论其他企业管理领域。

（二）企业战略的概念和特征

战略一词来源于希腊文Strategos，这个词的意义是指挥军队的艺术和科学。在企业经营战略理论的发展过程中，许多管理学家和战略学家从不同的角度来认识经营战略，因此，经营战略的概念存在很多种说法，如安索夫认为经营战略是企业为了适应外部环境，对目前从事和将要从事的经营活动所要进行的决策。其内容包括产品市场范围、成长方向、竞争优势和协同效应四部分。德鲁克认为经营战略要回答两个问题，即：我们的企业是什么？它应该是什么？钱德勒认为企业战略是企业的长远性经营决策，其内容包括企业的长远发展、确立基本目的、为达到基本目的的方针目标以及实现目标而进行的资源配置等等。综合上述观点并结合现代经营战略理论研究的成果，我们可以对企业经营战略作如下定义：经营战略是企业为了适应未来环境的变化，寻求长期生存和稳定发展而制定的总体性和长远性的谋划和方略。具体地说，经营战略是在符合和保证实现企业使命条件下，在充分利用环境中存在的各种机会和创造新机会的基础上，确定企业同环境的关系，规定企业从事的业务范围、成长方向和竞争对策，合理调整企业结构和分配企业的全部资源。

根据经营战略的概念，我们可以看出经营战略具有以下特征：

1. 全局性

经营战略的全局性是指经营战略以企业的全局为研究对象来确定企业的总目标、规定企业的总行动、追求企业的总效果。即经营战略的重点不是研究企业的某些局部性质的问题，而是将重点放在企业的整体发展上。

2. 长远性

经营战略的长远性是指经营战略的着眼点是企业的未来，是为了谋求企业的未来发展和长远利益，而不是为了求得眼前的利益。有时，为了谋求企业的长远利益甚至需要牺牲眼前的利益。

3. 纲领性

经营战略的纲领性是指经营战略所确定的战略目标和发展方向是一种原则性和概括性的规定，是对企业未来的一种粗线条的设计。经营战略对企业未来成功进行总体谋划，而不纠缠现实的细枝末节。要将它变成企业的实际行动，需要经过一系列的展开、分析和具体化的过程。

4. 抗争性

经营战略是关于企业在激烈的竞争中如何与竞争对手抗衡的行动方案，同时也是迎接来自各方面的挑战的行动方案。它与那些不考虑竞争、挑战而单纯为了改善企业现状、增加经济效益、提高管理水平等为目标的行动方案不同。企业制定竞争战略的目的，就是要在优胜劣汰的市场竞争中战胜对手，赢得竞争优势，赢得市场和顾客，使自己立于不败之地。

5. 风险性

经营战略是为企业未来所作的总体规划，而未来具有不确定性，因而战略必然带有一定的风险性。经营战略的风险性特征要求战略决策者必须敢于承担风险，同时也要求决策者根据环境的变化及时地调整企业的经营战略，以便提高企业承担风险的能力。

(三)企业战略的目标与实质

企业战略是竞争的产物，也必然随着市场竞争的发展而不断更新、丰富其内涵，因此很难下一个严格、不变的定义。事实上，一般而言，试图对一个复杂的发展中的事物用少量的文字来下一个明确而严格的定义往往是徒劳无益的。显然，对于一个复杂的事物从不同的角度可以得到不同的“投影”，比较恰当的办法是对一个事物描述不同角度的“投影”，从而形成一个比较完整的概念。下面对企业战略列举一些国内外学者所作的“投影”。

(1)德国著名军事学家冯·克劳塞维茨在其名著《战争论》中指出：“战略是为了达到战争目的而对战役的运用。战略应为整个军事行动规定一个适应战争目的的目标。”

(2)哈佛商学院企业战略教授波特认为：“战略是公司为之奋斗的一些目标与公司为达到目标而要求的途径(政策)的结合物。”

(3)BCG公司奠基人布鲁斯·亨德森认为：“任何想要长期生存的竞争者必须通过差异化而形成压倒所有其他竞争者的独特优势。努力维持这种差异化，正是企业长期战略的精髓所在。”

(4)日本著名战略学者大前研一认为：“通向成功的最有效的捷径看来是较早地把主要资源集中到一个具有战略影响的功能中，迅速跃入第一流的企业，然后利用这种较早的第一流的地位所产生的利润加强其他功能。”并认为这就是企业制定战略的真谛。

(5)中国人民大学徐二明教授认为：“战略是为实现企业目标而进行的总体性的深远规划及其实施。”

(6)汤姆森教授在《战略管理》一书中指出：“公司战略是公司管理层所制定的策略规划，其目的在于确立公司在其市场领域中的位置，成功地同其对手进行竞争，满足顾客的要求，获得卓越的公司业绩。”

上面六位专家从目标、内涵等方面对企业战略作了描述。但是比较明快的表述也许是著名管理学家杜拉克的观点，他认为企业管理与企业战略有三个核心问题，这三个问题是：

(1)你的业务(产品或服务)是什么——产品定位；

(2)谁是你的客户——市场定位;

(3)客户认知的价值到底是什么——价值定位(功能—成本优势)。

而企业战略专家,哈佛商学院教授波特则从企业战略产生的依据的角度指出企业战略的核心问题应是在产品竞争中考虑的,也就是在该产品的需求与供应环境中考虑的。

综合上述意见,不妨认为企业战略就是对本企业所属的产业竞争环境进行审慎研究后,作出的对企业的产品定位,市场定位与价值定位的总体决策与完整的实施计划,从而为公司赢得超常的投资效益。

(四)战略管理

战略管理过程包括战略规划和战略实施两个阶段。

1.战略规划阶段

战略规划阶段的工作是拟订多种可行的战略方案和选择满意的战略决策方案。具体包括以下几项决策:

(1)明确企业的使命。企业的使命是指公司的目的、责任及其发展方向。它是对企业所处的战略环境进行全面深入分析的基础上确定的,反映了战略决策者的思想和价值观,是企业确定战略目标的前提,也是选择战略方案的根据和分配资源的基础。它为企业指明了今后较长一段时期内经营发展的方向。企业使命一般包括两个方面的内容,即:经营哲学和企业宗旨。经营哲学是指企业为其经营活动方式所确立的价值观、经营理念和行为准则;企业宗旨是指规定企业去执行或打算执行的活动,以及企业现在的或期望成为的类型的规定。明确企业的宗旨是非常关键的,没有明确的宗旨,要制定出清晰的目标和战略实际上是不可能的。

(2)制订战略方针。战略方针是指企业为贯彻战略思想和实现战略目标、战略重点所确定的企业经营活动中应遵循的基本准则。战略方针有助于确保企业中的各个组成部分按相同的基本准则来行动,也有助于各组成部分之间的协调和信息的沟通。

(3)建立战略目标。战略目标包括长期目标和短期目标,是指在战略方针的指导下,根据对企业的外部环境和自身实力的分析和研究而确定的企业在一定的战略时期内应该达到的总体水平,即将公司的宗旨具体化为公司的长期目标和短期目标。

(4)战略选择。战略选择是指为选择某一特定战略方案所做出的决策,即从多种可行方案中选择用以实现组织目标的战略。可供企业选择的战略方案有很多种,这些方案可以是企业目前战略的延续,也可能完全改变了企业的发展方向。企业要根据自身的情况,对可供选择的战略的数量、类型和特点进行充分地分析,从而选择适合自己的战略。

2.战略实施阶段

战略实施阶段的工作是将战略决策方案具体化,然后发动全体员工付诸执行,并在执行中加以控制。具体来说,包括以下三个方面的工作:

(1)建立组织结构,即根据战略规划的要求建立组织结构。建立组织结构是制定适当的职权职责关系和组织结构,从而保证企业战略和计划的实施。

(2)通过控制来管理组织活动,即通过有效的管理确保实现战略的必要活动的有效进行。战略控制是战略实施过程中必不可少的条件,没有控制战略就不可能协调、有效地管理组织活动。当然,战略控制也离不开组织的保证。

(3)监控战略在实现企业目标中的作用,即通过监督控制工作确保战略在实现目标中的有效性。在战略实施过程中,通过衡量和控制来确保公司经营战略能使公司达到目标。

二、企业经营战略的层次结构

(一)企业经营战略的四个组成部分

一般来讲,一个完整的企业经营战略是由战略思想、战略目标、战略重点和战略部署这四个部分组成的。

1.战略思想——灵魂

战略思想是整个战略与管理的指导思想与准则。要形成一个正确的战略思想,首先要有敏感的、超前的意识,或者说是战略性的设想(Idea)。但单有这个意识或设想是不够的,还必须进行周密的分析,以验证战略设想,并使之系统化、科学化。为此要进行下述三个阶段的工作:

(1)态势分析,包括宏观分析(经济环境分析,技术趋势预测等)、微观分析(市场需求状况,竞争对手状况等)和自身分析(本企业的优势与劣势分析)。

(2)方针确定,确定总体方针是进攻战略、防御战略、撤退战略,还是有进有退战略。

(3)战略方向确定,战略本质上总是主动的,即便是全线撤退也必然是为了今后某一时间在某一方向的进攻,因此必须确定当前或今后“进攻”的主导方向。

2.战略目标——核心

单纯有一个正确的战略思想是不足以具体指导整个企业的经营活动的,为此,必须把战略思想演化为具体的可操作的战略目标。在战略目标中必须十分明确地阐述三个问题:

(1)企业定位——做什么;

(2)发展目标——达到什么目标;

(3)时间进程——什么时间完成。

对战略目标我们要求正确,但更要求明确。大量的调研表明,企业在战略上的失误,20%在于战略的不正确,但80%的错误是由于战略的不明确,为此在战略制定中有一种提法是KISS——“Keep it Simple,Stupid”。

3.战略重点——关键

有了战略思想,并有了正确且明确的战略目标,下一步就是要确定关键的、全局性的“进攻策略”与“重点战役”。具体讲要确定:

(1)正确的产品组合战略——用什么产品去竞争

如运输公司是用空运货代、海运货代、陆上运输、仓储这样单个的服务,还是空海联运、海陆空联运或者集约化物流作为主要产品进入市场。

(2)市场竞争战略——战线拉多长。

(3)技术创新战略——进攻方式,这里又有以下四种策略可供选择:

①抢先战略——第一名(国际第一,国内第一);

②紧随战略——紧跟国际,紧跟国内;

③模仿战略——再慢一步;

④市场服务策略——产品不新但用加强售中、售后服务来取胜。

4.战略部署——保证

任何战略行动都要有周密的、切实可行的资源配置和思想动员来保证的,否则都是一纸空文。为此在完成了上述三步后就要进入一个仔细计算、全面筹划与协调平衡的战略部署阶段。简单讲就是必须有硬、软两方面的周密部署，即：

(1)战略资源配置，资金、设备、人力资源的支撑体系与计划；

(2)战略文本编制；

(3)战略动员。

(二)企业经营战略的层次结构

一个企业的经营战略往往都不是单一的战略，而是由多个战略构成的战略体系。经营战略一般由三个层次的经营战略构成，即总体战略、经营领域战略和职能战略。

1. 总体战略(公司战略)

总体战略是指导企业在今后若干年的总体发展、统帅全局的综合性战略。它是在充分考虑到资源能力和协同作用的条件下，解决企业应在哪些经营领域里从事生产经营活动的问题。总体战略的制定，实际上是对经营领域结构的优化，即对在战略期中发展或收缩、进入或退出哪些经营领域并进行资源配置的决策和行动的总称，它是企业各个经营领域战略和各职能战略的依据。根据企业在同行业中所处的地位和基础水平的不同，一般将总体战略分为发展型战略、稳定型战略和紧缩型战略。

2. 经营领域战略(事业部或分公司战略)

经营领域战略是指企业在某一行业或某一细分行业内确定其市场地位和发展态势的战略。经营领域战略与总体战略的关系是：某一经营领域的战略服从于总体战略，而总体战略的制定又要以经营战略为依据。

3. 职能战略

职能战略是在总体战略和经营领域战略的指导下，针对企业各职能部门、各专业工作的重大问题所制订的谋划和方略。它是总体战略和经营领域战略的具体实施战略，并结合研究开发、生产、财务、营销、人力资源、组织等专业职能的实施，使总体战略确定的战略目标和战略方针得以实现。

第二节 运输配送企业的环境分析

一、环境分析的意义

经营战略的环境是指在制定经营战略时要着重考虑的与企业经营有关的外部环境和内部条件的总和。经营战略环境分析的任务是通过外部环境分析明确企业将要面临的机会(Opportunity)和威胁(Threat)，通过内部条件分析明确自身的优势(Strength)和劣势(Weakness)，从而为制定能够发挥优势，克服或弥补劣势的经营战略及其实施提供依据。其中，外部环境主要包括宏观环境，如政治、经济、技术、社会等因素；行业状况，如行业结构、行业生命周期、竞争状况等因素。内部条件分析主要是针对影响运输配送企业实力的内部可控因素进行分析，如产品或服务、销售情况、人财物等资源。

一个正确的战略思想往往起源于一个正确的、超前的竞争设想(Idea)或者几个竞争设想的结合。这些设想显然不可能凭空产生，而是有水平、有经验的企业家对竞争态势的一种直觉的判断与反应。这种判断尽管是比较粗的，但却是十分可贵与重要的，可以说这是管理者特别是高、中级管理人员的一个十分重要、可贵的素质。高级管理人员的一个很重要的素质就是鼓励市场营销、技术开发和战略经营单位的经理们提出各种新设想与判断，但更重要的是要善于集中大家的智慧形成一个超前的、有创新意识的设想与判断。但是单单有这种设想是不够的，必须对这种设想进行科学的检验，检验其正确与否，确切与否，还必须使之完善、细化，以成为一个科学的、严密的战略思想。

二、运输配送企业的宏观与中观环境分析

(一)宏观环境分析

宏观环境是指所有运输配送企业共有的一般环境条件，主要包括国内外的政治、经济、技术、社会和自然条件等环境因素。这些因素一般被称为间接环境，但这并不意味着它们对经营活动的影响较小。恰恰相反，由于宏观环境的变化性和不可控性，往往会给企业的经营活动带来重大的影响。当然，同样的宏观环境因素可能对于某一领域是机会，而对于另一领域来说就可能是威胁。

1.政治或法律环境

政治或法律环境主要是指一个国家的政治形势、政治体制、法律法规和对外友好关系等，这些都会对企业的经营产生重大影响。

2.经济环境

经济环境是指一个国家的经济制度、经济结构、产业布局、资源状况、经济发展水平以及未来的经济走势等，它涉及国家、社会、市场及自然等多个领域，也是国家进行宏观调控，影响企业经营决策的重要环境。其中国民经济结构、经济发展水平、经济体制和经济政策是应重点分析的问题。

3.技术环境

技术环境是指与运输配送企业的产品或服务有关的科学技术的现有水平、发展趋势和发展速度等。在现代化大生产中，科学技术是第一生产力，科学技术的发展变化对企业的经营活动产生巨大影响。当今，整个世界都处于新的技术革命时期，在信息技术、生物技术、新材料技术、新能源技术、空间技术和海洋开发技术等方面都有突破性进展。技术革命一方面给企业带来新的发展机遇，同时也使企业面临新的挑战。

4.社会文化环境

社会文化环境是指一个国家的社会性质、人口状况、教育程度、社会风俗习惯、宗教信仰等。社会文化因素比较复杂，包含的内容很多，对企业有着多方面的影响，其中有些是直接的，有些是间接的。社会文化环境主要通过两个方面影响企业的经营：

(1)社会的价值观念规范着人们和组织的社会行为，从而影响企业的价值观念和企业文化，规范运输配送企业的经营行为；

(2)影响人们的消费结构和消费行为，从而影响企业的产品或服务，即市场战略和经营策略的选择。

5.自然环境

自然环境是指一个国家的自然资源和生态环境。具体包括：自然资源拥有情况、气候、能源、自然灾害、生态平衡、环境保护等方面的状况。这些因素的变化，同样会给企业提供新

的市场或者是生存的威胁。在这些环境因素中,自然资源储藏量以及一定时期的开发利用状况,是制约企业经营活动的重要因素。企业应学会充分利用现有的自然资源去开发新产品和市场。战略的制定必须考虑资源的可得性。

(二)运输配送企业的中观环境分析

运输配送企业的中观环境分析也可称为行业环境分析。企业所处的行业环境就是它的直接的经营环境。行业环境主要从两个方面影响企业的经营活动:一是行业长期盈利能力及其影响因素决定了行业的吸引力,同时也决定该行业中企业的盈利能力;二是企业在行业中相对竞争地位影响了其战略选择及获利水平。因此,在进行行业环境分析时,可根据表11-1来进行,主要分析行业结构和竞争状况以及行业生命周期。

表 11-1 运输配送企业的中观环境分析

经济环境:是上升还是下降	经济周期进入上升期,加入 WTO 后将进一步推动景气。
产业环境:是夕阳还是朝阳	对运输配送企业而言是朝阳产业,加入 WTO 与中国成为世界上最大的市场之一,将大大推动运输配送企业的发展。
技术预测:本行业技术的重大变动	信息技术的广泛使用,制造业、连锁商业、跨国采购的发展将大大推动我国运输配送企业的转型,对物流集约化水平、信息技术的水平的要求将迅速提高。

1.产业结构和竞争状况分析

可以用迈克尔·波特的"五方力量图"来分析行业结构和竞争状况。波特教授认为形成竞争战略的实质就是将一个企业与其环境建立联系。尽管相关环境的范围广阔,包含着社会的、也包含着经济的因素,但企业的环境最关键部分就是企业投入竞争的一个或几个产业。产业结构强烈地影响着竞争规则的确立以及潜在的可供企业选择的战略。产业外部力量主要在相对意义上有显著作用,因为外部作用力通常影响着产业内部的所有企业。波特认为,一个行业的吸引力是决定企业盈利能力的首要和根本的因素,而任何企业的盈利能力是由五种竞争作用力决定的,即潜在的进入者的威胁、替代品的威胁、卖方的讨价还价能力、供应商的讨价还价能力以及现存竞争对手之间的竞争。为此,他提出了著名的五要素产业结构分析理论。

一个行业内部竞争激烈,这既不是偶然的巧合,也不应归咎于"坏运气"。相反,行业内部的竞争根植于其基础经济结构,并且远远超越了现有竞争者的行为范围。一个行业内部的竞争状态取决于五种基本竞争作用力,这五种基本力量决定了行业的竞争结构,如图11-1所示。这些作用力汇集起来决定着该产业的最终利润潜力。因此,企业在进行战略分析时,应把重点放在产业结构分析上。

这五种基本竞争力量的现状、消长趋势及其综合强度,决定了行业竞争的激烈程度和行业的获利能力。但是,这五种力量的综合作用力随行业的不同而不同,随行业的发展而变化,结果表现为所有行业从其内在盈利能力来看并不一致。

一个企业的竞争战略目标在于使企业在行业内部处于最佳定位,保卫自己,抗击五种竞争作用力,或根据自己的意愿来影响着五种竞争作用力。

五种竞争作用力(Competitive Force)——进入威胁、替代威胁、买方砍价能力、供方砍价能力、现有竞争对手的竞争——反映出的事实是:一个产品的竞争大大超越了现有参与者

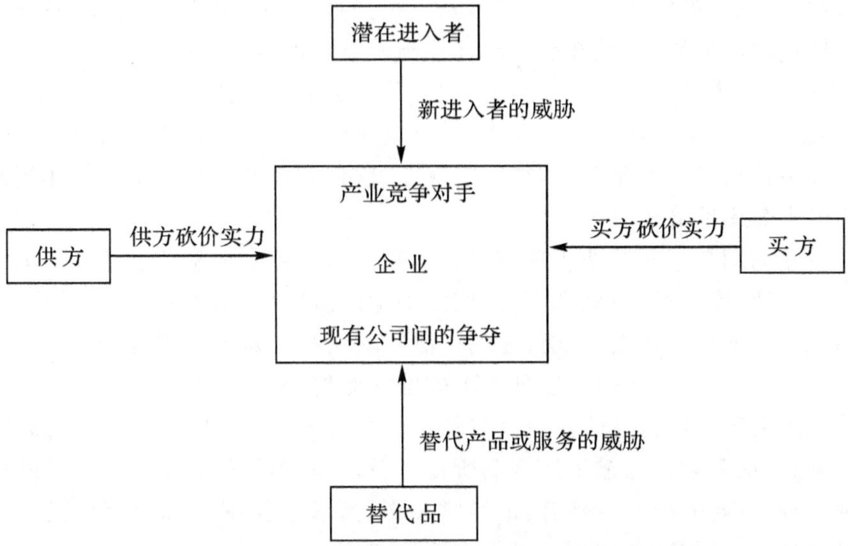

图 11-1　驱动产业竞争的力量

的范围。顾客、供应商、替代品、潜在的进入者均为该行业的“竞争对手”，并且依具体情况会或多或少地显露出其重要性。这种广义的竞争可称为拓展竞争（Extended Rivalry）。下面对五种竞争力作以简要分析。

(1)进入威胁。加入一个行业的新对手将引进新的业务能力，带有获取市场份额的欲望，同时也常常带来可观的资源。结果价格可能被压低或导致守成者的成本上升，利润率下降。对一个行业来讲，进入威胁的大小很大程度上取决于呈现的进入壁垒。一般来讲，下述六种壁垒源是主要的，即规模经济、产品歧异、资本需求、转换成本、分销渠道的获得、与规模无关的成本劣势。

(2)现有竞争对手间争夺的激烈程度。现有竞争对手以人们熟悉的方式争夺地位，战术应用通常是价格竞争、广告战、新服务引进、增加顾客服务及质量优势。

某些竞争形式如价格竞争是极不稳定的，并且从利润的角度看，很可能导致整个行业受损。竞争很容易并很快就导致价格的削减，这种情况一旦发生，所有企业的收入都减少。另一方面，广告战却可能很好地扩大需求或提高产品歧异水平从而使行业中所有企业受益。某些行业中的竞争是用这样一些词描绘的：“像战争一样”、“痛苦的”、“残忍的”，而在另一些行业却用“礼让的”、“温文尔雅的”等词汇。从总体看，激烈的竞争往往导致利润率的下降。因此，在决定战略特别是进入或退出、扩张或缩减时，对行业的竞争激烈程度要有一个正确的分析和预测。

(3)替代产品压力。广义地看，一个行业的所有企业都与生产替代服务或产品的行业竞争。替代品设置了行业中企业可谋取利润的定价上限，从而限制了一个行业的潜在受益。替代品所提供的价格、性能选择机会越有吸引力、行业利润的“上盖”压得就越紧。第三方物流服务的一个很奇特的替代产品就是客户企业由外包而转为自己干。由此，设立了物流服务价格的上限。运输配送企业要取得高利润，就必须通过集约化提高效率，降低成本，以显示专业化服务企业的优势。

(4)买方砍价实力。与上面提到的相同，在物流的服务上买方的砍价实力取决于：自营的可能性，该行业竞争的激烈程度，还有就是它自身面临的竞争压力，如许多物流客户自身面临着降低价格的巨大压力，他在砍价时往往出乎意料的强硬。

(5)供方砍价实力。供方实力的强弱是与买方实力相互消长的。具备下述特点的供方集团将更强有力：供方行业由几个企业支配，且其集中化的程度比买方行业高。供应商在向较为零散的买主销售产品或服务时，往往能够在价格、质量及交货期上施加相当影响。

2.行业的生命周期分析

行业的生命周期是指从行业出现直到行业完全退出社会经济活动所经历的时间。行业生命周期由幼稚期、成长期、成熟期、衰退期四个发展阶段构成，如图 11-2 所示。

行业的生命周期是由社会对该行业的产品需求情况决定的。因为行业是随着社会某种需求的产生而产生，又随着社会的这种需求的发展而发展，最后，当这种需求消失时，整个行业就随之消失。由于不同行业阶段所具有的不同特点，对于企业经营战略的选择和实施有重大影响。因此，正确识别运输配送企业所处行业的发展阶段非常重要。在识别一个行业处于哪个阶段时，主要的衡量指标有：市场增长率、需求增长率、产品品种、竞争者数量以及进入和退出壁垒、技术创新和用户购买行为等。

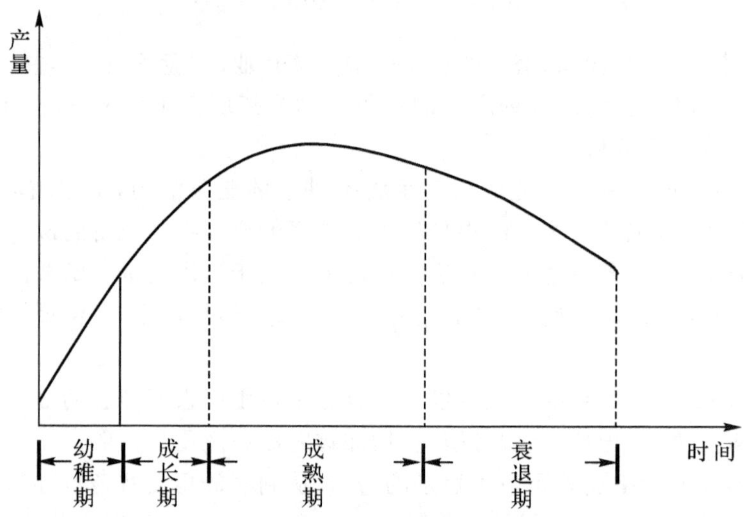

图 11-2　行业生命周期曲线

研究行业生命周期的目的是确定行业所处的发展阶段，可以对行业的现状和前景有基本的了解。然后，根据行业在该阶段的特点决定适合于企业发展的总体战略。

三、运输配送企业的微观环境分析

微观环境分析也可称为内部条件分析，包括微观分析和自身分析两方面。

(一)微观分析——行业的需求与供给分析

运输配送企业内部条件分析的目的，是评估企业自身所拥有的资源和能力，分析资源和能力的变化趋势，从而把握自身的优势和劣势，这对企业正确制定经营战略非常关键。企业的内部条件是由若干要素组成的，这些要素都以各自不同的方式影响着企业的实力。我们可根据表 11-2 进行供给和需求两方面进行分析，具体要从以下四个重要方面进行分析，即：运输配送企业的经济效益分析、产品实力分析、竞争优势分析、内部管理分析。

表 11-2 行业的需求与供给分析

需求：数量上是上升还是下降，上升速度多快	上升而且是快速上升，今后每年增长速度在10%以上，集约化物流年增长速度在25%以上。
在质量上有何新变化	由于大型制造业、连锁商业与跨国采购的高速增长，集约化、一站式的服务将逐步取代粗放的单功能服务。
供给——竞争对手情况	1. 承运人如轮船公司与铁路部门正大规模进入物流领域，形成新的供应与竞争能力。 2. 民营运输配送企业大量出现，少数已完成资本积累，而进入高速扩张期。 3. 国外运输配送企业进入中国的步伐正在加快。 4. 目前，就国内公司而言，不管是大公司还是小公司，对集约化物流还缺乏经验，但是在货代、仓储、运输等集约化程度较低、服务要求较低的业务上，却形成了一窝蜂而上的无序竞争，由此导致利润率的持续下降，且有愈演愈烈之势。

1. 经济效益分析

经济效益水平是衡量企业实力的重要指标。经济效益分析主要从运输配送企业的获利能力和资金周转状况两方面来分析。

(1)企业获利能力：评价企业获利能力的财务指标有：资产报酬率、所有者权益报酬率、销售利税率、成本费用利润率等。

(2)资金周转状况：资金周转状况反映了资金使用的效率及有效性，因此，可以反映运输配送企业的经营状况及管理水平。常用的指标有：存货周转率、应收账款周转率、流动资产周转率、固定资产周转率、总资产周转率等。

2. 产品实力分析

产品实力分析可以从以下几个方面进行，即：产品的质量分析、产品的品种分析、产品成本与价格分析、产品的销售与服务分析、产品技术水平分析、产品及企业形象分析、产品获利能力分析等。

3. 竞争优势分析

竞争优势分析的目的是要发现运输配送企业自身的优势，培养优势，并且充分发挥优势。不同的企业由于处于不同的行业和不同的竞争环境，因此需要建立和突出的竞争优势也不同。企业应根据环境的特点和自身的特点，建立不同类型的竞争优势。常见的竞争优势有：技术优势、成本优势、资源优势和品牌优势等。

4. 内部管理分析

企业内部管理分析主要是分别针对管理的五大职能，即：计划、组织、人员配备、指导与领导和控制进行分析。

(二)自身分析——SWOT 分析

1. 优势(Strong Points)

要分析自身在设备、设施、信息技术、市场占有率与营销网络、资金、人力资源、与供方关系等方面的优势，而且必须指出这种分析应该是一个详尽的比较分析，即要与各个主要竞争对手作比较，可能的话，应该是定量比较。

2. 弱点(Weakness)

同样的也要在上述各个方面与竞争对手做详尽比较，要分析弱势点对竞争能力的危害以及可能的补救措施。

3. 机会(Opportunities)

要与上述宏观与微观分析相衔接，着重分析需求与供应之间的缺口(Gap)。因为正是这种现实的或者潜在的缺口才是企业的生存与发展的机会。这种缺口的分析应该分门别类，在量与质上面都进行，从而为运输配送企业的市场定位打下基础。

4. 威胁(Threat)

主要是分析现实竞争者、潜在竞争者的竞争能力与主攻方向，从物流行业看，既要看到现有物流企业的竞争，更要看到承运人以致大客户从企业物流而转化出新的独立的物流企业的可能性。当然也还要分析市场总体需求在质上的变化对运输配送企业所产生的新的要求及不适应可能产生的后果。

第三节　运输配送企业的战略选择与实施

一、运输配送企业战略的类型及选择

(一)运输配送企业战略的基本类型

各个运输配送企业在行业竞争中，为了生存、发展、获得超常的投资收益，根据企业各自的具体情况与行业环境，采用不同的发展战略，进一步说，对于每个特定的企业，其最佳战略也就必然反映企业所处的独特态势。但从总体上看，可以归纳出三种具有内部一致性的基本战略(既可分别使用也可结合使用)，为企业长期发展建立进退有据的地位，从而在行业中胜过竞争对手。这三种基本战略是：总成本领先战略(Overall Cost Leadership)、标新立异战略(Differentiation)和目标集聚战略(Focus)。

1. 总成本领先战略

总成本领先战略的核心是通过采用一系列成本战略的具体政策，以求在行业中赢得总成本领先。成本领先战略要求建立起达到经济规模的生产设施，在经验积累的基础上全力以赴降低成本，抓紧成本与管理费用的控制，以及最大限度地减少研究开发、服务、推销、广告等方面的成本费用。尽管质量、服务以及其他方面也不容忽视，但贯穿于整个战略中的主体是使成本低于竞争对手。

处于低成本地位的企业可以获得高于行业平均水平的收益。其成本优势可以使企业在与竞争对手的争斗中受到保护，因为它的低成本意味着当别的企业在竞争过程中已失去利润时，这个企业仍然可以获得利润。低成本地位也有利于企业在强大的买方威胁中保卫自己，因为买方企业的压力最多只能将价格压到效率居于其次的竞争对手的水平。低成本也构成对强大供方威胁的防卫，因为低成本在对付卖方产品(服务)涨价中具有较高的灵活性。导致低成本地位的诸因素通常也以规模经济或低成本优势的形式建立起进入壁垒，最后，低成本地位通常使企业与替代品竞争时所处的地位比行业中其他竞争者有利。

赢得总成本最低的地位通常要求具备较高的相对市场份额或其他优势，诸如良好的供方或原材料供应等。对运输配送企业而言，可能要求一个覆盖面较宽、效率较高、弹性较大的公共服务平台，保持一个较宽的相关产品系列以分散成本，以及为建立起批量而对所有主要客户群进行服务。由此，实行低成本战略就可能要有很高的购买先进设备的前期投资、激进的定价和承受初始亏损，以取得高的市场份额。而高市场份额又可进而获得采购的经济性而使成本进一步降低。一旦赢得了成本领先地位，所获得的较高的利润又可对新设备、新设施和现代化信息系统进行再投资以维护成本上的领先地位。这种再投资往往是保持低成本地位的先决条件。实行这种战略的运输配送企业必须努力处理好这个良性循环，而不能落入被动状态。

2.标新立异战略(歧异战略)

第二种战略是将企业提供的产品或服务标新立异，形成一些在全行业范围中具有独特性的东西。实施歧异战略可以有许多方式：设计品牌形象(如 Fedex、UPS)、技术特点、外观特点、经销网络及其他方面的独特性。最理想的情况是使企业在几个方面都标新立异。应当强调，这个战略并不意味着企业可以忽略成本，但此时成本不是企业的首要战略目标。如果标新立异战略可以实现，它就成为在行业中赢得超常收益的可行战略。标新立异战略利用客户对品牌的忠诚以及由此产生对价格的敏感性下降使企业得以避开竞争。它也可使利润增加却不必追求低成本。客户的忠诚以及某一竞争对手要战胜这种独特性需付出的努力就构成了进入壁垒。

实施这个战略有时会与争取获得更大的市场份额相矛盾。它往往要求企业对于这一战略的排他性有思想准备，即这一战略与提高市场份额两者往往不可兼顾。较为普遍的情况是，提供标新立异战略的服务往往成本高昂，如：广告的研究、产品设计、高质量的材料或周密的顾客服务等，因而实现产品歧异将意味着以成本地位为代价。但是，即便全行业范围内的顾客都了解企业的独特优点，也并不是所有顾客都愿意或有能力支付企业所要求的较高价格。

3.目标集聚战略

最后一类基本战略是主攻某个特定的顾客群、某产品系列的一个细分区段或某一个地区市场。集聚战略的核心是围绕着很好地为某一特定目标服务这一中心建立的。这一战略的前提是：企业能够以更高的效率、更好的效果为某一狭窄的战略对象服务，从而超过在更广阔范围内的竞争对手。结果是，企业或者通过较好满足特定对象的需要实现了标新立异，或者在为这一对象服务时实现了低成本，或者两者兼得。尽管从整个市场的角度看，集中战略未能取得低成本或歧异优势，但它的确在其狭窄的市场目标中获得了一种或两种优势地位。三种战略之间的区别如图 11-3 所示。

4.三种基本战略的比较

成功地实施上述三种基本战略需要不同的资源和技能。基本战略也意味着在组织安排、控制程序和创新体制上的差异。现将三种基本战略在这些方面的含义列举如下，见表 11-3。

战略目标	战略优势：顾客观察的独特性	战略优势：低成本地位
全产业范围	标新立异	总成本领先
特定细分市场	目标聚集	

图 11-3　三种基本战略

表 11-3　三种基本战略的含义

基本战略	通常需要的基本技能和资源	基本组织要求
总成本领先战略	持续的基本投资和良好的融资能力 设备设施的先进性 对工人严格监督 所设计的服务易于被用户接受 低成本的分销系统	结构分明的组织和责任 以满足严格的定量目标为基础的激励 严格的成本控制
标新立异战略	强大的生产营销能力 满足严格的定量目标 对创造性的鉴别能力 很强的基础研究能力 在质量或技术上领先的公司声誉 在产业中有悠久的传统或具有从其他业务中得到的独特技能组合 得到销售渠道的高度合作	在研究与开发、产品开发和市场营销部门之间的密切合作 重视主观评价和激励而不是定量指标 有轻松愉快的气氛，以吸引高技能工人、科学家和创造性人才
目标集聚战略	针对具体战略目标，由上述各项组合构成	针对具体战略目标，由上述各项组合构成

5. 基本企业战略的其他表述形式

美国学者 Michael Treacy 教授在其企业战略专著中，指出企业战略有以下三种基本形式，即：

(1)产品领先(Product Leader)，并以 Sony 作为其样本，Sony 产品总是在技术与质量上处于世界领先地位，尽管其价格较贵但以其品牌赢得了良好的市场份额与利润，从而有资金投入新的一轮的 R/D 以确保技术领先。

(2)操作优异(Operation Excellence)，并以 Fedex 为样本，由于其巨大的规模、网络与较先进的设施，它可以较低的价格提供全球范围的优质服务。

(3)顾客亲和(Customer Intimacy)，企业由于受制于技术水平和经济规模，不可能在大范围、全行业展开有利竞争，转而对特定领域，特定顾客，提供优质服务，以在其特定细分市场上获取优势，他以 Airborne 为例说明了这个战略。

归纳上述意见，可以说任何企业战略都应该是主动的、积极的、进攻的，总是追求在某一方面的领先以确保主动地位。而这领先无非是三种，即技术领先(标新立异战略、产品领先战略)、经济规模领先(低成本战略、操作优良战略)以及对特定客户的服务领先(目标集聚、顾客亲和)。世界上没有追求被动、追求落伍的战略，只有寻求领先的战略，问题是要审时度势从自身资源出发确定合适的、明确的领先战略。

二、运输配送企业战略的实施

众所周知,无法实施的战略只能是没有实际意义的“纸上谈兵”。但是,即使是一个适当的战略,若未能得到有效的实施,也将会导致战略的失败。因此,从某种意义上说,战略的实施比制定更困难。美国一位学者对 93 位企业总经理和事业部总经理的调查表明,一半以上的被调查者认为其战略实施遇到以下 10 个问题:①战略实施所需要的时间比最初计划的时间要多;②发生一些未预料到的重大问题;③未能有效地协调各种经营活动;④出现的危机分散了对战略实施的注意力;⑤工作人员执行战略的能力不足;⑥无法控制的外部环境因素发生变化;⑦部门经理人员的领导和指挥不适当;⑧对基层人员未进行适当的培训和指导;⑨没有明确主要的实施任务和实施活动;⑩企业信息系统未能适当地进行监控活动。

因此,为提高运输配送企业战略实施的有效性,以卓越的战略实施来获得战略的成功,就必须建立完善的信息支持系统;建立完善的组织支持系统;建立完善的文化支持系统。

(一)信息支持系统

运输配送企业战略的实施过程,同时也是一个信息收集、处理的过程。充分的、准确的和及时的信息资源,正是科学地进行战略管理的基础。如果信息资源的提供发生了重大缺陷,正所谓“盲人骑瞎马”,这样的战略管理是注定要失败的。

因此,每一个运输配送企业,要想成功地进行经营管理,特别是要想成功地进行战略管理,就必须建立健全自身的战略管理信息支持系统。

1. 信息支持系统的功能

在运输配送企业战略管理中,从战略分析直至战略实施,每一环节都与信息支持系统密切相关,因此,信息支持系统必须具备以下的功能:

(1)扫描功能。要制定企业战略,进行战略分析,就要求信息支持系统对运输配送企业周围的环境(包括宏观和微观环境)进行扫描,取得有关的重要信息,为战略实施提供广泛而可靠的数据和资料。

(2)分析功能。通过扫描取得信息后,哪些信息是可用信息,哪些信息适用于哪个层次的需要,均是信息支持系统要完成的工作,即对所收集的信息进行分析和加工。

(3)综合存储功能。在分析的基础上,对信息进行综合利用,并储存起来,此乃信息支持系统的综合存储功能。

(4)论证功能。战略实施的方案很多,哪个方案能被选中,在很大程度上取决于人们对信息的占有和评价。若信息支持系统对其中某方案提供的信息越详细,说服力越大,则其论证功能越显著,方案的利弊展开也就越充分。

(5)反馈功能。无论战略实施的情况如何,信息支持系统均会将战略实施状况反馈给运输配送企业的高层管理人员,以便于其对战略及战略实施做出正确的判断和评价,并及时做出各种调整。

2. 信息支持系统的建立原则

要建立具有上述功能的信息支持系统,并使信息收集、存贮、加工处理的配合达到最佳效果,就要遵守以下原则:

(1)系统性原则。信息支持系统是运输配送企业战略管理的子系统,它应根据战略管理的需要而建立。信息的种类、规格,信息的流动方向、流动速度,信息量的大小均应与企业的全部战略管理活动联系起来,综合考虑。

(2)渐变原则。信息支持系统只能在原有基础上逐步调整和改变,如果操之过急,企图一步到位,极易造成战略管理的混乱。为此,应制订和实施分阶段建立健全信息支持系统的计划。

(3)初步信息最低化原则。所需各种信息必须保证及时有效提供,但是,过量信息也会造成不必要的干扰。为减少超过需要的信息干扰,必须压缩下级向上级传送的信息(即初步信息),使之保持在必要的最低限度上。

(4)通用性原则。信息支持系统提供的信息不仅应满足运输配送企业内部各个不同管理层次的不同需要,有些信息还应满足企业外部有关部门(如国家、社会、上级机关)的需要,保证信息的通用性。

此外,信息支持系统提供的信息可能会被重复使用,其贮存、输入和输出能力均应认真考虑。

在遵循上述原则的基础上,兼顾经济能力,就可正式建立运输配送企业战略管理的信息支持系统了。

3.信息支持系统的要素

为使信息支持系统的功能得到有效和充分的发挥,每个运输配送企业可根据自己的情况确定信息支持系统的结构,其要素主要有:

(1)扫描子系统。该子系统负责收集运输配送企业的内、外部信息,并输入子系统。

(2)处理子系统。该子系统负责接收和处理扫描子系统及反馈子系统提供的信息,对此进行加工分析,并输送到存储子系统。

(3)存储子系统。该子系统负责将处理子系统发送的信息储存起来,随时提供给其他需要信息的子系统。

(4)论证子系统。该子系统实质上是战略决策支持系统,它将所得到的信息加以论证,选择出可行的、甚至是令人满意的战略实施方案。

(5)反馈子系统。该子系统将运输配送企业战略实施过程中的信息反馈给处理子系统或直接反馈给其他各子系统,保证战略的实施过程完全处于监控状态。

4.信息支持系统的运行

运输配送企业战略管理的信息支持系统的运行如图 11-4 所示。

该图表明了信息在各子系统之间的流动及与运输配送企业的战略制定和实施的关系。

值得注意的是,人们在建立和完善信息支持系统时,不能只重视信息的收集、处理、存贮等,还必须重视信息支持系统渠道的畅通,杜绝人为地歪曲信息、制造虚假信息和截留信息。

(二)运输配送企业组织支持系统

一个运输配送企业要有效地运营必须将战略与组织结构相联系。在战略管理中,有效地实施战略的另一个方面是,建立适宜的组织结构,以使其与战略相匹配。它们之间匹配的程度如何,将最终影响战略实施的效果与效率。

1.组织结构的战略含义

运输配送企业的组织结构是实施战略的一项重要工具,一个好的企业战略需要通过与其相适应的组织结构去完成方能起作用。实践证明,一个不合时宜的组织结构必将对企业战略产生巨大的损害作用,它会使良好的战略设计变得无济于事。因此,企业组织结构是随

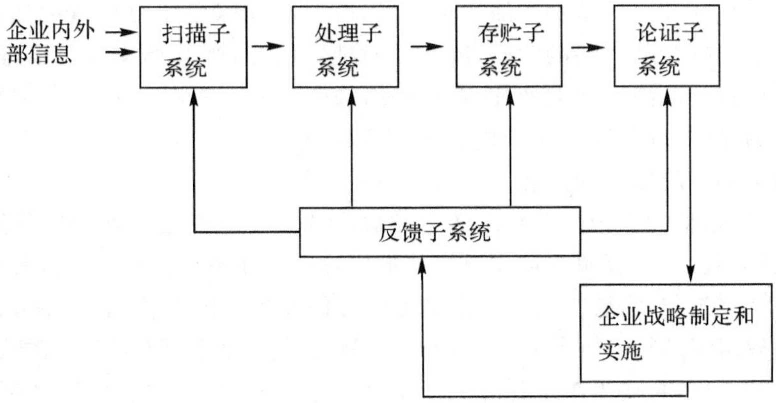

图 11-4　信息支持系统运行图

着战略而定的，它必须按战略目标的变化及时调整。在战略运作中，采取何种组织结构，主要取决于企业决策者和执行者对组织战略结构含义的理解，取决于企业自身的条件和战略类型，也取决于对组织适应战略发展标准的认识。

美国学者钱德勒在 1962 年出版的《战略与结构：美国工业企业历史的篇章》一书中指出：战略与结构关系的基本原则是组织的结构要服从于组织的战略，即企业战略决定着结构类型的变化。这一原则指出企业不能仅从现有的组织结构去考虑战略，而应从另一视角，即根据外在环境的变化去制定战略，然后再调整企业原有的组织结构。

2.组织结构随战略调整的必要性

由于战略实施过程中存在战略的前导性与组织结构的滞后性，所以在战略实施的过程中，对组织结构进行适时的调整十分必要。

运输配送企业作为一个开放系统，总是处于不断变化着的外部环境之中。相对于外部环境的变化而言，战略与组织结构做出反应的时间是有差别的。钱德勒通过对美国工业企业历史发展的分析得出结论：战略首先对环境的变化做出反应，而后组织结构才在战略的推动下对环境变化做出反应。这样就形成了战略的前导性和组织结构的滞后性。

(1)战略的前导性。运输配送企业战略的变化要快于组织结构的变化。这是因为，运输配送企业一旦意识到外部环境和内部环境的变化提供了新的机会和需求时，首先是在战略上做出反应，以此谋求经济效益的增长。例如，经济的繁荣与萧条、技术革新的发展都会刺激企业发展或减少现有的产品或服务。而当企业自身积累了大量的资源时，企业也会据此提出新的发展战略。当然，一个新的战略需要一个新的组织结构，至少在一定程度上需要调整原有的组织结构。如果组织结构不进行相应的变化，新战略也不会使企业获得更大的效益。

(2)组织结构的滞后性。组织结构的变化常常要慢于战略的改革。造成这种状况的原因有两个：一是新旧结构的交替有一定的时间过程。当新的环境出现后，运输配送企业首先考虑的是战略。新的战略制定出来后，运输配送企业才能根据新战略的要求来改组企业的组织结构。二是旧的组织结构都有一定的惯性，主要来自管理人员的抵制，因为他们对原有的组织结构已经熟悉、习惯，且运用自如。当新的战略制定出来后，他们常常仍沿用旧有的职权和沟通渠道去管理新的经营活动，总认为原来有效的组织结构不需要改变；另一方面，当管理人员感到组织结构的变化会威胁到他们个人的地位、权力和心理的安全感时，往往会以各种方式抵制必要的改革。

从战略的前导性和组织结构的滞后性可以看出，在环境变化、战略转变的过程中，总是有一个利用旧结构推行新战略的阶段，即交替时期。因此，当开始实施新战略时，要正确认识组织结构有一定反应滞后性的特性，在组织结构变革上不能操之过急，但又要尽量努力来缩短组织结构的滞后时间，使组织结构尽快变革。

3. 组织结构调整的原则和内容

(1)组织结构调整的原则。运输配送企业战略的重要特性之一便是它的适应性。它强调企业组织能运用已有的资源去适应组织外部环境和内在条件的变化。这种适应是一种极为复杂的动态调整过程，它要求运输配送企业一方面能加强内部管理，另一方面则能不断推出适应性的有效组织结构。因此，适应的特殊性决定了这种适应不是简单的线性运动，而是一个循环上升的过程，企业组织理论界人士将这个过程称之为适应循环。它明确地指明组织结构如何适应企业战略的原则。因此，适应循环原则是运输配送企业组织结构调整的根本原则。

(2)组织结构调整的内容。与运输配送企业战略相适应的组织结构工作包括三个内容：

①正确分析运输配送企业目前组织结构的优势和劣势，设计开发出能适应战略需求的组织结构模式。

②通过运输配送企业内部管理层次的划分，相应的责权利匹配和适当的管理方法与手段，确保战略的实现。

③为运输配送企业组织结构中的关键战略岗位选择最合适的人才，保证战略的顺利实施。

(3)组织结构调整的准备工作。为了帮助上述组织结构调整工作的有效开展，需做好以下几方面的前期准备工作：

①确保战略实施的关键活动。我们应从错综复杂的活动中，如制度建设、人员培训、市场开发等方面，去寻找对战略实施起重大作用的活动。

②把战略推行活动划分为若干单元。将运输配送企业整体战略划分为若干战略实施活动单元，这些单元实际上就组成了组织结构调整的基本框架，这样在客观上保证了运输配送企业战略居于各项工作的首要地位。

③将各战略实施活动单元的责权利明确化。企业战略管理者应全面权衡集权与分权的利弊，从而做出适当选择，给每个战略实施单元授予适度的决策权力，并责成其指定符合运输配送企业战略的单元战略并负责贯彻执行。

④协调各战略实施活动单元的战略关系。这种协调包括：一是通过整个组织权力等级层次的方式来实现目的；二是在实施运输配送企业整体战略的过程中吸收各战略活动单元共同参加，让其在实施过程中相互了解，相互沟通，从而充分发挥和协调各方面的作用。

在运输配送企业调整组织结构过程中，必然会对组织结构进行选择，而每一种组织结构都有其自身的长处与短处，在企业组织结构调整中，应综合考虑各种组织结构的特点，而不应局限于某一基本的组织形式。组织结构作为实现企业战略的手段，其本身无所谓好坏，关键在于如何适应战略。因此，运输配送企业应从实际出发，对自身的组织结构进行有效的调整，让其既能满足战略要求又非常简单可行，而不可盲目追求结构的膨胀和形式上的完美。

(4)组织结构适应战略发展的标准。运输配送企业战略的内容应充分考虑到员工的行为特点，适用于指导和调动整个组织，这是组织结构适应战略的最本质内容。这种组织结构应有以下三个标准：产生共同远景；反映企业组织的前进趋势；具备催人奋进的精神张力。

4. 组织结构类型的选择

组织结构是战略实施的一种手段和措施。为了有效地实施战略，必须根据战略的特点和要求、环境、技术、企业规模等要素的特点来选择相应的组织结构类型。经过几十年的管理实践，人们已经总结设计出了若干个可行的组织结构类型。这些类型包括以职能为基础的、以产品或服务为基础的、以地理区域为基础的以及以其他内容为基础的结构等等。

有关各种类型组织结构的特点以及所适应的战略条件，如表 11-4 所示。

表 11-4　各种组织形式的比较

比较项目 组织类型	性　质	优　点	缺　点	适应性
职能组织结构	按组织的主要任务（如生产、营销、人事）设立部门	1. 专业人员参与 2. 易于管理 3. 职业技术最大限度专业化 4. 其他部门有专业技术	各部门之间有较大的争论和摩擦	在稳定环境中的稳定企业
产品组织结构	按产品或服务设立部门	1. 简化职能间的协调 2. 允许有控制的成长 3. 允许对经营活动负有会计责任 4. 部门目标明确，对部门管理有促进作用 5. 决策结构较接近现实问题	1. 各部门重复需要相同的资源 2. 降低职业技术的专业化程度 3. 助长部门间竞争 4. 不利于其发挥作用	有较宽生产线的正在成长的企业
地区组织结构	按最终用户的地区设立部门	1. 简化职能间的协调 2. 允许有控制的成长 3. 允许对经营活动负有会计责任 4. 部门目标明确，对部门管理有促进作用 5. 决策结构较接近现实问题	1. 各部门重复需要相同的资源 2. 降低职业技术的专业化程度 3. 助长部门间竞争 4. 不利于其发挥作用	有狭窄的生产线的成熟企业
矩阵组织结构	1. 两个完整的同时发生、相互交叉的组织因素 2. 双重报告责任	1. 信息流丰富 2. 加强了控制 3. 资源适应性增强 4. 注意组织的平衡	1. 结构不稳定 2. 冲突会产生或加剧	企业面对两个同样重要的因素，如产品多样化和职能知识的要求或产品多样化与地区知识的要求
市场导向组织结构	按产品需求、购买行为、产品用途相似设立部门	1. 营销和生产有效性增强 2. 有利于计划的制订	难以协调和控制	具有良好信息网络的市场导向型企业
混合组织结构	按两个或两个以上同时执行的因素设立部门，如产品和地区、职能和产品、职能和地区。每个部门是局部完整的	1. 最大限度地注意到产品地区或职能的需要 2. 在实行矩阵结构之前，是一种有用的过渡性结构 3. 产品和地区混合结构有助于处理资本预算问题，允许转移价格 4. 职能和产品混合结构，不管生产线如何，而使职能专业化 5. 地区市场专业化	1. 难以协调和控制 2. 部门间工作重复 3. 不利于职能专业化 4. 职能和产品混合结构没有考虑地区因素 5. 职能和地区混合结构不强调产品因素	过渡性企业，或产品增长模型不同的企业

(三)战略实施模式选择

在运输配送企业的战略实施中,有五种模式可供选择。

1. 指挥型

在这种模式里,运输配送企业的管理人员运用严密的逻辑分析方法重点考虑战略制定问题。高层管理人员或者自己制定战略,或者指示战略计划人员去决定运输配送企业所要采取的战略行动。当管理人员采用指挥型模式时,一般采用份额增长矩阵和行业竞争分析作为分析手段,一旦制定出满意的战略,高层管理人员便让下层管理人员去执行战略,而自己并不介入战略实施的问题。

这种模式有个明显的缺陷,即它不利于调动运输配送企业员工的积极性。员工会因此感到自己在战略制定上没有发言权,处于一种被动执行的状态。不过,在稳定行业里的小型企业会有效地运用这种模式。在原有战略或常规战略变化的条件下,运输配送企业实施战略时不需要有较大的变化,结果会比较明显。

2. 变革型

变革型与指挥型模式相反,在变革型模式中运输配送企业的高层管理人员重点研究如何在企业内实施战略。他的角色是为有效地实施战略而设计适当的行政管理系统。为此,高层管理人员本人或在其他方面的帮助下,进行一系列变革,如建立新的组织结构、新的信息系统,合并经营范围,增加战略成功的机会。

变革型模式多是从企业行为角度出发考虑战略实施问题,可以实施较为困难的战略。但是,这种模式也有它的局限性,即只能使用于稳定行业中的小型企业。如果企业环境变化过快,企业来不及改变自己的内部状态,这种模式便发挥不出作用,同时,这种模式也是自上而下地实施战略,同样不利于调动员工的积极性。

3. 合作型

在这种模式里,负责制定战略的高层管理人员启发其他的管理人员运用头脑风暴法去考虑战略实施的问题。管理人员仍可充分发表自己的意见,提出各种不同的方案。这时,高层管理人员的角色是一个协调员,确保其他管理人员所提出的所有好的想法都能够得到充分的讨论和调查研究。例如,多年前,通用汽车公司组成过“经营小组”,小组的成员由不同职能的管理人员构成。这个小组的任务就是对可能出现的战略问题提出自己的看法。

合作型模式可以克服指挥型和变革型两种模式的不足之处。这是因为高层管理人员在做决策时,可以直接听取来自基层的管理人员的意见,并将他们的意见加以综合分析,保证决策时所使用的信息的准确性。在这个基础上,运输配送企业可以提高战略实施的有效性。

在实践中,对合作型的模式也有不同的看法。首先,在这种模式下决定的战略实施方案会过于四平八稳,缺乏由个人或计划人员提出的方案中所具有的那种创造性。其次,在战略实施方案的讨论过程中,可能会由于某些职能部门善于表述自己的意见,而导致战略实施方案带有一定的倾向性。再次,战略实施方案的讨论时间可能会过长,以致错过了运输配送企业面对的战略机会,不能对正在变化的环境迅速采取战略行动。最后,有的批评意见认为这种模式仍是由较高层的管理人员把持着集中式的控制,不会听到运输配送企业内所有的意见,因此,很难讲这是真正的集体决策。

4. 文化型

文化型模式扩大了合作型模式合作的范围,将运输配送企业基层的员工也包括进来。

在这种模式里，负责战略制定与实施的高层管理人员首先提出自己对企业使命的看法，然后鼓励员工根据企业使命去设计自己的工作。在这里，高层管理人员的角色就是指引总的方向，而在战略执行上则放手让每个人做出自己的决策。

在这个模式里，战略实施的方法很多。有的运输配送企业采取类似日本企业的社训，有的利用厂歌，也有的通过规章制度和其他影响员工行为的方式来进行。所有这些方法最终要使管理人员和员工有共同的道德规范和价值观念。

可以看出，文化型模式打破了战略实施中存在的只想不做与只做不想之间的障碍，每一个员工都或多或少地涉及战略的制定与实施。这是前三个模式中所没有的。但是，这种模式也有它的局限性。它要求运输配送企业的员工有较高的素质，受过较好的教育，否则很难使企业的战略获得成功。同时，企业文化一旦形成自己的特色，又很难接受外界的新生事物。

5.增长型

在这种模式里，为了使运输配送企业获得更快的增长，高层管理人员鼓励中下层管理人员制定与实施自己的战略。这种模式与其他模式的区别之处在于它不是自上而下地灌输运输配送企业的战略，而是自下而上地提出战略。这种战略集中了来自实践第一线的管理人员的经验和智慧，而高层管理人员只是在这些战略中做出自己的判断，并不将自己的意见强加在下级的身上。在大型的多种经营企业里，这种模式比较适用。因为在这些企业里，高层管理人员面对众多的事业部，不可能真正了解每个事业部所面临的战略问题和作业问题，不如放权给事业部，以保证成功地实施战略。

这种模式的优点是给中层管理人员一定的自主权，鼓励他们制定有效的战略并使他们有机会按照自己的计划实施战略。同时，由于中下层管理人员和员工有更直接面对战略的机会，可以及时地把握时机，自行调整并顺利执行战略。因此，这种模式适合于变化较大的行业中的大型联合企业。

这五种战略实施模式的发展与管理的实践是分不开的。在企业界认为管理需要拥有绝对权威的情况下，指挥型模式是必要的。在为了有效地实施战略，需要调整运输配送企业的组织结构时，战略实施中便出现了变革型模式。合作型、文化型和增长型三种模式出现较晚。从这三种模式的思路中可以看出，战略实施与战略最初制定时一样，充满了各种问题。在实施的过程中，企业管理人员要调动各种积极因素，才能使战略获得成功。从原则上讲，每一种模式只适用一种特定的环境和条件。实际上，在战略实施过程中，这些模式往往是交叉或混合使用的。

【本章小结】

本章从阐述企业战略入手，介绍企业战略管理及企业经营战略的层次结构，同时介绍运输配送企业的宏观与中观、微观环境分析，最后介绍运输配送企业战略的类型、选择、实施等相关内容。通过本章学习，使学生掌握企业经营战略的概念和主要组成部分，理解运输配送企业的环境分析、战略选择及实施。

【习题】

一、单项选择题

1. 运输配送企业的宏观环境不包括（　　）。

A. 经济环境　B. 技术环境　C. 行业环境　D. 社会文化环境

2. 一个完整的企业经营战略是由战略思想、战略目标、战略重点和（　　）组成。

A. 战略方向　B. 战略部署　C. 战略实施　D. 战略动员

3. 在运输配送企业的战略模式选择中，哪一种是自下而上提出的战略（　　）。

A. 增长型　B. 文化型　C. 合作型　D. 变革型

4. 在企业战略的规划阶段不包括（　　）。

A. 明确企业使命　B. 建立战略目标

C. 建立组织结构　D. 制定战略方针

5. 物流运输配送企业在制定战略时，负责制定战略的高层管理人员启发其他管理人员运用头脑风暴法去考虑战略实施的问题。这种战略实施模式属于下列（　　）模式。

A. 指挥型　B. 文化型　C. 增长型　D. 合作型

6. 被认为是企业经营战略核心的是（　　）。

A. 战略思想　B. 战略目标　C. 战略重点　D. 战略部署

7. 五要素产业结构分析理论的提出者是（　　）。

A. 钱德勒　B. 拉德纳　C. 迈克尔·波特　D. 麦克逊

8. 经营战略环境分析的任务是通过外部环境分析明确企业将要面临的（　　）和（　　），通过内部条件分析明确自身的（　　）和（　　），从而为制定经营战略和实施提供依据。

A. 机会　威胁　优势　劣势　B. 优势　劣势　机会　威胁

C. 机会　优势　威胁　劣势　D. 优势　机会　劣势　威胁

9. 从企业内部和外部收集相关信息，确认企业的优势和劣势、外在机会和威胁，一般使用（　　）方法。

A. 因素分析法　B. SWOT 分析　C. 统计分析法　D. ABC 分析法

10. SWOT 分析不包括（　　）。

A. 优势　B. 成本　C. 机会　D. 威胁

二、多项选择题

1. 运输配送企业使用矩阵组织结构时，其优点是（　　　）。

A. 信息流丰富　B. 加强了控制　C. 结构稳定

D. 资源适应性增强　E. 注意组织的平衡

2. 经营战略的特征是（　　　）。

A. 全局性　B. 长远性　C. 纲领性

D. 抗争性　E. 风险性

3. SWOT 分析包括（　　　）。

A. 优势　B. 资金　C. 弱点

D. 机会　　　　　　　　　E. 威胁

4. 在企业战略实施阶段，主要包括哪些工作(　　　)。

A. 建立组织结构　　　　　B. 建立战略目标　　　　　C. 通过控制来管理组织活动

D. 监控战略在实现企业目标中的作用　E. 策划新的战略

三、判断题

1. 可以用彼德·德鲁克的“五方力量图”来分析行业结构和竞争状况。　(　　)
2. 被称为企业经营战略关键的是企业的战略思想。　(　　)
3. 运输配送企业使用市场导向组织结构的缺点是难以协调和控制。　(　　)
4. 职能战略是指企业在某一行业或某一细分行业内确定其市场地位和发展态势的战略。　(　　)
5. 企业实施变革式战略模式有利于调动员工的积极性。　(　　)
6. 经营战略环境是指制定经营战略时要着重考虑与企业经营有关的外部环境和内部条件的总和。　(　　)

四、名词解释

1. 目标集聚战略
2. 总成本领先战略
3. 标新立异战略
4. 职能战略
5. 企业战略
6. 宏观环境
7. SWOT 分析

五、简答题

1. 运输与配送企业的微观环境分析主要分析哪些方面？
2. 简述运输配送企业进行环境分析的意义。
3. 运输配送企业的微观分析(行业的需求与供给分析)具体从哪些方面进行？
4. 运输配送企业的宏观环境分析具体包括哪些方面？
5. 简述企业物流运输服务作业管理的主要工作内容。

六、案例分析题

1. 1962 年，山姆·沃尔顿开设了第一家沃尔玛(WAL-MART)商店。迄今沃尔玛商店已成为世界第一大百货商店。按照美国《福布斯》杂志的估算，1989 年山姆·沃尔顿家族的财产已高达 90 亿美元。沃尔玛在世界零售业中排名第一。《财富》2012 年全球 500 强排名，沃尔玛位居第 3 位。作为一家商业零售企业，能与微软、通用电器、辉瑞制药等巨型公司相匹敌，实在让人惊叹。

沃尔玛取得成功的关键在于商品物美价廉，对顾客的服务优质上乘。

沃尔玛始终保持自己的商品售价比其他商店便宜，是在压低进货价格和降低经营成本方面下功夫的结果。沃尔玛直接从生产厂家进货，想尽一切办法把价格压低到极限成交。公司纪律严明，监督有力，禁止供应商送礼或请采购员吃饭，以免采购员损公肥私。沃尔玛也把货物的运费和保管费用降到最低。公司在全美有 16 个配货中心，都设在离沃尔玛商场距离不到一天路程的附近地点。商品购进后直接送到配货中心,再从配货中心由公司专有的集装箱车队运往各地的沃尔玛商场。公司建有最先进的配货和存货系统,公司总部的高性能电脑系统与16个配货中心和1000多家商场的POS终端机相联网,每家商场通过收款机激光扫描售出货物的条形码,将有关信息记载到计算机网络当中。当某一货品库存减少到最低限时,计算机就会向总部发出购进信号,要求总部安排进货。总部寻找到货源,便派离商场最近的配货中心负责运输路线和时间,一切安排有序,有条不紊。商场发出订货信号后36小时内,所需货品就会及时出现在货架上。就是这种高效的商品进、销、存管理,使公司迅速掌握商品进销存情况和市场需求趋势,做到既不积压存货,销售又不断货,加速资金周转,降低了资金成本和仓储成本。

压缩广告费用是沃尔玛保持低成本竞争战略的另一种策略。沃尔玛公司每年只在媒体上做几次广告,大大低于一般的百货公司每年的50~100次的水平。沃尔玛认为,价廉物美的商品就是最好的广告,我们不希望顾客买1美元的东西,就得承担20~30美分的宣传、广告费用,那样对顾客极不公平,顾客也不会对华而不实的商品感兴趣。

沃尔玛也重视对职工勤俭风气的培养。沃尔玛说:"你关心你的同事,他们就会关心你。"员工从进公司的第一天起,就受到"爱公司,如爱家"的店训熏陶。从经理到雇员,都要关心公司的经营状况,勤俭节约,杜绝浪费,从细微处做起。这使沃尔玛的商品损耗率只有1%,而全美零售业平均损耗率为2%,从而使沃尔玛大量降低成本。

沃尔玛每周五上午召开经理人员会议,研究商品价格情况。如果有报告说某一商品在其他商场的标价低于沃尔玛,会议可决定降价,保证同种商品在沃尔玛价格最低。沃尔玛成功运用低成本竞争战略,在激烈的市场竞争中取胜。

问题:

(1)沃尔玛如何实施低成本竞争战略

(2)本案例对我国零售业有哪些启示?

2.某新成立的第三方物流企业拥有3吨普通卡车50辆,10吨普通卡车30辆,高级无梁仓库20000平方米,层高14米,地处上海市的莘庄南部,邻近沪闵路和莘松公路。

问题:

请比较以下四种市场定位中哪一种最适合于该企业,为什么?

(1)上海西部地区的国际货运代理;

(2)企业的第三方物流业务;

(3)车辆外包,仓库出租;

(4)省际运输仓储企业。

第十二章　运输配送企业的绩效评价

【学习目标】

通过本章学习，使学生理解绩效评价的意义，掌握绩效评价的主要要素，理解运输和配送系统相应的绩效评价指标体系。

【引例】

压缩时间:宝洁供应链优化

在宝洁的发展历程中，通过缩短距离，更加深入地研究消费者，是宝洁的第三核心竞争力。下面以宝洁公司的香波产品供应链优化为例，详细剖析宝洁供应链的优化方法。

宝洁供应链优化总体思路就是通过压缩供应链时间，提高供应链反应速度，来降低运作成本，最终提高企业竞争能力。从宝洁供应链上下游之间的紧密配合方式进行分析，寻找可以压缩时间的改进点，从细节入手，以时间的压缩换取市场更大的空间。

供应链合作伙伴关系不应该仅仅考虑企业之间的交易价格本身，有很多方面值得关注。比如完善的服务、技术创新、产品的优化设计等。宝洁和供应商一起探讨供应链中非价值增值点以及改进的机会，压缩材料采购提前期，开发供应商伙伴关系，建立相互信任关系。压缩供应商时间管理分为以下四点：

材料不同制订的时间不同

香波生产原材料供应最长时间105天，最短7天，平均68天。根据原材料的特点，宝洁公司将其分为ABC三类分别进行管理：A类品种占总数的5%～20%，资金占60%～70%；C类品种占总数的60%～70%。对材料供应部分的供应链进行优化，将时间减少和库存管理结合起来。比如，原材料A供应提前期105天，但是订货价值只占总价值的0.07%，不值得花费很多精力讨论缩短提前期。而原材料B虽然提前期只有50天，但是年用量却高达总价值的24%，因此对这样的材料应该重点考虑。

原材料的库存由供应商管理

宝洁的材料库存管理策略是供应商管理库存（VMI）。对于价值低、用量大、占用存储空间不大的材料，在供应链中时间减少的机会很少，这类材料占香波材料的80%，他们适合采用供应商管理库存的方式来下达采购订单和管理库存。库存状态的透明性是实施VMI的关键。首先双方一起确定供应商订单业务处理过程所需要的信息和库存控制参数；其次改变订单处理方式，建立基于标准的托付订单处理模式；最后把订货交货和票据处理各个业务处理功能集成在供应商一边。

【思考】

1. 宝洁公司供应链优化有何特点

2. 你从本案中得到哪些启示？

第一节　绩效评价概述

一、绩效评价的意义

开展绩效评价能正确判断运输配送企业的实际经营水平，提高经营能力和管理水平，从而增加企业的整体效益。运输配送企业的绩效评价分析是运用数量统计和运筹学方法，采用特定的指标体系，对照统一的评价标准，按照一定的程序，通过定量、定性分析，对运输配送企业在一定经营期间的经营效益和经营者的业绩，做出客观、公正和准确的综合判断。

（一）运输配送企业内部各项物流活动的分析

以配送中心为例，配送中心的基本作业流程如图 12-1 所示。由进出货、储存、盘点、订单处理、拣货、配送、采购作业以及总体策划等八个部分组成。

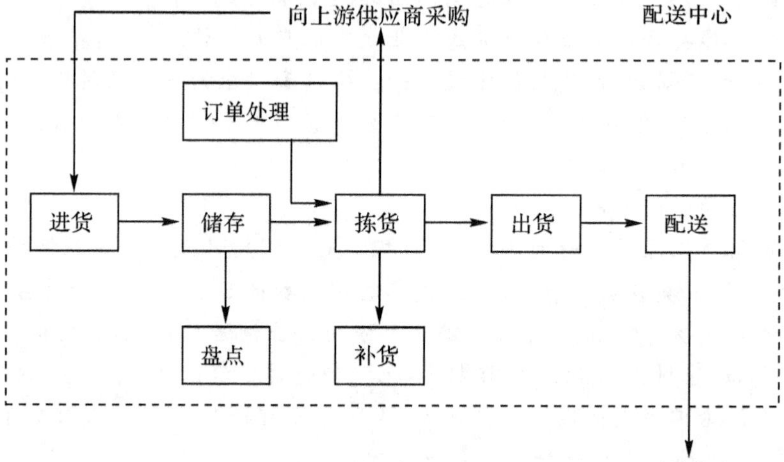

图 12-1　配送中心基本作业系统

（二）运输配送企业绩效评价指标的作用

为了能评价运输配送企业的运营给客户提供服务的质量和给自身带来的效益，方法之一就是对运输配送企业的运行状况进行必要的度量，并根据度量结果对运输配送企业的运行绩效进行评价。因此，运输配送企业绩效评价主要有 4 个方面的作用。

1. 用于对整个企业的运行效果做出评价

主要考虑运输配送企业之间的竞争，为运输配送企业在市场中存在（生存）、组建、运行和撤消的决策提供必要的客观依据。目的是通过绩效分析评价而获得对整个企业的运行状况的了解，找出运输配送企业运作方面的不足，及时采取措施予以纠正。

2.用于对运输配送企业内各个部门做出评价

主要考虑运输配送企业对其各部门的激励，调动各个部门的积极性。

3.用于对运输配送企业内部门与部门之间的合作关系做出评价

主要考察运输配送企业为客户提供的产品和服务的质量，从用户满意度的角度来评价质量。

4.用于对运输配送企业人员的激励

除了对运输配送企业运作绩效的评价外，这些指标还可起到对运输配送企业的各个部门和人员的激励作用。

二、运输配送企业绩效评价体系的设计要求

(一)运输配送企业绩效评价指标的特点

1.现行的绩效评价指标的特点

现行企业绩效评价指标侧重于单个企业，评价的对象是某个具体运输配送企业的内部职能部门或者员工个人，其评价指标在设计上有如下一些特点：

(1)现行企业绩效评价指标的数据来源于财务结果，在时间上略为滞后，不能反映运输配送企业的动态运营情况。

(2)现行企业绩效评价主要评价运输配送企业职能部门工作的完成情况，不能对运输配送企业的业务流程进行评价，更不能科学、客观地评价整个企业的运营情况。

(3)现行企业绩效评价指标不能对运输配送企业的业务流程进行实时评价和分析，而是侧重于事后分析。因此，当发现偏差时，偏差已成为事实，其危害和损失已经造成，并且往往很难补偿。

因此，为衡量运输配送企业的整体运作绩效，以便决策者能够及时了解运输配送企业的整体状况，应该设计出更适合于度量运输配送企业绩效的指标和评价方法。

2.运输配送企业绩效评价应遵循的原则

为了科学、客观地反映运输配送企业的运营情况，应该考虑建立与之相适应的运输配送企业绩效评价方法，并确定相应的绩效评价体系。反映运输配送企业绩效的评价指标有其自身的特点，其内容比现行的企业评价指标更为广泛，它不仅仅代替会计数据，同时还提出一些方法来测定运输配送企业是否有能力及时满足市场的需求。在实际操作上，为了建立能有效评价运输配送企业的指标体系，应遵循如下原则：

(1)应突出重点，要对关键绩效指标进行重点分析。

(2)应采用能反映运输配送企业业务流程的绩效指标体系。

(3)评价指标要能反映整个企业的运营情况。

(4)应尽可能采用实时分析与评价的方法，要把绩效度量范围扩大到能反映运输配送企业实时运营的信息上去，因为这要比仅做事后分析要有价值得多。

(5)在衡量运输配送企业绩效时，要采用能反映运输配送企业与客户之间关系的绩效评价指标，把评价的对象进一步扩大。

(6)把最终用户对运输配送企业的产品或服务的满意度指标作为运输配送企业绩效评价的一个最终标准。

三、运输配送企业绩效评价的要素

为了客观、全面地评价运输配送企业的运营情况，一般可以通过一个相应的指标体系来进行运输配送企业绩效的评价，指标体系要注重客观性和实际可操作性。这个指标体系主要由工作成果指标、工作消耗指标、工作效率指标和工作质量指标四项构成。

(一)工作成果指标

1. 作业规划管理能力

衡量目前管理层所作的决策规划是否合适。

规划是一种方法，用来拟定根据决策目标应采取的行动。规划的目的是为整个企业的活动过程选择合理的作业方式、正确的行动方向。

要使运输配送企业得到最佳的产出效果，规划管理人员必须先决定作业过程中最有效的资源组合，才能配合环境，设计出最好的资源方式，来执行物流运作过程中的每一环节的工作。这里面及时修正是很重要的一环。

2. 产销率指标

产销率是指在一定时间内已销售出去的产品(服务)与已生产的产品(服务)数量的比值。运输配送企业产销率指标反映企业在一定时间内的产销经营状况，其时间单位可以是年、月、日。随着运输配送企业管理水平的提高，时间单位可以取得越来越小，甚至可以做到以天为单位。该指标也反映了运输配送企业资源(包括人、财、物、信息等)的有效利用程度，产销率越接近 1，说明资源利用程度越高。同时，该指标也反映了企业的库存水平和产品质量，其值越接近 1，说明运输配送企业的库存量越小，产品质量越高。

3. 产需率指标

产需率是指在一定时间内，运输配送企业所提供的产品和服务的数量与顾客(或用户)对该产品或服务的需求量的比值。

运输配送企业产需率指标反映了企业和客户之间的供需关系。产需率越接近 1，说明运输配送企业和客户之间的供需关系协调，准时交货率高，反之，则说明准时交货率低或者管理水平较低。

该指标还反映了运输配送企业的整体生产能力和快速响应市场能力。若该指标数值大于或等于 1，说明运输配送企业整体的生产能力较强，能快速响应市场需求，具有较强的市场竞争能力；若该指标数值小于 1，则说明运输配送企业的生产能力不足，不能快速响应市场需求。

运输配送企业各部门的主要工作成果指标如表 12-1 所示。

表 12-1　工作成果指标

指标种类	指标细分
货物流转额	货物购进额、货物销售额
原材料供应指标	原材料供应量、供应计划完成率、供应增长率
货物购进指标	货物购进量
货物销售指标	销售额、纯销售额、计划完成率、增长率

(二)工作消耗指标

1.周转费

周转费包括进货费、仓储费、管理费和利息支出等,即工作消耗总额。

2.费用率

费用率是指一定时期物流费用总额与货物销售总额的比值,即工作消耗水平。

3.费用水平降低率

费用水平降低率是考核运输配送企业各部门费用节约的一项指标。

4.成本率

成本率是用来衡量各项作业的成本费用是否合理。

运输配送企业的运作成本,是指直接或间接用于收货、储存保管、拣货配货、流通加工、信息处理和配送作业的费用的总和。

5.运输配送企业总运营成本指标

运输配送企业的总运营成本包括通讯成本、库存费用及外部运输总费用。该指标是企业管理水平的综合体现。

6.成本利润率

成本利润率是指单位产品净利润占单位产品总成本的百分比。在市场经济条件下,产品价格是由市场决定的,因此,在市场供需关系基本平衡的情况下,运输配送企业提供的产品价格可以看成是一个不变的量。按成本加成定价的基本思想,产品价格等于成本加利润,因此产品的成本利润率越高,说明运输配送企业的盈利能力越强,企业的综合管理水平越高。在这种情况下,由于运输配送企业在市场价格水平下能获得较大利润,就必然会对企业的有关设施和设备进行投资和改造,以提高生产效率。

(三)工作效率指标

工作效率是衡量运输配送企业绩效的另一个指标。通常用比率或指数表示。

1.设施空间利用率

衡量企业的车辆、库房等空间设施是否已充分利用。

所谓设施,指除人员、设备以外的一切硬件,包括办公室、休息室、仓储区、拣货区、收货区和出货区等等区域空间的安排及一些消防设施等周边硬件。

所谓设施空间利用率就是针对空间利用度、有效度来考虑。一句话,提高单位土地面积的使用效率。要考虑货架、仓储区的储存量,每天理货场地的配货周转次数等。

2.人员利用率

衡量每一个人员是否尽到自己最大的能力。

对于人员作业效率的考核分析,是每一个运输配送企业经营评估的重要指标。人员利用率评估主要从三个方面着手:

(1)人员编制:要求人员的分配达到最合理化的程度,避免忙闲不均,这里包括上班作息时间的安排。通常要研究工作需要性、工作量、劳逸合理性、人员流动性、加班合理性等方面的问题。

(2)员工待遇。

(3)人员效率:人员效率管理的目的,是为了提高人员的工作效率,使每一个作业人员作业期间内能发挥最大的生产效率。也就是说，掌握操作人员的作业速度，使运输配送企业的整体作业水平相对提高。

3. 设备利用率

设备利用率是衡量资产设备能否发挥最大产能的指标。

运输配送企业的设备主要用于保管、搬运、存取、装卸、配送、运输等物流作业活动。由于各种作业有一定的时间性，设备工时不容易计算，通常从增加设备作业时间和提高设备每单位时间内的处理量来实现提高设备利用率的目的。

4. 商品、订单效率

用来衡量商品销售贡献是否达到预定目标。

配送企业应抓好以下几项工作：

(1)通过对配送中心的出货情况分析，提示采购人员调整采购物品的结构；

(2)要根据客户的需求，快速拆零订单；

(3)严格控制配送中心的库存，留有适当的存货以减少缺货率，同时保证避免过多的存货造成配送中心的资金积压、商品质量出问题等损失。

5. 时间效益率

用来衡量每一作业有无掌握最佳时间。

缩短资源时间，一方面可使工作效率提高，另一方面可使交货期限提前。

时间是衡量效率最直接的因素，最容易看出整体作业能力是否降低。例如：某段时间搬运了多少商品，平均一小时配了多少箱商品，平均每天配送了多少家门店的要货，等等。从而很容易了解配送中心整体经营运作的优劣，促使管理人员去寻找问题的症结。

评估时间效益，主要是掌握单位时间内收入产出量、作业单元数及各作业时间比率等情况。

几种典型行业的物流部门的主要工作效率指标如表 12-2 所示。

表 12-2　工作效率指标

工作效率指标	各行业使用某项指标的百分比(%)		
	制造商	批发商	零售商
每位员工发送的单位			
每位员工的订货盘			
与以往的标准对比			
目标计划			
生产率指数			

(四)工作质量指标

1. 质量水平

用来衡量运输配送企业的服务质量是否达到客户满意的水准。

所谓质量，不仅包括商品的质量优劣，还包括各项物流作业的特殊的质量指标，如耗损、缺货、呆滞品、维修、退货、延迟交货、事故、误差率等。

对于运输配送企业作业质量的管理，一方面要建立起合理的质量标准，另一方面需多加重视存货管理及作业过程的监督，尽可能避免不必要的损耗、缺货、不良率等，以降低成本，提高客户的服务质量。

维持和提高质量标准，其对策不外乎从人员、商品、机械设备和作业方法等四个方面着手。

在运输配送企业的作业活动中经常会出现质量事故。例如，在业务过程中出现商品丢失、损坏、变质、延误等，这不仅使商品的数量受到损失，而且使商品质量受损，其结果是使商品本身和运输配送企业的经营活动两方面都产生不利影响；从另一个方面来说，运输配送企业的业务质量直接与客户相关，与市场占有率有关。

2. 运输配送企业的产品和服务质量指标

该指标反映了运输配送企业提供的产品和服务的质量。主要包括合格率、废品率、退货率、破损率、破损物价值等指标。

3. 准时交货率

准时投货率是指运输配送企业在一定时间内准时交货的次数占其总交货次数的百分比。运输配送企业的准时交货率低，说明其协作配套的生产能力达不到要求，或者是对生产过程的组织管理跟不上运输配送企业的运行要求，运输配送企业的准时交货率高，说明其生产能力强，生产管理水平高。

4. 产品质量合格率

产品质量合格率是指质量合格的产品数量占产品总数量的百分比，它反映了运输配送企业的提供的产品或服务的质量水平。质量不合格的产品数量越多，则产品质量合格率就越低，说明运输配送企业提供产品的质量不稳定或质量差，运输配送企业必须承担对不合格产品进行返修或报废的损失，这样就增加了运输配送企业的总成本，降低了其成本利润率。因此，产品质量合格率指标与产品成本利润率指标密切相关。同样，产品质量合格率指标也与准时交货率密切相关，因为产品质量合格率越低，就会使产品的返修工作量加大，必然会延长产品的交货期，使准时交货率降低。

工作质量指标体系中的每个指标又可以用一个或多个具体指标来表示。下面以目标质量指标和储存工作质量指标为例，说明可以采用的具体指标。目标质量指标如表 12-3 所示。

表 12-3　目标质量指标

指标名称	计　算　公　式
服务水平指标	满足要求次数/客户要求次数×100%
交货水平指标	按交货期交货次数/总交货次数×100%
缺货率	缺货次数/客户要求次数×100%
满足程度指标	满足要求数量/客户要求数量×100%
交货期质量指标	规定交货期－实际交货期(天)
商品完好率指标	交货完好商品量/物流商品总量×100%
缺损率	缺损商品量/物流商品总量×100%
货损货差赔偿费率	货损货差赔偿总额/同期业务收入总额×100%
物流吨费用指标	物流费用/物流总量(元/吨)

储存工作质量指标，见表 12-4。

表 12-4 储存工作质量指标

指标名称	计 算 公 式
仓库吞吐能力实现率	期内实际吞吐量/仓库设计吞吐量×100%
仓容利用率	储存商品实际数量或容积/设计库存数量或容积×100%
仓库面积利用率	库房、货场等占地面积总和/仓库总面积×100%
储存商品面积利用率	库房内储存商品面积/库房使用面积×100%
商品完好率	(某批商品库存量－出现短缺商品量)/同批商品库存量×100%
库存商品缺损率	某批商品缺损量/该批商品总量×100%
商品收发正确率	(某批吞吐量－出现差错总量)/同批吞吐量×100%
储存吨成本	储存费用/库存量(元/吨)

美国几个典型行业的企业所采用的物流工作质量指标，见表 12-5。

表 12-5 美国物流工作质量指标

质量指标	按行业分类各指标使用频率(%)		
	制造商	批发商	零售商
损坏频率			
损坏总金额			
货方追讨次数			
客户退货数			
退货费用			

(五)运输配送企业的经营管理综合指标

1.配送中心评效

衡量配送中心单位面积(每平方米)的营业收入(产值)。

配送中心评效＝营业额(产值)/建筑物总建筑面积

2.人员作业能力

衡量运输配送企业人员的单产水平。

人员作业量＝出货量/运输配送企业的总人数

人员作业能力＝营业额/运输配送企业的总人数

改善对策：

(1)有效地利用节省人员的物流机械设备；

(2)减少运输配送企业的从业人员，首先考虑削减间接人员，尤其是当直间工比率不高时。

3.直间工比率

衡量运输配送企业作业人员及管理人员的比率是否合理。

直间工比率＝一线作业人数/(运输配送企业的总人数－一线作业人数)

4. 固定资产周转率

衡量运输配送企业的固定资产的运行绩效，评估所投资的资产是否充分发挥效用。

固定资产周转率＝产值/固定资产总额

5. 产出与投入平衡率

判断是否维持低库存量，与零库存的差距多大。

产出与投入平衡率＝出货量/进货量

改善对策：产出与投入平衡率是指进出货件数比率。而如果想以低库存作为最终目标，且不会发生缺货现象，则产出与投入平衡率最好控制在1左右，而实现整改目标的关键是要切实做好销售预测。

四、运输配送企业绩效评价的实施步骤

(一)运输配送企业的绩效评价内容

运输配送企业的绩效评价内容一般从三个方面考虑：一是内部绩效度量，二是外部绩效度量，三是综合绩效度量。

1. 内部绩效度量

内部绩效度量主要是对运输配送企业的内部绩效进行评价，常见的指标有：成本、客户服务、生产率、良好的管理、质量等。

2. 外部绩效度量

外部绩效度量主要是对与运输配送企业有关的企业的运行状况的评价。外部绩效度量的主要指标有：用户满意度、最佳实施基准等。

3. 综合绩效度量

21世纪的竞争是非常激烈的，这就引起人们对运输配送企业总体绩效和效率的日益重视，要求提供能从总体上观察透视运输配送企业运作绩效的度量方法。这种透视方法必须是可以比较的。如果缺乏整体的绩效衡量，就可能出现运输配送企业对用户服务的看法和决策与用户的想法完全背道而驰的现象。综合绩效的度量主要从用户满意度、时间、成本、资产等几个方面展开。

除一般性统计指标外，运输配送企业的绩效还辅以一些综合性的指标，如运输配送企业的生产效率来度量，也可由某些定性指标组成的评价体系来反映，例如用户满意度、企业核心竞争力、核心能力等。

(二)运输配送企业绩效评价的实施

运输配送企业的绩效评价可采用以下方法：分析运输配送企业的目标和流程的现状，对作业绩效量化，把其与目标数据相比。将组织最高层次的四个基本商业流程(计划、获取资源、制造、交付)逐层分解下去，一直到包含了成百个作业的第五层次为止。一旦某个运输配送企业的计量被计算出来，它们将与行业中的最好水平和平均水平相比较，这可以帮助运输配送企业确定其优势以及寻找改善的契机。这种绩效评估方法可以从上到下，一层一层地与ABC法配合使用。表12-6列出了用于评估运输配送企业绩效的一些衡量项目。

表 12-6　运输配送企业绩效评估的衡量项目

类　　别	衡量项目	衡量单位
运输配送企业的可靠性	按时交货	订单完成提前期
	订单完成提前期	天数
	完成率	百分比
	完好的订单履行	百分比
柔性和反应力	企业的反应时间长度	天数
	企业的柔性	百分比
费　用	企业的管理成本	百分比
	保证成本占收益的百分比	百分比
	每个员工增加的价值	现金
资产利用	库存总天数	天数
	现金周转时间	天数
	净资产周转次数	次数

总之，绩效度量只是一种手段，目的是通过对运输配送企业绩效的衡量，可以发现问题，解决问题，并据此激励运输配送企业的各部门。

第二节　运输系统的绩效评价

产品的运输把空间上相隔离的生产者和需求者联系起来，在运输过程中可选择不同的运输方式，其运输成本、速度、效率是截然不同的。配送是从配送中心将商品送达客户处的活动，涉及配送中心的运输系统。要研究如何有效地配送，即用适当的配送人员、适合的配送车辆以及每趟车最佳运行路径来配合，以实现配送量大、装载率高。因此，人员、车辆及配送时间、规划方式，都是运输配送企业的管理人员在运输和配送方面应该考虑的重点问题。因配送造成的成本费用支出及因配送路途耽搁引起的交货延迟，即配送效率化的问题，也是必须注意的因素。

运输活动绩效评价量化指标主要有以下几方面。

(一)人均作业量

用来评估配送人员工作能力及作业绩效。

人均配送量＝出货量/配送人员数

(二)车辆平均作业量

车辆平均作业量是衡量车辆的空间利用率的指标。

平均每辆车的配送量＝配送总件数/(自车数量＋外车数量)

(三)空驶率

空驶率是衡量车辆行驶距离利用率的指标。

空驶率＝空车行驶距离/配送总距离

改善对策：要减少空驶率，关键是做好“回程顺载”工作，可从“回收物流”着手，例如“容器的回收”（啤酒瓶、牛奶瓶）、“托盘、笼车、拣货周转箱的回收”、“原材料的再生利用”（如废纸板箱）以及退货处理等。

（四）车辆运行状况

配送车作业率＝配送总车次/[（自车数量＋外车数量）×工作天数]

平均每车次配送吨千米数＝配送总距离×配送总质量/配送总车次

（五）外车比例

用来评估外车的使用数量是否合理。

外车比例＝外车数量/（自车数量＋外车数量）

改善对策：一般使用外雇车辆的原因是为了应付季节性商品和节假日商品与平日形成的旺淡季供货状况的需求。若季节性商品比例较高，表示运输配送企业淡旺季的出货量的差别很大，应尽量考虑多雇用外车，减少自车的数量。若季节性商品的比例很低，表示运输配送企业的淡旺季出货量的差别不大，应选择使用自车来提高配送效率。

（六）配送成本

配送成本比率＝（自车配送成本＋外车配送成本）/配送总费用

每单元货品配送成本＝（自车配送成本＋外车配送成本）/货品出货总量

每车次配送成本＝（自车配送成本＋外车配送成本）/配送总车数

改善对策：若采用单独运行的配送成本偏高时，应考虑采用“共同配送”策略，以降低较远距离、较少出货量而造成的过高配送成本。

（七）配送延误率

配送延误率是考核配送准点率的指标。

配送延误率＝配送延误车次/配送总车次

造成配送延误的原因是：车辆、设备故障，路况不佳，供应商供货延迟，缺货以及拣货作业延迟等。

第三节　配送企业的绩效评价

配送企业绩效评价的量化指标主要有以下几方面。

一、进出货作业

（一）进货

进货作业包括接收商品、装卸搬运、码托盘、核对该商品的数量及质量（主要是外表质量）和签单。

（二）出货

将拣选分拣完的商品，做好复核检查，并根据各辆卡车或配送路径将商品搬运到理货区，而后装车待配送。

（三）配送企业的管理人员需研究的问题

（1）进出货作业人员的工作量安排是否合理；

（2）进出货装卸设备利用率如何；

（3）站台停车泊位利用率如何；

（4）供应商进货时间带的控制如何；

（5）客户、门店要求的时间集中度控制如何。

（四）进出货作业效率的评估指标

（1）空间利用率：考核站台的使用情况，是否因数量不足或规划不佳造成拥挤或低效。

$$站台使用率=\frac{进出货车次装卸货停留总时间}{站台泊位数\times工作天数\times每天工作时数}$$

若采用进出货站台分开的配送中心时，

$$进货站台使用率=\frac{进货车次装卸货停留总时间}{进货站台泊位数\times工作天数\times每天工作时数}$$

$$出货站台使用率=\frac{出货车次装卸货停留总时间}{出货站台泊位数\times工作天数\times每天工作时数}$$

（2）站台高峰率：

站台高峰率＝高峰车数/站台泊位数

改善的对策：若站台使用率偏高，表示站台停车泊位数量不足，而造成交通拥挤。可采取下列措施：

①增加停车泊位数；

②为提高效率，要做好时段管理，让进出配送中心的车辆能有序地行驶、停靠、装卸货作业；

③增加进出货人员，加快作业速度，减少每辆车停留装卸时间。

若站台使用率低，站台高峰率高，表示虽车辆停靠站台时间平均不多，站台停车泊位数量仍有余量，但在高峰时间进出货仍存在拥挤现象，此种情况主要是没有控制好进出货时间带引起的。关键是要将进出货车辆的到达作业时间岔开。可采取以下措施：

①应要求供应商依照计划准时送货，规划对客户交货的出车时间，尽量降低高峰时间的作业量。

②若无法与供应商或客户达成共识分散高峰期流量，则应特别安排人力在高峰时间以保持商品快速装卸搬运。

（3）人员负担和时间耗用：考核进出货人员工作分配及作业速度，以及目前的进出货时间是否合理。

$$每人每小时处理进货量=\frac{进货量}{进货人员数\times每日进货时间\times工作天数}$$

$$每人每小时处理出货量=\frac{出货量}{出货人员数\times每日出货时间\times工作天数}$$

进货时间率＝每日进货时间/每日工作时数

出货时间率＝每日出货时间/每日工作时数

若进出货人员共用，则以上指标应将进出货量、时间合并加总。

$$每人每小时进出货量=\frac{进货量+出货量}{进出货人员数\times每日进出货时间\times工作天数}$$

进出货时间率＝（每日进货时间＋每日出货时间）/每日工作时数

改善的对策：若每人每小时处理进出货量高，且进出货时间率也高，表示进出货人员平均每天的负担较重，原因出在配送中心目前的业务量过大。可考虑增加进出货人员，以减轻每人的工作负担。

若每人每小时处理进出货量低，但进出货时间率高，表示虽配送中心一日内的进出货时间长，但每位人员进出货负担却很轻。原因是进出货作业人员过多和商品进出货处理比较繁杂、进出货人员作业效率较低。可采取以下措施：

①考虑缩减进出货人员；

②对于工效差的问题，应随时督促、培训，同时应尽量想办法减少劳力及装卸次数（如托盘化）。

若每人每小时进出货量高，但进出货时间率低，表示上游进货和下游出货的时间可能集中于某一时段，以致作业人员必须在此段时间承受较高的作业量。可考虑平衡人员的劳动强度和避免造成车辆太多站台泊位拥挤，采取分散进出货作业时间的措施。

二、盘点作业

进行盘点作业的目的是通过经常定期或不定期的盘点库存，及早发现问题，以免日后出货造成更大的损失。

在盘点作业中，以盘点过程中所发现的存货数量不符的情况作为重点评估方向。

盘点作业的评估要素如下。

（一）盘点质量

盘点数量误差率＝盘点误差量/盘点总量

盘点品项误差率＝盘点误差品项数/盘点实际品项数

（二）平均盘差品金额

批量每件盘差商品的金额＝盘点误差金额/盘点误差量

三、订单处理作业

从接到客户订货开始到准备着手拣货之间的作业阶段，称之为订单处理。它包括接单、客户的资料确认、存货查询、单据处理等。

订单处理的评估指标如下。

（一）订单分析

通过对日均受理订单数，每订单平均订货数量和平均订货单价的分析，观察每天订单变化情况，以拟定客户管理策略及业务发展计划。

日均受理订单数＝订单数量/工作天数

每订单平均订货数量＝出货量/订单数量

日均商品单价＝营业额/订单数量

（二）订单延迟率

用来衡量交货的延迟状况。

订单延迟率＝延迟交货订单数/订单数量

改善对策：

(1)找出作业瓶颈,加以解决;

(2)研究物流系统前后作业能否相互支持或同时进行,谋求作业的均衡性;

(3)掌握库存情况,防止缺货;

(4)合理安排配送时间。

(三)订单货件延迟率

评价配送中心是否应实施客户重点管理,使自己有限的人力、物力做到最有效的利用。

订单货件延迟率=延迟交货量/出货量

改善对策:应考虑实施顾客 ABC 分析,以确定客户重要性程度,而采取重点管理。例如,根据订单资料,按客户的购买量占配送中心营业额的百分比做客户 ABC 分析。尽可能减少重要客户延迟交货的次数,以提高服务水平。

(四)紧急订单响应率

这是分析配送中心快速订单处理能力及紧急插单业务的需求情况。

紧急订单响应率=未超过 12 小时出货订单/订单数量

改善对策:

(1)制订快速作业处理流程及操作规程;

(2)制订快速送货计费标准。

(五)缺货率

用来衡量存货控制决策是否合理,是否应该调整订购点及订购量的基准。

缺货率=接单缺货数/出货量

改善对策:

(1)加强库存管理;

(2)登录并分析存货异动情况;

(3)掌握采购、补货时机;

(4)督促送货商送货的准时性。

(六)短缺率

短缺率=出货短缺数/出货量

改善对策:

(1)注重每位员工、每次作业的质量;

(2)做好每一作业环节的复核工作。

四、拣货作业

(一)拣货作业的概念

每张客户订单都至少包含一项以上的商品,而将这些不同种类数量的商品从配送中心中取出集中在一起,即称为拣货作业。

由于拣货作业多数依靠人工配合简单机械化设备,是劳动密集型的作业。因此,必须重视拣货人员的负担及效率的评估。

拣货的时程及拣货的运用策略往往是接单出货时间长短最主要的取决因素,而拣货的精确度更是影响出货质量的重要环节。

拣货是配送中心中最复杂的作业,其耗费成本比例较多,因此,拣货成本也是管理人员关心的重点。

(二)拣货作业效率的评估要素

(1)人均作业能力:衡量拣货的作业效率,以便找出在作业方法及管理方式上存在的问题。

$$人均每小时拣货品项数=\frac{订单总笔数}{拣货人员数\times每天拣货时数\times工作天数}$$

改善对策:提升拣货效率的方法有以下几种:

①拣货路径的合理规划;

②储位的合理配置;

③确定高效的拣货方式;

④拣货人员数量及工况的安排;

⑤拣货的机械化、电子化。

(2)批量拣货时间:衡量每批平均拣货所需时间,可供日后分批策略参考。

批量拣货时间=每日拣货时数×工作天数/拣货分批次数

批量拣货时间短,表示拣货的反应时间很快,即订单进入拣货作业系统乃至完成拣取所花费的时间很短。它特别有利于处理紧急订货。

(3)每订单投入拣货成本:

每订单投入拣货成本=拣货投入成本/订单数量

每件商品投入拣货成本=拣货投入成本/拣货单位累计件数

(4)拣误率:衡量拣货作业质量的指标。

拣误率=拣取错误笔数/订单总笔数

改善对策:降低拣误率的主要措施有以下几种:

①选择最合理的拣货方式;

②加强拣货人员的培训;

③引进条码技术、拣货标签或电脑辅助拣货系统等自动化技术,以提升拣货精确度;

④改善现场照明度;

⑤检查拣货的速度。

五、存货控制系统的绩效评价

(一)存货控制的作用

储存作业的主要责任在于把将来要使用或者要出货的产品做妥善保管,这不仅要善于利用空间,有效地利用配送中心的每一平方米的储存面积,而且要加强对库内存货的管理,做到既保证降低商品的缺货率,又不因过多库存而造成呆废料产生。

(二)存货控制绩效评价量化指标

存货控制绩效的评价量化指标有以下几种。

1.设施空间利用率

单位面积保管量=平均库存量/可保管面积

平均每品项所占储位数=货架储位数/总品项数

平均每品项所占储位数若能规划在0.5～2.0之间,即使无明确的储位编号,也能迅速存取商品，不至于造成储存、拣货作业人员找寻困难，也不会产生同一品项库存过多的问题。

2.库存周转率

库存周转率是考核配送中心货品库存量是否适当和经营绩效的重要指标。

库存周转率＝出货量/平均库存量＝营业额/平均库存金额

周转率越高，库存周转期越短，表示用较少的库存完成同样的工作，使积压、占用在库存上的资金减少。也就是说，资金的使用率高，企业利润也随货品周转率的提高而增加。

通常可采用下列措施来提高库存周转率：

(1)缩减库存量，通过配送中心自行决定采购、补货的时机及存货量；

(2)建立预测系统；

(3)增加出货量。

3.存货管理费率

存货管理费率是衡量配送中心每单位存货库存管理费用的一个指标。

存货管理费率＝库存管理费用/平均库存量

改善存货管理费率的对策是应对库存管理费用的内容逐一检查分析，寻找问题予以改进。一般库存管理费用包括：

(1)仓库租金；

(2)仓库管理费用：入出库验收、盘点等人事费、警卫费、仓库照明费、空调费、温调温控费、建筑物、设备及器具的维修费；

(3)保险费；

(4)损耗费：变质、破损、盘亏等费用；

(5)货品淘汰费用：流行商品过时、季节性商品换季等造成的费用损失。

可采取尽可能少量、频繁地订货，以减少库存管理费用。

4.呆废货品率

呆废货品率可用来测定配送中心货品损耗和影响资金积压的状况。

呆废货品率＝呆废货品件数/平均库存量
＝呆废货品金额/平均库存金额

减少呆废货品率的措施：

(1)验收时力求严格把关，防止不合格货品混入；

(2)检查储存方法、设备与养护条件，防止货品变质，特别是对货品的有效期管理更应重视；

(3)随时掌握库存水平，特别是滞销品的处置，减少呆废货品积压资金和占用库存。

5.平均产销绝对偏差指标

平均产销绝对偏差指标反映在一定时间内配送中心总体库存水平，其值越大，说明配送中心成品库存量越大，库存费用越高。反之，说明配送中心成品库存量越小，库存费用越低。

(三)采购作业

由于出货使库存量逐次减少，当库存量降到某一定点(即订货点)时，即应马上采购补充商品。

合理选择订购方式：在采购时应考虑供应商的信用及其商品质量，以防进货发生延迟、短缺，造成整个后序作业的困难。

采购作业效率的评估指标如下。

1.出货品成本占营业额比率

这是衡量采购成本的合理性指标。

出货品成本占营业额比率＝出货品采购成本/营业额

改善对策：采用“集中采购”的方式，可以因一次采购量大而获得“数量折扣”，还可以减少采购的手续费。

2.货品采购及管理总费用

用来衡量采购与库存政策的合理性。

货品采购及管理总费用＝采购作业费用＋库存管理费用

改善对策：对于单价比较高的货品，其采购次数较多时费用较省；单价较低的货品，一次采购大量较为便宜。

3.进货数量误差率、次品率和延迟率

用来衡量进货准确度和有效率，以配合调整安全库存。

进货数量误差率＝进货误差量/进货量

进货次品率＝进货不合格数量/进货量

进货延迟率＝延迟进货数量/进货量

第四节　案　例

某配送中心绩效考核标准

一、目的

提高员工积极性，共同提高企业与员工的效益。

二、内容

(1)岗位工资评定

(2)绩效工资评定

(3)提成工资评定(包括年终奖)

(4)雷区考核

(5)行为规范

(6)排名、晋升与淘汰

(7)职工持股分配

三、适用范围

所有公司员工以及子、分公司员工。

四、权责

(1)总经理:批准绩效考核办法,并落实资源,督促各部门执行。

(2)投资管理部:负责本办法的制定。

(3)各部门、各分公司:执行本办法。

五、一般原则

(1)上级对下级:对任何一个岗位的考核评定权均属于直接上级。

(2)客观性:对下属的评定应做到客观公正,不得偏袒。

(3)执行检查:要求下属执行本办法,并要检查执行效果,是否执行彻底,是否客观公正。

(4)公正公开:考核结果必须公正,并公布于所有员工,以确保公正。

(5)申请仲裁:对直接上司考核结果不满的可向上级申述,由上一级仲裁。

(6)反馈改善:投资管理部经常收集反馈,了解考核办法是否有效促进员工绩效的改善,以便作相应修改。

六、目标制定及实施

(1)由公司营销部制定全年目标,将全年目标分解为月目标,分配各部门、各分公司执行。

(2)目标制定本着“尽力跳,够得着”的原则,不得偏离现实条件。

(3)各部门、各分公司应制定目标推移图,每月由营销部协同财务、投资管理等部门进行统计、公布、通告、表扬。

(4)考核结束后,总经理或授权相关部门进行检讨,如:目标是否达成。达成后则修改新的目标,没达成则分析原因,提出对策和改善措施。

七、指标

(1)销售部门客观指标应占80%以上,其他部门可适当降低。

(2)雷区考核指标以零为最高目标。

八、考核标准

1.岗位工资评定

(1)每个岗位设岗位工资三级制(工资标准)。

(2)主管对下属的业绩评定分为三个等级:“能胜任”、“一般胜任”和“不太胜任”。标准如表12-7所示。

表12-7 业绩评定标准

<table>
<tr><th colspan="2">等级</th><th>标准</th><th>奖励</th></tr>
<tr><td colspan="2">能胜任</td><td>连续6个月均能达到良或优。连续4个月全优。</td><td>升一级岗位工资</td></tr>
<tr><td rowspan="2">一般胜任</td><td>中上</td><td colspan="2">6个月均没有一项差,且至少有4个月均达到良或优。连续4个月达到良。</td></tr>
<tr><td>中下</td><td colspan="2">6个月至少有4个月达到中或良。连续3个月均达到中或良。</td></tr>
<tr><td colspan="2">不太胜任</td><td>6个月中有3个月或以上差。连续2个月差。</td><td>降一级工资</td></tr>
</table>

(3)评定流程:各部门、各分公司评定;营销部复核;总经理审批。

(4)审定时间及奖励:公司每6个月评定一次,对能胜任的加一级岗位工资,不太胜任的降一级岗位工资,对一般胜任(偏上或偏下的)的分别表扬或批评。

(5)入职评定:新职员入职一律按所任岗位最低一级工资待遇,特殊情况由总经理批准。

2.绩效工资评定

(1)由主管对下属进行评定,上一级主管备查。

(2)绩效分值系数见表12-8。

表12-8　绩效分值系数

等　级	优　秀	良	中	差
绩效分值	90～100分	80～90分	60～80分	60分以下
绩效系数	3.0	1.5	1	0

(3)绩效工资(月、年)

月绩效工资=月绩效系数×月奖金基准数

年绩效工资=全年绩效平均值所对应的绩效系数×年奖金基准数

注:年终奖基准由企业根据年终经营情况定。

(4)部门、分公司各岗位绩效评定办法(详见附件)

①办公室:主任、行政、人事、文管、总务、司机、办事员等;

②采购部:经理、采购员、质监员等;

③企划部:经理、企划师、展销主管、信息受理员、投诉受理员等;

④财务部:经理、会计、统计、出纳、审计、分公司财务等;

⑤分公司:经理、服务主管、区域代表、仓库主管、开单员、门市主管等。

3.提成

(1)业务代表提成额

提成=(实际销量－目标销量)×2%

每季度考核一次,发放50%,余额年终发放。

(2)分公司经理提成额

提成=(全年实际目标数－目标销量)×2%

每半年考核一次,发放50%,余额年终发放。

(3)其他岗位

年终提成=(公司全年销量－全年目标)×岗位提成系数

岗位提成系数见表12-9。

表12-9　岗位提成系数

岗　位	岗位提成系数	备　注
企划部经理	5‰	公司销售
办公室主任	2‰	公司销售

续表

岗　位	岗位提成系数	备　注
采购部经理	2‰	公司销售
财务部经理	2‰	公司销售
运输部经理	2‰	公司销售
仓库主管	0.5‰	公司销售
门市经理	0.5‰	公司销售
一般员工	0.2‰	公司销售

(4)未完成目标的处罚

年销量低于实际目标时，扣除绩效工资奖，并对全年相关的岗位降低加以处罚。

4.雷区考核

(1)范围：包括奖罚规定，违反纪律制度，客户投诉，差错，不完成任务，不服从指挥等。

(2)扣分：按规定扣分累计。

5.行为规范

(1)对照《公司服务标准》及有关行为规范，每月进行一次自查和主管评审，并开展讨论，自我检查。

(2)对严重偏离行为规范的员工公开批评，连续批评三次的员工视其业绩情况相应做出处分。

(3)对遵守公司行为规范的榜样员工，要公开表扬，并组织其他员工看齐学习。

6.排名、晋升、淘汰

公司每半年或一年进行一次业绩排名，对业绩优秀的给予晋升，业绩中上的加以表扬和鼓励，对业绩偏下的加以批评教育和辅导，业绩较差的给予降级或淘汰。

7.职工持股分配

每年公司进行一次绩效考核，对优秀员工进行股权、收益权分配。

九、相关制度

(1)《公司职工持股办法》

(2)《公司服务标准》

(3)公司相关纪律制度

十、使用表单

(1)绩效考核标准表

(2)工资表

十一、附件

1.公司薪资福利标准(见表12-10)。

工资结构

工资＝岗位工资＋提成＋津贴＋雷区考核

表 12-10　公司薪资福利标准

职　务	岗位工资	月奖金基准	提成	津　贴	雷区考核
公司经理	2000 1500 1000	1000			
经理助理 部门经理	1800 1300 800	800			
企划师及 特殊人才	1500 1200 800	800			
办事处主任 分部经理	1200 1000 800	800			
区域主管	1000 800 600	600			
业务员 普通员工	800 700 600	400			

2. 公司各岗位绩效考核标准(见表 12-11、表 12-12)

表 12-11　公司服务部绩效考核标准　　岗位:运输部经理

考核指标		权　重	优	良	中	差	计算方法	备　注
绩效指标	内部满意度	0.3					满意部门/ 相关部门(个)	每月调查一次
	外部满意度	0.5					满意经销商/ 一级经销商(个)	每月调查一次
	提供信息量	0.2					有书面传递、相关部门验收	要求准确、及时、有价值
雷区指标	客户投诉	0	每次扣 5～10 分				客户对服务不满投诉	不合理投诉除外
	工作差错	0	一次扣 5～10 分				造成公司直接或间接损失的	严重另按规定处罚
	不完成任务	0	一次扣 5～10 分				不完成上级分配任务	严重另按规定处罚
参考指标	电话回访量	0	提供名单供抽查				每户按时间回访	
	收集客户意见	0	有书面报告				主管相关部门签收	
	行为规范	0	按工作标准自查				主管复核	

表 12-12 公司仓库主管绩效考核标准 岗位:仓库主管

考核指标		权重	优	良	中	差	计算方法	备注
绩效指标	利用率	0.4					堆放量/最高可堆放量	
	仓损率	0.3					仓损量/进仓量	
	客户满意度	0.3					满意客户/经销商数	
雷区指标	客户投诉	0	每次扣5～10分				主管确认	
	工作差错	0	每次扣5～10分				主管确认	
	安全	0	有不安全因素存在每次扣5～10分				主管确认	
参考指标	规章制度	0	检查每次不合要求扣5～10分				主管确认	
	整洁卫生	0	有书面报告				主管确认	
	行为规范	0	按服务标准自查				主管复检	

【本章小结】

本章从运输配送企业绩效评价体系入手,介绍了运输配送企业绩效评价体系的设计、要素、意义、实施步骤等相关内容,然后对运输系统的绩效评价和量化指标及配送企业的绩效评价和量化指标作了介绍。通过本章学习,使学生理解绩效评价的意义,掌握绩效评价的主要要素,理解运输和配送系统相应的绩效评价指标体系。

【习题】

一、单项选择题

1. 运输配送企业绩效评价的指标体系由工作成果指标、工作效率指标、工作质量指标、工作消耗指标四项构成。下列( )是工作效率指标的内容。
   A. 产销率指标　　B. 设施空间利用率指标
   C. 费用水平降低率　　D. 成本利润率
2. 运输配送企业绩效评估的衡量项目中,( )不是运输配送企业可靠性的衡量项目。
   A. 按时交货　　B. 订单完成提前期
   C. 库存总天数　　D. 完好的订单履行
3. 下列( )不是库存控制系统的绩效评价量化指标。
   A. 设施空间利用率　　B. 库存周转率
   C. 存货管理费率　　D. 缺货率
4. 下列属于外部绩效评价的是( )。
   A. 用户满意度　B. 成本　C. 客户服务　D. 质量
5. 运输配送企业绩效评价的指标体系由工作成果指标、工作效率指标、工作质量指标、工作消耗指标四项构成。下列( )是工作成果指标的内容。
   A. 产销率指标　B. 周转费　C. 费用率　D. 成本率

6. 一般拣货作业是(　　)。
A. 资金密集型作业　　B. 技术密集型作业
C. 劳动密集型作业　　D. 信息密集型作业

7. 运输配送企业绩效评价的指标体系由工作成果指标、工作效率指标、工作质量指标、工作消耗指标四项构成。下列(　　)是工作消耗指标的内容。
A. 产销率指标　　B. 产需率指标
C. 费用水平降低率　　D. 人员利用率

8. 运输配送企业的产需率指标小于1,说明(　　)。
A. 资源利用率程度高　　B. 资源利用率低
C. 企业生产能力强　　D. 企业生产能力弱

9. 衡量目前管理层所作的决策规划是否合适的工作成果指标是(　　)。
A. 作业规划管理能力　　B. 产销率
C. 产需率　　D. 周转率

10. 不属于采购作业效率评估指标的是(　　)。
A. 出货品占营业额的比率　　B. 货品采购及管理总费用
C. 进货数量误差率　　D. 平均产销绝对偏差

二、多项选择题

1. 下列哪些指标是评价运输配送企业的经营管理综合指标?(　　)
A. 配送中心坪效　　B. 人员作业能力　　C. 直间工比率
D. 平均利润率　　E. 产出与投入平衡率

2. 运输配送企业绩效评价的指标体系由以下(　　)构成。
A. 工作成果指标　　B. 工作性质指标　　C. 工作效率指标
D. 工作质量指标　　E. 工作消耗指标

3. 运输配送企业的内部绩效度量的常见指标有(　　)。
A. 用户满意度　　B. 最佳实施基准　　C. 成本
D. 客户服务　　E. 良好的管理

4. 运输活动绩效评价指标主要有(　　)。
A. 人均作业量　　B. 车辆平均作业量　　C. 空驶率
D. 外车比例　　E. 配送成本

三、判断题

1. 配送企业绩效评价的量化指标中,缺货率与短缺率所表示的意思一样。(　　)
2. 成本利润率是指单位产品毛利润占单位产品总成本的百分比。(　　)
3. 配送企业绩效评价的量化指标中,订单延迟率与订单货件延迟率都是用来衡量交货的延迟状况的指标。(　　)
4. 拣货是配送中心中最复杂的作业。(　　)
5. 配送中心平均产销绝对偏差越大,说明配送中心成品库存量越小,库存费用越低。(　　)
6. 要减少空驶率,关键是要做好"回城顺载"工作,可从"回收物流"着手,例如"容器的回

收”(啤酒瓶、牛奶瓶)、“托盘、笼车、拣货周转箱的回收”、“原材料的再生利用”(如废纸板箱)以及退货处理。 ( )

7. 产销率指标越接近1,说明运输配送企业的库存量越小,产品质量越高。 ( )

8. 运输活动绩效评价量化指标中,车辆运行状况指标可以用空驶率来衡量。 ( )

四、名词解释

1. 成本利润率
2. 绩效评价分析
3. 产销率
4. 产需率

五、简答题

1. 简述运输配送企业绩效评价的内容与实施步骤。
2. 运输配送企业绩效评价指标有何作用?
3. 为什么运输企业绩效评价具有重要的意义?
4. 运输活动绩效评价量化指标有哪些?

六、计算题

1. 一位客户一年内共向某配送中心订货10次,每次订1000个单位,该配送中心有3次不按照客户要求供货;在客户可得的商品中,没有发现缺失现象,但先后有7件商品受到损坏。求该配送中心针对这位客户的缺货率和缺损率。

2. 某配送中心自有车辆7辆,外雇车5辆,6月份共出货6万箱,自有车出车420车次,外雇车出车150车次,平均每次出货自有车辆成本为400元,外雇车辆为500元,该配送中心其他成本合计为20万元,求配送成本比率,每单元货品配送成本,每车次配送成本。

参考文献

1. 上海现代物流教材编写委员会. 现代物流管理教程(中级). 上海:上海三联书店,2003
2. 上海现代物流人才培训中心. 现代物流管理案例、习题与实践. 上海:上海人民出版社,2002
3. 宋云,陈超. 企业战略管理. 第 2 版. 北京:首都经济贸易大学出版社,2003
4. 上海现代物流教材编写委员会. 现代物流管理教程. 上海:上海三联书店,2002
5. 许胜余. 物流配送中心管理. 成都:四川人民出版社,2002
6. 冯侠圣. 绩效系统的原理、应用、案例. 广州:南方日报出版社,2003
7. 施建年. 物流配送. 北京:人民交通出版社,2003
8. 王成. 现代物流管理实务与案例. 北京:企业管理出版社,2001
9. 单凤儒. 管理学基础. 北京:高等教育出版社,2000
10. 现代物流管理课题组. 运输与配送管理. 广州:广东经济出版社,2002
11. 全国经济专业技术资格考试用书编写委员会. 运输经济. 北京:中国人事出版社,2002
12. 罗纳德 · H. 巴罗. 企业物流管理——供应链的规划、组织和控制. 北京:机械工业出版社,2002
13. 现代物流管理课题组. 物流信息管理. 广州:广东经济出版社,2002
14. 肖胜萍,肖鹏. 现代物流管理——物流现场运筹经典. 北京:中国纺织出版社,2002
15. 现代物流管理课题组. 物流成本管理. 广州:广东经济出版社,2002
16. 鲍吉龙,江锦祥. 物流信息技术. 北京:机械工业出版社,2002
17. 周在青. 现代物流学. 上海:中国纺织大学出版社,2001
18. 方美琪. 电子商务概论(第 2 版). 北京:清华大学出版社,2002
19. 杨家其. 现代物流与运输. 北京:人民交通出版社,2003
20. 汝宜红,田源,徐杰. 配送中心规划. 北京:北方交通大学出版社,2002
21. 张海燕. 连锁企业的物流配送. 北京:中国物资出版社,2002
22. 梁军. 仓储管理实务. 北京:高等教育出版社,2003
23. 刘斌. 物流配送营运与管理. 上海:立信会计出版社,2002
24. 姜宏. 物流运输技术与实务. 北京:人民交通出版社,2001
25. 黄卫伟. 生产与作业管理. 北京:中国人民大学出版社,1997
26. 杨明刚. 实用管理学——知识、技能、案例与实训. 上海:华东理工大学出版社,2001
27. 丁立言,张铎. 物流配送. 北京:清华大学出版社,2002
28. 杨文士,李晓光. 管理学原理(第 3 版). 北京:中国财政经济出版社,1999
29. 杨文士,张雁. 管理学原理. 北京:中国人民大学出版社,1994

30. 王任祥. 交通运输地理. 北京:人民交通出版社,2002
31. 吴祈宗. 运筹学. 北京:机械工业出版社,2003
32. 王忠联,王志文,袁国敏,马树才. 市场调查与预测. 沈阳:辽宁大学出版社,1995